汽车制造生产系统

仿真技术应用实践
——基于Flexsim

李　峰◎著

中国水利水电出版社
www.waterpub.com.cn
·北京·

内 容 提 要

本书以制造型生产企业为核心,在介绍系统仿真的基本方法和原理的基础上,详细阐述生产系统仿真技术在制造型企业中的应用。

本书主要内容包括制造业生产系统设计、作业时间测定、Flexsim 实体库、Flexsim 脚本编程基础、Flexsim 仿真入门、Flexsim 应用技巧、汽车制造业仿真实例、Flexsim 常见问题解答等。

本书结构合理,条理清晰,内容丰富新颖,可供汽车生产管理方面的工程技术人员参考使用。

图书在版编目(CIP)数据

汽车制造生产系统仿真技术应用实践 : 基于 Flexsim/
李峰著. —北京:中国水利水电出版社,2017.7 (2022.10重印)
ISBN 978-7-5170-5720-8

Ⅰ.①汽… Ⅱ.①李… Ⅲ.①汽车－系统仿真－应用
软件 Ⅳ.①U461

中国版本图书馆 CIP 数据核字(2017)第 188098 号

书　　名	汽车制造生产系统仿真技术应用实践——基于 Flexsim
	QICHE ZHIZAO SHENGCHAN XITONG FANGZHEN JISHU YINGYONG SHIJIAN——JI YU Flexsim
作　　者	李　峰 著
出版发行	中国水利水电出版社
	(北京市海淀区玉渊潭南路 1 号 D 座 100038)
	网址:www. waterpub. com. cn
	E-mail:sales@ waterpub. com. cn
	电话:(010)68367658(营销中心)
经　　售	北京科水图书销售中心(零售)
	电话:(010)88383994、63202643、68545874
	全国各地新华书店和相关出版物销售网点
排　　版	北京亚吉飞数码科技有限公司
印　　刷	三河市人民印务有限公司
规　　格	185mm×260mm　16 开本　25 印张　608 千字
版　　次	2018年1月第1版　2022年10月第2次印刷
印　　数	2001-3001册
定　　价	88.00 元

前　言

　　随着生产自动化水平的不断提高,生产系统越来越复杂,生产节奏越来越快,使生产管理者对企业工程项目改进的每一决策都需谨慎考虑。如果决策不当,往往会付出高昂的代价。

　　仿真技术的发展已经渗透到各行各业,特别是在制造领域,计算机仿真一直是不可缺少的决策支持工具,它在企业生产系统优化、生产线平衡分析、生产物流的运行控制、供应链与库存管理、作业排序、资源分配、流程再造等众多领域方面发挥了巨大作用。

　　目前国内把仿真技术应用于企业生产系统优化和改善的还比较少,很多企业对车间、厂房、流水线、企业物流的设计和布局还是采用经验方法,致使工程项目投入运行后,才发现各种问题,往往后续还要投入巨额资金进行改善。

　　此外,随着企业生产系统越来越复杂,要在如此复杂的系统中找到生产系统的问题和瓶颈,找到解决问题的方法,人的大脑已经无法胜任,而计算机仿真技术是解决问题的一个重要途径。系统仿真是通过建立仿真模型,在计算机上再现真实系统,并模拟真实系统的运行。通过运行具体仿真模型和对计算机输出信息进行分析,实现对实际系统运行状态和变化规律的综合评估与预测,进而实现对真实生产系统的改善或优化,起到为决策者提供辅助支持的作用,并最终达到提高企业生产率、降低成本、缩短交货期、提高效益的目的。今后计算机仿真技术大量应用是我国制造业发展的一个趋势。

　　以前,计算机仿真难以被人们大量接受和使用,主要是因为用于研究大规模系统的模型通常很复杂,编程实现这些模型是非常费事的。近几年,一些优秀仿真软件的开发使这个实现过程变得简单许多,如:Flexsim 系统仿真软件是一款可视化编程仿真软件,建模简单,集计算机三维图像处理技术、仿真技术、人工智能技术、数据处理技术为一体,为制造、物流等领域服务的软件产品,功能强大。

　　本书以制造型生产企业为核心,在介绍系统仿真的基本方法和原理的基础上,详细阐述生产系统仿真技术在制造型企业中的应用。

　　本书基于 Flexsim 平台撰写了大量与实际相结合的仿真实例,这些实例是作者多年教学积累和科研成果的提炼。通过这些实例说明如何使用 Flexsim 建立生产系统仿真模型,如何把传统的工业工程(IE)技术和系统仿真结合起来对实际制造生产系统进行分析和优化,这些案例都很实用并有详细的建模步骤和程序代码解释。使读者能快速地了解仿真技术的相关知识,提高应用仿真手段发现生产系统中各类问题的能力,并通过改进措施的实现,提高企业生产效益。

　　本书共 8 章,分别为:第 1 章:制造业生产系统设计;第 2 章:作业时间测定;第 3 章:Flex-sim 实体库;第 4 章:Flexsim 脚本编程基础;第 5 章:Flexsim 仿真入门;第 6 章:Flexsim 应用技巧;第 7 章:汽车制造业仿真实例;第 8 章:Flexsim 常见问题解答。

　　本书的特点是实践性强,每个章节都配有大量的实际案例,通俗易懂,读者能在较短的时间内掌握基于 Flexsim 的生产系统仿真相关方法和技术,并在实际中灵活应用。

　　本书由湖北汽车工业学院李峰教授撰写,由于水平有限,疏漏之处在所难免,恳请读者提出宝贵意见。

李　峰

2017 年 4 月 5 日

于湖北汽车工业学院

目　　录

第1章 制造业生产系统设计

1.1 生产系统设计的基本概念

生产系统设计是一个庞大的离散事件系统的设计,一般将生产系统设计分为布局问题、物流最优化设计与搬运系统规划,分别进行研究。

布局问题是生产系统设计首先要解决的问题,布局一般按照工艺原则、产品原则或者成组原则进行布置,这主要由车间所生产的产品的种类、数量、特性等决定。

当车间布局确定以后,设备的位置基本固定,物料便按照工艺流程一步一步在设备之间进行传递。物流最优化原则是车间的总体物流量最小,尽量避免交叉回流的现象的产生。如果物流的最优化不能满足,或者交叉回流的现象经常发生,物流系统并不能使整个生产过程顺利完成,那么就必须反过来对车间的布局进行修改,直至物流顺畅为止。因此涉及物流路径设计。

搬运系统是车间物流的具体实现,物流系统的设计必须要符合搬运可行、方便、经济等原则。如采用叉车进行物料搬运时,叉车的最小转角必须要大于75°。因此,对物流路线设计时,必须要考虑搬运工具的实际性能。搬运路线尽可能直线设置,避免交叉、往返、混杂;搬运设备实现机械化、自动化、标准化,采用集装箱、托盘搬运方式来提高工作效率;减少等待和空载时间,提高搬运设备的利用率。物料搬运装卸过程要求可靠,尽可能减少搬运环节,简化作业流程在满足生产工艺的前提下选择合适的搬运设备和容器。

同时要注意的是,它们三者之间存在密切的联系,往往对单个系统研究之后获得的最佳方案再对这三个问题进行集成时,会导致所得的结果与现实差距很大。随着制造系统的日益复杂,这样的问题就会变得更加突出。因此,必须对车间布局、物流以及搬运系统之间的关系进行综合分析。

1.1.1 生产系统设计的定义

生产系统设计是在满足必要约束的前提下,将指定设备合理地摆放在指定布局空间中,从而达到某种最优指标的设计活动。对于制造企业的生产系统规划设计,应该包含下列含义:

①对于各种设施设备与人员的数量需求寻得一组最佳组合,以达到最恰当的生产组合。

②决定各种设备(包括生产设备、物料搬运设备、存取设备、辅助设备等)、物料及人员操作与活动所需的空间需求。

③分析各活动的关系,以求得各活动空间的相关位置。

④分析物料的接收、制造、储存、出货等整体过程,安排其流程、路径与时序,以期获得良好的物料搬运及人员流通成效。

⑤调整各活动位置与空间,以使人员、物料、机器等获得最有效经济的位置关系与操作方法。

⑥通过各项设施的妥善安排与规划,不仅减少对环境的负面影响,且能对长期的环境与组织发展有更积极的影响和效益。

1.1.2　生产系统设计的组成单元

生产系统设计的组成单元主要包括:生产车间、机器设备、物品物料、工作人员。生产车间是制造系统的基本组成部分,直接承担着企业的加工、装配任务,是将原材料转化为产品的部门。机器设备是企业进行生产的基本单元,合理的设备设计布局对均衡设备能力,保持物流平衡、降低生产成本起着至关重要的作用。规划设计时要对物料的形状特征、移动路线、移动方式、移动量等因素加以分析,避免物与物、物与人、物与设备之间的干涉碰撞。同时,生产系统需要给人员提供一个安全、可靠、健康、舒适的环境,最大限度地发挥人员的主导作用。

1.1.3　生产系统设计的影响因素

在开发生产系统设计的可行方案时要考虑以下重要因素:

①总体特征:行走总距离、制造区域可视性、布置的总体美学、易于未来扩展。

②物料搬运需求:采用新的物料搬运设备、对新设备的投资需求、空间和人员需求。

③集装单元应用:对在制品水平的影响、空间需求、对物料搬运设备的影响。

④存储策略:空间人员需求、对物料搬运设备的影响、人因工程方面的风险。

⑤总体建筑物的影响:不同方案的估算成本、新业务机会。

1.1.4　生产系统设计的目标

生产系统设计的目标是以工作效率为导向,主要是为了高效率地完成生产任务,它包括:

①使物料的运输成本最小。它要求运输路线尽可能短、尽量增大生产的连续性,减少装卸,防止物料被堵塞、延误。

②使空间、设备、人员等资源的利用率提高,有助于降低成本、增加利润。使系统具有尽可能大的应变能力,表现在扩展余地、高柔性等方面。

1.1.5　生产系统布局设计

生产系统布局是指在一定的生产环境下,制造系统设计人员根据生产目标确定制造系统中各设备布局形式和位置。生产系统布局设计要解决各生产工步、工段、服务辅助部门、储存设施等作业单位及工作地、设备、通道、管线之间的相互位置。合理的生产系统布局可以使生产系统的资源进行有效的组合,实现资源配置的最优化,对提高生产系统的运作效率具有重要的意义。

1. 一般生产系统布局的类型

生产车间设备布局设计是将加工设备、物料输送设备、工作单元和通道走廊等布局实体合理地放置在一个有限的生产车间内的过程。按照不同的分类标准,存在不同的布局形式,常见的布局类型见图1-1。

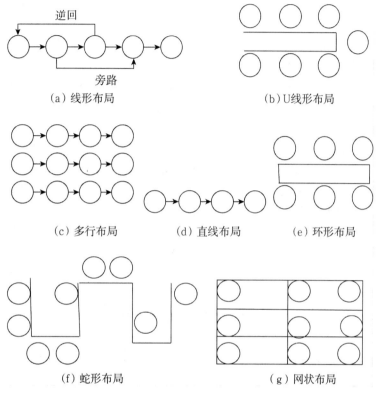

图 1-1　车间布局的基本类型

2. 基于设备位置关系的布局类型

基于设备位置之间的关系,布局类型分为产品布局、工艺布局、固定位置布局和单元布局。如图1-2至图1-5所示,它们之间的对比如表1-1所示。

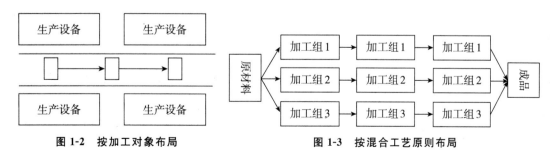

图 1-2　按加工对象布局　　　　图 1-3　按混合工艺原则布局

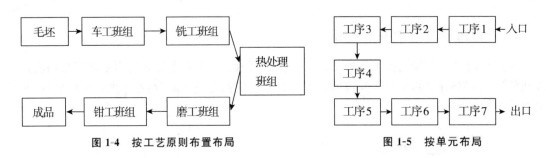

图 1-4　按工艺原则布置布局　　　　　　　图 1-5　按单元布局

产品布局，又称为生产线布局，见图 1-2，是指在固定制造某种部件或产品的封闭车间，设施按加工或装配的工艺顺序放置形成生产线。工艺布局，又称为功能布局。功能布局是将所有相同类型的资源放置于同一区域的一种布局形式，见图 1-4。工艺布局根据资源的功能特征对其进行分组，当产品品种多而生产批量小时，工艺布局将能提供最大的制造柔性。

固定位置布局适用于大型产品（如轮船、飞机、宇宙舱等）的建造和装配，工人和制造设施沿着产品移动。和工艺布局相对应的是单元布局，如图 1-5 所示，单元布局是将车间内的设施划分成若干个制造单元，以单元为基本单位组织生产。在单元布局中，一组设施完成相似零件的加工，单元是专门针对一组特定的零件族设计的，柔性较差。

混合布局（见图 1-3）是指在车间内，并非只有单一的布局形式存在，而是存在产品布局、工艺布局和固定位置布局并存的一种布局形式。这种布局形式能发挥多种布局形式的优点，避免各自的缺点。

表 1-1　设备位置关系布局方式比较

布局形式	适用范围	优点	缺点
产品布局	大批量、少品种的生产	结构简单，物流控制容易，物料处理柔性高	一般只考虑设备布局的定量要求，没有考虑定性方面的因素
工艺布局	同类产品多，产量低；产量中等的批量生产；中小批量生产车间	物料运输成本低，有利于同组设备的负荷平衡，更具有柔性；可处理多种工艺要求；使用普通设备，成本低且易维护	物料流动时间长、工序间相互冲突，浪费大量制造成本；设备利用率较低；物料传输慢、效率低，成本高
固定位置布局	大型、产量较小的产品（如飞机）的生产	产品不动，制造设备与人员作为假定的物流移动，费用较低	缺乏存货空间；控制系统复杂；管理负担高
混合布局	对上述布局形式的扬长避短	产品柔性高，效率高，单位产品成本低	系统复杂
单元布局	成组技术；加工相似产品；产量中等的单元化制造	省去了工艺布局带来的很多物料处理问题，效率较高	柔性较差；要求产品需求已知、稳定、周期长；一旦需求波动，性能优势就无法显示

1.1.6　生产系统布局方法

1. 作业相关图法

根据企业各个部门之间的活动关系密切程度来布置其相互位置,首先将关系密切程度划分为 A、E、I、O、U、X 六个等级(表 1-2),然后列出导致不同程度关系的原因,利用关系密切程度分类表和关系密切原因表,将待布置的部门一一确定出相互关系,根据相互关系重要程度,按重要等级高的部门相邻布置的原则,安排出最合理的布置方案(图 1-6)。

表 1-2　关系密切程度表

级别	代号	关系密切程度	评分
1	A	绝对必要	6
2	E	特别重要	5
3	I	重要	4
4	O	一般	3
5	U	不重要	2
6	X	不可接受	1

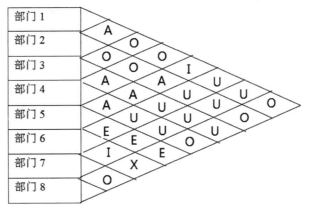

图 1-6　部门相关关系图

2. 从至表法

从至表是指物料从一个工作地到另一个工作地移动次数的汇总表,表中的列为起始工序,行为终止工序,表中的对角线上方表示前进方向的移动次数,对角线下方表示后退方向的移动次数。从至表法就是以从至表为基础,在确定设备位置的前提下,以表中的对角线元素为基准计算物料在工作地之间的移动距离,从而找出物料总运量最小的布置方案。

使用从至表法的基本步骤为:

第一步:编制零件综合工艺路线图。

第二步:按照工艺路线图编制零件从至表。

第三步:调整从至表,使移动次数多的靠近对角线。

第四步:绘制改进后的从至表。

第五步:计算改进后的零件移动距离以验证方案。

例如,一机器加工车间有六台设备,已知其生产零件的品种和加工路线,并据此给出了零件在设备之间的每月移动次数(表 1-3)和单位距离运输成本(表 1-4),请用这些数据确定该车间的最佳布局方案。

表 1-3 设备之间月平均移动次数矩阵 单位:次

	锯床	磨床	冲床	钻床	车床	插床
锯床		167	368	11	8	130
磨床	166		35	165	51	5
冲床	350	54		65	6	10
钻床	6	381	32		21	38
车床	76	21	50	255		20
插床	42	25	33	74	250	

表 1-4 单位距离运输成本矩阵 单位:元

	锯床	磨床	冲床	钻床	车床	插床
锯床		0.12	0.12	0.13	0.11	0.13
磨床	0.15		0.12	0.11	0.11	0.11
冲床	0.12	0.12		0.11	0.11	0.12
钻床	0.15	0.12	0.12		0.11	0.12
车床	0.13	0.15	0.13	0.12		0.11
插床	0.13	0.13	0.13	0.11	0.11	

首先,我们将运输次数矩阵与单位距离运输成本矩阵的相同位置的数据相乘,得到从一台机器到另一台机器的每月运输成本(表 1-5)。如:$166 \times 0.15 = 24.9$;$167 \times 0.12 = 20$;$368 \times 0.12 = 44.2$。

表 1-5 单位距离每月运输成本 单位:元

	锯床	磨床	冲床	钻床	车床	插床
锯床		20	44.2	1.4	0.9	16.9
磨床	24.9		4.2	18.2	5.6	0.6
冲床	42	6.5		7.2	0.7	1.2
钻床	0.9	45.7	3.8		2.3	4.6
车床	9.9	3.2	6.5	30.6		2.2
插床	5.5	3.3	4.3	8.1	27.5	

其次,按对角线将对应的成本数额增加,得到两台机器之间的每月总运输成本(表1-6),如:20+24.9=44.9;42+44.2=86.2。

表 1-6 单位距离每月总运输成本   单位:元

	锯床	磨床	冲床	钻床	车床	插床
锯床		44.9③	86.2①	2.3	10.8	22.4
磨床			10.7	63.9②	8.8	3.8
冲床				11	7.2	5.5
钻床					32.9④	12.7
车床						29.7⑤
插床						

最后,根据总运输成本的大小降序排列,确定机器(或部门)之间的紧密相邻的程度系数。根据系数确定各机器的布局。

由此,根据表 1-6 中的①②③④⑤的顺序,我们应将锯床与冲床相邻,磨床与钻床相邻,锯床与磨床相邻,钻床与车床相邻,车床与插床相邻,最后结果如图 1-7 所示。当然,在实际布局规划中,分析得出的结果还需要结合流程性布局做适当的调整。

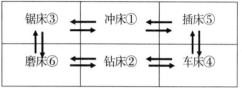

图 1-7 From-To 矩阵分析结果

1.2 生产物流系统设计

1.2.1 物流系统概述

1. 物流系统的相关定义

物流系统指在一定的时间和空间里,由所需运转的物流原材料、零部件、半成品、产品等相关设施(包装设备、搬运和装卸机械、运输工具、仓储设施等)、人员和信息等若干相互依赖与制约的要素所构成的具有特定功能的有机整体和动态过程。系统性、集成性、开放性和过程连续性是物流系统的突出特点。

工厂的物流(生产物流)是指从原材料和毛坯进厂,经过储存、加工、装配、检验、包装,直至成品和废料出厂,在仓库、车间、工序之间流转、移动和储存的全过程。物流贯穿生产的全过程,是生产的基本活动之一。物料在流动过程中不增加物料的使用价值,也不改变物料的性质。

物流是资金的流动,库存是资金的积压。因此,物流系统的改进有助于减少生产成本,提高产品质量,压缩库存,加快资金周转,提高综合经济效益。

在制造业中,单件小批量生产的企业约占 75%,而在众多的中小型企业的生产过程中,从原材料入厂,经过冷热加工、装配、检验、油漆包装等各个生产环节,到成品出厂,按国内的统计,机床作业仅占 5% 左右,95% 左右的时间都处于等待或搬运状态。

据统计,在总经营费用中 20%～50% 是物料搬运费用,物流设计的合理化可使这项费用至少减少 10%～30%,被认为是企业利润的一大源泉,是这些年备受重视的一个方向。

德国波鸿鲁尔大学的马斯贝尔格教授在对斯图曼和库茨的企业的生产周期进行调研分析后得出了如下结论:在生产周期中,工件有 85% 的时间处于等待状态,另外 5% 的时间用于运输和检测,只有 10% 的时间用于加工和调整;在一般情况下,改进加工过程最多再缩短生产周期的 3%～5%。

由此可见,提高机床的自动化程度,提高机床的加工效率,对缩短生产周期是很有限的。而更为显著的是向非机床作业(占 95%)或者工件处于等待的时间(占 85%)去要效益,也就是向生产组织和管理要效益。

就目前我国具体情况来看,现有企业物流不合理的现象普遍存在,如搬运路线迂回、往返,搬运机具落后,毛坯和在制品库存量大,资金周转率低。合理进行物流系统的设计可以在不增加或少增加投资的条件下,取得明显的技术、经济效益。

2. 物流系统的功能

①原材料和毛坯、外购件、在制品、产品、工艺装备的储存及搬运,尽可能实现自动化。做到存放有序,存入、取出容易;

②加工设备及辅助设备的上下料尽可能实现自动化,以提高劳动生产率;

③工序间中间工位和缓冲工作站的在制品储存;

④各加工工位间工件的搬运应尽可能及时而迅速,减少工件在工序间的无效等待时间;

⑤各类物料流装置的调度及控制,物料的运输方式和路径能够变化与进行优化;

⑥物料流的监测、判别等监控。

3. 物流系统应满足的要求

①物流系统应具有良好的管理系统。在运行中应可靠地、无损伤地、快速地实现物料流动,为此应有宽敞、方便、快捷、可靠的运输通道和运输设备。

②物流系统应具有一定的柔性。应具有可变性和可重组性,以适应多品种、小批量生产;不因产品更新而报废原来的物流系统,可稍作调整或部分补充即可迅速地重组成新的物流系统;不因某些设备因故停机时使生产中断,物料流动路线可灵活地进行变动,使生产继续下去。

③在每台设备上,停机装卸工件的辅助时间应尽可能短,工序间的流动路线尽可能短,保证物流的高效,也节省物流系统建设的投资。

④尽可能减少在制品积压,为此应加快物流系统的流动速度,加强库存管理和生产计划管理,朝"零库存生产"的目标努力。

⑤毛坯、在制品、产品的自动储存量,能保证三班制时无人或少人运行时的需要,或能保证易损坏设备快速排除故障时间内生产还能继续进行。

1.2.2 物流系统设计

1. 物流系统设计的概念

物流系统设计是把物流全过程所涉及的装备、器具、设施、路线及其布置作为一个系统,运用现代科学技术和方法,进行设计和管理,达到物流系统合理化的综合优化过程。如各种生产设施配置合理,减少物流的迂回、交叉、往返等无效搬运;减少库存和在制品,缩短物料的停滞等待时间;选用适当的装卸搬运方式和机具;厂内外运输近便、协调、有机衔接等。物流系统设计离不开装备、器具和设施的平面布置。有效的物流规划是合理进行平面布置的基础,也是平面布置的结果。

物流系统设计内容包括:物流路线、物料流动的起点和终点的具体位置,及它们之间的距离、物流量、每次搬运的件数、批量大小、频繁性、稳定性、缓急要求等;搬运路线倾斜、曲折、拐弯情况,拥挤程度和路面质量;仓储设施的布置等。

物流系统布置方案可用立体图或平面图的形式表示,布置方案最好拟定 2~3 个,以便通过比较从中选择较好的方案。

2. 物流路径设计

物料流动形式,即物流路径受到工艺流程、生产线长度、通道设置、物料传输方式与设备、储存要求及发展需要等因素的影响。

无论是工厂的总平面布局、车间布局,或者制造单元布局,都要考虑物料流、信息流和人员流的流动形式。出入口位置是制造系统选择物料流动形式时所考虑的重要因素。因建筑物结构的缘故,出入口通常固定在现有或特定的位置上,使车间内物料流动顺应这些限制来规划其流动形式。此外,物料流动形式还受到工艺流程、生产线长度、通道的设置、物料传输方式与设备、储存要求及发展需要等因素的影响。物料的基本流动形式有 6 种:直线形、L 形、U 形、环形、S 形和 W 形(表 1-7)。

表 1-7　物料常见的基本流动形式

类型	描述	图示
直线形	直线形是最简单的物料流动形式,入口与出口位置相反,适合工艺流程短且比较简单,或者只有少量零部件和少数生产设备的情况	
L 形	L 形适合用于现有设备或建筑物不允许直线形物料流动的情形,设施布局与直线形相似,入口与出口分别位于建筑物的两个相邻侧面	
U 形	U 形适用于入口和出口在建筑物的同一侧,生产线比实际可安排的距离长,其长度基本等于建筑物长度的两倍,外形近似于长方形	
环形	环形适用于要求物料返回到起点的情况,出入口紧邻或在同一位置	
S 形和 W 形	这两种物料流动形式适用于生产线比实际可安排的距离长,在较小面积内可安排较长生产线的情况	

依据物流路径形式,设施布局主要有单行布局、多行布局和环形布局三种(见图 1-8)。

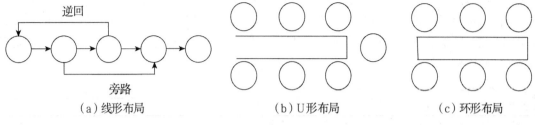

（a）线形布局　　　　　　　　（b）U 形布局　　　　　　　　（c）环形布局

图 1-8　单行布局

单行布局又可以分为线形单行、U 形单行和半圆形单行三种。为了获得较低的物料传输费用、较短的物料传输时间、生产线中一般不存在物流逆回、生产中断较少、加工过程控制简单及能够应用传输小车等优点,单行布局要求设施按照工艺流程的顺序紧密布置。然而,当单行布局中各类零件的加工顺序并不总是单向时,上述优点将会有所减弱,单行布局就会受到限制。因此,当多种零件的加工顺序不同,且零件不是沿单一方向传输时,单行布局的效率将大大降低。单行布局多用于柔性制造系统。柔性制造系统中多采用自动引导小车传输物料,由于单行布局能充分发挥自动引导小车的功能,使其高效工作,因此带有自动引导小车的柔性制造系统通常选用单行布局。

多行布局(见图 1-9)通常是线性的,不同行的设施之间存在物料传输,允许物料传输路径的交叉。多行布局可视为车间布局的一种,多适用于柔性制造系统。当布局中的行数为 2 且行之间不存在物料传输时,此类布局形式不属于多行布局,而是两个单行布局由于某种原因,如共享物料传输设备等,相邻布置而成,可按单行布局分别进行研究。

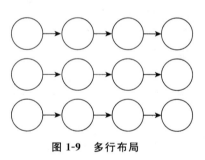

图 1-9　多行布局

当出入口的位置在一处时通常采用环形布局,环形布局比较适合通用设备比较多,物流路线比较复杂的生产布局,物料传输的柔性比较大。

1.2.3　物料搬运系统设计

物料搬运是对物料进行搬上、卸下、移动的活动。据统计,搬运费用占总生产费用的 $30\%\sim40\%$。在现代制造业中,物料搬运的影响和复杂性与日俱增。物料搬运所涉及的系统、方法和技术,都是在生产系统设计中研究的重要问题。从现代意义上看,物料搬运更适合于将其视作设施内部物流的组成部分。作为物流的重要组成部分,物料搬运是"用正确的方法,以正确的成本,按正确的顺序,在正确的时间,将正确的物料的正确数量,运送到正确的地点"。这里指的物料不仅包括生产所需物料,也包括辅助装备和工具(例如刀具、模具、夹具等)。

1. 物料搬运系统基本概念

物料搬运系统是指将一系列的相关设备或装置,用于一个过程或系统中,协调合理地将物料进行移动、储存、保护和控制。

①移动(Moving)：任何物料的移动都需要对物料的尺寸、形状、重量和条件，以及移动路径和频度进行分析。通常把不同状态和大小的物品，集装成一个搬运单元，便于搬运作业，也叫集装单元化。

②存储(Storing)：存储物料在操作之间提供缓冲，便于有效利用人和机器，并提供高效的物料组织。物料存储中应考虑的问题包括物料的尺寸、重量、条件和堆放要求等。

③保护(Protecting)：物料保护包括包扎、装箱，这样做是为了保护物料，防止物料损坏或被盗；也包括信息防范系统，用于防止误搬、错放、错误挪动和不按顺序的加工。

④控制(Controlling)：控制物料是指对物料物理和状态两方面的控制。物理控制是指对物料的方位、顺序和相互空隙的控制。状态控制是指对物料的位置、数量、目的地、初始地、所有者、进度安排的实时状态控制。

2. 物料搬运系统设计方法

搬运系统设计框架程序步骤见图 1-10。

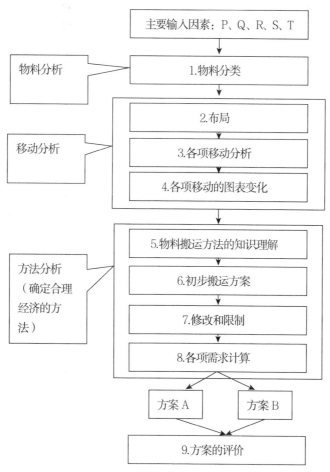

图 1-10　搬运系统设计框架程序步骤

step1:物料搬运系统设计的信息主要数据 P、Q、R、S、T,即:

P(Product):产品和物料,包括其变化和特性。

Q(Quantity):每种物品的数量。

R(Routing):加工流程或搬运路线,即工艺操作过程、加工顺序或加工。

S(Severing):支持生产过程的服务部门或辅助部门。

T(Time):与上述四项有关的时间因素,以及与设计本身进度有关的时间。

step 2:物料分析

物料分类的依据主要是依靠物料的可运行性、物流条件,低价值、不常用物料与高价值、常用物料的搬运程度都不一样。物料分类主要包括:物品名称、物理特征、物料的特征等。

step 3:移动分析

设施布局决定了物料搬运的起点和终点的距离,移动分析建立在物料搬运作业与具体布置结合的基础上。

step4:确定搬运方案

搬运方案的确定主要依据以下三方面内容:

①根据搬运路线系统选择原则确定搬运路线(直达、渠道、中心)。

②根据搬运设备选择原则确定搬运设备类别、规格、型号。

③根据物料分类类型确定运输单元。

然后将一定类型的搬运设备与一定类型的运输单元相结合,并进行一定模式的搬运活动,形成一定的搬运路线系统。一般地,每个搬运方案都是几种搬运方式的结合。

step5:方案的修改和限制

除考虑搬运路线、设备和运输单元外,还须考虑正确、有效设备操作,以及协调、辅助物料搬运正常进行的问题(如生产和库存的协调)。

step6:说明和各项需求的计算,对修改后的几个初步搬运方案,应逐个方案进行说明和计算,其内容包括:

①每条路线上每种物料搬运方法的说明。

②搬运方法之外的其他必要的变动说明(如更改布置、生产流程等)。

③计算搬运设备和人员需求量。

④计算投资和预期经营费用。

step7:方案评价

选择合适的方案比较方法,确定最优方案。

step 8:搬运方案的详细设计

在初步方案确定下来的基础上,解决具体取货、卸货的搬运方法。

1.3　生产系统仿真

1.3.1　生产系统仿真意义

生产系统是用人力、物料、设备、技术、信息、能源、土地、各种资金以及时间的投入,通过物理变化、化学变化、位置变化等生产过程,产出有形的产品和无形的服务的综合系统,如图 1-11 所示。

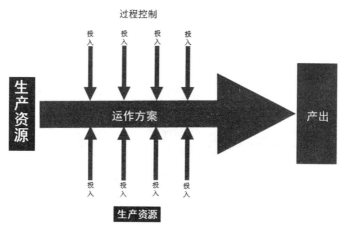

图 1-11　生产系统运行模式

生产系统高效运行是企业盈利和生存的关键。而生产系统高效运行的评判指标是:减少生产中一切浪费,用最少投入得到最大产出。

生产系统是一个为了生产某一种或某一类产品,综合生产工艺、生产计划、质量控制、人员调度、设备维护、物料控制等各种技术为一体的复杂系统。因为它受到市场需求、原料供应、生产环境、生产状态等多方面因素的制约,所以生产系统适应生产需求变化的对策一直是生产管理人员试图研究和努力解决的一个重要问题。由于这些因素的不确定性,生产投入方法与产品的产出之间的特征关系并不是一个可解析的简单的数学函数或数学模型关系,也正是这一原因,企业为了对生产系统的协调和优化往往采用实际尝试的方法,为此,企业花费了大量的人力、物力、财力和时间,造成了大量的浪费。

此外,物流系统是生产系统的一个重要组成部分,其效率的高低对整个生产系统的效率影响巨大。物流系统是整个生产过程中的一部分,是从属于加工制造过程的。因此,设计物料系统时常常受到许多因素的制约,应根据各种制约条件对物料系统方案进行修改。

这些制约条件大致包括:与外部衔接的运输方法、适应远期发展变化的需要、与生产流程或设备保持一致、现有设施的利用、面积空间的限制、建筑结构的特征、库存制度及设备等;另外还包括投资的限制、政策规范的制约、物料对环保和安全的限制等。根据上述限制应对物流系统的方案进行修改。

物料系统规模大、投资费用高、结构形式、运输方式都很复杂,许多实际问题事先难以考虑周全。过去,只能是建造完以后,才能发现问题,只好通过局部拆除、返修、调整才能达到预定目标。现在可以借助计算机进行物料的调度输送动态仿真。

物流系统的方案经过计算机仿真和修改后,根据技术和经济两方面对提出的方案逐个进行分析比较,从中选出最合理可行的方案。

1.3.2　生产系统仿真必要性

系统仿真是现代企业科学管理技术之一,是将对象系统模型化、抽象化,把模型作为研究对象,用计算机仿真技术对系统或模型进行分析的一种技术。系统仿真是工程师、经理和决策人对有关操作、流程或是动态系统的方案进行试验、评估以及视觉化的工具(图 1-12)。

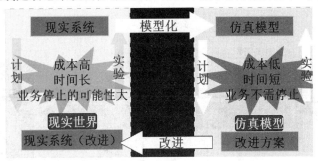

图 1-12　系统仿真

生产系统仿真是基于对生产系统的了解或者根据假设条件,利用计算机仿真软件对生产系统不同部分进行仿真模拟,从而获取整个生产系统行为的前瞻性。具有可以在短时间、低成本下运行,而且不给现行系统带来任何中止或破坏的危险。

此外,物流设备及人员的配置、物流工程系统构成等是一个空间、时间与随机变量交错的复杂课题,几乎不能用公式或简单的表计算来解开这些难题。而仿真技术对解开这些难题非常有效。运用仿真技术也可以使管理者从"经验＋感觉＋胆量"管理模式中解脱出来。

1. 生产系统仿真作用

建立可视化的生产系统仿真模型,并输入相关生产系统参数或改变参数并仿真运行,反复运行,可以发现如下问题。如:瓶颈在哪? 资源配置是否合理? 生产系统方案是否可行? 从而提高决策效率、准确性。

应用仿真技术为一般可以解决以下问题:

①引进新设备时的事先评价问题。

如:引进何种设备? 多大性能的设备?

②人员、设备的配置问题。

如:引进设备后的场地规划和人员怎样配置才能合理? 引进设备后瓶颈口能否解消? 其他地方是否成为新的瓶颈?

③场地布局的评价问题、工厂、仓库的规划设计、工厂、仓库的容量/库存问题。

如:需要扩建多大面积的仓库? 如何合理地配置新建配送中心的设备和人员? 已经有两套以上的方案,但不知怎样才能比较这些方案?

④作业工程计划的改善问题,几乎所有涉及时间、空间和效率的关系问题。

如:已有定性的认识,但如何才能进行定量分析? 如何在定量分析的基础上进行改进、评估? 作业方式选择的定量标准?

⑤其他生产系统问题。

如:提高设备利用率;减少等待时间和队列长度;有效地分配资源;解决库存(短缺)问题;最大限度减少故障带来的负面影响;最大限度地减少次品和浪费带来的负面影响;投资方案的评估;确定产品的吞吐量;对可降低成本的方案进行研究;设计最佳的批量尺寸和产品排序;解决物

料搬运的问题;研究预置时间和更换工具产生的影响;优化产品和服务的优先级和分配逻辑;对操作员进行整个系统及相关工作的培训;展示新器械的设计和用途;日常决策的制定;等等。

2. 仿真系统应用案例(物流运输应用)

某物流运输公司每天都有通往某一方向的货物运输车,发往该方向的车辆路线如图 1-13 所示。

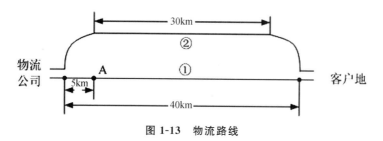

图 1-13　物流路线

约束条件:

物流公司与客户地之间的直线距离是 40km,公司车辆可通过①和②两条路线到达客户地,路线①是直线段,路线②由一段 30km 的直线段和两段各半径为 5km 的曲线路段组成。如果车辆通过①路线到客户地,经常会碰上在 A 处堵车的情况;而路线②上的车流很少,若通过路线②就很少会发生这种情况,但车辆要多走一些距离。

车辆在线路①和线路②上的运行速度都是 36km/h,公司每 5 分钟派出一辆运输车。为简化模型,这里假设路线①的 A 处每 60 分钟发生一次堵车,每次堵车的时间为 15 分钟。

仿真的目标是:

方案 1:事先不知 A 处堵车情况,公司派出的车辆以相同的比例发往线路①和线路②,通过模型运行看 10 小时到达客户地的车辆数。

方案 2:事先已知道路情况,当 A 处堵车时,公司派出的车辆自动通过线路②运行,避开拥堵路段,通过模型运行看 10 小时到达客户地的车辆数。

利用计算机仿真技术对两个不同路线方案进行模型运行,并对结果作比较。

利用 Flexsim 仿真软件建模如图 1-14 所示。

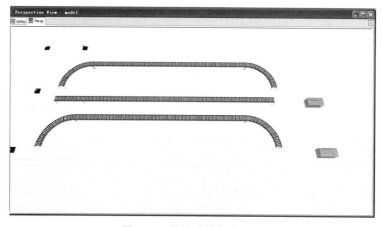

图 1-14　物流建模与布局图

把相关参数进行设置,并模拟运行 10 个小时,可知方案 2 行车效率较高,选取该行车路线。通过案例可知,系统仿真技术是快速评价生产系统效率的一种有效手段。

1.3.3　生产系统仿真相关技术

1. Flexsim 仿真软件简介

Flexsim 是 Windows 平台上执行的全窗口化 3D 专业系统仿真软件,它具有完全的 C++对象指定性,建模完全符合 Windows 操作习惯,非常方便快捷,超强的 3D 虚拟现实技术,运行速度极快、演示效果极佳。直观的、易懂的用户接口,卓越的柔韧性和开放性。

2. Flexsim 仿真软件特点

其内部有强大的实体库,可以直接导入目前市场上标准 3D 模型实体,包括 Google 3D 模型库。能提供 OpenGL 自定义画图模块,部件灵活性很强,例如:Conveyor、Rack 等。自定义任何实体、模块,都可以保存为自定义库。3D 与数据记录完全同步,区别于后期 3D。

其运动学模块,让用户轻松完成各种设备、机械手、人等动作设计。Flexsim 是完全采用树形数据结构的概念设计的,可使用树图详细地展开模型结构和实体,树图中包含了库实体、命令以及所有模型信息。

在仿真实施过程中或仿真结束后,采用一系列丰富多彩的统计表格、图表和图形输出或打印仿真结果。系统运行报告可以输出数据库、HTML 等形式文件。Flexsim chart 除包含基本的报告外,还有甘特图、成本费用等报告。

自带 AVI 制作器,结合飞行漫游技术 fly-path 可以制作用户需求的视频文件。GUI 能够多角度、多方位地展现仿真模型,使得模型更加用户化。

有较强的数据分析功能。如:集成 Experfit 数据分析工具,可以收集数据进行分析、拟合 20 多种统计分布函数;包含 Experimentor 工具模块,对自变量和因变量进行线性分析选优;集成 OptQuest 优化工具,集合散点、遗传等优化算法进行数据优化。分析结果和报告也可以链接到任何 ODBC 数据库(像 Oracle、Access 等)和大众数据结构文件(如 text、Excel、Word)。

软件开发相对简单:Flexsim 自带的大量封装函数,并可以自定义函数;Flexscript/C++/DLL 代码编辑平台,方便用户对 Flexsim 的深层使用,并具有实时纠错功能。

Flexsim 生产系统仿真建模相对较为简单,对于简单模型仅需要 4 步:

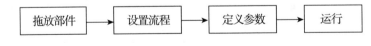

对于复杂模型仅需要 5 步:

3. 生产系统设施布局的数学模型

生产设备布局问题的数学模型是一种组合优化问题。组合优化问题有 3 个基本要素:变量、约束和目标函数。在求解过程中选定的基本参数称为变量,对变量的种种限制称为约束,表示可行方案衡量标准的函数称为目标函数。生产系统设施布局问题的变量是各个实体在空间中的位置组成的向量;约束就是各个设施在空间中的位置约束,约束可以包含边界约束、间距约束和成本约束等;目标可以是单个的,也可以是多个的,大多数的设施布局问题都是以设施间物料搬运费用为最小目标,来确定企业生产物流系统的平面布局优化。

4. Flexsim 中的坐标体系与实体模型

分析数学模型可得,在设备布局坐标体系中,已知设备中心点坐标、设备形状参数和各设备之间距离约束的条件下,设备在坐标体系中的布局即也被确定。这些数据在 Flexsim 中都可进行设置,并且 Flexsim 提供了更丰富的功能。如图 1-15 所示为 Flexsim 仿真的坐标体系。Flexsim 中的每个实体都在其属性页中明确地给出了具体的空间三维坐标。通过移动模型实体改变实体位置的中心坐标、实体之间的距离约束线、线和边界约束,同时也可以修改实体各坐标值来改变实体的面积大小。具体实现如图 1-15 所示:X、Y、Z 表示中心点坐标值,RX、RY、RZ 表示实体在 X、Y、Z 方向上的旋转角度,SX、SY、SZ 表示实体在 X、Y、Z 方向上的尺寸长度。这些数值可以在界面中直接修改,也可以在实体模型中用鼠标拖曳的方式来调整。

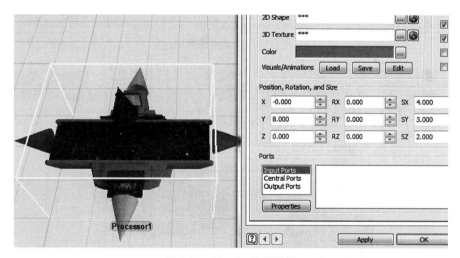

图 1-15　Flexsim 位置设置

在知道中心坐标的情况下,设备在车间中的具体位置就可以确定。这样就可以根据数学模型建立基于 Flexsim 的仿真布局模型。然后对生产车间布局进行逻辑设置、时间设置等,最后通过仿真运行便可以获得目标函数(物流成本等)的仿真值,这些值便可以作为决策者的决策依据。

1.3.4 生产系统流程的仿真实现

生产流程又叫工艺流程或加工流程,是指在生产工艺中,从原料投入到成品产出,通过一定的设备按顺序连续地进行加工的过程。

1. 生产流程仿真实现的设备实体

(1)固定实体与临时实体

Flexsim 仿真中,处理器相当于机械设备,临时实体就是设备所处理的零件。固定实体描述了一类用特定方式处理临时实体的设备,主要包括生成器、处理器、缓存区、货架等(图 1-16)。它们通过其输入端口接收临时实体,对这些临时实体执行一系列操作,然后通过其输出端口释放临时实体将其传送下去。这些操作可以假定为设备对零件的加工、包装、分拣等过程,可以设置这些过程的时间来仿真零件在设备中加工时间。当处理完成之后根据不同的产品、不同的策略、不同的工艺送往下游不同的实体或者缓存。

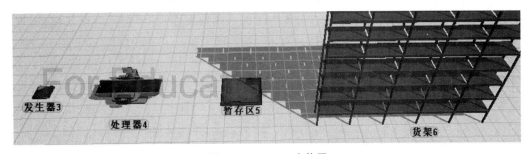

图 1-16 Flexsim 实体图

临时实体代表不同的加工零件(图 1-17),通过设置不同的类型(Item-type)、标签(Label)或颜色进行区别。固定实体依据设置的不同的类型或标签对临时实体行相应的处理或者传递到下游的固定实体。

图 1-17 Flexsim 临时实体图

(2)缓存区

在实际生产中,由于各台设备处理单个零件的时间不一样,必然会导致生产的不平衡。根据"木桶原理",一条生产线如同木桶盛水,其"盛水量"取决于构成该木桶的那块最短木板的长度。对于一条生产线而言,整条生产线的产量取决于该生产线中生产总耗时最长的那道工序,即瓶颈工序。而在仿真过程中,由于瓶颈工序的处理器一直处于工作状态,其上游设备由于下游设备没有接收空间,长时间处于阻塞状态,而下游设备由于长时间接收不到临时实体而处于等待状态。

设置缓存区(图 1-18)的目的就是为了接收生产不平衡造成等待的临时实体以避免阻塞的出现。机械加工一般采用批量生产方式,当非瓶颈设备完成批次生产之后,零件处于缓存区中等待。利用机械等待时间加工其他产品,当瓶颈工序完成加工之后,继续完成原来产品的加工。不同产品应当处于不同的缓存区内,避免在制品混杂现象出现。这样,必会增加企业的总体效益和设备利用率,提高车间的总体生产平衡。因此有效的缓存对提高车间的产量具有重要的意义。但是对机加工车间的生产调度以及物流设计将提出新的要求。而布局类型中的多行布局和网状布局便可以解决通用设备造成的物流交叉、迂回等问题。此外,缓存区还可以充当物流中转站的作用,当缓存区下一工序设备的位置比较远时,临时实体则处于缓存区中,等待搬运工具运输到下一固定实体。同时对该缓存所接收的这一类临时实体进行标识,避免物流混乱的情况出现。

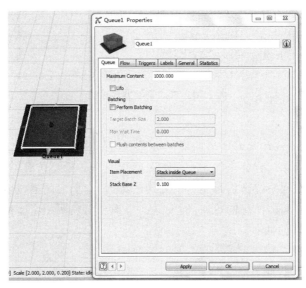

图 1-18　缓存区设置图

2. 工艺流程仿真实现方式

在仿真过程中,通过连接固定实体实现临时实体在不同固定实体之间的流动,临时实体流动的实现方式主要有下面三种:

(1)拉动流动方式

Flexsim 中固定实体作为父类,定义了把临时实体拉入到站点并继续发送实体的逻辑。在生成器、暂存区、处理器、货架等固定实体的子类的"临时实体流"选项中,都有编辑其拉式模式的选项,见图 1-19。在拉动模式下,临时实体总是在当前实体中完成所定义的操作之后将离开当前实体到下一个实体中去。只要下游的实体有空间接收,临时实体就会进入下一个实体,继续完成操作。依此类推,只要下游的实体有空间接收,临时实体就会一步步流向下游实体,最终完成所有操作离开系统。

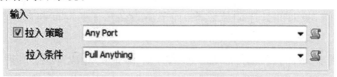

图 1-19　拉动式流动方式设置

(2)推式流动方式

在生产和销售领域,推式策略是指生产商将产品积极推到批发商手上,批发商又积极将产品推给零售店,零售商又将产品推向消费者。在 Flexsim,下游设备可以将临时实体以推动的方式传递给上游的工艺设备。在固定实体中设置推动方式,送往上游设备的任意接口。如果采用推式流动方式,那么在仿真过程中就比较容易实现。图 1-20 为推式流动设置界面。

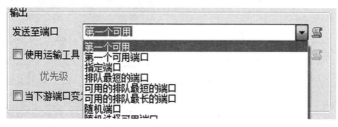

图 1-20　推式流动方式设置

(3)消息驱动机制

消息驱动(message—driving)的离散事件仿真方法是将面向对象的程序设计方法分布式的仿真和并行算法的概念结合起来的一种更加灵活而直观的模型仿真的方法。在基于消息驱动的离散事件仿真中物理系统被仿真成一个处理的集合,它们之间通过消息来进行通信,系统中的事件可视为实体之间的消息的传递,即发送一个消息就表明一个事件的发生。

资源和处理是仿真的两个基本组成模块。资源是被动的对象,可以用简单的变量或复杂的数据结构来表示,而处理是独立、动态的实体,它们之间相互作用,使用资源以获得特定的目标。Flexsim 中实体的程序模块可以同时仿真资源和处理,实体可以向其他的实体发送消息。如图 1-21 所示,OnReset 可以向实体队列或其他

图 1-21　消息驱动方式设置

的实体发送一个消息,这个消息可以是等待、延时或者打开端口消息等。OnMessage 是对实体所发送消息的一种响应,并对消息进行处理。通过消息的发送与处理实现临时实体的流动。

3. 工艺流程中不同形式的具体体现

目前机械加工以多品种、小批量的生产方式为主。产品品种、产品结构、产品工艺、零件标准化、机床设备的通用性水平等影响因素交织在一起使整个生产系统呈现相当程度的复杂性、随机性。产品类型的增多，使车间物流系统更加复杂。布局基本形式中的多行布局和网络布局中物流路线出现交叉、混流的现象，如何仿真实现这样复杂的物流形式。可以将复杂的物流系统简化为以下三种形式，下面对如何在 Flexsim 中实现进行阐述。

(1)多种产品进入同一排队序列等待处理器加工

由于设备通用性，在多品种生产模式下，经常会出现许多零件在一台设备上加工的现象。不同的产品如何加工、加工顺序、加工时间如何实现。Flexsim 中一般的加工策略有：

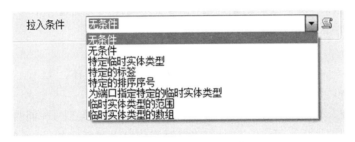

图 1-22　Flexsim 加工策略选项

无条件(图 1-22)：是指拉入临时实体时没有任何条件限制。指定临时实体类型(Specific Item Type)，按照临时实体的类型拉入，临时实体的顺序可以按照工艺要求来设置。

指定标签(Specific Label)：按照实体的标签进行设置，以标签作为拉入依据。分情况选择实体类型(Itemtype ByCase)，根据临时实体的类型，进行相应条件拉入。

指定排队序号(Specific Rank)：对临时实体进行排序，按照顺序依次拉入。

类型数组(Array of Item Type)：将临时实体类型与设置好的数组中的类型进行比较，如果有，便将实体拉入。

(2)多条队列不同产品进入同一处理器

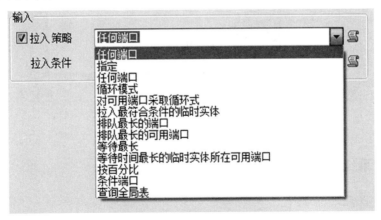

图 1-23　Flexsim 等待策略选项

不同的产品处于不同的缓存区等待同一设备处理时的仿真策略有：

指定端口：从指定的端口中拉入，如果端口不可用，将一直等待直到可用为止。

任意端口（图 1-23）：在所有连接端口可用的情况下，按顺序从端口拉入。

轮循（Round Robin）：按轮循模式（数字轮序）从端口拉入。

最长排队队列（Longest Queue）：从排队最长的端口拉入。

等待时间最长（Longest Waiting）：从等待时间最长的端口拉入。

按百分比输入（By Percentage）：根据端口输入的百分比从各端口中拉入。

按条件选择（Conditional Port）：根据事先设定好的拉入程序依次拉入。

全局表（Global Table）：事先设置好全局表作为程序依次拉入。

（3）工艺路线出现逆回和旁路

由于工艺的多样化，设备布局固定的情况下，工艺流程的实现过程不可避免地出现逆回和旁路。在仿真过程中采用推式流动方式进行仿真实现。

第一个可用（图 1-24）：将临时实体发送到第一个空闲端口。

排队最短（Shortest Queue）：发送到当前数量最少的那个实体。

随机端口（Random Port）：将实体发送到一个随机端口。

按实体类型（By Item Type）：将特定类型的临时实体发送到与类型号相同的各个输出端口。

对应实体类型（Matching Item Type）：将临时实体发送到特定的端口，此端口与一个特定工作实体相连。

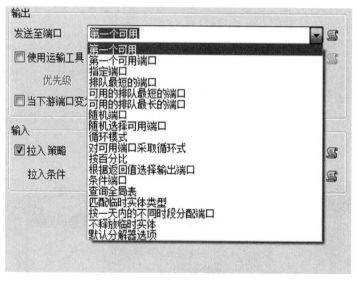

图 1-24　Flexsim 推动端口设置

1.3.5　生产系统物料搬运及物流的仿真

1. 物流节点和物流路径

物流的过程，如果按其运动的形式即相对位移大小观察，它是由许多运动过程和许多相对停顿过程组成的。一般情况下,两种不同形式的运动过程或相同形式的两次运动过程中都要有暂时的停顿,而一次暂时停顿也往往连接两次不同的运动。物流过程便是由这种多次的运动—停顿—运动—停顿组成的。物流节点是指物流网络中连接物流线路的结节之处。物流过程按其运动的状态来看,有相对运动的状态和相对停顿的状态。货物在节点处于相对停顿的状态,在线路处于相对运动的状态。

在车间物流中,每台设备都可以看成一个物流节点。在机械加工过程中,零件由搬运工具运输至加工设备,在完成零件的加工活动后,再由搬运工具装载到下一设备。这样车间物流便是在不同设备之间的流动,设备就是物流节点,搬运工具的行走路线就是物流路径。

在物流路径规划中,Flexsim 提供了网络节点(Network Node)实体。网络节点可以代表入口位置、起点设备位置、目标设备位置、出口位置等,以网络节点作为装卸点。通过将网络节点相连(图 1-25),便形成了网络节点之间的路径,可以模拟现实车间的物流通道,并设置其宽度。网络节点之间的距离同样可以改变,方便模拟设备之间实际的运输距离。

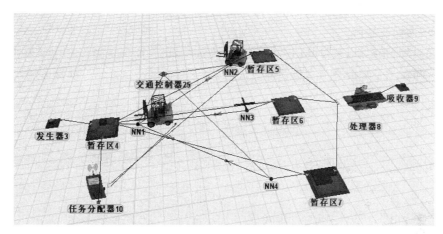

图 1-25　物流节点、物流路径仿真模型

2. 搬运工具最优路径

车间内一般的运输工具包括叉车、手推车等。Flexsim 提供了运输机实体,运输机是从父类 Dispatch 继承而来的,其可以动态仿真车间物料流动的过程。运输机实体在运输过程中会选择最优路径行驶,这是由于 Flexsim 集成了 Dijkstra 算法来实现其功能。Dijkstra 算法基本思路如下:从 Vs 出发,逐步向外探寻最短路径。在执行过程中,将每个顶点赋予 P 标号或 T 标号。P 标号也称为永久性标号,代表已经获得从始点 Vs 到该点的最短路径,其标号值在整个计算过程中不变。T 标号也称为临时性标号,表示还没有获得从 Vs 起始点到该点的最短路径,其标号值是可以改变的。随着搜索过程的进行,T 标号的节点将逐渐减少,而 P 标号的点将逐渐增多,当终点 Vj 也获得 P 标号时,就获得了所要求的最短路径。在搜索的过程中,不仅求得了从始点 Vs 到终点 Vj 的最短路径,同时也求得了从始点 Vs 到网络中每一点的最短路径。如果运输机有多种方案从起始节点到目标节点时,其会自动选择距离最短的物流路径行驶。

因此,仿真运行中输送机的运行路径便是最佳路径。

3. 搬运系统规划

在车间规划过程中,把路径分为 3 种区域:干道、交叉路口和目标位置。干道上两辆以上的运输机竞争同一条线路,容易发生碰撞。交叉路口是几条路径的公共部分,也是引起运输工具碰撞的位置。解决这样的问题在 Flexsim 中有如下方法:

(1)通过设置单通道解决干道竞争

通过网络节点(Network Node)之间的连接获得的路径一般为双通道,为了避免该路径出现碰撞,可以将通过节点实体发送一个关闭路径侧边命令,则该路径即变为单通道。设置单通道之后,如果有其他运输实体要进入该路径,进入之前首先判断路径中是否已有运输工具。如果没有,则进入该路段;如果有,则必须对路径中已有运输工具的运动方向进行判断。等待进入的运输机行进方向如果与已有运输机的方向相反,则禁止其进入该路段;方向相同,则进入该路径,同时对路径属性进一步设置为"禁止任何运输工具超车"。这样就避免了干道碰撞的问题,具体流程见图 1-26。

(2)利用交通控制器

利用交通控制器可以对特殊的路段进行交通管制,根据需要设置限制进入管制路段的运输机。如该路段最多只能有一台机器同时通过,则该路径就不会有碰撞现象出现。

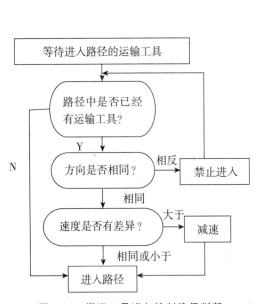

图 1-26　搬运工具进入控制路径判断

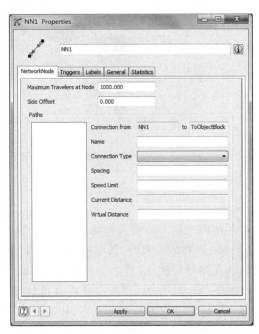

图 1-27　网络路径点控制图

(3)网络节点设置发送消息

网络节点设置延时消息的目的是为了解决交叉路口多台运输机碰撞的问题。当有多台运输机通过交叉节点时,节点根据运输机所搬运的物品种类的优先级发送消息。优先级高的零件先通过,优先级低的则必须等待或左转、右转重新寻找新的路线到达目标节点。从而避免同一节点上多台运输机同时通过而造成的碰撞问题(图 1-27、图 1-28、图 1-29)。

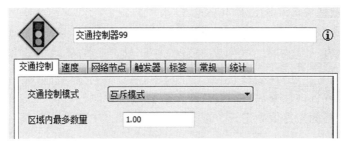

图 1-28　交通控制图设置

图 1-29　网络节点发送消息

1.3.6　搬运工具任务执行序列

车间仿真过程中一般有许多输送机处于等待状态,同时有多种产品等待运输,如何将恰当的运输机分配到正确的位置,运输正确的临时实体。解决方法之一是使用任务序列。

任务序列(Task Sequences)是 Flexsim 仿真软件中的核心机制。各种复杂仿真的实现很大程度取决于怎样实现任务序列。任务序列是由 Task Execute 执行一组命令序列。这里 Task Executer 涵盖了所有由它派生的动态对象,如 operators、transporters、Robots、Elevators 以及其他可运动的对象。如图 1-30 所示的叉车任务序列就是需要一个任务执行器分配叉车按一定顺序执行的一系列任务。P1 表示是否有先占值,P2 为先占值的具体数值。

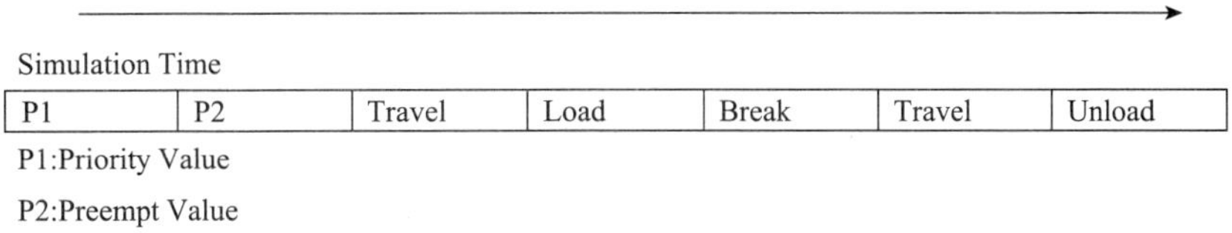

Simulation Time

P1	P2		Travel	Load	Break	Travel	Unload

P1:Priority Value

P2:Preempt Value

图 1-30　叉车搬运任务序列图

叉车任务序列的具体过程为:①行进到当前临时实体所在的实体;②从那个实体装载临时实体;③中断(停止装载任务);④行进到目的地实体;⑤卸载临时实体到目的地实体。上面所示的每个任务都与一种特定的任务类型相对应。

任务类型主要有以下几类:

(1)行进任务(Travel Task)

"行进"类型任务告诉任务执行器行进到模型中的某个实体。这可以由多种方式完成,取决于模型的设定。如果任务执行器连接到一个网络,那么此"行进"任务将使其沿着网络行进,到达与目的实体相连的那个网络节点。

（2）装载和卸载任务（Load and Unload Task）

"装载"和"卸载"类型任务告诉任务执行器从一个站点装载一个临时实体，或将一个临时实体卸载到一个站点。

（3）中断任务（Break Task）

"中断"类型任务告诉任务执行器去查看是否有它可以"中断"转而进入的其他任务序列，中断任务由任务序列的先占值确定。

1.3.7　搬运任务流程仿真实现

搬运系统实现的具体过程如下：首先设备实体向分配器（监控所有的搬运设备的实体）实体发出搬运请求，分配器对系统中的所有搬运工具（AGV）或叉车或操作员进行检查是否有空闲的搬运设备和人。如果有，则运行到发出请求的搬运实体。如果没有，则检查所请求的任务序列的优先级，是否采取"中断"处理，强行中断其他任务序列来执行当前任务序列。具体流程见图 1-31，因此搬运系统实现主要分为以下两部分：

①设备实体向分配器发送搬运请求，并将请求发送至任务队列。

②分配器根据任务请求选择合适的运输工具完成搬运任务。

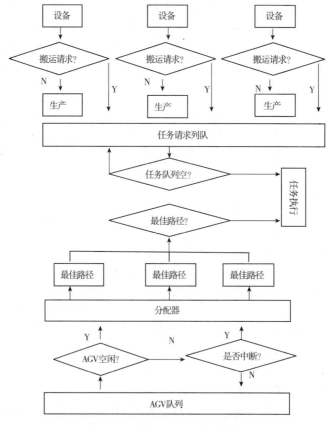

图 1-31　搬运工具仿真任务调度

1.4 Flexsim 制造加工车间建模与仿真案例

1.4.1 案例背景

　　某机加工车间,主要生产钻床主轴,主轴箱和型芯块。车间内有 8 台车床,6 台磨床,4 台铣床,以及钻床等其他的机加工设备。车间有 1 个入口,1 个出口和专门存放制成品的货架。入口在车间前段中间位置,出口在车间的后端。该机加工车间加工零件采用批量生产方式,不同产品批次各异。钻床主轴,主轴箱以及型芯块的主要加工工序的时间消耗如表 1-8 所示。仿真过程流程如图 1-32 所示。

表 1-8 零件工艺

\ 钻床主轴				主轴箱			
序号	机加工种类	工艺	加工时间(s)	序号	机加工种类	工艺	加工时间(s)
1	车	粗车端面	97	1	铣	粗铣顶圆	230
2	车	粗车小端面	101	2	钳工	钻 R 圆上的孔并攻丝	123
3	车	粗车小端外圆	90	3	铣	铣地面、侧面	210
4	车	粗车端面和外圆热处理	50	4	粗镗	粗镗各轴孔	150
5	车	半精车莫式锥孔	101	5	镗	精镗各轴孔	240
6	车	车螺纹	90	6	镗	粗镗主轴孔	230
7	车	半精车莫式锥孔	93	7	磨	磨 O/P/Q 面	120
8	钳工	划长孔线	84	8	清洗	清洗	180
9	铣	铣长孔	53	9	检验	检验精度	150
10	铣	粗铣、半精铣花键、热处理	62			型芯块	
11	磨	初磨各段外圆	64	1	铣	铣台阶面	127
12	磨	初磨锥孔	67	2	铣	铣削斜面	135
13	磨	精磨各段外圆	60	3	车	车端面	82
14	磨	精磨花键	111	4	钻	钻孔	280
15	磨	精磨各端外圆	129	5	镗	镗中心孔	120
16	磨	精磨莫式锥孔	105	6	检验	检验尺寸	120
17	切除	切除小端余量	165	7	磨	磨削外形平面	60
18	检验	检验尺寸和精度	80	8	磨	磨削斜面	80
				9	抛光	抛光斜面	217

1. 加工车间基本数据

生产车间为 24m×16m 的矩形车间,除了上面提到的机床设备外还包括:上料站 1 个,卸料站 1 个,工序间的缓存区若干。车间内以托盘作为搬运单元,同一托盘中只能放置一种零件,托盘所能容纳不同零件的数量为:主轴 10 个、主轴箱 4 个、型芯块 5 个。搬运方式主要是采用人工搬运和叉车搬运两种方式。设备相邻工序之间采用人工搬运,不相邻的工序之间或距离较远的工序用叉车运输,每次搬运量都为 1 个托盘。工人上料、卸料时间以机械加工工艺手册为基准。表 1-9 为普通车床装夹与卸下工件时间,工件重量为 1kg。

表 1-9 普通车床装夹与卸下工件时间表 单位:min

装夹方式	加工方式	装夹时间	卸下时间
三爪自定心卡盘	手工	0.08	0.06
三爪自定心卡盘与顶尖	手工	0.10	0.07
两个顶尖或三爪自定心卡盘与中心架	手工	0.06	0.03
两个顶尖与卡盘	手工	0.03	0.02

2. 车间布置建模与仿真流程

①确定仿真目标,拟订问题和研究计划。这一阶段的任务是明确规定车间仿真的目的,边界和组成部分,以及衡量仿真结果的目标。

②收集和整理数据,仿真中需要输入大量数据,它们的正确性直接影响仿真输出结果的正确性。调研所期望获取的资料一般包括:

结构参数:结构参数是描述车间结构的物理或几何参数。例如车间平面布局、设备组成、物品形状、尺寸等静态参数。

工艺参数:工艺参数是车间零件的工艺流程,各流程之间的逻辑关系等。

动态参数:动态参数是描述生产过程中动态变化的一些参数。如运输机的加速度和速度,出入车间的时间间隔、运输车的装卸时间等。

逻辑参数:逻辑参数描述生产过程中各种流程和作业之间的逻辑关系。

状态变量:状态变量是描述状态变化的变量。如设备的工作状态是闲还是忙,缓冲区货物队列是空还是满。

输入输出变量:仿真的输入变量分为确定性变量和随机变量。输出变量是根据仿真的目标设定的,仿真目标不同,输出变量也不同。

3. 建立车间布局模型

根据系统机构和作业策略,分析车间各组成部分的状态变量和参数之间的数学逻辑关系,在此基础上建立车间布局模型。

4. 建立车间仿真模型

根据车间布局模型、收集的数据建立仿真模型。仿真模型要求能够真实地反映系统的实际情况。

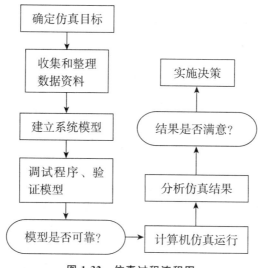

图 1-32　仿真过程流程图

5. 验证模型

对仿真模型进一步的修改完善,如参数的合理化设置,逻辑策略是否正确反映现实系统的本质等。

6. 仿真运行

对所研究的系统进行大量的仿真运行,以获得丰富的仿真输出资料。

7. 分析仿真结果

从系统优化角度考虑问题,分析影响系统的关键因素,并提出改善措施。

8. 建立文件,实施决策

把经过验证和考核的仿真模型以及相应的输入、输出资料,建立文件供管理决策者付诸实施。

1.4.2　实例车间布置建模与仿真的具体内容

1. 车间仿真的系统参数设定与假设(仿真数据设计)

①依据网络布局形式,横向中间的通道为 2m 宽,横向的两侧为 1.5m,纵向的中间通道为 1m 宽,为单行通道,其余的都是双行通道。设备与设备之间的距离不小于设备长度的 1/3,设备与边界的距离为 0.6m。

②上料站与卸料站单独放置,分别处于入口处与出口处,距离最近设备的距离为 2m。

③叉车搬运能力为 1 个托盘,最大速度为 2m/s,加速度和减速度都为 1m/s。

④以单个托盘的容量作为加工批次,则零件的加工批量为:主轴 10pcs,主轴箱为 4pcs,型芯块为 5pcs。

⑤工序与工序之间的缓存区容量最大为 10 个托盘。由于各工序的加工时间不同,不可能使生产达到完全的平衡,多余的零件积压在缓存区中,设备故障率服从泊松分布,故障修复率为 97%。

⑥各台设备的外形尺寸已知,设备布局在具有相同尺寸的位置之内,此位置包含设备之间、设备与通道、设备与外边界之间的距离。

⑦设备与设备之间的运输距离为与设备相连的网络节点(Network Node)之间的距离,且各网络节点之间的距离根据设备的具体布局位置设定。

2. 仿真模型运行前做的假设

①机加工零件的种类:由于热处理工艺并不在机加工车间内,那么以热处理工艺为界,将机加工车间的各零件加工工艺分段。根据上述工艺表,将三种零件分为 6 段,并假设为不同的零件。

②传输频率和数量:各种待加工零件到达车间的时间间隔为 200s,每种零件每次到达的数量为 1 个托盘的容量。仿真总时间为 100000s。

③模型中缓存区的数量为若干个,设备与缓存区之间的物料流动采用人工传递的方法。其时间为设备的预置时间(Setup Time)。

④设备的位置限制:车间中无特殊位置要求的设备。

3. 加工车间布局模型

根据零件的加工工艺以及加工的特点,该车间的布局采用流水线的布局方式。按照产品的工艺路线来对车间进行布局,车间的布局形式尽可能将相邻加工工序置于邻近位置。物流量较大的通用设备主要布置于横向中间通道的两侧,以减少叉车搬运距离,从而减少物流时间与成本。车间的生产布局形式为网状结构,其布局模型如图 1-33 所示。对于生产多种产品的机加工车间而言,此种布局比较适合。

4. 建立车间布置的仿真模型

仿真的目的就是为了能够真实地反映加工车间的生产现状,并对车间的物料流动,机器利用率、故障率等进行真实的再现。因此必须对车间模型逻辑控制进行恰当的设置,才能真实地反映车间的现状,以便管理人员监控,为管理决策提供准确的依据。

5. 工艺流程的顺序设置

工艺流程设置的目的是为了使零件的加工按照零件的加工工艺顺序,在仿真系统中依次传递下去。那么处理器就必须对各零件进行判断,判断该零件是否在本处理器上加工。如何识别不同的零件,则必须对各零件进行标识。类型设置就可以实现这样的目的。临时实体类型(Item Type)是置于实体上的一个标签,可以代表一个条形码、产品类型或工件号。Flexsim 可通过参考临时实体类型来进行临时实体行程排产。由于 Flexsim 采用的是后道工序对前道

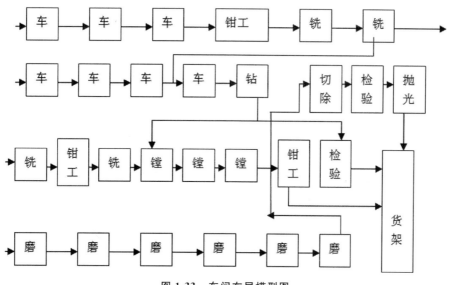

图 1-33　车间布局模型图

工序的拉动操作,当大量产品被运送到排队队列等待处理时,处理器根据产品类型的不同,拉入预先设置的产品类型。同样,在产品的后续工序处理过程中,特别是多功能处理器处理多种产品时,为了避免出现物流混乱的情况,这种设置十分必要。类型设置如表 1-10 所示。

表 1-10　产品类型设置图

实体类型	工艺流程	产品
1	车→车→车→车	
2	车→车→车→钳工→铣→铣	主轴
3	磨→磨→磨→磨→磨切除→检验	
4	钳工→铣→镗→镗→镗→磨→清洗→检验	主轴箱
5	铣→铣→车→钻→镗→检验	型芯块
6	磨→磨→抛光	

根据上面对仿真模型做的假设,将车间所加工的零件类型设置为 6 种类型分别为 1、2、3、4、5、6。

6. 不同临时实体类型批量到达时间设置

机加工采用批量生产方式比单件生产的优势是避免刀具频繁更换,机器长时间处于停滞状态,致使机器利用率不高。在仿真过程中,批处理功能由实体 Source 来实现。根据实例,Source 产生 6 种不同类型的产品,对不同类型产品的到达时间以及批量的大小进行具体的实现。选择 Source 中,产品的到达类型为按照到达时间表方式(Arrival Schedule),设置产品的到达类型为 6 种,到达时间间隔为 200s,批量都为 1,并选择重复队列(Repeat Schedule),如图 1-34 所示,那么 Source 将会每隔 200s 便发送一次原料到达车间。

图 1-34　批量到达时间间隔设置

7.设备处理时间设置

机加工过程中各种零件,不同的加工工序所消耗的时间是不相同的,即实际的工时存在差异。在布置模型中,处理器提供的默认的时间设置功能,只能对一种产品设置时间。不同类型的产品设置不同的处理时间必须对处理器的代码进行修改。处理时间与预置时间设置(Setup Time)以零件工艺表各工艺所消耗时间为依据设置不同类型零件的处理时间。默认模板如图 1-36所示,具体代码如图 1-35 所示。

注释:

①每一种 case 都必须是一个有效的实体类型编号;

②可以根据需要添加分支;

③用 current 获取当前涉及的实体。

临时实体详细说明:

每一种 case 代表一种指定的临时实体类型,其返回值代表返回时间,采用正确的表述语句可以添加或移除附加分支。

如图 1-35 中其处理器处理时间是:

如果是类型 1 工件,加工时间为 10s;

如果是类型 2 工件,加工时间为 20s;

如果是类型 3 工件,加工时间为 30s;

如果是类型 4 工件,加工时间为 40s 等。

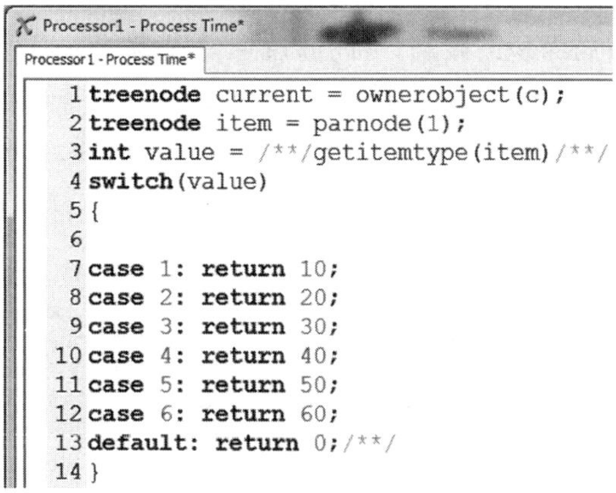

```
1 treenode current = ownerobject(c);
2 treenode item = parnode(1);
3 int value = /**/getitemtype(item)/**/
4 switch(value)
5 {
6
7 case 1: return 10;
8 case 2: return 20;
9 case 3: return 30;
10 case 4: return 40;
11 case 5: return 50;
12 case 6: return 60;
13 default: return 0;/**/
14 }
```

图 1-35　处理器加工时间代码

拓展:返回值可以是全局表或标签。对于这种临时实体类型,不必每次都是某个特定的端口,返回值可以使用随机分布,如均匀分布。

应用背景:根据实体的类型,对不同的临时实体进行处理。

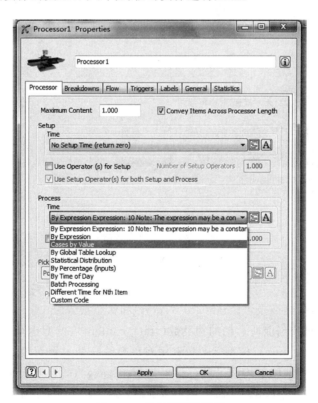

图 1-36　处理器默认模板

8. 物流路径设置

本案例中由于受到布局面积的限制,中间的通道设置为单行通道。对于特定物流路段采用交通控制器实施监控。交通控制器主要控制其监控的物流节点间的运输模式、运输容量、运输的时间间隔等。同时根据监控的物流节点,叉车选择最佳的搬运路线。根据车间仿真需求,设置交通控制器,见图1-37、图1-38。此外还需要对网络节点进行设置。

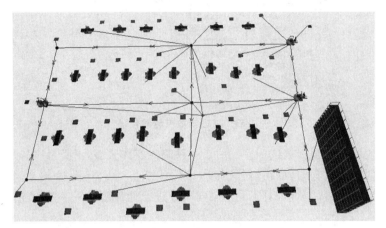

图 1-37　交通布置图(注意其中的连线)

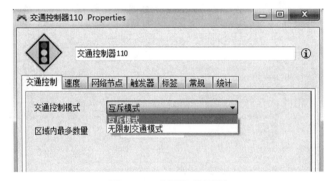

图 1-38　交通灯设置图

9. 车间布置模型仿真报告输出

仿真报告主要包括标准报告(Standard Report)和状态报告(States Report)。标准报告的输出变量主要包括:对象当前所容纳的物品数(stats_content)、模型运行过程中对象容纳的最小物品数(stats_content_min)、模型运行过程中对象容纳的最大物品数(stats_content_max)、模型运行过程中对象容纳的平均物品数(stats_content_avg)、物品在此对象中停留的最短时间(stats_staytime_min)、物品在此对象中停留的最长时间(stats staytime_max)、物品在此对象中停留的平均时间(stats staytime_avg)、进入此对象的物品数(stats_input)、离开此对象的物品数(stats_output)等。

状态报告的变量主要包括:空闲(idle)、运行(processing)、忙碌(busy)、堵塞(block)、收集

（collecting）、释放（releasing）、空载运行（travel empty）、载运行（travel loaded）、装载（load-ing）、卸载（unloading）等。图 1-39 为仿真时间为 100000s 的标准报告和状态报告的部分。

	A	B	C	D	E	F	G	H	I	J	K	L	M	N
1	Flexsim Summary Report													
2	Time:	100000												
3														
4	Object	Class	stats_cor	stats_cor	stats_cor	stats_cor	stats_inp	stats_out	stats_s	stats_s	stats_s	state_cur	state_since	
5	Q1	Queue	86	0	87	49.22815	500	414	10.84133	17344.21	10088.57	8	99800	
6	Q2	Queue	0	0	1	0	498	498	0	0	0	6	99881.93	
7	Q3	Queue	0	0	1	0	498	498	0	0	0	6	99971.93	
8	Q4	Queue	0	0	1	0	497	497	0	0	0	6	99896.41	
9	Q5	Queue	1	0	2	0.519924	497	496	1.359618	251.5178	104.8029	8	99980.41	
10	Q6	Queue	1	0	3	0.558988	909	908	0	212.6362	61.50132	8	99923.45	
11	Q7	Queue	10	0	10	6.926788	907	897	0	2454.107	760.9124	8	99952.45	
12	che1	Processor	0	0	1	0.503575	498	498	101	101	101	1	99881.93	
13	che2	Processor	0	0	1	0.448326	498	498	90	90	90	1	99971.93	
14	che3	Processor	0	0	1	0.46234	498	497	93	93	93	2	99971.93	
15	qian1	Processor	0	0	1	0.417562	497	497	84	84	84	1	99980.41	
16	xi1	Processor	1	0	1	0.787666	910	909	53	127	86.62156	2	99964.97	
17	xi2	Processor	1	0	1	0.913151	908	907	62	153	100.6303	2	99952.45	
18	che4	Processor	0	0	1	0.4855	500	500	97	97	97	1	99897	
19	che5	Processor	0	0	1	0.50501	500	500	101	101	101	1	99998	
20	che6	Processor	1	0	1	0.449109	500	499	90	90	90	2	99998	
21	che7	Processor	1	0	1	0.579083	901	900	50	82	64.29333	2	99923.45	
22	zuan	Processor	1	0	1	0.991375	355	354	280	280	280	2	99982.4	
23	tiechu	Processor	1	0	1	0.727077	441	440	165	165	165	2	99851.9	
24	jianyan1	Processor	0	0	1	0.35224	440	440	80	80	80	1	99931.9	
25	paoguang	Processor	0	0	1	0.006519	36	36	10	10	10	1	55224.14	
26	Q8	Queue	0	0	1	0	500	500	0	0	0	6	99800	

图 1-39　Flexsim 仿真标准报告和状态报告

10. 仿真结果分析

（1）多余缓存分析

建立仿真模型时，对缓存区限制为 10 单位，从模型运行后的仿真报告可获得系统中各实体 stats content_avg（在制品平均数）的数值。从图 1-39 中可以看出某些缓存区的在制品积存数量为零，即表示该缓存区在系统运行的过程中并未出现积压的情况，如缓存区 1-2、2-1、3-2、3-7、4-5 等；同时从图 1-39 可以看出，这些 stats content_avg 为零的缓存其在制品停留的最大停留时间（stats_staytime_max）、最小停留时（stats-staytime_min）以及平均停留时间（stats_staytimeavg）都为 0。这些仿真数据说明设备与设备之间的缓存并没有起到暂存零件的作用。因此，这样的缓存区可以从系统中剔除，尽量减少缓存的数量，使系统进一步的优化。

（2）瓶颈分析

投入与产出的比例仅为 32.7%，有大量的零件积压于缓存区中。这样的积压主要是因某些加工工艺所消耗的时间过长，造成生产的不平衡，这些工序便是生产过程中的瓶颈工序。从统计表中可以获得某些缓存区的输入（stats-input）与输出（stats-output）相差值为缓存的最大容量 10，并且长时间处于充满的状态。那么与该缓存相连的后续加工工序即很有可能就是影响整条生产线的瓶颈工序。由此确定，处于瓶颈工序的设备的特点为：处理的零件工时较长，设备长时间地处于运行状态，设备利用率比较高。表 1-11 为充满缓存的后续设备的利用与阻塞率。

表 1-11　设备利用率

缓存	1-3	2-3	2-4	2-5	3-0	3-1
后续设备	C4	Q1	X1	X2	M1	M2
Idle	0.9%	15.6%	1.4%	0.5%	1.3%	0.2%
Process	82.6%	46.6%	42.5%	47.6%	42.3%	49.1%
Blocked	16.6%	37.8%	56%	51%	56.3%	50.7%

从表 1-11 中可以看出，C4 是瓶颈工序，C4 是类型 1 的最后工序，是类型 5 的第 3 道工序，为瓶颈工序。由于该生产系统是混合生产线生产，许多设备为通用设备，在对表中其他数据分析前，首先对其工艺路线进行分析。表中的数据主要涉及 4 种类型零件的加工工序：类型 2（Z—T1）、类型 4（T1—T2—T3—M3）、类型 3（M1—M2—M3—M4）、类型 1（M1—M2）。出现阻塞的原因是由于下一道工序的加工时间太长，导致缓存区填满，而缓存区前一道工序由于不能进一步向下游工序输送零件，从而出现阻塞。M3 的缓存在 30000 左右达到 10，并一直处于充满的状态，同理 M2 在 5000s 左右达到 10。也就是说，随着仿真时间的推进，瓶颈工序的缓存充满之后，其上游的设备的缓存也会慢慢地到达最大容量，最终导致整个生产系统的阻塞。

（3）搬运设备分析

搬运设备分析主要分析搬运设备的利用率，包括搬运设备工作比例、空闲等待比例等，如叉车 entry 负责将原料从卸料站发送到各类型零件的首道工序，尽可能避免运输机的任务繁杂造成物流路线迂回、交叉和减少不必要的物流距离。从图 1-40 中的数据可以看出，入料叉车与出库叉车的搬运能力过剩，建议更改策略。

Flexsim State Report				
Time:	100000			
Object	idle	blocked	empty	loaded
Transporter_ent	32.37%	15.60%	15.33%	20.44%
Transporter_mid	2.85%	9.93%	54.46%	15.34%
Transporter_out	24.82%	18.51%	23.32%	18.24%

图 1-40　Flexsim 叉车分析

11. 结论分析

由仿真结果可以看出影响车间生产系统效率的因素如下：

（1）生产线不平衡

网络布局的混合生产线与单一生产线的区别是通用设备有可能成为整个生产线的瓶颈，通用设备的节拍时间过长，会造成几条生产线甚至整个系统的生产阻塞，最终必会导致生产系统效率降低。为了使整个车间的生产趋于平衡，必须弄清楚车间瓶颈工序与系统的节拍时间。

（2）不合理的调度策略

发生器发出货物的时间间隔应当与系统的节拍时间相吻合。间隔太短，则系统中的在制品过多,出现阻塞现象。间隔太长,大量设备处于等待状态,利用率低,影响整个生产系统的产量。

(3)搬运工具的整体利用率不高

根据搬运工具的搬运能力,以及整个系统的搬运需求设计合理的搬运方式,选择适当的搬运工具数量。

12. 方案改善与实施结果

通过上述分析,提出主要改善措施有:

①增加缓存区容量,减少阻塞。

②增加发生器发货的时间间隔,减少系统中的在制品数,提高产出率。

③减少搬运设备,提高搬运系统的整体利用率。

第2章　作业时间测定

2.1　作业时间测定概述

在 Flexsim 仿真建模中经常要用到各类操作人员作业数据,如上料时间、下料时间、加工时间、搬运时间等,这些数据如果与实际不一致必然会导致仿真结果失真,所以仿真建模前对各类作业人员和机器设备的加工时间、作业时间进行准确的时间研究和作业时间(工时定额)测定是非常重要的内容。

2.1.1　作业时间测定的定义

国际劳工组织的工作研究专家为作业时间测定下的定义是:"作业测定是运用各种技术来确定合格工人按规定的作业标准,完成某项工作所需的时间。"即时间标准(劳动定额)。

①合格工人的定义为:"一个合格工人必须具备必要的身体素质、智力水平和教育程度,并具备必要的技能和知识,使他所从事的工作在安全、质量和数量方面都能达到令人满意的水平。"

②按规定的作业标准是指经过方法研究后制定的标准的工作方法,及其有关设备、材料、环境、负荷、动作等一切规定的标准状况。

③在进行作业测定时,选择合格工人是很重要的,工人的工作速度各不相同,如果根据动作速度较慢的或不熟练的工人来制定标准时间,势必造成时间过于宽松,因此不经济;而根据动作较快的工人制定时间标准,则势必造成时间过紧,这样制定的标准对工人是不公平的。

正常速度:指平均动作速度,按这个速度操作,每天没有过度的肉体和精神疲劳,容易持续下去,但需努力才能达到。

在工业企业中,人工是一项重要的生产成本,经营者绝不能忽视此项成本。人工成本的高低反映了企业经营管理的水平。因此,如何充分利用工时,提高生产效率,降低人工成本,是每一个企业均需解决的重要课题。

奖励制度、编制计划、组织生产、经济合算、计算成本、平衡核算生产能力、考核工人劳动成果和劳动力资源有效利用等,都离不开标准时间。因此实行科学管理,除进行程序分析、操作分析和动作研究外,还必须进行作业测定。

可以利用基础 IE 方法和技术进行作业测定。基础 IE 的全过程是:利用程序分析、操作分析和动作研究获得最佳程序和方法,然后利用作业测定将所有作业制定出标准时间。

2.1.2　作业测定的目的

研究表明,生产过程中由于设计制造方法不当,以及管理上的各种漏洞所花费的非生产性时间与其完成产品的作业内容所花的时间相比,数值是相当大的。如图 2-1 所示。

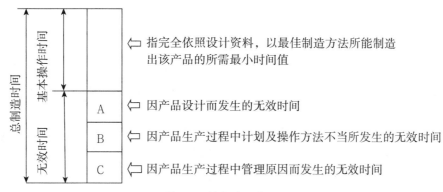

图 2-1　制造时间的组成

因此,在生产制造某种产品时,由于产品设计的缺陷,工艺操作的不合理,工人的动作或管理的不善,增加了产品加工的多余时间或无效时间,导致了生产总时间的增加。

方法研究是排除或减少上述因素的管理技术,通过对现有的工作方法和工艺过程进行系统的调查研究和严格的考察及开发,制定新的工作方法,以减少产品的工作量或简化工艺过程。方法研究主要是靠消除物料或操作人员的非必要活动,用合理方法代替不合理方法;时间研究则着重调查、研究分析确定某项工作经济合理时间,减少损失时间,充分利用工作时间,以及最后消除无效时间。

作业测定的目的:

①制定作业系统的标准时间　制定实施某项作业所需的标准时间,作为工作的计划、指导、管理及评价的依据。

②改善作业系统　观察某项作业的全过程的时间消耗,以及测定各单元作业的所需时间,其数据作为改进工作的依据。

③制定最佳的作业系统　实施某项作业有两种以上的方法时,以每种作业方法所测定的时间作为比较依据,好中选优,以制订最佳方案。

2.1.3　作业测定的作用

作业测定的直接目的是制定和贯彻先进合理的标准时间。标准时间是企业经营管理的基础数据,作业测定则是企业 IE 活动中的一项重要的基础工作,它的作用体现在以下几方面:

①正确核算企业生产工作量,是编制计划,平衡生产能力,安排生产进度的依据。

②正确核算劳动量,是计算工人需要量,进行定员编制和调整劳动组织的依据。

③正确计算产品劳动消耗,是正确计算产品成本和估算新产品价格的基础。

④它是贯彻按劳分配,正确计算计件工资和奖励工资的依据。

⑤它是开展方法研究,比较、选择和改善作业方法的依据,促进降低产品工时消耗和提高劳动生产率。

总之,作业测定是用科学方法制定先进合理的标准时间(时间定额),对加强企业经营管理,提高劳动生产率,有着十分重要的意义。

2.1.4　作业测定的方法

作业测定是在方法研究基础上,对生产时间、辅助时间等加以分析研究,以求减少或避免出现在制造过程中的无效时间及制定标准时间而进行的测定工作。即直接或间接观测操作者的操作记录工时,并加上评比和宽放,或利用事先分析好的时间标准加以合成,而得到标准时间。如图 2-2 所示。

作业测定是一种科学、客观、令人信服的决定时间标准的方法,目前世界上各工业发达国家,均采用作业测定方法来制定劳动定额。从发展来看,这几种方法从纵的方面反映了定额制定由粗到精、由低到高的发展进程。

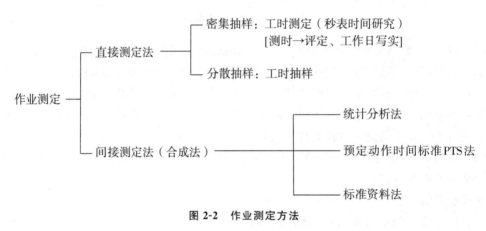

图 2-2　作业测定方法

2.2　作业测定的主要方法及其特点

作业测定的方法有许多种,各种方法都有它们发展和形成的过程,因而也就有它们各自适用的不同情况和条件。经验估工方法最为原始,后来随着管理科学的发展,作业测定得到发展,并日益丰富与完善。作业测定技术不只限于用来制定标准时间,还被广泛应用于企业诊断,分析企业工时利用状况,查定企业生产能力,总结与推广先进操作方法,调整生产组织与劳动组织等许多方面。

2.2.1　直接测定法

(1)工时测定法(密集抽样)

根据观察记录对象不同,工时测定包括工作日写实和测时两种方法。前者是以工作日为观察和记录的对象;后者是以工序作业时间作为观察和记录的对象。这两种方法都是在作业现场通过长时间的连续观察,记录并测定作业活动和工时消耗的方法。工作日写实观察记录的时间比测时更长。自从工时抽样广泛应用以后,逐步取代了工作日写实方法,或者作为工时抽样的一种补充方法。工时测定最早是由美国人泰勒提出和应用的,至今仍然是作业测定的重要方法。在一段时间内,对作业的执行情况作直接的连续观测,把工作时间以及与标准概念(如正常速度概念)相比较,对执行情况的估价等数据,一起记录下来给予一个评比值,并加上遵照组织机构所制定的政策允许的非工作时间作为宽放值,最后确定出该项作业的时间标准。

(2)工时抽样

与工时测定相比,它主要采取随机瞬时观察,调查各种作业活动事项发生次数和发生率,由此取得工时资料,并进行分析研究的一种方法。由于它具有省时省力,经济可靠的优点,被广泛应用于调查工作效率和制定定额。其意义不亚于产品质量管理中统计方法的广泛应用。

2.2.2　间接测定法

此方法取得工时资料不是直接取自于作业现场,而是利用间接工时资料,进行作业测定和定额的制定。间接测定方法主要包括统计分析法、预定动作时间标准和定额标准法等。

(1)统计分析法

这是根据过去同类产品或相同零件和工序积累的实际工时消耗记录以及定额完成情况的统计资料,经过分析整理,结合现实的生产条件,制定时间定额的一种方法。这种方法制定简便,制定定额的工作量小,也有一定的依据,比经验估工方法制定的定额,准确性和平衡性好。适用于工时统计健全,工时资料准确齐全的企业。这种方法的缺点是,定额制定比较概略,对生产技术条件的分析不充分,工时统计资料不可避免地会包括某些不合理因素,制定定额的准确性差。

(2)预定动作时间标准

按动作要素制定时间标准。在具体应用时,先进行动作分析,然后根据事先规定的动作要素时间值,求出该项作业的时间定额。与直接测定相比,它不需要在作业现场测定工时数据,只要准确地分解动作要素,就能在作业开始之前,制定出作业的时间定额。这种方法比较细致,但又显得烦琐,一般适用于重复程度高的手工作业场合。

(3)定额标准资料法

此种方法的原理和预定动作时间标准是一样的,其区别在于预定动作时间是按动作要素制定标准时间,而定额标准资料法是按作业要素制定时间标准。换句话说,定额标准资料比预定动作时间的综合程度大,使用起来比前者简便。即使在生产重复程度低的企业,如单件小批以及成批生产企业被广泛应用,其准确程度比统计分析法要好。

2.3　作业测定的阶次

2.3.1　作业测定阶次的概述

根据生产过程组成内容的多少,顺次地划分为不同的阶次。在作业测定的过程中,为适应各个不同的目的,选择不同的阶次,作为时间研究的对象,进行研究,达到预期的目的。

作业测定阶次(或工作阶次),实质上是指作业测定对象所含内容的多少。在选择作业测定对象时,主要取决于标准时间的精细程度。例如,为要组织流水生产线,就必须对劳动对象在生产过程中的组成进行细分,并进行十分详细的研究。这时,就要选择动作或操作作为时间研究的对象,进行详细的分析研究,为平整流水生产线,进行工序的同期化提供数据,达到提高流水生产线生产效率的目的。

作业测定阶次的划分,应以方便时间研究为原则,为此,必须要清楚定义,以便确定对应的标准时间。根据作业测定的需要,低阶次的工作可以合成高阶次的工作,高阶次的工作也能分解成低阶次的工作。

作业测定阶次通常分为七种:

第一阶次为动作,是构成操作的基本单元,是对手工操作的进一步分解,或称人的基本动作。是目前可以测定的最小工作阶次,预定动作时间标准法(PTS)就是以该阶次为基准而决定作业的时间值。例如,伸手、握取、放手等。对于寿命长、数量大、重复性的工作,常应选择动作作为作业测定的对象,以达到消除动作细微处的浪费,减轻疲劳,提高效率的目的。

第二阶次为操作,为实现一定目的而进行的独立完成的劳动活动,是加工工序或作业的再分解。是由几个连续动作集合而成,很容易与其他的连续动作分辨出来。例如,伸手抓出零件、拿回装在三爪卡盘中的零件。此阶次的工作,通常可用秒表来测定时间。

第三阶次为作业,为完成某项生产任务而进行的劳动活动的通称。可分为基本作业和辅助作业,由两三个操作集合而成。但是,如果将作业分解为三个以上的操作,就不能分配给两个以上的工人以分担的方式进行作业。具有这种特性的最小工作单位称为"作业"。例如,伸手抓取材料在夹具上定位、拆卸加工完的成品等。该阶次能作为秒表作业测定的对象。

第四阶次为工序。工序是生产工艺程序的简称,它是指一个或一组工人在一个工作地对一个(或几个)劳动对象连续进行加工的生产活动。属于同一个工序的操作者、劳动对象和工作地是固定不变的,如有一个要素变更就构成另一道新工序。

第五阶次为活动,或称工艺阶段。是指为达到某项机能所必需的业务过程,由几个制程(工序)集合而成。例如,一连串的装配作业、一连串的机械加工等。

第六阶次为机能,或称零、部件。是指构成产品的组件或零件,而包含达到某一目的所必要的全部活动。例如,机床的减速箱、电视机的显像管等。

第七阶次为产品,是指完整的最终产品或服务,由各种机能组合而成。实际上它除了零部件的组合之外,还包括物资管理、生产管理、质量管理、财务管理、人事管理等。

2.3.2 作业测定阶次的意义

把工作分成许多阶次便于作业测定:

①能提供清楚的工作层次,使我们能赋予适当的时间值,并且根据需要,能够很简便地将不同阶次工作所需的资源经过分解或合成,而用于其他阶次。

②使我们能利用各种技术来衡量不同阶次的工作,并利用某些阶次的测定值,正确地预测其他阶次的时间值。

③在人力资源与工作阶次之间,形成一种密切的关系。

工作阶次的划分与产品生产过程的组成是相一致的。所不同的是,生产过程的组成是按生产过程的顺序及组成内容的多少来划分的,而工作阶次主要是按功能划分的。

2.4　工时消耗分类和标准时间的构成

2.4.1　工时消耗分类的概念

工时消耗分类就是将劳动者在整个工作班中所消耗的时间,根据其性质、范围、作用及当时当地的情况,明确地进行划分,以便作进一步分析和研究,用于制定劳动定额和现场改善。

2.4.2　工时消耗分类的作用

对工时消耗进行分类与研究,首先是便于了解从业人员在工作班中工时消耗的实际状况,发现工时浪费的现象,找出原因,以便提出合理化措施,改进组织技术条件,改善劳动组织或生产组织管理,加强劳动管理,改善工时利用和提高劳动生产率。其次可以发现先进工作者在工作过程中的先进操作方法与合理的生产组织,总结经验,对分析研究的结果,可作为制定劳动定额依据。

2.4.3　工时消耗分类

生产工人工作班制度工时消耗可分定额时间和非定额时间两类,这两类中又可分出若干小类,如图 2-3 所示。

(1)定额时间(T)

定额时间是指在正常的生产技术组织条件下,工人为完成一定量工作所必须消耗的时间,它由准备与结束时间、作业时间、作业宽放时间、个人需要与休息宽放时间四个部分组成。

①准备与结束时间(T_{zj}):准备与结束时间是指执行一项作业或加工一批产品,事前准备和事后结束工作(即产品切换时间),如熟悉图纸和工艺、设备调整、准备专用工艺装备、首件及成批交付检验等所消耗的时间。它的特点是,在每加工一批零件或完成一项作业只消耗一次,其消耗多少与该批零件的批量大小无关,与批次有关。

②作业时间(T_z):作业时间是直接用于完成生产作业或零件加工所消耗的时间。即指直接执行基本工艺过程的时间消耗,按其作用又可以分为基本时间和辅助时间两类。

(2)基本时间(T_j)

基本时间是直接用于改变劳动对象的形状、尺寸、性能、外表以及零件组合等所消耗的时间。基本时间按照实现基本操作的方式,又可分为机动、机手并动和手动三种。

①机动时间(T_{jd}):机动时间是在工人看管下由机器设备自行完成基本工艺过程或辅助操作所消耗的时间。

②机手并动时间(T_{js}):机手并动时间是由工人直接操纵工艺设备实现基本工艺过程或辅助操作所消耗的时间(如钻床倒角,用吊具吊零件)。

③手动时间(T_{sd}):手动时间是由工人手工或借助简单工具完成基本工艺过程或辅助操作所消耗的时间。

④机动辅助时间(T_{jf})：机动辅助时间（指机械加工）：为执行基本作业而进行的各项由机器所完成的辅助时间消耗（如机床或刀具的快进、快退、工作台转位等）。

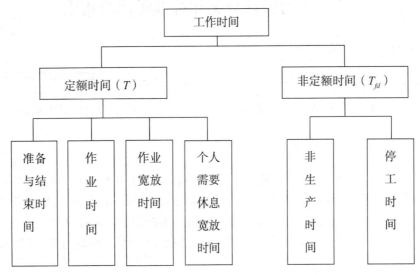

图 2-3　工作时间分类

（3）辅助时间(T_f)

辅助时间是为执行基本作业而进行的各项辅助操作所消耗的时间。即指工人为保证实现基本工艺而执行的各项辅助性操作时间。例如：装卡活、操纵机床等，辅助时间大多数是手动的，也有自动的（如装有机械手的自动上料）和机手并动的（如用吊具吊料等）。

（4）宽放时间(T_{zf})

宽放时间是作业宽放时间及个人需要与休息宽放时间之和。

作业宽放时间(T_{zk})：指完成生产作业和零件加工过程中，由于工作现场组织管理和工艺装备的技术需要所发生的间接工时消耗，它包括组织性宽放时间和技术性宽放时间。

①组织性宽放时间(T_{zzk})：组织性宽放时间是工作现场组织管理需要所发生的间接工时消耗。是指用于轮班开始准备和结束等工作，其特点是随班而重复出现。如交接班、试车、润滑设备、清理铁屑、打扫工作地，填写记录等不可避免短时延误时间。

②技术性宽放时间(T_{jk})：技术性宽放时间是由于工艺装备的技术需要所发生的间接工时消耗。即是指由于技术上需要，为维护技术装备的正常工作状态。例如，换刀调整、更换模具等时间。它的时间消耗与基本时间成正比。

③个人需要与休息宽放时间(T_{jxk})：个人需要与休息宽放时间是工作班内满足个人生理需要，以及为消除过分紧张和劳累所必需的短暂休息时间。

（5）非定额时间(T_{fd})

非定额时间是生产工人在工作班内所发生的无效劳动和损失的时间。它包括非生产时间和停工时间。

①非生产时间(T_{fs})：非生产时间是在工作班内，由于企业组织管理不善或自身责任做了非本职或不必要的工作所消耗的时间。如寻找图纸、物料、工具、寻找管理人员或检验人员，承

担部分应由辅助工人完成的工作等。

②停工时间(T_{dg})：停工时间是工作班内，由于组织管理不善或因操作者个人原因而损失的时间，如停电、停工待料、迟到、旷工等。

2.4.4　标准时间的构成

（1）标准时间的概念

标准时间（T_s）是具有平均熟练程度的操作者，在标准作业条件和环境下，以正常的作业速度和标准的程序方法，完成某项作业所需要的总时间。它等于正常作业时间与各类宽放时间的总和。

这里"标准作业条件和环境，标准的程序方法"是指通过方法研究后，所确定的操作条件与操作方法，"平均熟练程度"、"正常速度"则意味着标准时间是适合大多数作业者的时间，"标准作业"又是"标准时间"的依据，是时间研究的结果。

（2）标准时间的特性

①客观性。对应于某一标准化的作业或操作（通过方法研究），标准时间是不以人的意志为转移的客观存在的一个量值。

②可测性。只要将作业标准化了，就可以用科学的方法对操作进行测定（如秒表测时、工作抽样和 PTS 技术等），以确定标准时间的量值。

③适用性。因为标准时间是以普通熟练工人以正常速度能完成某项作业的劳动标准时间，不强调以过分先进或十分敏捷的动作完成某项操作的时间，所以它应该是易于被大多数人所接受的。

（3）标准时间构成

标准时间是由完成生产工作的作业时间、作业宽放时间、个人需要与休息宽放时间及准备与结束时间等部分组成（图 2-4）。

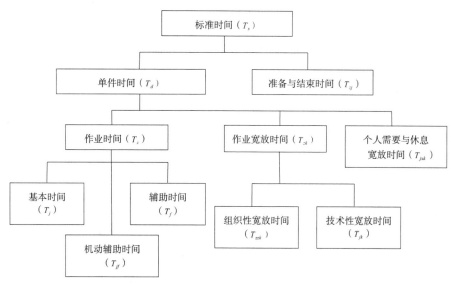

图 2-4　标准时间分类

标准时间构成也可以理解为定额时间构成,因为两者从构成内容上是一致的,只是在工时消耗水平上存在差异。

2.4.5 关于标准时间的计算

(1)多工序批量生产标准时间计算:

单件时间(工序单件时间):等于工序作业时间以及应分摊的作业宽放时间和个人需要与休息宽放时间的总和。

其计算:$T_d = T_z + T_{zk} + T_{jxk}$

①作业时间(T_z):$T_z = T_j + T_{jf} + T_f$

②作业宽放时间(T_{zk}):$T_{zk} = T_z \times (1 + K_{zk})$

式中:宽放率 K_{zk}——作业时间宽放与作业时间的百分比

$$K_{zk} = \frac{T_{zk}}{T_z} \times 100\% = \frac{T_{zk}}{480 - T_{zk}} \times 100\%$$

或

$$T_{zk} = (T_z \times K_{zz}) + (T_j \times K_{jk}) \text{ 或 } T_{zzk} + T_{jk}$$

式中:组织性宽放率 K_{zz}——组织性宽放时间与作业时间的百分比

$$K_{zz} = \frac{T_{zzk}}{T_z} \times 100\%$$

技术性宽放率 K_{jk}——技术性宽放时间与基本时间百分比

$$K_{jk} = \frac{T_{jk}}{T_j} \times 100\%$$

③个人需要与休息宽放时间(T_{jxk})

$$T_{jxk} = T_z \times K_{jxk}$$

式中:休息与休息时间宽放率 K_{jxk}——个人需要与休息时间与作业时间的百分比

$$K_{jxk} = \frac{T_{jxk}}{T_z} \times 100\%$$

为了简化计算,现通行的单件时间计算为:

$$T_d = T_z \times (1 + K_{kf})$$

式中:K_{kf} 为宽放率

$$K_{kf} = \frac{T_{zk} + T_{jxk}}{T_z} \times 100\%$$

$$= \frac{T_{zk} + T_{jxk}}{480 - (T_{zk} + T_{jxk})} \times 100\%$$

(2)多品种多工序批量生产标准时间计算

工序单件核算时间(T_{dn}):等于单件时间加上更换品种(产品切换)准备与结束时间。

$$T_{dn} = T_d + \frac{T_{zj}}{N_p}$$

式中:T_{zj}——准备与结束时间;

N_p——批量件数。

2.4.6　标准时间与工时定额的区别和联系

工时定额的侧重点是"规定一个额度",所以即使同一作业,由于用途不同,可能有不同量值的定额值。例如"现行定额""计划定额""目标定额"等,各种名称对应不同的值,但却都对应着同一种作业。

许多生产单位为了完成计划,安排生产等目的往往没有对作业进行方法研究和作业测定时,也要预先规定一个定额作为时间标准,所以它不能称为标准时间。标准时间的侧重点在于找出规定条件下,按标准的操作方法进行工作时所消耗的时间,它对应于某一标准作业只有一个唯一的量值。基础 IE 的目的之一就是要用方法研究和作业测定去求得这一量值,只有这样,在制订各种工时定额时才有可靠的依据。因此,标准时间与工时定额的联系在于:

①标准时间是制订工作定额的依据。

②工时定额是标准时间的结果。一般来讲"现行定额"往往就是标准时间,而"计划定额"与"目标定额"则与标准时间有一定的差异,当上级下达规定的工时定额指标时,有了标准时间,就可以知道自己单位的标准时间与上级下达定额的差异,做到心中有数。

2.4.7　工时定额与产量定额的关系

(1)工时定额(时间定额)的定义

工时定额是在正常的生产技术组织条件下,以合格操作方法,完成一件合格产品或一项工作必须消耗的劳动时间。

即是在一定生产技术组织条件下,采用科学合理的方法,对生产单位合格产品或完成一定工作任务的劳动消耗的限额。

(2)工时定额的主要表现形式

①工时定额(时间定额):是生产单位合格产品或完成一定工作任务的劳动时间消耗的限额。

②产量定额:是在单位时间内生产合格产品的数量或完成工作任务的限额。

工时定额和产量定额的数值上互成倒数关系,工时定额越低,产量定额越高。反之亦然。可以由下式表示:

$$T = \frac{1}{Q}$$

式中:T 代表工时定额(时间定额)。

$$Q = \frac{1}{T}$$

式中:Q 代表产量定额。

2.5 编制标准时间的程序

2.5.1 编制标准时间的基本原则

①标准时间的水平必须按照先进合理的原则来确定。
②编制标准时间的原始资料要有科学性。
③标准时间最好能在作业方法和作业程序标准化的基础上来制定。
④标准时间要尽可能做到细作细用或细作粗用。
⑤标准时间的误差。
编制标准时应考虑在不用插值法(或内插法)时最大的查表误差,一般认为,大量生产为±5%;成批生产为±10%;单件小批量生产为±15%为适宜的。

2.5.2 编制标准时间的程序

(1)选择所研究项目的方法
根据标准时间的构成选择作业测定的方法。
所谓作业测定的项目:就是开展作业测定项目之前确定采用哪一种方法。例如:
①标准时间=单件时间+准备与结束时间
其中,准备与结束时间项目多采用测时的方法较好,但也有采用工作日写实和工时抽样的方法。
②单件时间=作业时间×(1+宽放率)
宽放率=(宽放时间/480−宽放时间)×100%
宽放时间=技术性宽放时间+组织性宽放时间+个人需要与休息宽放时间
其中,a. 宽放时间项目多采用工作日写实的方法较好,但也有采用工时抽样的方法。
b. 技术性宽放时间项目中有的时间如换刀调整时间多采用测时的方法或根据刀具耐用度标准确定每班换刀次数再用动作分析方法确定时间更为准确。
c. 个人需要与休息宽放时间项目多采用环境与疲劳研究来确定,大批流水生产企业大都采用集中休息(每班中上午、下午各休息 10 分钟)。
③作业时间=基本时间+辅助时间
基本时间=机动时间+机动辅助时间=机手并动时间
其中,a. 机动时间(各类机械设备机动时间计算公式见书附录)项目参照切屑用量标准计算而得。
b. 机动辅助时间和机手并动时间项目采用测时的方法和参照设备说明书计算而得。
c. 辅助时间项目多采用测时的方法,但最好采用预定动作时间标准法。
d. 大多装配作业的作业时间项目最好采用预定动作时间标准法,但也可采用测时的方法。
(2)现状分析(观察现行方法,记录全部事实)
应广泛深入地进行现场调查研究,选用适当的记录方法(应用方法研究和作业测定技术),

收集各种有关的数据和资料,找出工作中存在的各种问题。

①以生产工艺为基础,对全部生产过程进行全面分析,采用工艺(工序)程序分析,流程程序分析及平面布置和路径分析,找出生产中出现的瓶颈现象,是工序设计或加工路线不合理,或是非生产性活动造成浪费等问题。

②定置管理、设备管理、生产管理等现状调查,各种管理是否正常,存在哪些问题,工作地、设备、人力配备是否协调?

③操作工人是否有岗位工作标准和培训,工人素质情况调查,贯彻工艺纪律调查等。

④划分工序、划分操作、划分动作及采用作业测定(工作抽样、写实、测时、PTS 法)等手段,找出人与生产工具、设备、材料、环境等的配合是否简化、高效。

(3)严格分析所研究的事实

用相应的表格,对记录的每一件事逐项进行考察的内容包括:事情的目的,发生地点、完成顺序,当事人,采用的方法等。严格考察所采用的方法是"5W2H"提高技术、"ECRS"四大技巧以及动作经济原则等。通过提问技术,分析发掘问题之所在,初步提出改善的方案和设想。

2.5.3 作业标准化

由于标准时间是在特定条件下对工作所确定的时间,所以作业现场必须先行标准化,包括定置管理、作业环境、作业方法、作业条件等的确定。

(1)制订工作计划

①测定方法确定后,还要选择作为测定对象的操作者,并向他说明测定的有关事项。此外,要把与影响标准时间的诸多条件有关的情报完全记录下来。

②当项目选择后组织相关人员学习培训,座谈(措施、意见),并制订出相关的工作计划,以及得到相关部门的协调配合。

③组织制订详细的工作计划和人员安排,准备相应的测定表格和工具。

(2)现场观测、整理分析阶段

①按照所选定的测定方法,并严格按其方法和步骤进行现场测定。

②测定资料整理与分析,并加以评定,得到科学合理的时间。

③若整理分析发现问题需再现场测定、整理、分析、评定直到达到目的。

(3)编制标准时间

根据观测、整理好的数据编制标准时间。

第 3 章　Flexsim 实体库

3.1　实体库简介

3.1.1　概述

Flexsim 库由实体组成,这些实体之间可进行方便易懂的交互。这些实体是采用面向对象的方法构建的,具有父类/子类的层次结构。子类实体继承父类实体的属性和默认行为,同时又特别指定适用于特定情形的行为。在 Flexsim 中,库中的大多数实体主要分为两种类型,这里所说的两个通用类是固定实体(Fixed Resources)和任务执行器(Task Executors)。

(1)固定实体

固定实体是模型中固定不动的实体,可以代表处理流程中的步骤,如处理站或存储区域。临时实体通过进入实体、被加工、完成加工等步骤在模型中穿梭。当其中一个实体对一个临时实体处理完成后,就会将其发送到下一个工序进行加工,或者说发送到下一个固定实体。

(2)任务执行器

任务执行器是模型中共享的、可移动的资源。它们可以是操作员,用来在给定步骤中对临时实体进行加工处理,也可以在两个加工步骤之间运输临时实体。它们还可以发挥很多其他仿真作用。

随着 Flexsim 的应用经验积累,会发现固定实体和任务执行器之间的区别有时会变得非常模糊。在模型中,任务执行器能够仿真固定实体执行的特性,而配置后的固定实体也可以用来像共享资源一样行进和操作。唯一差别在于处理问题的角度不同。

(3)流体实体

Flexsim 总共提供了 11 个用于流体物质的实体。其中 9 个流体实体不能与 Flexsim 的离散实体相交互,但是其中有两个实体可以作为流体实体和离散实体之间的媒介使用。

3.1.2　固定实体

固定实体是发生器、暂存区、处理器、吸收器、合成器、分解器、货架、流节点、多功能处理器和存储器等实体的父类。它定义了输入临时实体到工作台和发送临时实体到下游实体的逻辑。尽管不能直接地将实体拖动到模型中应用,但是可以使用子类实体的临时实体流选项卡来编辑固定实体的逻辑。

固定实体是用来描述可以通过特定的方式对临时实体进行加工处理的实体的。这些实体通过输入端口接收临时实体,进行加工后,通过输出端口释放临时实体并将其发送到下游实体。尽管不同类型的固定实体接收和释放临时实体的时间不同,但是所有的固定实体都具备接收和释放临时实体的工序。例如:暂存区可以在相同时间内接收多个临时实体。临时实体一旦进入暂存区,马上被释放出去。另一方面,处理器每次仅接收一个临时实体,然后对其进行加工,最后释放,需要注意的是只有确定当前的临时实体已经离开后,处理器才会接收新的临时实体。尽管暂存区和处理器接收和释放实体的时间有所区别,但是两者均具备接收和释放的功能。对于每个接收和释放的临时实体,固定实体均要完成一套特定的步骤。有些步骤,固定实体可以自动执行,有些步骤则允许建模者对临时实体接收和释放的方式进行定义。属性窗口中的临时实体流选项卡可以用来编辑所有用户自定义的输入设置。固定实体对每个接收和释放的临时实体实施的加工步骤如下:

(1)打开输入端口,接收实体

当固定实体准备接收临时实体时,将首先检查是否已经处于拉入模式。如果已经处于拉入模式,那么实体就会调用从端口接收临时实体函数。此函数返回打开输入端口号的值。如果返回 0,所有的输入端口都将被打开。当上游临时实体被释放时,将为此临时实体调用拉入条件区域代码。此区域代码可以返回“真”(1)或“假”(0)。如果返回“真”(1),那么固定实体就会接收临时实体。如果返回“假”(0),那么实体将为下一个被释放的临时实体再次调用拉入条件函数,或者实体将等待上游固定实体释放下一个临时实体。实体将会重复执行此操作直至出现拉入条件返回“真”(1)的临时实体。如果实体没有处于拉入模式,固定实体将会跳过所有拉入逻辑,直接等待将要被接收的临时实体。

(2)加工临时实体

一旦临时实体进入固定实体,便会根据固定实体的类型对临时实体进行加工,然后释放。例如:如果固定实体为处理器,那么临时实体进入处理器后就会被加工一段时间。如果固定实体为暂存区,那么临时实体进入后,立刻会被释放出去。如果固定实体为传送带,那么临时实体会沿着传送带向前行进,走完传送带的总长度,被释放出去。

(3)释放临时实体并打开输出端口

当临时实体被释放时,固定实体就会调用发送至函数。就像从端口拉入函数一样,这个函数返回一个端口号。然后固定实体将端口打开。如果端口号为 0,那么固定实体将会打开所有的输出端口。一旦打开端口,固定实体就会等待下游实体接收临时实体。

(4)运输临时实体至下一工位

一旦释放临时实体,且下游实体已准备接收,如果“使用运输工具”复选框没有被选中,那么临时实体将立刻输入到下游固定实体中。如果“使用运输工具”复选框被选中,固定实体将调用“按下列条件调用运输工具”函数。此函数应返回指向任务执行器或任务分配器的引用。如果返回有效的引用,将会自动创造默认的任务序列,任务执行器最终将装载临时实体并将其运输至目标固定实体。在“按下列条件调用运输工具”区域中,也可以返回 0 值。如果返回 0 值,固定实体则会假设用户已经创建了任务序列,而不会自定创建默认的任务序列。如果要返回 0 值,那么将需要用户自行创造任务序列。在“按下列条件调用运输工具”下拉菜单中选择“手动创建任务序列”选项,然后手动编辑代码,即可轻松创建任务序列。

(5)使用运输工具

如果某个固定实体配置了运输工具,用于临时实体运输,那么当下游固定实体拉入临时实体时或者已经准备好接收临时实体时,临时实体不会立刻移动至下游实体,而是由上游实体首先为负责运输的任务执行器创建一个任务序列,然后,由运输工具装载临时实体,运输到下游实体时卸载。

(6)固定实体逻辑编程

分类输送机的固定实体执行方式与标准方式有几点不同,了解这些不同很重要。首先,分类输送机总是用拉动模式。然而,与其他拉动模式的固定实体不同,它一定检查上游流动实体送往函数的值,以确保可以把临时实体送给分类输送机。其次,不同于常规固定实体的地方是,用户没有权力访问"从下列端口拉入"域段。分类输送机自己处理这些逻辑,因为每个端口接收临时实体的能力取决于进入点的位置和输送机上其他临时实体的尺寸和位置。同样,临时实体离开要通过的端口取决于临时实体的位置和输出点的位置。相反,分类输送机提供一个"发送条件"域段,每当有一个临时实体经过离开位置时就触发该域段的函数。此域段将返回一个真或假值(1 或 0),表示是否允许临时实体离开那个离开点。

①运输机使用规则:使用任务执行器将临时实体搬运到输送机上时要特别小心。分类输送机通过某给定端口接收临时实体的能力取决于仿真中任意给定时间的输送机上其他临时实体的位置。如果分类输送机处于准备好接收临时实体的时刻,与其实际接收到临时实体的时刻之间存在时间延迟,则在临时实体到达时,接收临时实体的机会可能已经错过。这将导致分类输送机不能正确地输送临时实体。

如果需要将临时实体运输到分类输送机上,则只能将它们运输到输送机上第一个进入点。或者,将临时实体运输到常规输送机上,由它送入分类输送机。还有,离开分类输送机时使用运输机的权利被取消。再次采用常规输送机,将临时实体从分类输送机送入到这些常规输送机中,并使用运输机使临时实体离开常规输送机。

②进入/离开点可视化。进入/离开点在正投影/透视视图中用红色或绿色箭头绘出。输入位置用箭头指向输送机内部。离开位置用箭头指向输送机外部。绿色箭头表示分类输送机可以通过那个进入点接收临时实体,或者正在等待着通过那个离开点送出临时实体。红色箭头表示分类输送机那个进入点不可用,或者当前正有临时实体等待着通过那个离开点。如要隐藏箭头,从它的属性视窗,或者从编辑选中实体菜单中设置实体不显示端口。

③状态:

空:输送机上没有临时实体。

输送:输送机上的临时实体在向下游输送。

阻塞:输送机上的一个临时实体到达离开点,且它的阻塞参数是 1,但是它还没有离开输送机,所以输送机上的所有临时实体都停下来。

3.1.3　任务执行器

在实体库中,任务执行器是几种实体的顶层类。操作员、运输机、堆垛机、起重机和其他可移动资源都是从任务执行器类派生出来的。所有这些实体都可以行进、装载、卸载临时实体、充当处理站点的共享资源,和执行其他仿真任务。任务执行器及其子类实体能执行任务序列,进行碰撞检测和执行偏移行进。

任务执行器也是分配器的一个子类,因此,一个任务执行器实际上可以扮演团队指挥的角色来将任务序列分配给团队成员。然而,其处理和分配逻辑与分配器有细微的差别。当任务执行器接收到一个任务序列时,它首先查看它是否已经有一个激活的任务序列。如果没有激活的任务序列,或者如果新接收到的任务序列是先占的并且比当前激活任务序列的优先级高,则它将开始执行新的任务序列,否则,它就执行常规的分配逻辑。如果没有立即传递任务序列,它将在执行器的任务序列队列中进行排队。如果当任务执行器完成其激活任务序列时那个任务序列还在队列中,则任务执行器将执行那个任务序列。

所有的任务执行器都包含下列用户可以定义的参数:

(1)容量

此参数为实体的最大容量定义一个值。在默认的操作中,实体从来不会装载超过此值指定数量的临时实体。

(2)最大速度、加速度、减速度

这几个值定义任务执行器的最大速度、加速度和减速度。最大速度用每单位时间的长度单位数来定义,而加速度和减速度用每时间单位的平方的长度单位数来定义。例如,模型用米和秒来定义,则速度值的单位是米/秒等。这些值用来定义实体的峰值速度,和在执行诸如 TASKTYPE_TRAVEL 和 TASKTYPE_TRAVELTOLOC 的任务类型时的速度变化。

(3)装载/卸载任务行进偏移

此值决定任务执行器在装载/卸载一个临时实体时是否执行偏移行进以到达装载/卸载位置。例如,如果不选中此项,且任务执行器在一个网络上行进,则它将只行进到装载/卸载站的网络节点。在执行装载过程中将停留在那个节点上。

(4)行进时转向

如果想要实体在行进过程中旋转调整方向,可用此选项指定。这对模型的输出没有影响,只是为了视觉效果目的。

(5)装载时间

此域段在每个装载任务的开始时执行。它的返回值是任务执行器在装载临时实体并转到下一个任务之前要等待的时间。注意,如果将任务执行器配置为"装卸时采用行进偏移",则它将首先行进正确的偏移量,然后开始装载时间计时。这样,装载时间被添加到偏移行进时间的末尾;而不是偏移行进时间的一部分。

(6)卸载时间

此域段在每个卸载任务开始时执行。它的返回值是任务执行器在卸载临时实体并转到下一个任务之前要等待的时间。注意,如果将任务执行器配置为装卸时采用行进偏移,则它首先行进正确的偏移量,然后开始卸载时间计时。这样卸载时间就添加到偏移行进时间的末尾;而不是作为偏移行进时间的一部分。

(7)中断条件

此域段在任务执行器执行到一个暂停任务或调用次级任务时执行。其返回值是一个任务序列的引用。此域段中的逻辑将搜索任务执行器的任务序列队列,并找到一个适当的任务序列作为中断当前任务序列后要转到的任务序列。

(8)状态

任务执行器的状态只取决于任务执行器所执行的任务类型。许多任务处于特定的不可变的状态,用户无法改变。但是一些任务允许用户为任务执行器指定状态,使它在执行那个任务时处于这个状态。

(9)空载行进

实体正在向目的地实体行进且没有装载任何临时实体。此状态只属于关联TASKTYPE_ TRAVEL 任务。

(10)装载行进

实体正在向目的地实体行进且装载着一个或多个临时实体。此状态只关联 TASKTYPE_ TRAVEL 任务。

(11)空载偏移行进

实体正在执行偏移行进,且没有装载临时实体。

(12)装载偏移行进

实体正在执行偏移行进,且装载着一个或多个临时实体。

偏移行进用于 load/unload(装载/卸载)任务,travel to loc(行进到位置)和 travel relative (相对行进任务),以及 pickup set(捡取偏移)和 pickoff set(放下偏移)任务中。

偏移行进的表现很简单。每种类型的偏移要求都转化为 x、y、z 方向的偏移距离,有时是一个临时实体的引用。例如,如果一个实体得到一个 travel to loc(行进到位置)的任务,目的地是$(5,0,0)$,而其当前位置是$(4,0,0)$,则它自动将偏移任务转化成一个偏移请求$(1,0,0)$,意思是需要在 x 方向上行进 1 个单位。travel relative(相对行进任务)则直接解释为要行进的距离。例如,一个$(5,0,0)$的相对行进任务,它告诉实体在 x 方向行进 5 个单位。如果选中了"装卸时采用行进偏移"复选框,则装载/卸载任务也使用偏移行进。当一个实体需要从一个站点装载一个临时实体时,它向此站点查询临时实体的位置。同样,当它需要卸载临时实体时,它向此站点查询卸载临时实体的位置。站点返回 x、y、z 方向的偏移距离,任务执行器按照此距离执行偏移行进量。同样,对于一个装载和卸载任务,任务执行器在偏移中要求有一个临时实体的引用。这可能会影响实体的行进方式,也可能不会影响,这取决于实体的类型。例如,执行运输机的偏移行进机制,以使如果有一个临时实体,或者换句话说,如果此运输机在装载/卸载一个临时实体,运输机将沿 z 方向抬升其货叉。如果没有临时实体,或者换句话说,如果运输机在执行一个 travel to loc(行进到位置)任务或 travel relative(相对行进)任务,则它将沿 z 方向行进,而不是抬升其货叉。

偏移值应该相对于实体的 x/y 中心和实体的 z 底面进行计算。例如,一个机器人放置在$(0,0,0)$,它的尺寸是$(2,2,1)$。从这些条件可以计算出 x/y 中心和 z 底面为$(1,-1,0)$(注释:y 尺寸沿着 y 负轴方向延伸)。所有偏移量的计算都应以$(1,-1,0)$位置为准进行。当给此机器人一个 travel to loc 的任务时,将会自动地进行此计算,但有时也需要人工计算此位置并使用 travel relative 任务。如果机器人接到一个$(1,0,0)$的相对行进任务,这就意味着正确的行进目的地位置是机器人 x/y 中心和 z 底面的右边一个单位处。这可以转化为位置$(2,-1,0)$。注意,这并不意味着机器人会行进至自身的位置$(2,-1,0)$。也不会行进至其 x/y 中心和 z 底面位置。因为它是一个机器人,它将会转动和伸展手臂,使手臂末端到$(2,-1,0)$位置上。它的实际位置根本不会改变。这样,从实体的 x/y 中心和 z 底面的计算用来指定一个期望的目的地位置,它对于所有实体都是相同的,但是它允许不同的实体用不同的方式处理此目的位置。

(13)装载

实体正在装载一个临时实体。此状态与 TASKTYPE_LOAD 任务关联，且仅适用于实体已完成偏移行进、正在执行用户定义的装载时间而在装载临时实体之前的那段时间。

(14)卸载

实体正在卸载一个临时实体。此状态与 TASKTYPE_UNLOAD 任务关联，且仅适用于实体已完成偏移行进、正在执行用户定义的卸载时间而在卸载临时实体之前那段时间。

(15)使用

实体正在一个站点被使用。此状态常用于操作员，当操作员达到站点并被预置、处理或维修过程使用时，即为使用状态。使用状态通常与一个 TASKTYPE_UTILIZE 任务关联，但是那个任务也可以指定一个不同的状态。同样，其他任务类型，如 TASKTYPE_DELAY，也可以采用使用状态。

(16)锁定

尽管实体正在行进，但是在网络中阻塞。

(17)碰撞检测

任务执行器和它的子类都有检测与其他实体碰撞的能力。碰撞检测通过往任务执行器里添加碰撞成员来实现，添加碰撞球及其碰撞成员，然后当任务执行器的一个碰撞球碰撞到其碰撞成员之一的一个碰撞球时就执行相应的逻辑。指定的每个碰撞球都定位在任务执行器的特定位置上，并具有一个半径。任务执行器按照指定的时间间隔重复进行碰撞检测。在每次碰撞检测中，任务执行器检测其所有碰撞球与其所有碰撞成员的所有碰撞球之间的碰撞。如果发现一个碰撞，那么任务执行器触发其碰撞触发器。它不触发与之碰撞的实体的碰撞触发器。另一实体的碰撞触发器在它进行自身的碰撞检测时才会触发。注意，碰撞触发器是由特定的球对球碰撞来触发的。这意味着，在一次碰撞检测中，碰撞触发器可能被触发多次，遇到的每个球对球碰撞都会触发一次。

要警惕，如果碰撞检测使用不当，极容易导致模型执行速度的明显降低。例如，如果一个任务执行器有 5 个碰撞球和 5 个碰撞成员，且每个碰撞成员都有 5 个碰撞球，则每次碰撞检测需要检测 125 个球对球碰撞。如果共有 6 个任务执行器在执行碰撞检测，则模型在每次间隔时碰撞检测要检测 750 个球对球碰撞。这将会大大降低模型速度，尤其是当碰撞检测间隔很小时。

使用 setcollisioncheck()命令可以打开或关闭给定任务执行器的碰撞检测选项。

3.2　固定实体

3.2.1　基本传送带

基本传送带是一种可以允许临时实体随时随地移进或移出，根据用户定义的逻辑可在上面移动的一种输送机。

基本传送带与基本固定实体(BasicFR)和基本任务执行器(BasicTE)类似。它也是用户进行自定义的传送带。

传送带具备默认的堆积行为。当一个临时实体追上另一个停止或者运行速度较慢的临时实体的时,它将立刻放慢行进速度以适应前者的移动速度,所以临时实体将会沿着传送带进行堆积。一旦前端的临时实体移出传送带,其他的停止的临时实体就会意识到新的可以用于移动的空间,所以又会重新开始进行移动。

不管是间接执行 receiveitem() 命令还是直接执行 moveobject() 命令,临时实体一旦进入传送带,用户必须定义临时实体的初始运动配置文件,为了使临时实体能够沿着传送带进行移动。也就是说,只有用户设置正确的传送逻辑,基本传送带才会工作,传送逻辑涵盖:定义如何接收和释放临时实体,当临时实体进入传送带后应该处于什么位置,临时实体的发送目的地等等。此逻辑应该放置在传送带的重置触发、进入和离开触发、决策点触发中。临时实体的位置和移动状况被称为"传送带状态"。用户可以使用 bcsetitemconveystate() 命令设置传送带的状态。当临时实体处于传送带中时,可以随时设置或重置传送带的状态。

基本传送带同样具备双向输送临时实体的功能。但是,在给定的时间内,所有临时实体的输送方向必须一致。使用 bcsetdirection() 命令可以设置传送带运输方向。

用户可以使用基本传送带中的决策点(Decision Points)选项卡定义更多的传送带逻辑。

这些触发点对应着传送带的同方向的不同位置,主要用来更新临时实体的传送状态、释放临时实体、接收新的临时实体或执行其他的定义传送带行为的逻辑。

要了解更多的有关如何定义基本传送带逻辑,可参考命令文档中的基本传送带命令。相关命令如下:

```
bcsetitemconveystate()
bcsetdirection()
bcgetitemkinematics()
bcgetitemposition()
```

3.2.2　基本固定实体

基本固定实体(BFR)是为开发人员提供的用来建立用户库的固定实体。它把固定实体的几乎所有可继承的逻辑全部添加到函数下拉列表中,这样,用户库开发人员就能够切实地指定固定实体的所有功能。

BFR 是固定实体的一个子类。它用来指定重置、进入、离开以及消息触发器的逻辑,同时也包括停止/恢复实体、捡取/放置偏移、运输输入通知/完成、运输输出通知/完成及其他高级功能。

在此实体的进入、离开、重置及消息触发器中,需要用 receiveitem() 和 releaseitem() 命令来实现接收和释放临时实体的逻辑。还有一些命令可在处理临时实体时使用,如 setstate() 和 senddelayedmessage() 命令,和命令列表中固定实体类的所有命令。此实体是固定实体的基本要素实现,而全部逻辑则由建模人员来完成。

3.2.3　合成器

合成器用来把模型中行进通过的多个临时实体组合在一起。它可以将临时实体永久地合成在一起,也可以将它们打包,在以后某个时间点上还可以再将它们分离出来。合成器首先从输入端口 1 接收一个临时实体,然后才会从其他输入端口接收后续的临时实体。用户指定从输入端口 2 及更大序号的端口接收的临时实体的数量。只有当用户要求的后续临时实体全部到达后,才开始进行预置/处理操作。在其预置、处理和维修时间期间,可以设置合成器调用操作员。

合成器是处理器的一个子类,而处理器又是固定实体的一个子类。在操作中,合成器首先从它的第一个输入端口接收一个临时实体。合成器将一直等待直到从输入端口 1 接收到一个临时实体,然后才允许其他临时实体进入。最后,它根据组成列表收集一批临时实体。组成列表指定了合成器每一批次从其他每个输入端口接收的临时实体的数量。组成列表的第 1 行是从输入端口 2 接收的临时实体数量,第 2 行对应输入端口 3,依此类推。当连接实体到合成器的输入端口时,组成列表会自动更新。如果在添加输入端口时,合成器的参数视窗是开着的,则需要关闭视窗并再次双击合成器才能注册所做改变。

合成器一旦收集到一个批次的量,就经历预置和处理时间,并根据处理器功能中所做的定义调用操作员进行预置和处理操作。

合成器有三种操作模式:装盘、合并与分批。在装盘模式下,合成器将从输入端口 2 与更高序号的输入端口接收到的所有临时实体全部移入到由输入端口 1 接收的临时实体中,然后释放此容器临时实体。在合并模式下,除了从输入端口 1 接收到的那个临时实体,合成器将破坏其余所有的临时实体。在打包模式下,合成器在收集到本批次的所有临时实体,并完成了预置和处理时间后,释放所有临时实体。

"从端口拉入"选项对于合成器无效。合成器自己处理该逻辑。

如果正在向合成器送入临时实体,则在接收容器临时实体时,在给定时刻它只允许一个临时实体进入,也就是那个容器临时实体。一旦容器临时实体到达,合成器即允许组成列表中的所有临时实体同时进入。

关于从输入端口 1 接收多于 1 个临时实体的注释:合成器被配置为总是从输入端口 1 接收一个临时实体。如果采用合并或分批模式,可能需要从连接到输入端口 1 的上游实体接收大于 1 的数量的临时实体。这里有两种办法,最简单的做法是将上游实体同时连接到合成器的输入端口 1 和 2,然后在组成列表中的第一行中,输入一个比所需要收集的临时实体数少 1 的值。则合成器将从输入端口 1 接收 1 个,从输入端口 2 接收所需的其余数量。如果这种方法不适合某种情形的需要,可采取另一种方式,给模型添加一个生成器,将其连接到合成器的输入端口 1,并将生成器的时间间隔设为 0。

从同一上游实体接收多种类型的临时实体的注释:如果有一个上游实体,它可容纳多种类型的临时实体,而用户需要在合成器的组成列表中分别显示这些不同类型,则可以将上游实体的多个输出端口与合成器的多个输入端口连接起来。例如,一个合成器从一个上游处理器接收 1 和 2 两种类型的临时实体。需要收集 4 个类型 1 和 6 个类型 2 的临时实体,将其装盘到一个托盘上。要实现此过程,首先将托盘发生器连接到合成器的输入端口 1,然后将处理器的输出端口 1 连接到合成器的输入端口 2,将处理器的输出端口 2 连接到合成器的输入端口 3。将处理器的发送策略指定为按类型发送。然后在合成器组成列表中,在对应于输入端口 2 的那一行输入 4,对应于输入端口 3 的那一行输入 6。

合成器常见状态如下：

空闲－合成器没有从输入端口 1 接收第一个临时实体。

收集－合成器已经从输入端口 1 接收到了第一个临时实体，正在收集余下的临时实体。

预置－合成器处于用户定义的预置时间内。

处理－合成器处于用户定义的处理时间内。

阻塞－合成器已释放临时实体，但是下游实体还没有准备好接收它们。

等待操作员－合成器在等待操作员的到达，从而进行中断维修或是对某批次进行操作。

等待运输机－合成器已释放一个临时实体，下游实体也准备好接收它，但是运输机还没将它捡取。

停机－合成器中断停机。

3.2.4 传送带

输送机用来在模型中沿一系列路径移动临时实体。通过创建输送机的不同分段来定义路径。每个分段可以是直段，也可以是弧段。弧段用转过的角度和半径定义。直段由长度定义。这样可以使输送机具有其所需要的弯曲度。输送机可以是可积聚的，也可以是非积聚的。

输送机是固定实体的一个子类。它有两种操作模式，可积聚模式与非积聚模式。在可积聚模式下，输送机像辊道输送机一样运作，即使输送机末端被阻塞，临时实体也可以在上面积聚。在非积聚模式下，输送机像皮带传送机一样运作，如果输送机被阻塞，则输送机上的所有临时实体都会停下。

当临时实体到达输送机时，先是它的前端到达输送机的起始端。然后开始沿着输送机的长度方向向下输送。一旦临时实体的全长被输送通过了输送机的起始端，输送机就重新打开其输入，可以接收另一个产品。当临时实体的前端碰到输送机的末端时输送机就释放此临时实体。

输送机一次只接收一个临时实体，且一次只释放一个临时实体。意思是说，如果使用一个任务执行器将临时实体运入或运出输送机，一次只能有一个临时实体被运进来，一次也只能有一个临时实体等待一个操作员来从输送机上将其捡取。当同时有多个操作员捡取临时实体并将其运送到输送机上时，这一点很重要。为了实现同时操作，需要在输送机前端设置一个暂存区，因为暂存区可以同时接收多个临时实体。

（1）速度限制

传送带不执行临时实体的加速或减速。在仿真过程中，传送带的速度也不能动态地改变，但是可以通过 changeconveyorspeed() 命令实现。

（2）排列传送带

传送带拥有可以排列后面的传送带的能力。按下 X 键，然后点击输送机，则连接到其第一个输出端口的传送带将被重新排列，与此传送带末端连接并齐平。

（3）传送带 X 向尺寸

注意，传送带实体的实际尺寸（被选中时的黄色方框的尺寸）和传送带的长度是不同的。改变传送带的 Y 向尺寸将改变其宽度。另外，改变传送带的 X 向尺寸将改变其支柱的宽度。

（4）通知上游实体有关当前传送带的阻塞长度

在传送带的属性视窗中,有一个复选框用来命令传送带通知上游实体有关当前传送带的阻塞长度。此复选框允许在多个串联的传送带上进行临时实体的累积。但是,此操作中涉及的传送带之间的消息传递需要很高的处理强度,如果在多处选中此复选框,模型的运行速度将会下降,所以只能在需要的地方使用此功能。另外,当此功能被使用时,不支持光电传感器。

(5)改变临时实体通过不同传送带的速度

你可能会注意到,如果模型中有两个串联的传送带,后者的速度比前者传送带的速度快,产品在跨越传送带时,将会发生重叠现象。这只是一个视觉小故障,只要转运点不连接多个并列的传送带,它将不影响整个模型的输出。即使它处于枝点上,可以通过将临时实体放置在一个枝点前的、单个较短且速度较慢的传送带上避免重叠。

(6)状态

空:传送带上没有临时实体。

输送:传送带上的所有临时实体都在向下移动。

阻塞:前面的临时实体到达了传送带的末端,且已被释放,但是还没有被一个下游实体接收。注意,这并不意味着所有的临时实体都停下来了,如在可积聚传送带上就不是。

等待运输机:前面的临时实体到达了输送机的末端,且已被释放,也已被下游实体接收,但是运输机还没有来捡取它。

(7)光电传感器

传送带允许在它上面指定的位置安装光电传感器。光电传感器注视传送带上的一些位置,当光电传感器被阻塞时,触发传送带的遮挡触发器和未遮挡触发器。除非在遮挡触发器和未遮挡触发器中明确指定了改变传送带行为,否则,它们并不影响输送机的其他逻辑。每个光电传感器都有两个用户定义的域段:一个沿着输送机长度方向的从输送机起始端开始算起的位置,和跳转时间。

在任意给定时间,每个光电传感器都处于三种状态之一,描述如下:

未遮挡/绿色:此状态表示没有临时实体遮挡光电传感器。

部分遮挡/黄色:此状态表示临时实体正遮挡着光电传感器,但是还未遮挡到其全部跳转时间。

遮挡/红色:此状态表示临时实体正遮挡着光电传感器,而且至少已经被遮挡了全部跳转时间。

可能发生下列状态转移。每次状态转移都触发一个触发器。

绿到黄:此状态转移发生的条件是,光电传感器没有被遮挡,一个临时实体经过并遮挡它。这时触发输送机的遮挡触发器,向此触发器的遮挡模式参数中传递一个值1。输送机也开始光电传感器跳转时间的计时。

黄到红:此状态转移发生的条件是,一个光电传感器被部分遮挡(黄色状态),其跳转时间计时期满。这将再次触发输送机的遮挡触发器,向触发器的遮挡模式参数中传递一个值2。注意,在触发器逻辑中,需要区分绿到黄转变和黄到红转变的不同触发器。还要注意,如果指定光电传感器的跳转时间为0,则遮挡触发器将会同时触发两次:一次是状态由绿变黄时,然后又是由黄变红时。

黄到绿:此状态转移发生的条件是,光电传感器被遮挡且处于黄色状态时,一个临时实体,后面跟随一段空隙,完成经过光电传感器的过程,使它变为未遮挡。这时触发输送机的未遮挡触发器,并向遮挡模式参数传递1。

红到绿:此状态转移发生的条件是,光电传感器被遮挡处于红色状态,一个临时实体,后面跟随一段空隙,完成经过光电传感器的过程,使它变为未遮挡状态。这将触发输送机的未遮挡触发器,并向遮挡模式参数传递2。

(8)光电传感器可视化

光电传感器显示为横跨传送带的直线。要隐藏传送带的光电传感器,可以按住 B 键,然后点击传送带,或者可以在传送带参数视窗的光电传感器选项卡中隐藏光电传感器。

3.2.5 流节点

流节点用于将临时实体从一个位置移动到另一个位置,其移动过程伴随时间的消耗。使用"A"键点击拖动的简单连接方式,就可以使用流节点引导临时实体流。例如,如果需要产品花费一定时间从一个暂存区移动到一个处理器,则在两者之间放置一个流节点,并连接暂存区的输出端口与流节点的输入端口,然后连接流节点的输出端口与处理器的输入端口。

流节点是固定实体的一个子类。它将持续接收临时实体直到达到其最大容量。临时实体一进入流节点,流节点就对它执行送往函数。接着执行速度域段会找到临时实体的速度。然后将临时实体的位置设为自身的位置,并开始向送往函数返回的下游实体移动临时实体。临时实体一到达目标实体的位置,流节点就释放它。

注意,只要到达一个临时实体,流节点就执行送往函数。这与固定实体在释放临时实体时执行的常用送往功能不同。此区别具有重要的含义。首先,不能从送往函数返回 0 值,因为流节点需要立即决定要送到哪一个下游实体。如果送往函数返回 0 值,则流节点将总是送到输出端口 1。其次,尽管可以自由使用,但对流节点进行连续送往条件判断并没有多大意义。由于临时实体在进入时必须交付一个输出端口,连续判断送往条件可能会导致这样的情形,即,临时实体到达一个目标实体,但到达后其送往条件可能会改变,于是从一个与它所到达的端口不同的端口送出。

流节点用来对临时实体的行进网络进行仿真。也可以用输送机来仿真行进网络。用输送机建模是从创建和连接行进网络路径的角度来进行描述,而使用流节点是从创建和连接行进网络的节点的角度来进行描述,在某些情况下能使建模相对更容易。然而,与输送机不同,流节点模式不提供沿路径积聚临时实体的功能,只允许用一个最大容量值来限制网络上的交通。因此,如果有一块行进区域需要定义更灵活的交通控制,则采用输送机而不要用流节点。还可以使用网络节点行进网络来代替流节点来实现,方法是:使用任务执行器临时实体,选中一个上游固定实体的"使用运输机"复选框,这个上游固定实体是用户想要临时实体从那里开始行进的实体,并在从下列请求运输机下拉菜单中选中"Flow Item as Task Executer(临时实体作为任务执行器)"。流节点不执行任何状态。可以使用其当前数量—时间图来得到流节点的统计数据。

3.2.6 分拣传送带

分拣传送带是一种非积聚式输送机,允许沿着输送机有多个输入位置,同时也有多个输出位置。每个输入/输出端口都有一个用户定义的输入/输出位置。

分拣传送带是传送带的一个子类,而传送带又是固定实体的一个子类。分拣传送带的每个输入端口都在沿着传送带长度方向上有一个关联入口位置。每个输出端口都有一个关联离开位置和一个阻塞参数。

(1)接收/释放逻辑

对于每个进入点,只要进入点没有临时实体占据,且它前面有足够空间容纳进入的临时实体,分拣传送带将会在那个进入点接收临时实体。进入的临时实体的前边界对齐进入点放置,然后开始沿传送带长度方向向下游传送。

每当一个临时实体到达传送带上的一个离开点时,分拣传送带在那个端口检查发送条件。如果发送请求返回真,则传送带将释放它从而"尝试"从那个端口将临时实体送出。如果下游实体准备好了接收此临时实体,则尝试成功,临时实体将会从那个输出端口送出。如果尝试失败,将发生两种情况之一。如果那个输出端口的阻塞参数为 0,则临时实体将成为"未释放的"并继续沿传送带的长度方向向下输送。如阻塞参数是 1,整个传送带都会停止,直到下游实体准备好接收此产品。

到达传送带末端但没有离开的临时实体将循环回到传送带的起始端,并再次沿传送带长度方向向下游移动。这就是为什么建议每个分拣传送带的最后一个离开点要设定为阻塞的原因,除非想要它们再次沿着传送带输送。当一个临时实体循环到传送带起始端时,触发进入触发器,所涉及的端口号为 0。

(2)分拣传送带阻塞

分类传送带是非积聚式传送带,这意味着如果传送带上有一个产品停下,则传送带上的所有产品都停下。在堵塞时,产品不会积聚。在模型中使用分拣传送带之前,要清楚这一点。否则,用户可能不再对其分拣传送带重新做许多逻辑,而使用常规传送带作为替代。

3.2.7　复合处理器

复合处理器用来模拟对临时实体的顺序有序操作过程。用户对每个复合处理器实体定义一系列的处理过程。每个进入复合处理器的临时实体都将按顺序经历这些处理过程。复合处理器可能在处理过程中调用操作员。

复合处理器是固定实体的一个子类。它接收一个临时实体,将此临时实体放入其处理过程序列中逐个经过,然后释放此临时实体。一旦临时实体离开此复合处理器,它又接收一个临时实体,再经过这样处理过程。复合处理器中同一时刻只能有一个临时实体。

对于用户定义的每一个处理过程,可以指定处理过程的名称、处理时间、那个处理过程需要的操作员数目、送给那些操作员的任务的优先级和先占值,以及接收操作任务的操作员或分配器。在每个过程的开始,复合处理器调用处理时间域段,将其状态设定为处理过程的名称,并且调用操作员(如果操作员数目大于 0)。当处理完成之后,复合处理器释放此过程调用的所有操作员,并调用处理结束触发器。它还用 parval(2)将处理过的程序号传递给处理完成触发器。

如果有一个站点,涉及多个操作,各有不同的处理时间,并且/或者有不同的资源,则应该使用复合处理器。也可以将复合处理器当作不同类型操作的共享站点使用。例如,临时实体

1需要经过操作 A、B、C、D,临时实体 2 需要操作 E、F、G、H,但是两种类型必须共享一个站点来进行处理。给复合处理器设定 8 个处理过程:A~H,对于临时实体类型 1,将 E~H 的处理过程的处理时间设定为 0,对临时实体类型 2,将 A~D 的处理过程的处理时间设定为 0。

注意,复合处理器不提供管道处理过程。管道就是当一个临时实体完成了过程 1 并移动到过程 2,另一个临时实体可以进行过程 1 的处理。这样,在任意给定时刻,可以有几个临时实体"沿管道向下流动"。如果需要模拟这种情况,可以使用顺序连接的多个处理器。

状态:

空闲－没有临时实体在处理。

用户定义状态－用户自定义的状态,每个过程对应一个。

阻塞－复合处理器已完成对一个临时实体的所有处理并已释放,但没有下游实体准备好接收此临时实体。

等待操作员－复合处理器等待操作员的到来以便开始一个新的处理过程。

等待运输机－复合处理器已完成对某个临时实体的所有处理,并释放它,且一个下游实体已准备好接收此临时实体,但是临时实体还没有被一个任务执行器捡取。

3.2.8　处理器

处理器用来在模型中模拟对临时实体的处理过程。处理过程仅被简单地模拟为一段强制的时间延迟。总延迟时间被分成预置时间和处理时间。处理器一次可以处理多个临时实体。处理器可以设置中断停机,并且经过随机或定期的时间间隔之后恢复在线状态。处理器可在其预置、处理及维修时间内调用操作员。当处理器中断停机时,所有正在处理的临时实体都会被延迟。

处理器是固定实体的一个子类。它还是合成器和分解器的父类。它持续地接收临时实体直到达到其最大容量。每个进入处理器的临时实体都将经过一段预置时间和随后的处理时间。这两个过程结束后,释放临时实体。如果最大容量大于 1,则并行处理多个临时实体。

(1)预置/处理操作员

如果设定处理器在预置或处理期间使用操作员,则在每个操作开始时,它都将使用 requestoperators 命令调用用户定义的几个操作员,在此函数中,处理器作为站点,临时实体作为相关实体。这将导致处理器停下来等待,直到操作员到达。请留意一个 requestoperators 任务序列是如何构建的,如 requestoperators 命令的文档中所描述。还要了解 stopobject 命令是如何工作的,可以参见命令集中的解释。一旦所有的操作员到达,处理器就恢复其操作。一旦操作完成,处理器就释放它所调用的操作员。如果处理器被设定为使用相同的操作员来完成预置和处理过程,则处理器要等到预置和处理操作都完成后才会释放操作员。

(2)状态

空闲－实体是空的。

设置－实体处于建模人员定义的预置时间内。

处理－处于建模人员定义的处理时间内。

阻塞－实体已释放临时实体,但是下游实体没有准备好接收。

等待操作员－实体在等待操作员到达,来进行维修或者处理。

等待运输机—实体已释放了临时实体,且下游实体也已准备好接收,但是运输机还没有捡取临时实体。

停机—实体停机。

3.2.9　暂存区

暂存区用来在下游实体尚不能接收临时实体时暂时存储它们。暂存区的默认工作方式是先进先出式,也就是说,当下游实体变为可用时,已经等待那个实体的等待时间最长的那个临时实体首先离开暂存区。暂存区设有分批选项,可以积累临时实体到一个批次再释放它们。

暂存区是固定实体的一个子类。它将持续接收临时实体直到达到其最大容量。如果设定不分批,暂存区将会在临时实体到达之后立即释放它,并在释放每个临时实体之前调用收集结束触发器。

（1）分批

如果激活分批功能,则暂存区将会等待直到接收到的临时实体个数达到目标数量,然后作为一批同时释放所有的临时实体。最大等待时间默认值为 0。最大等待时间为 0 意味着没有最大等待时间,或者暂存区将无限等待下去以收集一批临时实体。如果最大等待时间是非零值,则当第一个临时实体到达,暂存区就开始计时。如果计时已经到达最大限制而一个批次还未收集到,则暂存区停止收集,并全部释放已经收集的临时实体。在释放临时实体前调用收集结束触发器,一个指向本批次中第一个临时实体的引用作为函数的 item 参数传递,收集到的临时实体的数量作为 parval(2) 传递。如果将暂存区设置为"清空后接受下一批",则当它一结束收集一个批次就立即关闭其输入端口,并一直等到整个批次离开才再次打开输入端口。如果暂存区不"清空后接受下一批",则它在结束收集每个批次后立即就开始收集下一个批次。这意味着,在任何给定时间,暂存区中都可以有几个完成的批次在等待离开。

（2）状态

空闲—暂存区是空的。

收集—暂存区在收集批量临时实体。

释放—暂存区已完成批量的收集,正在释放这些临时实体。同样,如果暂存区不分批,而在其队列中有临时实体,则它将是处于此状态。

等待运输机—暂存区中有已经释放并准备好向下游移动的临时实体,但是正在等待一个运输机到达来捡取临时实体。

3.2.10　货架

货架用来像在仓库货架上一样存储临时实体。货架的列数和层数可以由用户定义。用户可以指定位置来放置进入货架的临时实体。如果使用一个运输机实体来从一个货架捡取或传递临时实体,运输机将行进到货架中分配给那个临时实体放置的特定货格。货架也可以用来当作一个仓库的地面堆存,使用列号来指定在地面上放置临时实体的 x 位置,用层来指定放置临时实体的 y 位置。

货架是固定实体的一个子类。它将持续接收临时实体直到达到其最大容量。每当一个临时实体进入货架时,则对那个临时实体执行最小停留时间函数。此函数返回此临时实体的最小停留时间。货架为那段时间启动一个计时器。当计时到时,货架就释放此临时实体。

(1)进入/离开触发器中的附加参数

货架将附加的参数传递给进入和离开触发器。在这些函数中,parval(3)是临时实体所在的列,parval(4)是临时实体所在的层。

(2)放入列、放入层函数

调用放入列和放入层函数的时间取决于模型中货架的配置。这取决于临时实体是被运输到货架的,还是直接从上游实体移动进来的。如果它们是被移动进来的,则在接收它们的时候(接收事件中)调用放置函数。如果是被运输机运送到货架中的,则在运输机完成行进任务并开始卸载任务的偏移行进时调用放置函数。参见任务序列可以获得更多关于任务序列的信息。在此时间点上,运输机向货架询问将临时实体放在哪儿。货架调用放置函数来告诉运输机让它行进到正确的列和层。如果在当运输机请求放置的时候调用放置函数,则当临时实体实际已经进入货架时就不再再次调用。这个新的功能与 Flexsim2.6 及更早版本中的功能不一样,它将在运输机请求和临时实体进入两个时刻都调用放入列与放入层函数。

(3)放置临时实体

如果货架是垂直存储货架,则进入货架的临时实体将放置在给定的列与层,靠着货架的 y 边缘(yloc(rack)-ysize(rack))。它们将会从那一点开始往货架里向后堆积。如果货架被用作地面堆存,则临时实体将放置在地面上给定的列和层,并从那一点开始垂直堆积。

(4)可视化

货架有几种显示模式以更好地观察货架中的产品。除了不透明属性值,可按住"X"键重复点击货架,则货架将会在不同的显示模式之间切换。这些模式列出如下:

①完全绘制模式:该模式显示每个货格,货架的每层有一个平台以放置临时实体。这是对货架的现实主义的表示方法。

②带货格线的后板面绘制模式:该模式只显示货架的后板面,故总是可以看到货架内部。它还在后板面上绘制网格来代表货架的列和层。这种模式用来更好地查看货架中的临时实体,以及临时实体所在的列和层。

③后板面绘制模式:该模式与前一种相似,只是不绘制网格线。这种模式用来方便地查看货架中的临时实体。

④线框架绘制模式:该模式围绕货架的形状轮廓绘制一个线框。这种模式用来在多个背对背货架中查看临时实体。当货架在这种模式下时,需要用"X"点击那个线框才能切换回模式 1。

(5)命令

这里有几个命令可用来查询货架的列和层信息。这些命令如下,参见命令集可以获得更多详细信息。

rackgetbaycontent(obj rack, num bay)—此命令返回给定的列中的临时实体总数。rackgetbayofitem(obj rack, obj item)—此命令返回临时实体所进入的列编号。

rackgetcellcontent(obj rack, num bay, num level)—此命令返回给定的列和层中的临时实体数目。

rackgetitembybayandlevel(obj rack, num bay, num level, num itemrank)—此命令返回

给定的列和层中的临时实体的引用。

　　rackgetlevelofitem(obj rack，obj item)—此命令返回临时实体所在的层编号。

　　rackgetnrofbays(obj rack)—此命令返回货架的总列数。

　　rackgetnroflevels(obj rack［,num bay］)—此命令返回货架给定列的层数。

3.2.11　储液罐

　　储液罐用来存储临时实体,而使模拟效果仿佛是在一个液体灌或池槽中存储一样。用户可以定义储液罐的流入流出速率。当液面上升或下降到用户定义的特定值时,可以触发某些事件。

　　储液罐是固定实体的一个子类。它将持续接收临时实体直到达到其最大容量。每当进入一个临时实体,它首先执行进入流速函数,改函数设定临时实体的体积,同时返回接收下一个临时实体之前所需的时间。如果还有空间再接收一个临时实体,储液罐将在上述函数返回的时间点创建一个事件来接收下一个临时实体。然后,如果此临时实体是储液罐的第一个临时实体,它将调用流出流速函数,并将在返回的时间点创建一个事件释放临时实体。

　　每当一个临时实体离开时,储液罐首先检查先前是否是满的。如果先前是满的,现在有空间接收另一个临时实体,它就调用流入流速函数,储液罐将在上述函数返回的时间点创建一个事件来接收下一个临时实体。然后,如果储液罐中还有另一个临时实体,它就调用流出流速函数,并将在返回的时间点创建一个事件释放临时实体。

　　状态—根据储液罐最后一次发生的事件来定义储液罐的状态。

　　空闲—在储液罐中没有临时实体。

　　收集—储液罐发生的最后一个事件是进入事件,储液罐中还有空间接收更多的临时实体。

　　阻塞—储液罐发生的最后一个事件是进入事件,但储液罐已经满了。

　　释放—储液罐发生的最后一个事件是离开事件,仍然有临时实体等待释放。

3.2.12　分解器

　　分解器用来将一个临时实体分成几个部分。分离可以通过拆分一个由合成器装盘的临时实体,或者复制原始实体的多个复本来实现。在处理时间完成后进行分解/拆盘。可以设置分解器在其预置、处理和维修时间内需要操作员。

　　分解器是处理器的一个子类,而处理器是固定实体的一个子类。它接收一个临时实体,然后执行预置和处理时间。如果分解器是去托盘模式,则当预置和处理时间一结束,分解器就把去托盘数量的临时实体从临时实体移入到自身内部。然后释放拆出的所有临时实体。当所有拆盘分离出的临时实体全部离开分解器时,就释放容器实体。如果分解器是分解模式,则当预置和处理时间一结束,分解器就复制此临时实体,得到总数等于分隔数量的临时实体。然后释放所有的临时实体。对于去托盘和分解两种模式,一旦所有的临时实体离开分解器,分解器将立即接收下一个临时实体。

　　(1)关于分解/去托盘数量的注释

　　去托盘与分解数量对于这两种方式存在细微的差别。在去托盘模式中,分解器精确地拆出此参数指定数量的临时实体。这意味着,结果得到的总的临时实体数比拆盘数量多1(拆盘数量＋容器临时实体)。然而,在分解模式中,分解器进行分解数量－1次复制。这意味着,结果得到的临时实体总数与分解数量精确相等。

(2)关于去托盘次序的注释

当分解器为去托盘模式时,它从后往前拆盘容器中的临时实体,也就是说,它首先将最后一个临时实体从容器中拉出,然后拉出倒数第二个,依此类推。如果需要临时实体按特定次序拆盘,则在进入触发器中设定它们的排序号。

(3)状态

空闲—实体是空的。

预置—实体在用户定义的预置时间内。处理:实体在用户定义的处理时间内。

阻塞—实体已释放临时实体,但是下游实体还没有准备好接收。等待操作员:实体在等待操作员的到来,以进行维修或者操作。

等待运输机—实体已释放临时实体,下游实体也已准备好接收,但是运输机还没有捡取此临时实体。

停机—实体停机。

3.2.13 吸收器

吸收器用来消除模型中已经完成全部处理的临时实体。一旦一个临时实体进入吸收器,就不能再恢复。任何涉及即将离开模型的临时实体的数据收集,都应在它进入吸收器之前或在吸收器的进入触发器中进行。

吸收器是固定实体的一个子类。它将持续接收临时实体,并在它们进入之后立即消除这些临时实体。由于它消除所有接收到的临时实体,所以吸收器在临时实体流选项卡里就没有任何送往逻辑。

3.2.14 发生器

发生器用来创建在模型中行进通过的临时实体。每个发生器创建一类临时实体,并能够为它所创建的临时实体分配属性,如实体类型或颜色。模型中至少有一个发生器。发生器可以按照每个到达时间间隔速率、每个到达时间表或直接从自定义的到达序列创建临时实体。

尽管发生器不接收临时实体,但它也是固定实体的一个子类。它创建并释放临时实体。因此,在其临时实体流选项卡中没有输入部分。生成器可以按下面三种模式之一进行操作:

(1)到达时间间隔模式

在按时间间隔到达模式中,发生器使用到达时间间隔函数。此函数的返回值是下一个临时实体到达之前需要等待的时间。发生器等待这么长的时间,然后创建一个临时实体并释放。临时实体一离开,它再次调用间隔到达时间函数,并重复这一过程。注意,到达间隔时间定义为一个临时实体离开与下一个临时实体到达之间的时间,而不是一个临时实体到达与下一个临时实体到达之间的时间。如果想要将到达间隔时间定义为两次到达之间的真实时间,则在下游使用一个容量很大的暂存区,确保发生器在生成临时实体时立即将其释放。还可以指定间隔到达时间是否在第一个到达事件上使用,或者说,第一个临时实体是否在 0 时刻创建。

（2）到达时间表模式

在到达时间表模式中,发生器遵循一个用户定义的时间表来创建临时实体。此表的每一行指定了在仿真中某给定时间的一次临时实体的到达。对每个到达进入,可以指定到达时间、名称、类型、要创建的临时实体数目,以及这次到达附加的临时实体标签。到达时间应在时间表中正确排序,意思是每个进入时间应大于或等于先前进入的到达时间。如果将发生器设定为重复时间表,则在完成最后一个到达时立即循环回到第一个到达,导致第一个进入到达与最后一个进入到达发生在完全相同的时刻。这里提醒一下,当重复时间表时,第一个进入到达时间适用于第一次的时间表循环。这使一个初始到达时间只执行一次,而不被重复。如果需要发生器在最后一次到达后和重复的第一次到达之间等待一段给定的时间,则在表的末尾添加一个进入,给它指定一个大于先前进入到达时间的到达时间,但是将那个新的进入的到达临时实体数量设为 0。

（3）到达序列模式

到达序列模式与到达时间表模式项类似,只不过这里没有相关联的时间。生成器将创建给定表格行的临时实体,然后当那个进入的最后一个临时实体一离开,就立即转到表的下一行。也可以重复使用到达序列。

（4）状态

生成:在生成器中没有临时实体。它正在等待直到下一次创建事件发生以创建临时实体。

阻塞:已创建临时实体,且临时实体正等待离开生成器。

3.3　任务执行器

3.3.1　堆垛机

堆垛机是一种特殊类型的运输机,专门设计用来与货架一起工作。堆垛机在两排货架间的巷道中往复滑行,提取和存入临时实体。堆垛机可以充分展示伸叉、提升和行进动作。提升和行进运动是同时进行的,但堆垛机完全停车后才会进行伸叉。

堆垛机是任务执行器的一个子类。它通过沿着自身 x 轴方向行进的方式来实现偏移行进。它一直行进直到与目的地位置正交,并抬升其载货平台。如果偏移行进是要执行装载或卸载任务,那么一完成偏移,它就会执行用户定义的装载/卸载时间,将临时实体搬运到其载货平台,或者从其载货平台搬运到目的位置。

在默认情况下,堆垛机不与导航器相连。这意味着不执行行进任务。所有行进都采用偏移行进的方式完成。

关于将临时实体搬运到堆垛机上的注释,对于一个装载任务,如果临时实体处于一个不断刷新临时实体位置的实体中,如传送带时,堆垛机就不能将临时实体搬运到载货平台上。这种情况下,如果想要显示将临时实体搬运到载货平台的过程,则需确保在模型树中,堆垛机排在它要提取临时实体的那个实体的后面(在模型树中,堆垛机必须排在此实体下面)。

除了任务执行器所具有的标准属性外,堆垛机具有建模人员定义的载货平台提升速度和初始提升位置。当堆垛机空闲或者没有执行偏移行进任务时,载货平台将回到此初始位置的高度。

由于堆垛机的主要特性是它只沿着它的 x 和 z 轴运动且不转动,所以此实体可用来模拟任何不做旋转,只前后和上下往复运动的机器设备。在一些模型中,它被当作一辆简单的中转车使用,或者当作两个或多个传送带之间的中转运输机使用。

3.3.2 基本任务执行器(BTE)

基本任务执行器(BTE)是为开发人员提供的用来创建用户库的任务执行器。它把任务执行器的几乎所有可继承逻辑传递给捡取列表函数,这样用户库开发人员就可以切实地指定任务执行器的所有功能。

BTE 是任务执行器的一个子类。它用来指定偏移行进功能的逻辑,同时也包括停止/恢复实体、捡取/放置偏移和其他高级功能。

3.3.3 起重机

起重机与运输机的功能类似,但它的图形经过了修改。起重机在固定的空间内工作,沿着互相垂直的 x、y 和 z 三个方向运动。它用来模拟有轨道导引的起重机,如门式、桥式和悬臂式起重机。在默认情况下,起重机吊具在捡取或放下临时实体,移动到下一个位置前,会上升到起重机本身的高度。要想更进一步地控制吊具从一次捡取到下一次捡取的运动,可以使用属性视窗来改变起重机的行进序列。

起重机是任务执行器的一个子类。它根据用户指定的行进序列执行偏移行进。在默认状态下,行进序列为 L>XY>D。">"符号用来分离行进操作。L 意思为抬起提升机,X 意思为移动起重架,Y 意思为手台车,D 意思为将提升机放置在偏移位置。根据默认的行进序列,起重机首先抬起提升机,最后同时移动起重架和手台车至偏移位置,然后降下提升机。起重机行进,使其 x/y 中心和 z 基面到达目的地位置。

如果此偏移行进任务涉及一个临时实体,则起重机行进,使其 x/y 中心和 z 基面到达临时实体的顶部,换句话说,它通过增加临时实体的 z 尺寸来提高到达 z 的位置。

3.3.4 升降机

升降机是一种特殊的运输机,上下运输移动临时实体。它自动移动到需要捡取或放下临时实体的高度。可以动画显示临时实体进入或离开升降机的过程。这使升降机的装载和卸载感觉更逼真。

该垂直起重设备是任务执行器的一个子类。它只执行偏移位置的 z 轴方向的偏移量来实现偏移行进。如果偏移行进是为了一个装载或卸载任务进行的,则偏移一完成,它就采用用户定义的装载/卸载时间将临时实体移到载货平台上,或者从载货平台移到目的地位置。在移出或移入升降机时,临时实体沿升降机的 x 轴向运动。

关于将临时实体移上升降机的注释:对于一个装载任务,如果实体包含在一个不断刷新临时实体位置的实体中,例如是一个输送机,则可能不能正常地将临时实体移动到升降机上。在这种情况下,如果需要显示出临时实体被移到载货平台上的过程,则必须确保在模型树中升降机排在捡取位置的实体的后面(在树中,升降机必须比此实体更低)。

在默认情况下,升降机不与导航器相连。这意味着不会执行行进任务。所有行进都是采用偏移行进来完成的。由于升降机主要特性是只沿 z 轴运动,它可用来完成让实体只沿着一个轴向运动的目的。

3.3.5　操作员

实体在预置、处理或者维修过程中可以调用并使用操作员。它们将与调用它们的实体待在一起直到被释放。一旦被释放,如果又被调用,它们就可以为另一个实体工作。它们也可以用来在实体之间搬运临时实体。如果需要操作员沿着特定的路径行走,可以将它们置于一个网络路径中。

操作员是任务执行器的一个子类。他根据是否有一个相关的临时实体需要执行偏移操作来决定是否执行偏移行进。如果没有临时实体,他执行偏移的方式与任务执行器完全一样。他行进的目的是为使其 x/y 中心与 z 基面能够到达目标位置。如果存在一个相关的临时实体,则操作员只沿 x/y 平面行走。他只能行进到能够使他的前边界与临时实体的前边界相接触的位置,而不是其 x/y 中心部位。可以使用总行进距离减去[x 尺寸(操作员)$/2+x$ 尺寸(临时实体)$/2$]的方式来得到。

使用 setframe 和 getframe 命令,还可以动画显示操作员的走动。对于任何 3ds 或 wrl 文件,可以通过创建不同的 3d 模型来指定 3d 文件的帧,并将其保存为<原始文件名> FRAME <帧编号>. 3ds。例如,操作员的原始 3d 文件是 Operator. 3ds,当它的帧设为 0 时,将绘制它的这个文件所表示的图形。在 OperatorFRAME1. 3ds,OperatorFRAME2. 3ds 中可以定义它的其他帧数。用户还可以指定自己的 3d 文件和帧。但是,如果将要使用操作员,则应该了解操作员具备自动更新帧的功能。如果既使用操作员,又要定义用户帧,则定义的帧必须与操作员的帧的序号一致。这些帧数描述如下:

帧 0—站立,手臂在身体侧面。

1-6—行走,手臂在身侧。

7-12—行走,手臂伸开去握住一个临时实体。

13—站立,手臂伸开去握住一个临时实体。

14—坐着,手臂在身侧。

15—坐着,手臂伸开去握住一个临时实体。

如果操作员正在行走(在执行行进任务或者偏移行进),则其图形的帧将在序号为 $1\sim12$ 的帧之间自动更新。否则,根本不更新帧。当操作员不行走的时候,可以根据需要设定帧。如果想使操作员在进行过程中不更新帧,则可在操作员的绘图触发器中返回一个 1 值,那么操作员就不会进行任何帧的更新了。

3.3.6　机器人

机器人是一种特殊的运输工具,它从某起始位置提取临时实体并将其放到终止位置。通常,机器人的基面不会移动,它通过旋转 6 个关节移动临时实体。

机器人是任务执行器的一个子类。它通过伸展其手臂到目标位置来实现偏移行进。注意,在偏移行进时,机器人的 $x/y/z$ 位置不改变。在它向目的地行进的过程中,只是其 y、z 方向的旋转和手臂伸展发生改变。如果目标位置超出了机器人手臂的最大伸展长度,那么机器人只能伸展手臂至最大伸展长度。机器人使用 y/z 旋转速度和手臂伸展来执行偏移行进以到达到目标位置。偏移行进时间就是伸展手臂、绕 z 轴转动和绕 y 轴转动的时间的最大值。它不使用标准任务执行器最大速度、加速度和减速度值。

在默认情况下,机器人不与导航器相连。这意味着除非用户明确地将其连接到网络上,否则它不执行行进任务。

快速启动-机器人移动临时实体,机器人实体在模型中的应用方式与操作员实体相同。创建一个模型:

①对发生器>传送带>处理器>吸收器进行"A"连接。

②在传送带属性框中,临时实体流选项卡下选择"使用运输工具"复选框。

③在传送带和处理器实体之间放置一个机器人,如下所示,采用栅格吸附的方式。

④传送带与机器人之间采用"S"连接。

⑤点击重置。机器人搬运模型显示如图 3-1 所示。

⑥点击运行。

图 3-1　机器人搬运模型

机器人可以像起重机实体那样执行固定资源创建的任务序列,特别是执行 FRLOAD,FRUNLOAD, TRAVELTOLOC 和 TRAVELRELATIVE 任务类型。机器人拥有 4 种操作模式,每种模式都是用来修改机器人执行一个任务的方式,更重要的是执行一项任务所需的时间长度。

①定义移动时间-这是默认选项。可以使用代码定义此项。

②使用简单的动作方式-此选项允许用户决定最终移动时间的基本速度值。

③定义动作路径-最灵活的选项。

④使用关节速度-使用此项定义机器人的每个关节的速度。

(1)定义动作路径

这是最高级的模式,用户可以设置机器人行进的路径。在默认情况下,机器人包含两条路径(名为装载和卸载)用来展示一些参数选项。

(2)路径是什么?

路径是通过一系列机器人位置定义的一系列动作。机器人以表格的形式保存其位置,每行都是对组成给定位置的 6 个关节的角度的记录。例如:默认的"装载"路径包含 2 个位置。点击"查看路径位置行",模型进行重置,机器人将设置它的关节角度以便匹配当前选中的行。当机器人执行这条路径时,它将从当前的位置移动至第一行所代表的位置,然后移动至第二行所代表的位置。

(3)如何控制在路径上移动的时间?

在仿真中,可以通过多种选项控制在路径上移动所花费的时间。请注意在移动结束的时刻添加了钳夹动作时间。

如果路径循环时间>0,用户可以指定机器人完成一系列移动的时间长度。在这种情况下,位置表格中移动时间列里面的值将影响路径循环时间的分布:

无须计算—将表格中的移动时间列全部设置为 0 或者相同值,这样路径循环时间就会根据路径上位置的数量进行等值分配。

必须计算—调整移动时间列中所包含的值,它们代表分配到每个位置行的时间占总的路径循环时间的比例。

示例—一条路径包含 3 个位置行,移动时间分别为 1,1,2。路径循环时间为 5.2s。AR 将花费 $1/(1+1+2)×5.2s$ 移动至第一个位置,然后花费同等的时间到达第二个位置,花费 $2/(1+1+2)×5.2s$ 移动至第三个位置。

如果路径循环时间=0 并且移动时间列中的值>0—当路径循环时间中的值返回 0 时,机器人将使用移动时间列中值的总和作为路径的循环时间。通过这种方式,用户可以精确控制从一个位置到下一个位置所需要的移动时间。这种方式还可以在移动中实现停止延迟;将序列中的 2 行设置为相同的位置,这样就可以将移动时间作为延迟时间来使用。

移动时间为负值仅仅会影响动画效果(相对速度)—对于路径中一个给定的移动而言,如果移动时间为负值,机器人将仍然将它视为正值,然而,关节速度将被调整以便它们与机器人几何选项卡中的相对速度成比例。请注意,这只是动画效果上的变化,不影响移动的循环时间。通常,在相对速度中输入每个关节实际的最大速度(来自生产厂家)将产生最好的结果。

(4)如何创建自己的路径?

①将模型视图放置到合适的位置并设置其尺寸,以便可以看到机器人属性 GUI 以及模型中的机器人,不要重叠任何窗口。

②点击"添加路径",将创建一条当前被选中路径的复制版。

③在路径名选项内输入具有描述性的路径名称。此名称对机器人的行为不产生功能上的影响。

④点击删除行按钮,清除位置表格直到剩下最后一行为止。

⑤点击"路径计划器"复选框打开路径计划器。在机器人的钳夹中将会出现一个规划临时实体。请注意可以使用鼠标移动和旋转此规划临时实体,机器人也将随之进行移动。如果已经选择了"重新设置实体尺寸并旋转实体"功能(在 Flexsim 编辑主菜单中可以找到),将会发现此功能非常有帮助。同样,在继续更深层次的操作之前,可以考虑撤销对齐到栅格功能。

⑥以记录路径的最终位置为起始,因为它是最重要的位置。如此,在从传送带上装载临时实体之前,我希望记录机器人将执行的第二条路径。因此,结束位置将发生的操作:临时实体到达传送带末尾时,机器人将其夹住。

a. 点击模型的步进按钮(在仿真运行面板上)将模型运行以事件为单位向前推进直到一个临时实体出现在传送带的末尾处,准备被捡取。

b. 单击此临时实体,使其变为高亮(黄色框)。

c. 在路径计划器处于打开的情况下,点击"匹配高亮实体尺寸"按钮。规划临时实体将改变其尺寸为临时实体的尺寸,使计划更加方便。

d. 点击"匹配高亮实体"按钮。此操作将对规划实体进行移动和定向以便匹配高亮临时实体的属性。

e. (Flexsim v5 新增)点击定向球复选框,将在规划实体附近出现一个灰色的球体。此定向球有两个作用。第一,球体在 z 轴上的尺寸控制从规划实体的中心点到达机器人钳夹的距离。球体在 x,y,z 上的旋转控制着机器人夹取规划实体的角度。用户可以使用调整尺寸和旋转的箭头或者通过定向球的属性窗口修改这些参数。请注意用户可以将定向球在模型内做任意移动,因为它的位置对机器人没有任何影响。

f. 设置完成定向球的参数之后,还要注意选择一个合适的夹取轴。要做到这一点,需要将"关闭的钳夹宽度由实体的轴决定"下列列表设置为此轴。在模型中,将把它设置为 y,因为机器人将沿着临时实体的 y 轴夹取临时实体(定向球旋转设置为 0,0,90)。这将允许你针对不同 y 轴尺寸的临时实体使用相同的路径(打开的钳夹宽度参数可以在几何选项卡中找到)。

g. 撤销选中定向球复选框即可隐藏定向球。请注意每条路径仅可拥有一个定向效应器。

h. 现在,机器人已经可以像我们所期望的那样夹取临时实体了,夹取时,手臂可以实现放置到合适的位置,使用行选择器选中第一行(Row1),然后单击"将当前关节角度写入"按钮,即可将机器人当前的关节旋转角度写入第一行中。

3.3.7　运输机

运输机主要用来从一个实体到另一个实体搬运临时实体。它有一个货叉,从货架中捡取或向货架中放置临时实体时,它可以抬升至临时实体的位置。如果需要,它可以一次搬运多个临时实体。

运输机是任务执行器的一个子类。它实现偏移行进的方式有两种。第一,如果行进操作有一个涉及的临时实体,则它将行进到能够使其货叉前沿位于目标 x/y 位置,并抬升其货叉到目标位置的 z 目标高度。第二,如果此偏移行进操作没有涉及临时实体,则它行进到使其 x/y 中心和 z 基面到达目的地的位置。

3.4　其他离散实体

3.4.1　任务分配器

分配器用来控制一组运输机或操作员。任务序列从一个实体送到分配器,分配器将它们分配给与其输出端口相连的运输机或操作员。最终接收到请求的可移动资源将执行任务序列。

分配器实体对任务序列实施排队和寻径逻辑。根据建模人员的逻辑,任务序列一旦传递给一个分配器,则可能进行排队,也可能被立即分配。

当分配器接收到一个任务序列时,被 dispatchtasksequence()命令触发,首先调用其"Pass To(传递给)"函数。此函数返回一个将要接收任务序列的实体的端口号。分配器将立即把任务序列传送给与那个端口相连的实体。如果函数返回 0 而不是一个端口号,则任务序列在分配器任务序列队列中进行排队。这是通过调用任务序列的排队策略函数完成的。排队策略返回一个与此任务序列相关联的值,代表在队列中对此任务序列进行排序的优先级。高的优先级值排在队列的前面,低的排在后面。通常会直接返回任务序列的优先值,但是如果需要,排队策略函数允许动态地改变任务序列的优先级。在对队列中的任务序列进行排序时,为了得到每个优先级值并将其与新的任务序列的优先级值进行比较,实际上分配器会多次调用排队策略函数,每个任务序列都调用一次此函数。一旦发现可放置任务序列的正确位置,就对它进行相应的排序。

分配器是所有任务执行器的父类,换句话说,所有任务执行器都是分配器。这意味着所有的操作员或者运输机都可以扮演分配器或者团队指挥的角色,给组中其他成员分配任务序列,同时自己也执行任务序列。

3.4.2　网络节点

网络节点用来定义运输机和操作员遵循的路径网络。通过使用样条线节点增加路径弯曲部分来修改路径。在默认情况下,在网络上行进的实体将沿着起始位置和目标位置之间的最短路径行进。

连接网络节点有如下 3 个步骤:

①将网络节点相互连接。

②将网络节点连接到扮演网关的实体上。

③将任务执行器连接到某个网络节点,仿真开始时,任务执行器将待在被连接网络节点上。

相互连接网络节点:

每个网络节点都可以拥有多条与其地网络节点相连接的路径。每条路径代表两条单行线路径。每条路径的方向都可以单独进行配置。

在正投影/透视视图中配置路径:

要在两个网络节点之间创建一条路径,可以按住"A"键点击一个网络节点,然后拖动到另一个节点(图 3-2)。

这将会创建两条经由两个网络节点间连接的单行线路径。路径在两节点之间用绿色带子画出。带子被分为两侧,每侧描述出路径的一个方向。使用"A"键拖动的连接,可以将单行线在允许超车和禁

图 3-2　"A"连接网络节点

止超车两种模式之间切换(黄色和绿色)。切换的方向取决于操作是从哪个节点拖到哪个节点。图 3-3 显示了两条路径。第一条 NN1 到 NN2 是两个方向都允许超车的。第二条 NN3 到 NN4 是一条从右向左允许超车,从左向右禁止超车的路径。路径带的两个侧边和它们所代表的方向是由美国公路系统的规则确定的:沿路的右边行驶。

图 3-3　两条不同路径

使用"Q"键拖动将会把路径的一个单行方向切换为"无连接",它意味着不允许行进物沿那个方向行进。这种类型的连接用红色绘制。图 3-4 显示了一个从左到右禁止超车而从右向左为无连接的路径。如果在两个方向上都进行"Q"连接,则整个连接将被删除。

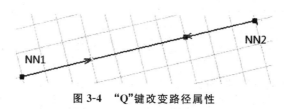

图 3-4　"Q"键改变路径属性

也可以通过右键单击给定颜色方块,在下拉菜单中选择合适的选项,或者按住 X 键,点击方块等方式来改变连接类型(图 3-5)。

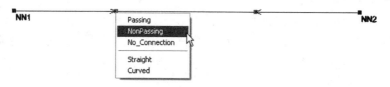

图 3-5　菜单改变路径属性

在默认状态下,两个节点之间的连接为直线连接。通过右键单击颜色方框,然后在下拉菜单中选择弯曲,就可以使连接弯曲。将会出现另外两个更小的被称为样线控制点的框出现,可以通过移动它们,创建弯曲路径(图 3-6)。

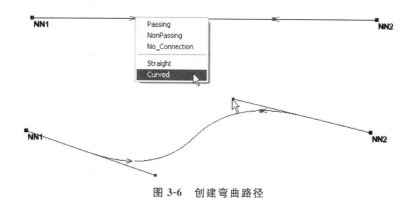

图 3-6　创建弯曲路径

也可以通过正视视图或者透视视图工具栏中的运输网络工具面板来设置默认的节点连接。

网络节点使用相关参数设置和命令如下：

（1）使用网络节点的路径选项卡配置路径

打开网络节点的参数视窗，路径选项卡可用来配置从此节点向外延伸的所有单行线路径。如果需要配置连接进入当前节点的路径，则可通过编辑与此节点连接的那个节点的属性。对于每条从网络节点延伸出的路径，可以对其命名，指定其行进连接类型、间隔、速度限制以及"虚拟"用户距离。

名称－连接的名称仅为语义表达，对模型逻辑没有影响。

连接类型－有三种连接类型：无连接、允许超车和禁止超车。无连接意味着这条路径上不允许有行进物沿着某个给定方向行进。如果选择无连接，则这条路径将会用红色标识出相应的侧边。允许超车意味着行进物不会沿着路径聚集，如果速度不同，相互超过就可以了。禁止超车意味着此路径上的行进物将会聚集，采用间隔值作为它们之间的缓冲距离。

间隔－只适用于禁止超车的路径。这是在一个行进物后边界与另一个行进物前边界之间需要保持的距离。

速度限制－这是路径的速度限制。行进物将会根据它们自身的最小速度以及路径的限制速度行驶。如果路径是允许超车的连接，则一旦行进物上路就会加速或减速到适当的速度。但如果是禁止超车的连接，则行进物将会立即将其速度改变为合适的速度，而不使用加速或减速。

虚拟距离－这里可以输入一个用户定义的路径距离。如果想要设定一个特定的距离来覆盖路径的（在三维模型中的）实际距离，或者，如果距离很大，而不想让另一个网络节点显示在模型中一个相距极远的位置上，则可以使用虚拟距离。如果输入 0，则会使用路径的实际距离。否则，将使用输入的距离。

节点的每条连接都有一个相应的号码。这和在路径选项卡上的各连接的排列顺序相同。列表中的第一个连接是连接 1，第二个是连接 2，依次类推。如要通过给定连接号得到与此节点相连的网络节点的引用，只要使用 outobject() 命令和指定的连接号即可。

（2）动态关闭侧边

在仿真过程中，可以使用 closenodeedge 和 opennodeedge 命令动态地关闭节点路径。在这两个命令中，指定网络节点，以及侧边的排序号或者侧边名称。一个关闭的侧边将不允许更多的行进物进入到此侧边中，直到它再次被打开。但是，关闭时已经在侧边上的行进物可以继续行进并能离开侧边。关闭的侧边用橙色绘制，如图 3-7 所示。当模型重置时。所有先前被关闭的侧边都将重新打开。

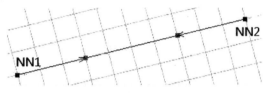

图 3-7　动态关闭侧边路径

（3）侧边上的加速/减速

加速和减速应用在允许超车的侧边上，而不适用于禁止超车的侧边。实体在网络上行进时，将会逐渐加速到它们的最大速度。当接近目的地时，它们也会进行减速。同样，以最大速度行驶的行进物在到达一条限制速度小于其最大速度的侧边时，它将减速至限制的速度。行进物从开始沿着那条具有较小限制速度的侧边行驶时开始减速，而不是在到达此侧边之前减速。

（4）命令

有几个命令可用来动态操纵网络和运输。命令如下。打开 Flexsim 帮助可以获得更多的详细信息。

reassignnetnode(object transport，object newnode)－动态改变一个任务执行器正静止驻留的网络节点。

redirectnetworktraveler(object transport，object destination)－如果一个行进物正在网络上向着给定目的地行进，而用户想要在行进过程中改变它的目的地，则可用此命令。

distancetotravel(object traveler，object destination)－此命令可以用来计算任务执行器当前所在静止节点到目的实体的距离。

getedgedist(object netnode，num edgenum)－此命令返回网络节点中的一个侧边的距离。

getedgespeedlimit(object netnode，num edgenum)－此命令返回网络节点的一个侧边的速度限制。

网络节点使用实例及步骤如下：

（1）连接网络节点至实体

要连接一个网络节点到模型中的某个实体，相对此实体，该网络节点扮演行进网关的角色，可以在这个网络节点和此实体之间创建一条"A"连接。这将在网络节点和实体左上角之间绘制一条蓝色连线。这种类型的连接意味着任何在网络上行进并想到达那个实体的任务执行器，都将行进到它所连接的网络节点（图 3-8）。

图 3-8　网络节点与实体连接

图 3-9　多个网络节点与实体连接

你可以将多个网络节点连接到一个实体上。这将导致一个想要到达那个实体的任务执行器行进到与那个与实体相连的、离它自己最近的网络节点。也可以将多个实体与同一个网络节点相连,这些功能如图 3-9 所示。左边的处理器连接到左右两个网络节点上。右边的网络节点也同时连接到左右两个处理器上(图 3-9)。

如果将一个节点连接到某工位,却没有看见蓝色连线,可试着四处移动网络节点来查看,也许蓝色连线被网格线遮住了。

(2)将连接网络节点连接到任务执行器

可以在网络节点与任务执行器之间建立"A"键拖动连接(图 3-10),是任务执行器可以在网络中行进。这将在网络节点与实体左上角之间绘制一条红色连线。这种类型的连接意味着任何一个给定了运输任务的任务执行器都将沿着此网络到达其目的地。它还意味着,当任务执行器需要穿过网络行进时,它第一个到达的节点是与它相连的那个节点。

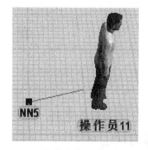

图 3-10　网络节点与任务执行器连接

每当一个任务执行器完成一次行进操作,到达与目的地实体相连的网络节点时,任务执行器将变为"非激活"状态。当它在那个节点区域内进行某些操作时,最后节点与此任务执行器之间将绘制出一条红色连线。这意味着,任务执行器再次接到行进任务时,要返回到网络路径中,它必须首先返回到使它处于非激活状态的那个网络节上。

可以将多个任务执行器连接到同一个网络节点。当重置模型时,连接到同一个网络节点的所有任务执行器都会重置它们的位置为最初分配给的网络节点的位置。

如果将节点与任务执行器连接,却没有出现红色连线,可尝试移动网络节点进行查看,可能红色连线被网络线遮住了。

使用"D"键可将一个网络节点连接到一个任务执行器,并作为一个行进网关;使用"E"键来断开连接。用这种方式连接,将会绘制一条连接到任务执行器的蓝色连线,标示着向着那个任务执行器行进的其他任务执行器将行进到与它用蓝色线连接的网络节点去。

(3)查看连接

建立了行进网络后,即可在正投影/透视视图中配置需要绘制的连接的类型。网络有一系列的绘制模式,从显示最多信息到显示最少信息等方式各异。这些模式列出如下:

模式 1：显示节点、路径、实体/任务执行器连接、样条线节点。模式 2：显示节点、路径、实体/任务执行器连接。模式 3：显示节点、路径。模式 4：显示节点。模式 5：只显示一个节点。

按住"X"键并重复点击网络节点，整个网络将会在这些模式之间进行切换，每进行一次"X"点击，就显示更少的信息。按住"B"键并重复点击网络节点，整个网络将会在这些模式之间进行逆向轮流切换。也可以选中一系列网络节点（按住 Ctrl 键然后点击几个节点），然后在其中的某一个节点上做"X"点击操作，显示模式的切换就应用到所选中的那些节点上。如果选中一系列网络节点，但却在一个未被选中的节点上做"X"点击操作，则显示模式的切换将应用到那些没有选中的节点上。当模型很大，而不需要显示所有的样条线连接时，此操作功能将很有用。

（4）行进物的最大数量

可以指定节点上允许的非激活或者静止的行进物的最大数目。非激活行进物就是连接到此网络节点，且不在执行行进任务，而是在做其他任务或者空闲的行进物。如果在行进物和网络节点之间出现一条红色连线，即可断定这个行进物是非激活的。

如果将网络节点的静止行进物的最大数量设为 1，且已经有一个行进物停在那个节点，则当另一行进物到达此节点时就必须等待，只有在第一个行进物离开后，完成行进任务之前才可以离开此节点。注意，这只适用于第二个行进物的目的地是此节点的情况。如果第二个行进物只是想通过此节点到其他节点去，则它不必等待。

（5）虚拟出口

网络节点还可以有虚拟出口。上面提到，当一个任务执行器完成行进任务时，它就在目标网络节点处变为非激活态。一旦它接到另一个行进任务，就必须返回它所在的原来的网络节点从而回到网络路径中。虚拟出口可以用来指定替代节点让任务执行器返回网络。虚拟出口创建在网络节点之间。按住"D"键点击一个网络节点拖动到另一个节点，可以建立虚拟出口（图 3-11）。示例如下：

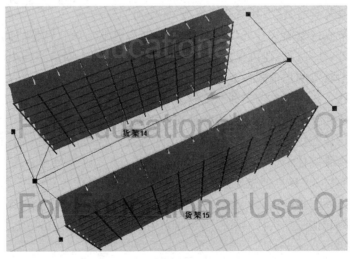

图 3-11　网络节点虚拟出口

图 3-11 显示了两个货架和两个网络节点。这两个网络节点是货架的行进网关(在货架与节点间绘制了蓝色连线)。已经建了两个网络节点之间的双向虚拟出口连接(橙色箭头指向两个节点)。这意味着,如果一个任务执行器通过节点之一到达货架,而后需要返回网络,则它可以通过两个节点中的总距离较短的那一个节点"离开"此区域。指向给定网络节点外部的橙色箭头表示,如果那个节点上有一个非激活的任务执行器,它可以从那个节点所连接的所有网络节点中的任意一个"离开"。如果它需要从原网络节点以外的其他节点离开,它可以使用 reassignnetnode()命令,重新分配一个新的节点。然后直接可以从新的节点离开即可。

按住"E"键在网络节点之间沿着想要删除的虚拟出口连接方向拖动鼠标,即可删除虚拟出口。

(6)改变距离表格

模型中所有网络节点的距离/路径表都保存于一个叫做"defaultnetworknavigator"的全局实体中。只有对网络路径进行了修改,才对行进执行重新计算优化。如果点击了模型中的一个网络节点,或者在模型中的两个网络节点之间进行了"A"或"Q"拖动操作,那么下一次重置模型时,距离/路径表将会重新计算。

3.4.3　记录器

记录器用来在模型中以图形的形式记录和/或显示信息。更特殊一些的用法是用记录器来捕获表数据、标准数据和用户定义的数据。模型中所有数据类型都可用图形显示,并写入 Flexsim 的表中,以备导出到 Excel、Access 或任何 ODBC 数据库中。记录器实体是一个强大的数据演示工具。

3.4.4　交通控制器

交通控制器用来控制一个交通网络上给定区域的交通。连接网络节点与交通控制器可以建立一个交通控制区域。这些网络节点就变成交通控制区域的成员。同一个交通控制器实体中的两个网络节点之间的任意路径都是交通控制路径,行进物只有在获得交通控制器许可的情况下才能到那条路径上去。交通控制器可以处于互斥模式,在此模式中,交通控制器在给定的时间内只允许一定数目的行进物进入区域,它也可以使用非时间交通模式,只允许行进物立即到给定的路径段上去。

按住"A"键并从交通控制器拖动到节点即可连接网络节点和交通控制器(图 3-12)。这将会在节点和交通控制器之间绘制一条红色连线。如果两个节点之间有路径,且两个节点是同一个交通控制实体的成员,则那条路径就被指派为交通控制路径或成员路径。

所有进入交通控制区域的行进物都必须获得交通控制器的许可。交通控制器的区域由所有交通控制路径和网络节点成员组成。也就是说,"进入"交通控制区域定义为进入一条交通

图 3-12　网络节点与交通控制器连接

控制区域的成员路径,或者到达一个其网络节点是交通控制区域成员的最终目的地。然而,如果行进物经过的网络节点是交通控制区域的成员,而继续行进进入的路径不是此交通控制区域的成员,则此行进物不被认定为"进入"此交通控制区域。在这种情况下,行进物不需要获得许可。行进物"离开"交通控制区域的方式有两种:一种是行进物从交通控制区域的一条成员路径到一条非成员路径,或者是行进物从一个成员网络节点的"非激活"状态继续到一个不是此交通控制区域的成员的路径上去。每当行进物离开此区域时,就为其他行进物进入此区域创建了空间。另一种可以通过调用 reassignnetnode()命令,将行进物指派给一个非此区域成员的网络节点,使非激活行进物离开此交通控制区域。

交通控制器实体使用两种模式筛选行进物的进入:互斥模式或非时间模式。

(1)互斥

当交通控制器采用互斥模式时,在给定时刻,只允许特定数量的行进物进入其控制区域。一旦区域处于饱和状态,要求进入的行进物就必须在交通控制区域边界等待,直到另一个行进物离开此区域释放相应的空间。

(2)非时间交通模式

当交通控制器采用非时间模式时,它根据模式表和要求进入此区域的行进物的进入路径来筛选行进物是否可以进入交通控制区域。模式表的每一行代表一种模式。每种模式包括一系列的交通控制器允许的进入路径。

交通控制根据进入要求来选择模式。如果区域内没有行进物,交通控制器就只是等待。当第一个行进物要求进入区域的某给定成员路径时,交通控制器搜寻它的模式表,以找到包含这条路径的模式。如果找到,交通控制器就进入这种模式,允许行进物进入此区域。交通控制器一旦处于某给定模式,它将会保持这种模式直到所有行进物都离开此区域。然后它会等待下一个"第一个行进物"的请求,并将重复此循环过程。

(3)动态改变模式

如果将交通控制器设定为搜寻最佳模式,即可在没有清空区域的情况下动态地改变模式。交通控制器对在当前模式下有通行历史的路径进行记录。当一个行进物进入一条路径时,交通控制器则会将此路径标记为"有通行"状态。即使后来行进物离开了此区域,标记记录仍然保留。只有当交通控制区域完全变空后,记录才会重置。当一个行进物请求进入一条路径,而此路径不是当前模式的成员时,交通控制器搜寻表中的剩余部分来查看是否有其他的模式包含当前记录为"有通行"的所有路径和行进物要求的路径。如果找到一个,就改变为那种模式,并允许行进物进入那个区域。否则,行进物必须等待。

(4)使用多个交通控制器

每个网络节点都可以同时与 50 个交通控制器相连。图 3-13 显示了一个与两个交通控制器相连的网络节点。

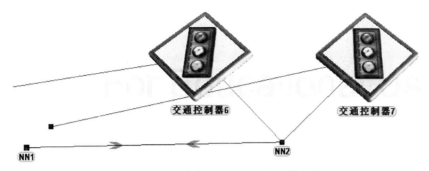

图 3-13　网络节点与两个交通控制器连接

　　注意,从节点到左边交通控制器之间的连线是橙色的,而到右边交通控制器之间的连线是红色的。这些颜色显示了交通控制器在节点成员列表中的顺序。颜色排序以 ROYGBIV 方式(红、橙、黄、绿、篮、青、紫)为标准。网络节点的第一个交通控制器用红色线条画出,第二个是橙色,依次类推。此排序对模型的功能来说非常重要,也可以避免交通阻塞。当一个行进物到达一个网络节点,而在此网络节点它必须进入两个及以上的交通控制区域,那么它将按照节点上的交通控制区域的列表顺序请求进入那些交通控制区域。每次只请求一个交通控制器。一旦一个交通控制器允许进入,技术上,那个行进物就已进入相应的交通控制区域,尽管要进入其他的交通控制区域,它仍需要发出许可请求。当在两条路径之间转移时,一个行进物将在离开与原来的路径相对应的交通控制区域之前,首先进入与新路径相对应的所有交通控制区域。

　　(5)关于使用多个交通控制器时死锁的规则

　　虽然在模型中使用多个交通控制器可以提高行进网络的灵活性和交通容量,但是也非常容易导致死锁。交通控制器死锁通常是由循环等待导致的。当一个饱和的交通控制区域内的一个行进物等待进入另一个交通控制区域,但是另一个交通控制区域也是饱和的并也在等待第二个行进物离开,但是第二个行进物不能离开,因为它必须首先进入第一个行进物所在的区域,这时就发生了死锁。这是循环等待的一个简单例子。循环等待可以涉及多个行进物和交通控制器,并且非常难以调试。因此,使用多个交通控制器时一定要非常小心。经验表明使用层次结构的交通控制器排序,一些交通控制器控制大区域,一些控制器控制小区域,大有益处。强烈推荐不要让交通控制区域出现部分重合。一个交通控制器要么完全包含在一个大区域里,要么成为它的区域中唯一的一个。行进物将在请求进入小区域之前请求进入大区域。即使遵循这些规则也仍然不能保证模型不出现死锁。这种类型的多数建模是用试错法完成的。图 3-14 显示了一个非常简单却仍然导致死锁的模型。请留意,左边的交通控制器是饱和的,这可以从其区域中有手持临时实体的操作员等待获得允许进入右边的交通控制区域的事实推断出。但是,右边区域也是饱和的,因为此区域中不携带临时实体的操作员正在等待进入左边的交通控制区域。

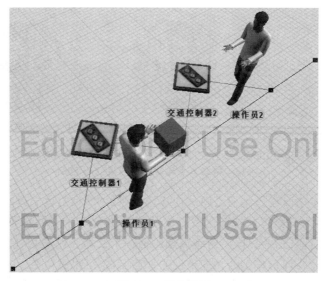

图 3-14　死锁模型

（6）与交通控制器交互

可以在正投影/透视视图中进行几项操作来编辑交通控制器实体。按住"X"键并重复点击交通控制器实体，模型中所有的交通控制器实体将会在显示和隐藏其节点连接两种方式之间切换。如果只想隐藏一个交通控制器的连接，用 Shift 键选中此交通控制器，然后按"X"键点击此实体，它将隐藏其连接。在运行模型时，可以按住"V"键点击实体，按住鼠标键不放。按住"V"键的操作与键盘交互部分中所描述的相同。这将会绘制一条连线到所有正在请求进入此交通控制区域，但是还没有被许可的行进物上。如果交通控制器的颜色不是白色，那么将会用它的颜色绘制这些线，以更好地区分不同的交通控制区域进入请求。

（7）重置含交通控制器的模型

到目前为止，当重置模型时，还不能将交通控制器正确地配置来处理交通控制区域内的行进物。需要将所有行进物都重置到一个不属于任何交通控制区域的网络节点去。通常，这意味着在模型的旁边添加一个网络节点，并用"A"连接将所有任务执行器连接到此网络节点，然后使它们在每次仿真运行开始时进入模型。

（8）使用交通控制器调节速度

当区域非常拥挤时，也可以使用交通控制器对运输机器进行调节。随着交通控制器的容量的增加，进入的运输工具将会基于交通控制器速度表对其速度进行调节。例如，在表格中添加一行，内容为当交通控制区域的运输机含量为 3，则速度乘以 0.6。在此情况下，一旦交通控制区域的容量为 3 或以上时，所有运输机的最大速度将会降低到正常的最大速度的 60％。需要注意的是，只有当运输机到达网络路径的下一个节点时，速度修改才会起作用。如果在区域内拥有多个交通控制器，那么将会执行所有交通控制器的最小速度倍数。

（9）自定义交通控制区域的进入规则

用户也可以自定义交通工具的进入规则，根据此规则，交通控制器控制允许/不允许进入交通控制区的运输工具。参考命令文档中的 trafficcontrlinfo() 命令可以获取更多的相关信息。

3.4.5　可视化工具

可视化工具采用道具、风景、文字和展示幻灯片来装饰模型空间,目的是给模型更逼真的外观。它们可以是简单如彩色方框、背景之类的东西,或者是精细如 3D 图形模型、展示幻灯片之类的东西。可视化工具的另一种用法是用做模型中其他实体的容器实体。当用作容器时,可视化工具就成为一个分级组织模型的便利工具。容器也可以保存在用户库中,作为将来开发模型的基本建模模块(图 3-15)。

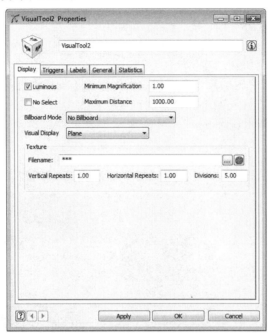

图 3-15　可视化实体属性页

由于可视化工具与其他的 Flexsim 实体的工作方式有所不同,所以有关它的使用方式将会在后面案例有说明。在模型中使用可视化工具的方式有很多种。

如:作为一个容器或者子模型、作为平面、立方体、柱形或球形、作为导入形状作为文本、作为展示幻灯片其他设置。

1. 将可视化工具作为容器使用

可视化工具的默认设置为平面。拖放到模型中后,可视化工具将显示为灰色平面。平面的尺寸和位置可以在俯视视图中,或通过可视化工具的显示选项卡("显示"选项卡的使用方法可参考将可视化工具作为平面使用、将可视化工具作为立方体使用、将可视化工具作为圆柱使用、将可视化工具作为球体使用等模块)进行设置。当把可视化工具用作容器时,建议在开始时使用默认视图(平面)设置,可以以后改变其视觉效果。在此例中,我们要建立一个容器,里面有 1 个暂存区、2 个处理器。临时实体将会从容器外面的发生器进入容器。处理器将把临时实体送到容器外面的吸收器。

步骤一:在模型视图中放置一个可视化工具

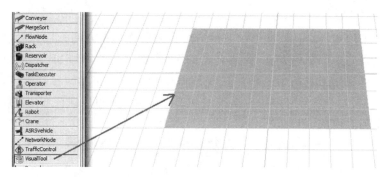

图 3-16　可视化操作步骤一

直接从库中拖曳可视化视图到模型视图中即可完成添加操作(图 3-16)。

步骤二:拖曳一个暂存区和两个处理器到可视化视图中

直接将从库中拖曳的实体放置到可视化视图工具上即可完成添加实体到容器的操作(图 3-17)。

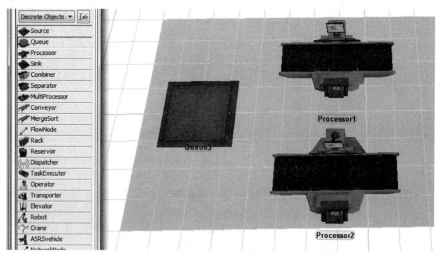

图 3-17　可视化操作步骤二

当把一个实体放置到可视化工具上时,它将自动地放置到可视化工具中去。可以通过选择可视化工具,鼠标移动它进行测试。当移动可视化工具时,它里面的实体也跟着移动。

步骤三:拖放一个发生器和一个吸收器到模型视图(图 3-18)

添加发生器和吸收器时,确保不要放到可视化工具上,保证它们在可视化工具之外。

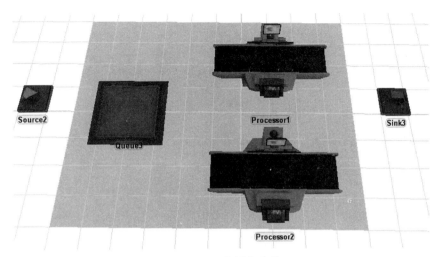

图 3-18　可视化操作步骤三

步骤四:连接发生器至可视化工具,连接可视化工具至吸收器

按住键盘上的"A"键,点击发生器,拖动至可视化工具(不是暂存区)建立连接。当释放鼠标左键时,就可看到发生器与可视化工具生成到一条连接。通过相同的方式,建立视图工具和吸收器之间的链接(图 3-19)。

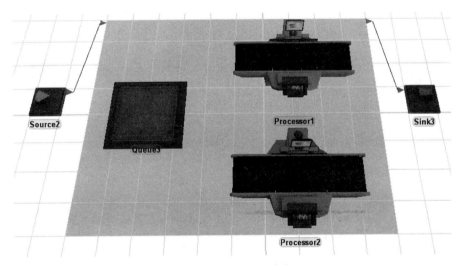

图 3-19　可视化操作步骤四

当前,发生器和吸收器与容器(可视化工具)之间建立了连接。现在,我们将容器与其内部模型相连接。

步骤五:连接容器与暂存区(图 3-20)

从容器向暂存区拖曳一条链接。

释放鼠标左键后,可以看见可视化工具内部端口(蓝)链接到暂存区的一条链接(图 3-21)。

步骤六:将暂存区与处理器链接(图 3-22)

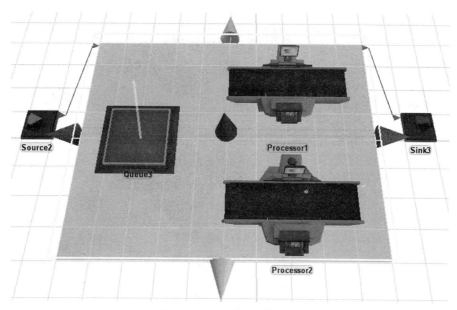

图 3-20　连接容器与暂存区

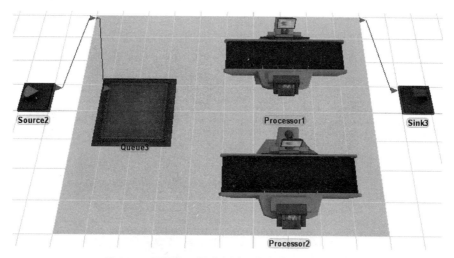

图 3-21　可视化工具内部端口与暂存区间的链接

利用相同的方式建立暂存区与两个处理器之间的链接。

步骤七:链接处理器到容器或者直接链接至吸收器(图 3-23)

有两种方式"连接入"或"连接出"容器。第一种方式如步骤四中所示,建立一条从发生器到容器的连接,然后建立一条从容器到暂存区的链接。然而,也可以通过点击拖动,直接建立一条处理器到吸收器之间的链接。对于此例,第一个处理器将被连接到容器,然后容器连到吸收器,第二个处理器直接连接到吸收器。

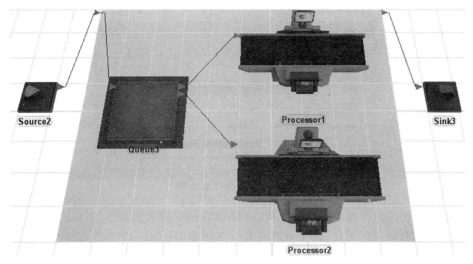

图 3-22　暂存区与处理器链接

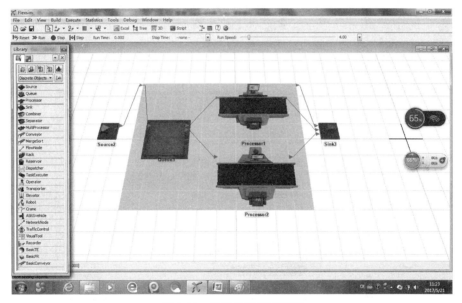

图 3-23　链接处理器到容器

步骤八：设置容器功能(图 3-24)

现在,形成的是含有子模型机能容器。既可以保持容器的现状,使其内部的实体可视化,随时可以对它们进行编辑,也可以将其内部的实体隐藏,将容器变为一个完全的压缩黑箱子。要隐藏容器中的实体,在可视化工具属性窗口中的常规选项卡中,不要选择显示所含实体复选框。黑箱子的功能设置可以在可视化工具属性窗口中的容器功能选项卡中找到。将"与可视化工具输入端口连接的实体"设置成应该与可视化工具的输入端口相连接的实体。将"与可视化工具输出端口连接的实体"设置成应该与可视化工具的输出端口相连接的实体。当一个外部实体与容器的外部输入端口和输出端口相连接时,容器内部输入端口和输出端口将会被自动连接。

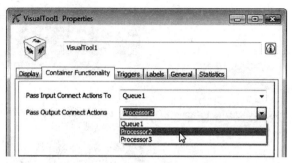

图 3-24　容器功能设置

也可以通过使用显示选项卡中的选项,将容器的视图设置成箱子、3D 图形或文本。在俯视视图中右键单击可视化工具,在弹出的列表中选择视图选项下的查看所含实体选项即可随时查看容器内所含的实体。

在可视化视图的属性窗口中选择统计选项卡,即可查看容器的统计数据。

2. 将可视化工具用作平面、立方体、圆柱或球形

将可视化工具在模型中用作可视化道具是一个简单的设置过程。在显示选项卡,选择所需的道具类型,然后定义参数即可(图 3-25)。

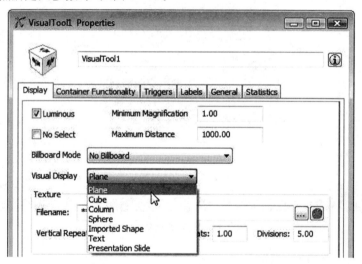

图 3-25　可视化工具显示选项卡设置

(1)平面

平面可以定义为背景,如 Autocad 布局、纹理或图片,或者要在模型中特定部位贴补的颜色。平面是可视化工具的默认显示。只需要设定平面的尺寸,然后选择纹理就可以了。纹理可以在垂直和水平方向上重复。

(2)立方体、圆柱形和球形

立方体、圆柱形或球形是简单的形状,可以像平面一样设置纹理。

(3)将可视化工具用作导入形状

使用可视化工具导入形状时,需要有一个要导入到模型中的 3D 模型或者实体。Flexsim 支持多种 3D 形状的文件格式,如 3D Studio Max（.3ds,.max）、VRML（.wrl）1.0、3D DXF（.dxf）和 StereoLithography（.stl）。

(4)将可视化工具用作可视化文本

3D 可视化文本可以添加到模型中用来显示标签、统计数据或其他模型信息。当可视化显示设置为文本时,将会呈现一个下拉菜单提供想要显示的文本选项(图 3-26)。

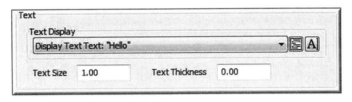

图 3-26　可视化工具文本选项设置

选项包括仿真时间、容量、状态、输出、输入及很多其他选项。如果在下拉菜单中选择了需要进行统计的选项,则必须将可视化工具的中间端口连接到想要显示此信息的实体。选择代码模板按钮即可对文本进行编辑。

3. 将可视化工具用作演示幻灯片

可视化工具也可以用作演示幻灯片,与使用幻灯片制作 PowerPoint 演示文稿很相似。演示幻灯片放置在模型中,用于展示数据、模型结果和其他演示要点。点击工具主菜单下的演示子菜单,然后选择演示创建器从而开发一个"漫游"序列。

当可视化显示被设置为"演示幻灯片"时,显示选项卡上会出现更多的选项。

点击添加按钮,向幻灯片添加一行新文本。第一行文本的标签为"文本 1",是幻灯片的标题(图 3-27)。幻灯片添加的其他文本全部作为文本行。例如,如果将要向演示幻灯片添加四个文本,则会出现如见图 3-28 所示的现象。

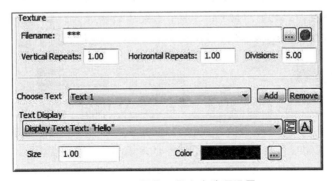

图 3-27　可视化工具文本选项设置

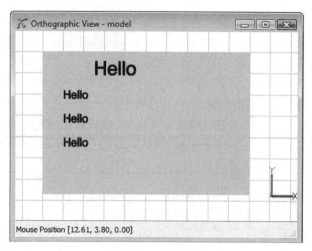

图 3-28　文本显示

如图 3-28 所示,每个文本在幻灯片上都被给定一个默认的位置。当双击展示幻灯片查看参数视图时,将会看见左上角的一个新标签叫作"文本"。选择此标签,就可以编辑想要显示的文本。

通过在下拉列表中选择想要显示的文本,也可以通过使用文本显示列表、文本尺寸、文本颜色等修改已经显示的文本。

在显示选项卡上选择纹理或者在常规选项卡上选择颜色即可设置任何背景或改变背景颜色。

3.5　建模工具

本节将讲述用于建模、配置模型和从模型中获得统计结果的不同建模工具的信息。很多建模工具可以通过工具主菜单进入,少部分工具可以从其他地方找到。建模工具如下:

AVI 制作器、Excel 界面、临时实体箱、全局变量、全局表、全局时间表、全局用户事件、导入媒体文件、模型触发器、MTBF/MTTR、多个 Excel 表格导入、脚本编辑器、仿真实验控制单表输出单表导入、背景设计编辑器用户命令、Visio 导入监视列表。

3.5.1　AVI 制作器

从展示菜单中选定"AVI 制作器"选项即可创建 AVI 制作器(图 3-29)。AVI 制作器是模型中的一种特殊对象,能调用命令来生成模型运行的 AVI 文件。只要它存在于模型中,就会生成此文件。如果不需要生成 AVI 文件,则需要在模型中删除此实体。在模型运行之前,必须指定一个记录视图。方法是:在所要记录的视图上点击右键,选择"视图>设为被选视图(sv)"。在记录 AVI 文件过程中,模型运行可能十分缓慢,在此期间,模型将无法响应运行控制视窗中的速度滑动条命令。

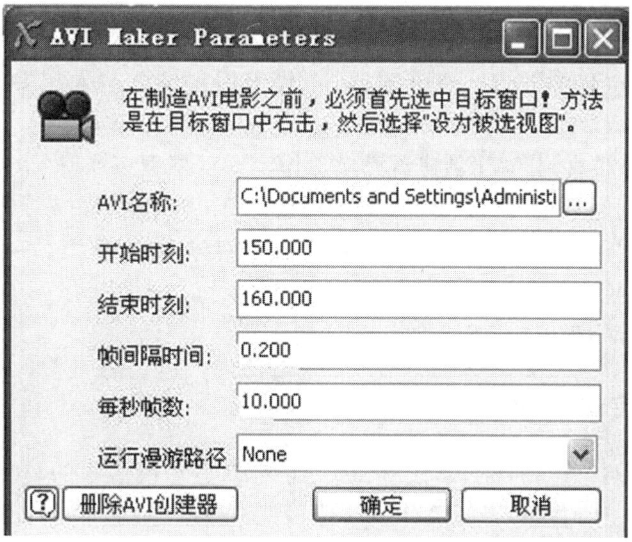

图 3-29　AVI 制作器页面

AVI 名称－AVI 创建器写入的文件。它必须以 . Avi 为扩展名。

起始时间－这是指 AVI 创建器开始记录 AVI 文件的时间。

终止时间－这是 AVI 创建器停止记录 AVI 文件的时间。建议在此终止时间前不要停止运行模型,否则可能破坏正在写入的文件。

帧间隔时间－模型中记录的帧－帧之间经历的仿真时间长度。

每秒帧数－此数字定义了 AVI 文件每秒播放多少帧。

运行漫游路径－如果你已经在模型中创建了一条漫游路径,那么你可以在下拉菜单中选择漫游路径。随着模型运行,视图将会跟随漫游路径进行移动。

删除 AVI 创建器－点击此按钮可将 AVI 创建器从模型中删除。模型将恢复正常速度运行,而不再生成 AVI 文件。

AVI 创建器的使用常常需要技巧。这里给出一些步骤来确保顺利地创建 AVI。

①如果模型中已有一个 AVI 创建器,可以点击"删除 AVI 创建器"按钮将其删除。

②编译模型。

③重新打开 AVI 创建器窗口。

④正确填写前面提及的各个域段。

a. 确定 AVI 文件名不与已存在的文件重名。

b. 根据所需 AVI 记录的仿真时间,来设定开始及停止的时间。

c. 根据你所需要的 AVI 播放速度,设定每秒帧数。一般每秒 10 帧是合理的。

d. 根据你设定的每秒帧数,来设定帧间隔时间的值。为模型找到希望 AVI 记录的最理想的运行速度(从仿真运行控制面板中设置)。帧间隔时间应根据理想运行速度除以每秒帧数来计算。

⑤右击在需要记录的 3D 视图中右键单击,选择视图＞指定此视图(sv)。

⑥根据期望的 AVI 电影分辨率,重设 3D 视图的尺寸。设定较小的视窗尺寸能明显提高

AVI 创建器的制作速度。

⑦重置并运行模型。

⑧将弹出一个关于采用的 codec(解码器)代码的视窗。输入想要使用的 codec 代码/压缩。

重要提示：请等候直到 AVI 创建器完成工作。一旦模型进入 AVI 的开始时间，不要按任何按钮或点击任何东西，直到模型时间到了所设定 AVI 创建器的完成时间。

⑨模型运行超过了所设定的 AVI 创建器完成时间时，停止模型。在删除 AVI 创建器之前，不要再次点击重置。

⑩使用"删除 AVI 制作器"按钮删除 AVI 制作器。

3.5.2 事件列表查看器

从调试主菜单中打开事件列表(图 3-30)。它可以显示模型中的马上要执行的事件。对于了解不同事件的发生时间以及处理建模问题，列表查看器是非常有用处的。如果在执行某个特定事件的过程中，发生了一个问题，可以使用事件列表查看那个事件的信息，以便找出这个问题的根源所在。

图 3-30　事件列表查看器

时间—事件将发生的时间。

实体—这是到达实体的路径,事件将在这个实体上触发。

事件类型—这是事件的类型。它代表事件代码,对于没有注册名称的事件代码将显示为数据值。可以使用"seteventlistlegendentry"应用命令为自定义事件类型注册名称。例如：

`applicationcommand("seteventlistlegendentry", 102,"My Event Type", 0);`这将把事件代码设置为 102,将在列表中显示"My Event Type"作为它的名称。

涉及—这是到达事件所涉及的实体的路径。

事件数据—此值的使用依赖于事件,并不适用于所有的事件类型。

过滤—可以通过点击列表头,过滤时间、实体和涉及列。

时间—你可以添加多个时间范围,显示这期间发生的事件。

实体和涉及—可以选择模型中的多个实体进行显示(图 3-31)。

图 3-31　事件列表查看器实体显示

3.5.3　Flexscript 单步调试

在 Flexsim 的代码编辑器中,行号的左侧存在页边空白。在页边空白处单击,就可以向当前的代码行添加一个断点。断点将显示为红色椭圆形。点击红色断点即可将其删除。当带有断点的代码行被执行时,Flexsim 将进入单步－调试模式。单步－调试时,用户仅可以和代码窗口进行交互,而不是此剩余的程序部分。代码窗口将发生变化,以便向您提供用于分步－调试的工具。窗口的标题行显示了正在浏览的是什么代码。

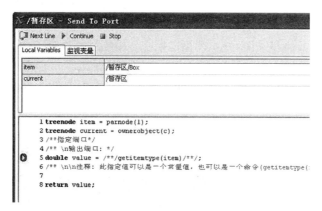

图 3-32　Flexscript 单步调试窗口

下一行－黄色箭头指向下一个将执行的行。点击下一行按钮,此行将被执行,黄色箭头则跳到下一个将被执行的代码行。

继续－它将导致继续执行 Flexsimscript 直到遇到另外一个断点。如果当前被执行的代码结束,那么它将离开单步－调试模式。

停止－此按钮与继续按钮所做的工作相同,指示它同时终止了模型运行。当模型运行速度非常快的时候这个功能是相当有帮助的,因为继续按钮可能会导致 Flexsim 重新进入单步－调试的模式中,几乎是马上进入。请注意,在当前事件中执行的任意代码或者断点都将使 Flexsim 处于单步－调试的模式中。例如,如果你正在调试实体的发送至端口域段,并且在相同实体的离开触发器中有一个断点,点击停止按钮将使模型停止运行,继续执行事件的 Flexscript,然后在离开触发器代码中的断点处停止执行。你可能需要点击多次停止按钮才能越过所有的断点并且离开单步－调试模式。

局部变量－此区域显示任意局部定义变量的当前值。随着对代码的单步调试,这些值将立即更新以便查看正在发生的变化。模型经常会出现不能正确运行的情况，这是因为代码中的变量不像我们所期待的那样发挥作用。可以通过这部分窗口查看变量值。

监视变量－此区域允许指定希望查看的其他变量或者表达式，例如：全局变量。点击"＋"按钮，即可增加表格的行数。点击"－"按钮将删除表格中最后一个被点击的行。可以双击表格中的灰色区域输入一个变量或者表达式。它的值将显示在表格中的白色区域。这可以帮助解释为什么某些条件语句不能达到预期的效果，如：在"if"语句中，它也可以允许查看全局变量，否则全局变量是不显示在局部变量选项卡上的。

图 3-33　监视变量窗口

断点：

通过调试＞断点子菜单即可打开断点窗口（图 3-34）。出现一个带有复选框的树视图，可以显示已经在模型中被添加的断点。可以点击行序号旁边的复选框从而关闭节点。也可以通过取消选中"启动断点调试"复选框从而达到关闭所有断点的目的。选中和撤销选中这些复选框将仅仅影响断点的开启和关闭，并不能删除断点。要删除一个断点，可以首先在此窗口中将其选为高亮然后按删除键或者在代码窗口中单击红色断点即可。被关闭的断点将显示为半透明的红色椭圆形，在进行单步－调试时，关闭的断点将不能造成 Flexscript 执行停止。

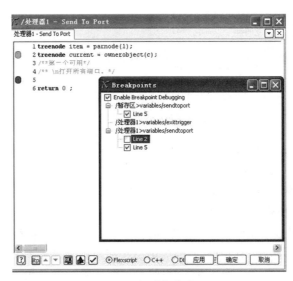

图 3-34　调试断点窗口

3.5.4　临时实体箱

可以通过工具主菜单，或者通过 Flexsim 工具栏，打开临时实体箱（图 3-35）。

临时实体是创建的一些从模型中移动通过的简单实体。它们可以代表真实的物体，也可以代表一个较为抽象的概念。在此视窗中创建不同类别的临时实体,并保存在临时实体箱中。点击工具条或工具菜单上的临时实体按钮,可以打开编辑器。

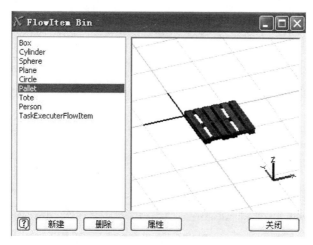

图 3-35　临时实体箱窗口

临时实体列表－这个列表包含了所有可用的临时实体类型。当某个临时实体类型被选中,它将显示在主视窗中。从此列表中选择临时实体,随后点击属性按钮,可以编辑临时实体的属性,诸如名称、形状、尺寸等。

创建临时实体－ 此按钮用来向临时实体箱中添加一个新的临时实体。新的临时实体是当前在列表中选中的临时实体的复制品。

删除临时实体－此按钮用来从临时实体箱内删除当前选定的实体。被删除实体将不能再在模型中被创建。

3.5.5　全局表

这些实体不是被拖出到模型中的。它们的创建是通过特殊对话框实现的,这些对话框可在工具栏上找到。

可以通过工具栏主菜单打开全局表(图 3-36)。全局表可以存储数字型或字符串型数据。模型中任何一个实体都可以用 gettablenum( )、gettablestr( )、settablenum( )、settablestr( )、reftable( )命令来访问这些数据。参考命令集可以获得更多关于这些命令的信息。一个模型可以有多个全局表。

名称－这是表的名称。名称应便于记忆,并具有描述表的功能。各种函数通过表的名称进行访问和读写。改变表格的名称后,必须点击应用按钮。可以通过点击名称右边的下拉列表箭头,在此窗口中查看其他的全局表。

添加表格－点击此按钮,向模型中添加另一个全局表。

删除表格－点击此按钮,可以从模型中删除当前选定的全局表。

行数－这是全局表的行数。如果改变了此值,点击"应用"按钮来更新屏幕上的表。此时,创建的新行均可进行编辑了。

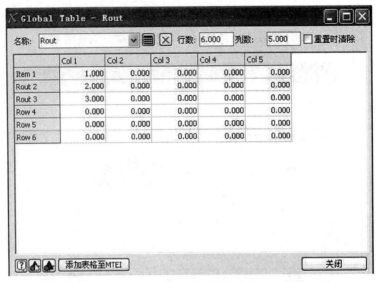

图 3-36　全局表窗口

列数－这是全局表的列数。如果改变了此值,点击"应用"按钮来更新屏幕上的表。此时,创建的新列均可进行编辑了。

重置时清零－如果此按钮被选中,当模型被重置时,表中所有数值类型单元将被清零。

高级－此选项打开一个表配置器视窗,用来根据特殊需要对表进行定制。

添加到用户库－使用♠和♠按钮,可以将此表格分别作为可以拖曳的图标或者作为一个自动安装的组件添加的当前活动的用户库。想了解更多信息,请参考用户库文档。注意:如果正在编辑一个标签表格,则选项不可用。

编辑表－如需编辑表中的某个单元格,点击此单元格,并在单元格中填写数据。如果点击一个单元格,开始输入数据,将会覆盖当前单元格中的任何数据。可使用箭头键在单元之间导航。单元格中默认为数值型数据,但可设定为字符串型数据,方法是右击单元,选择添加字符串数据。

3.5.6　全局时间表

选择"工具"主菜单中的"时间表"选项,即可访问全局时间表(图 3-37)。时间表用来对模型中指定实体的状态进行更改设定,如停机时间。每一个时间表可以控制多个实体,每个实体又能被多个时间表所控制。一个模型可以包含多个时间表。

名称－时间表的名称,描述此时间表在模型中的功能,例如,"Weekend(周末)"或者"Shift Change(轮班)"。

添加与移除时间表成员－在视窗的顶部,左侧面板显示的是模型中的实体。右侧面板显示的是时间表成员列表。在左侧面板中选择一个成员,并点击 >> 按钮,可以将此实体添加到成员列表中。从右侧面板的成员列表中选择一个实体,并点击 << 按钮,则可以将此实体从成员列表中移除。

行数－这是表的行数。改变后需要点击"应用"按钮来更新屏幕上的表。每一行记录状态

图 3-37　全局时间表窗口

更改的时间，要变成的状态，在那个状态下要维系的时间。

重复时间－此数值指定从第一状态开始改变起，到时间表被重复执行时止所经历的时间。如果第一行包含时间 60，重复时间为 300，那么第一次停机时间将发生在时刻 60，而时间表将在时刻 360，660，960 等时刻被重复执行。

时间表－可在此查看和编辑时间表。

Time（时间）－表格生效后，将要发生状态变化的时间。

State（状态）－这是受此时间表所控制的实体根据时间表上对它的安排，将要变成的状态。如果点击此列，将在顶部出现一个下拉对话框，给出一个可能状态的列表。参见库实体可获得更多关于每个实体的每个状态的含义的信息。参见状态列表可以获得关于每个状态的编号和宏定义的快捷索引。

Duration（持续时间）－这是实体在重新恢复最初状态之前，保持在新状态的时间长度。

图形编辑器－点击此按钮可以打开一个窗口，在此窗口中，使用周程表或日程表指定时间表的状态改变时间。

添加表格至 MTEI－点击此按钮，可以将表格添加至模型多功能表格导入。

中断函数－当列表中的实体中断时，执行此下拉列表。此函数对于成员列表中每个实体执行一次操作。从这里指定要进行什么操作来使实体停止运行。

恢复函数－当列表中实体恢复其操作时，此下拉菜单被执行。此函数对成员列表中每个实体执行一次操作。从这里指定要进行什么操作来使实体恢复运行。

中断触发器－此下拉菜单与停机函数同时被触发执行，但此函数只执行一次，而不是对成员列表中每个实体执行一次操作。参见停机/恢复触发器。

恢复触发器－此下拉菜单与恢复函数同时被触发执行，但此函数只运行一次，而不是对成员列表中每个实体执行一次操作。参见停机/恢复触发器。

添加至用户库－点击窗口底部的  和 按钮，可以将此时间表作为可以拖动的图表或者作为一个可以自动安装的组件分别添加至当前活动的用户库。想了解更多相关信息，请参考用户库文档。注意，如果你正在编辑一个标签表格，此选项则为不可用选项。

关于对同一实体使用多个停机计划的规则：如果一个实体具有若干个停机计划，每个计划都具有自身的停机状态，就会遇到使用实体状态图表的问题。这是由于 stopobject() 命令和 resumeobject() 命令的特性所导致的。如果有两个实体要求同一实体停止运行，此实体不会记住每个停止请求所要求的停机状态。

3.5.7　全局用户事件

用户事件可通过"工具"主菜单访问（图 3-38）。用户事件是在模型运行中在设定的时间上执行的 Flexsim 脚本函数，并不与任何特定的、可见的实体关联。用户事件是在隶属于模型的"工具"特殊节点的"用户事件"子节点中创建的。一个模型可有多个用户事件。

图 3-38　全局用户事件窗口

名称－这是用户事件的名称。此名称应该能描述用户事件做些什么。

仅重置时执行事件－如果此选项被选中，事件将只在重置键被点击时被执行。

第一个事件时间－这是指用户事件发生的时间。

重复事件－ 如果此选项被选中，用户事件一旦结束，就重新开始进行执行时间计时。根据定义的执行时间，用户事件总是按照规律性间隔重复执行。

事件代码－在这里编写事件的 Flexsim 脚本代码。任何有效的 Flexsim 脚本均可在此域段中使用。

3.5.8　全局任务序列

全局任务序列允许用户通过图形用户界面，而不是代码建立任务序列。通过工具主菜单、全局任务序列子菜单、点击添加，即可弹出以下窗口（图 3-39）。

首先，给任务序列命名。

建立全局任务序列，首先创建实体引用名，然后创建与这些引用相关联的任务。实体引用可为动态，意思是实际创建任务序列实例时，将处理这些引用，方法为：作为动态参数传递到 createglobaltasksequence() 命令；或者实体引用为静态，意思是它们在所有任务序列实例中都

图 3-39　全局任务序列窗口

保持不变。

点击添加和移除按钮,即可添加或者移除实体引用。对于每种实体引用均可定义名称和类型(动态或静态)。对于动态类型,用户可以将引用选为动态参数 1～5 的其中一种。这些参数将被传递到 createglobal tasksequence()函数中,当实例被创建时,对于静态引用,点击浏览按钮,并且在模型树中选择期望的实体。一旦创建了需要的引用,即可访问任务序列选项卡(图 3-40)。

图 3-40　添加或者移除实体引用窗口

默认状态下任务序列为空。窗口的最左侧为可以拖动的任务表格。从左边的任务表格中拖曳任务,放置在右边的空白表格中,即可实现任务添加。然后就会在窗口的最右侧弹出属性面板。

要编辑每个任务的属性,可以直接点击列表中的任务,然后编辑右侧的参数。使用位于列表上面的两个按钮,可以调节和移动序列中任务的位置。一旦创建了任务序列,可以在任何实体的属性窗口中,实体流选项卡的“按下列请求运输工具”模块中选择“使用全局任务序列”选项(图 3-41)。

临时实体流
输出
发送至端口
第一个可用 打开所有端口。
使用运输工具
优先级
0.000
先占
按下列条件请求运输工具
指定端口 中间端口号: 1 注释: 此指定值可以是一个常量值，也i
指定端口 中间端口号: 1 注释: 此指定值可以是一个常量值，也可以
指定端口
根据临时实体类型值执行不同的Case
按全局表
直接引用
按照名称
条件运输
使用一个全局任务序列
任务序列示例_1
协同任务序列示例_1
协同任务序列示例_2
将任务执行器作为临时实体使用
多个运输选项
释放操作员
每当上游临时实体释放时均对拉入条件进行再评估

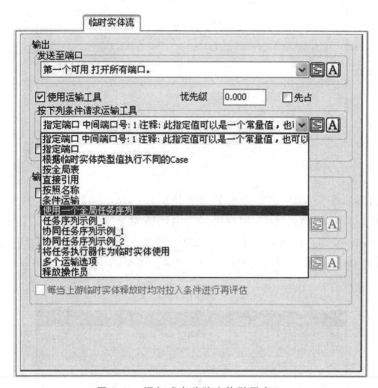

图 3-41　添加或者移除实体引用窗口

输入全局任务序列的名称和适当的动态参数(图 3-42)。

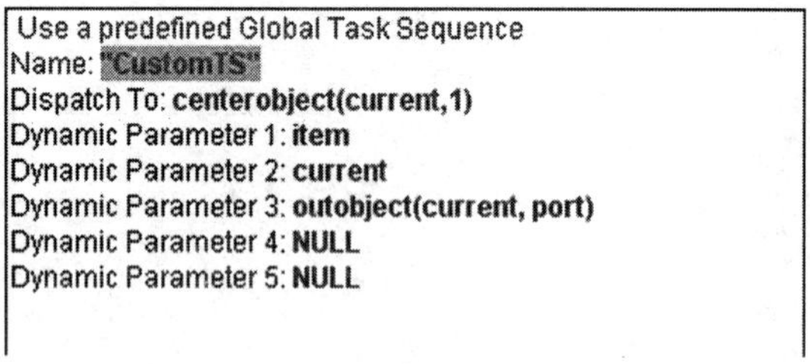

Use a predefined Global Task Sequence
Name: "CustomTS"
Dispatch To: centerobject(current,1)
Dynamic Parameter 1: item
Dynamic Parameter 2: current
Dynamic Parameter 3: outobject(current, port)
Dynamic Parameter 4: NULL
Dynamic Parameter 5: NULL

图 3-42　全局任务序列动态参数输入

3.5.9　全局变量

全局变量窗口用来创建 Flexsim 脚本、C++和宏定义均可使用的全局变量(图 3-43)。

点击添加或者移除按钮,来实现添加或移除全局变量的功能。然后选择想要编辑的变量,在右侧的面板中设置名称、变量类型和初始值。可使用的变量类型有 8 种:整数、双精度浮点

数、树节点、字符串、整型数组、双精度数组、树节点数组和字符串数组。对于数组类型,用户可以指定数组大小和每种数组元素的初始值。

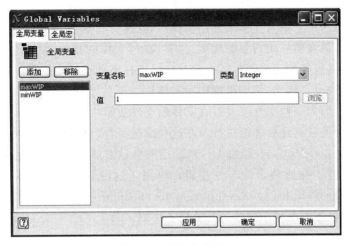

图 3-43　全局变量窗口

　　注意:窗口中显示的值是变量的初始值,而不是当前值。变量的当前值存储在内存中,可以通过在脚本控制台中返回变量当前值或者从代码中打印两种方式查看。变量的当前值不是存储在树中。当用户打开模型或者编译模型时,初始值被重置。当重置模型时,变量的初始值不被重置。

　　一旦用户指定了全局变量,可以在 Flexsim 脚本或者 C++代码中找到和设置全局变量。

　　使用 C++需注意:如果使用 C++获取全局变量,必须确定变量的名称为全局唯一的名称,也就是说使用 C++代码时,不能在其他地方使用相同的变量名称,除了用户正在获取全局变量时。Flexsim 使用宏定义设定这些变量,一旦出现重名的现象,就有可能导致编译错误。

3.6　触发器

3.6.1　装载/卸载触发器

　　装载触发器:任务执行器一旦完成装载时间,并且在它将临时实体移动到任务执行器中之前,此触发器被触发。

　　卸载触发器:任务执行器一旦完成卸载时间,并且在它将临时实体移动到其目的地之前,此触发器被触发。

　　传递变量:

　　①item:将被装载或者卸载的临时实体。

　　②current:当前实体。

3.6.2 进入/离开触发器

进入触发器:每当一个临时实体进入此实体时,就执行此函数。

离开触发器:每当一个临时实体离开此实体时,就执行此函数。

关于进入/离开触发器应用背景的规则:通常,在一实体的接收/发送事件刚开始时,进入和离开触发器先于其他任何逻辑而执行。这意味可以在事件逻辑内改变实体的变量、标签等,并正确地应用这些修改。然而,那些可能影响实体后期某些事件的可执行命令不能在进入和离开触发器中执行,因为那些事件还没有在实体的事件逻辑中创建,而影响实体事件的函数必须等待,直到那些事件被创建后才能执行。在这种情况下,应该向实体发送一个延迟时间为 0 的消息(使用 senddelayedmessage()命令),然后用消息触发器执行此函数的功能。这样,就使得实体在执行命令前能完成剩余的事件逻辑。应用于这种设置的命令为:stopobject(),requestoperators(),openoutput(),openinput(),resumeinput(),resumeoutput(),有些情况下是根据它们当中的任务类型而创建或分配的任务序列。

传递变量:

①current(当前):当前实体。②item(临时实体):刚刚进入/离开的临时实体。③port(端口):临时实体进入/离开的端口号。

3.6.3 消息触发器

当使用 sendmessage 或 senddelayedmessage 命令将一条消息发送到该实体时,执行此函数。每个命令可以传递三个用户自定义的参数。

传递变量:

①current:当前实体。

②msgsendingobject:发送此消息的实体。

③msgparam(1):消息的第一个参数。

④msgparam(2):消息的第二个参数。

⑤msgparam(3):消息的第三个参数。

3.6.4 处理结束触发器

每当一个临时实体完成它的处理时间时,就执行此代码。

传递变量:

①current:当前实体。

②item:完成处理时间的临时实体。

3.6.5 创建触发器

第一次创建一个临时实体时执行此代码。

传递变量:

①current(当前):当前实体。

②item(临时实体):被创建的临时实体。

③rownumber(行号):任务序列表的到达的行号(如果应用)。

3.6.6　碰撞触发器

每当一个实体执行其碰撞检测并发现已经与它的一个碰撞成员发生碰撞时,就触发碰撞触发器。参见任务执行器碰撞探测,可获得更多关于碰撞探测的信息。

传递变量:

①thisobject:当前实体。

②otherobject:与当前实体碰撞的那个实体。

③thissphere:涉及的当前实体的碰撞球。

④othersphere:涉及的与当前实体碰撞的实体的碰撞球。

3.6.7　进入节点触发器(继续/到达触发器)

当一个行进物从任意方向进入该节点时,执行此函数。当有行进物到达此节点时,就触发到达触发器。当行进物继续向下一路径行进时,就触发继续触发器。

传递变量:

①current:当前实体。

②traveler:涉及的刚进入的行进物。

③edgenum:行进物通过的路径侧边编号。

3.6.8　覆盖与覆盖解除触发器下拉菜单

此函数在光电传感器状态改变的时候执行。

传递变量:

①current:当前实体。

②item:此时正好在光电传感器前的临时实体。

③photoeye:光电传感器的序号(表中的行)。

④covermode:对于覆盖触发器来说,1 表示绿到黄的转变,2 表示黄到红转变;对于覆盖解除触发器来说,1 表示黄到绿转变,2 表示红到绿转变。

3.6.9　变更触发器

每当监视列表中的变量发生变化时,就执行此函数。站点将检查模型中的每一事件的变量,以确保能在其发生变化时捕获此变化。

传递变量:

①current:当前实体。

②changedobject:变量发生变化的实体。

③changeditem:发生变化的变量(节点)。

④changedvalue:变量变化后的值。

⑤oldval:变量变化前的值。

3.6.10　绘图触发器(用户绘图代码)

此函数在实体的"绘图事件"之前执行。它用来执行用户定义的绘图命令和动画。如果此函数返回 1,则不会调用实体的标准绘图函数。如果返回 0,则正常地发生绘图事件。可以使用 Flexscript(Flexsim 脚本)、C++以及/或 OpenGL 代码来定义要绘制什么。

常规命令:

```
drawcolumn(xloc,yloc,zloc,nrsides,baseradius,topradius,height,xrot,yrot,zrot,red,
    green,blue[,opacity,texture,xrep,yrep])
drawcube(xloc,yloc,zloc,xsize,ysize,zsize,xrot,yrot,zrot,red,green,blue[,opacit y,
    texture,xrep,yrep])
drawcylinder(xloc,yloc,zloc,baseradius,topradius,height,xrot,yrot,zrot,red,green,
    blue[,opacity,texture])
drawdisk(xloc,yloc,zloc,innerradius,outerradius,startangle,sweepangle,xrot,yrot,
    zrot,red,green,blue[,opacity,texture])
drawline(view,x1,y1,z1,x2,y2,z2,red,green,blue)
drawobject(view,shape,texture)
drawrectangle(xloc,yloc,zloc,length,width,xrot,yrot,zrot,red,green,blue[,opacit y,
    texture,xrep,yrep])
drawsphere(xloc,yloc,zloc,radius,red,green,blue[,opacity,texture])
drawtext(view, text, xloc, yloc, zloc, xsize, ysize, zsize, xrot, yrot, zrot, red, green,
    blue)
drawtomodelscale(object)
drawtoobjectscale(object)
drawtriangle(view,x1,y1,z1,x2,y2,z2,x3,y3,z3,red,green,blue)
spacerotate(x,y,z)
spacescale(x,y,z)
spacetranslate(x,y,z)
```

传递变量:
①current:当前实体。
②view:绘制实体的视图。

3.6.11　空载和满载触发器

空载和满载触发器应用于流体实体。当流体实体的容量为 0 时,或者当它达到最大容量时调用它们。这两个触发器经常用于打开或者关闭端口,或者向模型中的其他实体发送消息。

传递变量:
current:当前的实体。

3.6.12　重置触发器

当模型重置的时候执行这个函数。

传递变量：

current：当前的实体。

3.6.13　停机/启用触发器

停机触发器：当 MTBFMTTR 实体告知其成员中断运行时执行此函数。

启用触发器：当 MTBFMTTR 实体告知其成员重新启动的时候执行这个函数。

传递变量：

①current：MTBF MTTR 实体。

②members：MTBF MTTR 实体的成员列表。

③involved：MTBFMTTR 实体，或者所涉及的成员。

④curmember：当前成员（将在所有成员之间循环）——不是所有选项都可用。

⑤index：当前成员在成员列表中的序号。

3.6.14　故障/维修触发器

故障触发器：每次该实体中断停机时都执行这段代码。

维修触发器：每次该实体完成其维修时间时都执行这段代码。

传递变量：

current：当前的实体。

3.7　任务序列

3.7.1　任务序列概述

一个任务序列就是需要一个任务执行器按一定顺序执行的一系列任务，如图 3-44 所示。任务执行器是指从任务执行器类派生出来的实体，包括操作员、运输机、起重机、堆垛机、机器人、升降机和其他可移动资源。如果一个实体的参数视窗中包含任务执行器属性选项卡，那它就是一个任务执行器。

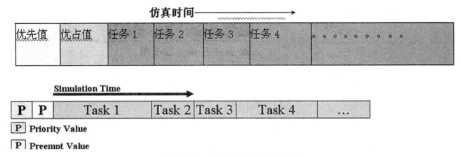

图 3-44　任务序列执行顺序

除了一系列任务之外，每个任务序列还有一个优先级值。优先级定义了相对其他任务序列而言,执行此任务序列的重要程度。每个任务序列还都有一个先占值,用来定义那个任务序列是否要使其他正在执行的任务序列中断转而执行它。

自动创建任务序列:

固定实体有一种默认创建把临时实体移到下一站点的任务序列的机制。选择固定实体属性框中的"临时实体流"分页中的"使用运输机"复选框,就可以使用此默认的功能。处理器也同样有默认的机制来创建任务序列,用来为预置时间、处理时间和维修操作调用操作员。这可以通过修改处理器、合成器或分解器的"操作员"或"加工时间"选项卡来完成。每个默认机制都会触发自动创建一个任务序列。

任务序列如何工作?

当选择了临时实体流选项卡中的"使用运输机"复选框后,将创建如下任务序列。

1)行进到当前临时实体所在的实体;

2)从那个实体装载临时实体;

3)中断;

4)行进到目的地实体;

5)卸载临时实体到目的地实体(图 3-45)。

优先	优占	运行	装载	中断	运行	卸载

图 3-45 任务序列执行顺序

当一个任务执行器执行此任务序列时,将按顺序执行每个任务。上面所示的每个任务都与一种特定的任务类型相对应。请注意,在上面例子中有两个"行进"类型任务、一个"装载"类型任务、一个"卸载"类型任务和一个"中断"类型任务。

(1)行进任务(Travel Task)

"行进"任务类型告诉任务执行器行进到模型中的某个实体。这可以由多种方式完成,取决于模型的设定。如果任务执行器连接到一个网络路径,那么此"行进"任务将使其沿着网络行进,直至到达与目标实体相连的那个网络节点。如果任务执行器是一个起重机实体,那么它将会升高到一个用户定义的高度,然后行进到目标实体的 x/y 位置处。这样,一个行进任务可以代表多个类型的事件,这取决于模型的设定,也取决于被使用的实体类型。然而,有一点请注意,所有行进任务的相同之处就是它们在模型中都有某个它们试图到达的目标实体。

(2)装载和卸载任务(Load and Unload Tasks)

"装载"和"卸载"类型任务告诉任务执行器从一个站点装载一个临时实体,或将一个临时实体卸载到一个站点。这通常会涉及需要行进一段偏移距离,目的是在正确的位置捡取或放下临时实体,同时在移动临时实体之前完成用户定义的装载/卸载时间。装载/卸载时间的处理对于所有任务执行器都是一样的,而偏移行进则因任务执行器的类型不同而不同。例如,一个运输机,将会行进到捡取/放置临时实体的位置,与此同时,将货叉抬升到捡取/放下临时实体的高度;而一个机器人将转动到需要捡取/放下临时实体的位置。

(3)中断任务(Break Task)

"中断"类型任务告诉任务执行器去查看是否有它可以"中断"转而进入的其他任务序列。例如,如果在同一个位置范围内有两个临时实体等待被运输机装载,而运输机确实可以装载两个或更多临时实体,那么它有两个任务序列要执行。这两个任务序列都和上面提到的任务序列相同。其中一个是捡取第一个临时实体的激活任务序列,另一个任务序列放在它的任务序列队列中,等待运输机一旦完成激活任务就来执行。中断任务允许运输机在完成装载第一个临时实体后停下第一个任务序列,并开始执行第二个任务序列,这就要行进到第二个临时实体的站点并装载第二个临时实体。如果任务序列中不包含中断任务,则任务执行器必须全部完成第一个任务序列,先卸载第一个临时实体后才能去装载第二个临时实体。

(4)操作员任务序列(Operator Task Sequences)

这里是自动创建任务序列的又一个示例。处理器实体创建此任务序列用来请求一个操作员来处理站点工作。任务序列描述如下:

1)行进到处理站点;

2)被使用,直到处理站点释放它。

优先	优占	行进	使用

和前面的例子一样,第一个任务告诉任务执行器行进到站点。第二个任务是一个新的任务类型,在前面的例子中没有提到。这是一个"使用(Utilize)"任务类型,它告诉任务执行器进入给定的状态,如"Utilized(被使用)"或"Processing(处理中)",然后等待直到从此站点被释放。调用 freeoperators()命令可释放操作员。由于处理器自动创建此任务序列,它也自动地处理释放操作员。

在仿真运行中的任意给定时刻,一个任务执行器可以有一个激活任务序列和一个等待的任务序列列队(图 3-46)。另外,一个分配器可以有一个等待的任务序列队列,但是,不能够主动地执行其中的任意任务序列。实际上,它将其任务序列队列分配给连接到它的输出端口的任务执行器。这是区别分配器实体和任务执行器及其子类的方法。

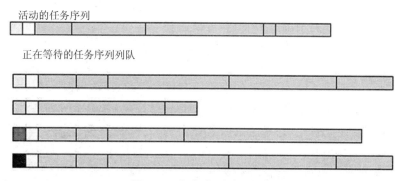

图 3-46　任务序列列队状态

如果没有任务序列是先占的,则任务执行器将会执行它的激活任务序列直到完成它。然后,它将把队列中的第一个任务序列变为激活任务序列并开始执行它。如此重复,直到队列中的所有任务序列都被执行完。

3.7.2 定制创建任务序列

可以使用 3 个简单的命令创建定制任务序列。

```
createemptytasksequence()
inserttask()
dispatchtasksequence()
```

首先,使用 createemptytasksequence()创建一个任务序列。然后连续使用 inserttask()命令往此任务序列中插入任务。最后使用 dispatchtasksequence()来分配此任务序列。如图 3-47 所示。

下面的例子说明的是一辆叉车行进到一个被"station"引用的实体,然后装载一个被"item"引用的临时实体。

```
treenode newtasksequence= createemptytasksequence(forklift,0,0);
inserttask(newtasksequence, TASKTYPE_TRAVEL, station);
inserttask(newtasksequence, TASKTYPE_LOAD, item, station, 2);
dispatchtasksequence(newtasksequence);
```

"treenode newtasksequence"创建一个引用或者指针,指向作为一个 Flexsim 节点的任务序列,这样,以后就可以在向任务序列中添加任务时使用。

createemptytasksequence 命令有三个参数。第一个参数是要处理此任务序列的实体,它应当是一个分配器或任务执行器。第二个和第三个参数是数字,分别指定任务序列的优先级和先占值。命令返回一个所创建的任务序列的引用。

inserttask 命令将一个任务插入到任务序列的末尾。每一个插入的任务都有几个相关的值。第一,是任务类型值,用来定义此任务是什么类型。它还有此任务涉及的两个实体的一个引用,分别是 involved1 和 involved2。所涉及的这些实体以及它们所代表的意义都取决于任务类型。对于一些任务类型,这两个涉及的参数都需要,并有其含义,而对于另外一些任务类型,就不使用这些参数。有些任务类型只使用一个相关的实体,有些任务类型则具有一些可选择的相关实体。参见任务类型的有关文档,可以获得指定任务类型所包含的相关实体的含义方面的信息。任务可以有四个数值,它们是任务变量,用 var1、var2、var3 和 var4 来引用。同样,它们的含义也取决于任务类型。对于下面所示的装载任务,注意,var1 指定为 1。对于装载任务来说,它指定临时实体要通过站台的哪个输出端口离开。

inserttask 命令有两个或更多的参数来指定任务值。第一个参数是此任务要插入的那个任务序列的引用。第二个参数是任务的类型,可以从一个任务类型列表中选取。第三个与第四个参数是两个相关实

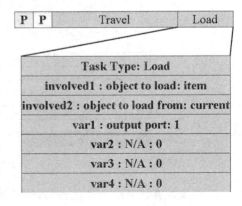

P	P	Travel	Load

| Task Type: Load |
| involved1 : object to load: item |
| involved2 : object to load from: current |
| var1 : output port: 1 |
| var2 : N/A : 0 |
| var3 : N/A : 0 |
| var4 : N/A : 0 |

图 3-47　任务序列参数

体的引用。如果一个任务类型中,一个指定的相关实体未被使用或者是可选的,则可以简单地传递一个 NULL 到插入任务命令中,如果没有需要指定的数字参数,甚至可以干脆丢掉那个参数。第五个到第九个参数是可选的,只需要定义 var1～var4。这些值默认为 0。

关于可选参数的注释:尽管插入任务(inserttask)的多个参数从逻辑上来说,是可以根据任务类型的不同而可选的,但仍然需要指定它们。同样,还需要按正确顺序来指定它们。例如,如果要指定任务的 var1,但并不不关心 involved1 或 involved2 是什么,也仍然需要将 NULL 传递给参数 3 和参数 4,尽管它们是可选的,这样才能正确地将 var1 作为参数 5 传递。

3.7.3　查询有关任务序列的信息

一旦分配了任务序列,就可以查询和改变这些任务序列中的特定值。下列命令用来进行这样的查询和修改:treenode gettasksequencequeue(treenode dispatcher)

此命令返回一个指向分配器 /任务执行器的任务序列队列的引用。可将其当作常规的 treenode。例如,我是一个任务执行器,我想查询我的队列中的第一个任务序列,则我可以这样获得此任务序列:

```
first(gettasksequencequeue(current))
treenode gettasksequence(treenode dispatcher, int rank)
```

此命令是获得任务序列的另一途径。rank 是任务序列在任务序列队列中的序号。如果 rank＝0,则它将返回一个指向此任务执行器的当前激活任务序列的引用,或者说是正在执行的任务序列的引用。

```
treenode gettaskinvolved(treenode tasksequence, int rank, int involvednum)
```

此命令返回一个指向任务序列中某给定任务的涉及实体的引用。rank 是任务在任务序列中的序号。Involvednum 是 1 或 2,指向所涉及的那个实体。例如,一个任务执行器将要执行一个装载任务,但它想知道要从哪个实体装载此临时实体。在一个装载任务中,involved1 代表此临时实体,involved2 代表装载站点。我们还假设,已知此装载任务在任务序列中的序号为 3,而此任务序列是当前的激活任务序列。要获得此站点的引用,可以用下面的代码:

```
gettaskinvolved(gettasksequence(current,0), 3, 2)
```

用户需要了解任务类型与给定任务类型中的哪个参数代表什么。只要了解这些,事情就很简单了。

```
int gettasktype(treenode tasksequence, int rank)
```

此命令返回一个给定任务的任务类型。Rank 是任务序列中任务的序号。可以与宏指令 TASKTYPE_LOAD、TASKTYPE_TRAVEL 等进行比较。

```
int getnroftasks(treenode tasksequence)
```

返回任务序列中尚未完成的任务的数量。

```
int gettotalnroftasks(treenode tasksequence)
```

返回任务序列中所有任务的总数。

    int gettaskvariable(treenode tasksequence, int rank, int varnum)

返回任务序列中一个任务的变量值。同样,rank 是任务序列中任务的序号。Varnum 是一个 1 到 4 之间的值,是变量数字。在所涉及的实体中,变量数值及其含义取决于任务类型。

    int getpriority(treenode tasksequence)

返回给定任务序列的优先级。

    void setpriority(treenode tasksequence, double newpriority)

设定任务序列的优先级。

    int getpreempt(treenode tasksequence)

返回任务序列的先占值。可以与 PREEMPT_NOT、PREEMPT_ONLY、PREEMPT_AND_ABORT_ACTIVE、PREEMPT_AND_ABORT_ALL 进行比较。参见任务序列先占可以获得更多关于先占的信息。

    void setpreempt(treenode tasksequence, int newpreempt)

设定任务序列的先占值。需要将前面提到的宏指令之一传递到 newpreempt 中。参见任务序列先占可以获得更多关于先占的信息。

3.7.4　任务序列先占

每个任务序列都有一个先占值。先占用来中断任务执行器正在执行的当前操作,转而去执行另一个更重要的操作。例如,操作员 A 最重要的责任是维修机器。然而,当没有机器要维修的时候,他应该转而在模型中运输原料。如果在操作员 A 正在某处运输原料的过程中,有一个机器中断停机,则此操作员不会继续运输操作,而是停下他正在做的事情去维修机器。要做到这点,需要使用先占任务序列,使操作员从当前操作里中断并被释放出来。要创建一个先占任务序列,在 createemptytasksequence()命令中给先占参数指定一个非零值。create-emptytasksequence(operator,0, PREEMPT_ONLY)。

有四种可能的先占值。这些值告诉任务执行器,在原始任务序列被先占之后要做什么。

0—PREEMPT_NOT—此值是无先占。

1—PREEMPT_ONLY—如果任务序列为此值,那么任务执行器将会抢占当前活动的任务序列,并将其放回到任务序列队列中,以后再完成。当任务序列被先占时,它自动地放在任务序列队列的最前面。当任务执行器最终回到最初的任务序列时,任务序列中的当前任务由于先前没有完成将会被再次执行。同样,也可以使用 TASKTYPE_MILESTONE(任务类型:里程碑)任务指定在回到任务序列的时候要继续完成的一系列任务。此先占值是最常用的参数。

2—PREEMPT_AND_ABORT_ACTIVE—如果一个任务序列有 REEMPT_AND_ABORT_ACTIVE 值,则任务执行器将会停止当前激活任务序列并销毁它,这样它就不会再回到此原始任务序列。

3—PREEMPT_AND_ABORT_ALL—如果任务序列有 PREEMPT_AND_ABORT_ALL 值，则任务执行器将会停止当前激活的任务序列并销毁它，并且销毁任务序列队列中的所有任务序列。

查询或改变一个任务序列的先占值和/或优先值，可以使用。

getreempt()，setpreempt()，getpriority()和 setpriority()命令。

3.7.5　多个先占任务序列间交互

如果一个任务执行器当前正在执行一个先占任务序列，而这时接收到一个新的先占任务序列，它将使用任务序列的优先级值来决定首先执行哪一个任务序列。如果新接收到的任务序列的优先级的值比正在执行的任务序列的优先级的值更高，那么任务执行器将中断当前执行的任务序列，转而去执行新的任务序列。如果新接收到的先占任务序列的优先级值低于或者等于当前正在执行的任务序列的优先级值，则任务执行器不会抢占当前激活的任务序列，而是将新接收到的任务序列像其他任务序列一样放入任务序列队列中。如果必须对任务序列排队，除非明确地指定排队策略，否则在排队策略中不会考虑先占值。

（1）关于先占任务序列排队的注释

如果一个先占任务序列实际上并没有抢占到任务执行器，那么它就与其他任务序列一样进行排队等待。如果想要将先占任务序列排到队列的前面，则要么使先占任务序列比其他所有的任务序列的优先级更高，要么将先占纳入排队策略中进行考虑。

（2）任务分配器先占

如果发送一个先占任务序列给任务分配器，分配器将不考虑任务序列的先占值，除非用户明确"告诉"它。如果设置分配器为分配到第一个可用的任务执行器，那么它仅仅会按照此设置进行工作，不会将先占任务序列立刻发送给一个任务执行器。如果你想让分配器马上分配先占任务序列，则需要在"发送到"函数中指定这样的逻辑。

通过从任务执行器拖曳 A 连接至分配器，任务执行器可以被反方向连接到分配器。连接完毕，当任务执行器接收到一个先占任务时，它将会把当前的任务退回给任务分配器。分配器将根据它的分配逻辑重新将退回的任务进行分配。以此方式退回到分配器的任务将返至当前的状态，为了使下一个任务执行器接着前一个任务执行器退出时的状态继续工作，这可能会引起一些奇怪的现象，当分配先占任务时应当予以考虑。例如，如果一个任务执行器被先占时正在运输一个临时实体，接收到此任务的那个任务执行器将继续执行运输和卸载的任务，而不执行捡取操作。另外，当卸载操作完成后，此临时实体将会"神奇地"出现在正确的位置。为了防止出现这些奇怪的情况，在分配新任务之前，可以咨询任务执行器的状态，来确定它是否处于一种"可先占"的状态（像定义的那样）。

3.7.6　协作任务序列

协作任务序列用来完成需要两个或多个任务执行器进行复杂协作的操作。这些任务序列用来实现这样一些概念，如任务执行器的分派和取消分派，又如并行完成多个操作等。

1.示例

一个由三个操作员组成的小组共用两辆叉车。一项操作需要一个操作员和一辆叉车。操作员要前往叉车位置,叉车将操作员移入其内。然后叉车行进到装载地点,捡取临时实体行进到卸载地点,放下此临时实体。然后叉车再回到停车位置,放下操作员。要采用简单的任务序列完成这个过程将是很困难的,这是因为它同时处理两种不同的资源,而这两种资源以协同方式工作。协作任务序列使此例子变得较为容易。图 3-48 阐明了叉车和操作员需要完成的两个任务序列。注意,在两个协同任务序列中,存在一些这样的部分,其中一个资源需要等待而不进行操作,而另一个资源则进行各种操作。

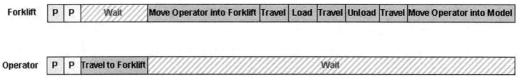

图 3-48　协作任务序列

2.命令

用一系列的命令建立和分配协作任务序列,这些命令与默认的任务序列命令相互排斥。适用于协作任务序列的命令如下:

```
createcoordinatedtasksequence()
insertallocatetask()
insertdeallocatetask()
insertsynctask()
insertproxytask()
dispatchcoordinatedtasksequence()
```

对于先前的例子,建立任务序列的代码应编写如下。前提假设是已经建立了操作员小组(operatorteam)和叉车组(forkliftteam)的引用。这些引用被分别分配给三个操作员和两个运输机。还建立了一个进行装载的装载站点引用、一个进行卸载的卸载站点引用和临时实体的引用。

```
treenode ts= createcoordinatedtasksequence(operatorteam);
int opkey = insertallocatetask(ts,operatorteam,0,0);
int forkliftkey= insertallocatetask(ts, forkliftteam,0,0);
inttraveltask= insertproxytask(ts,opkey,TASKTYPE_TRAVEL,forkliftkey,NULL); insert-
synctask(ts, traveltask);
insertproxytask(ts, forkliftkey, TASKTYPE_MOVEOBJECT, opkey, forkliftkey); insert-
proxytask(ts,forkliftkey, TASKTYPE_TRAVEL, loadstation,NULL);insertproxytask(ts,fork-
liftkey,TASKTYPE_LOAD, item, loadstation); insertproxytask (ts, forkliftkey, TASKTYPE_
TRAVEL,unloadstation,NULL); insertproxytask(ts, forkliftkey, TASKTYPE_UNLOAD, item, un-
loadstation); insertproxytask(ts, forkliftkey, TASKTYPE_TRAVEL, forkliftteam,NULL); in-
sertproxytask(ts,forkliftkey,TASKTYPE_MOVEOBJECT,opkey,model()); insertdeallocatetask
```

(ts, forkliftkey);

　　insertdeallocatetaskyts, opkey); dispatchcoordinatedtasksequence(ts);

　　Createcoordinatedtasksequence(创建协作任务序列)

　　(1)createcoordinatedtasksequence 命令

　　createcoordinatedtasksequence 命令有一个参数,是一个实体的引用。此实体被指定为"任务协调器",它持有任务序列,并同时协调这些任务。任务协调器也可以是在任务序列中进行分派的实体之一。任务协调器可以是任意分配器或任务执行器。注意,选择一个任务协调器并不意味着分派那个任务协调器。一个任务协调器可以在任意时刻协调任意数量的协作任务序列。同时,与常规任务序列不同,协同任务序列不进行排队。当用户分配任务协调器后,它将立即开始执行协同任务序列,无论它正在协调多少其他的协同任务序列。

　　(2)insertallocatetask(插入分派任务)

　　insertallocatetask 命令有四个参数。第一个参数是任务序列。第二个参数是任务执行器或分配器,将给它一个"分派(allocated)"任务。当任务协调器执行到一个分派任务时,它实际上创建一个单独的任务序列,里面有一个"分派(allocated)"任务,并将那个任务序列传递给指定的任务执行器或分配器。如果它是一个分配器,则意味着用户需要分派几个任务执行器中的任何一个,这时可以使用此命令的返回值作为一个关键词,来引用被分派的几个任务执行器中特定的那个,这是由于在创建任务序列时还不能确切地知道是哪一个。

　　第三个和第四个参数是将要创建的那个单独任务序列的优先级和先占值。第五个参数是可选的,它指定任务是否被阻塞。在默认情况(0)下,任务是阻塞的。如果传递 1,则任务不阻塞。

　　(3)insertproxytask(插入代理任务)

　　insertproxytask 命令与 inserttask 命令类似,有一个参数,另外又添加了第二个参数。第二个参数用来指定想要分派哪个实体去执行此任务。由于任务协调器实际上是"执行"此任务序列的那个实体,所以,一旦它获得一个代理任务,它将通知所分派的实体来"通过代理"执行此任务。注意,对于 involved1 和 involved2,可以传递一个关键字,也可以传递一个实体的引用。

　　(4)insertsynctask(插入同步任务)

　　insertsync 命令中断任务序列的执行,直到一个用关键字引用的特定任务被完成。它有两个参数:任务序列和一个给定的代理任务的关键值。重点指出,在默认情况下,为不同的任务执行器指定的代理任务将并行完成,除非指定了一个同步任务,否则,分配给同一个任务执行器的代理任务将按顺序执行,而不需要同步任务。

　　(5)insertdeallocatetask(插入取消分派任务)

　　insertdeallocatetask 命令取消一个用关键字引用的指定的任务执行器。第一个参数引用协作任务序列。第二个参数是想要取消分派的资源的分派关键字。第三个参数是可选的,指定任务是否阻塞。

　　在默认情况(0)下,任务是阻塞的。如果传递 1,则任务不阻塞。上面的代码创建一个协作任务序列,它组织了两个任务序列,如图 3-49 所示。

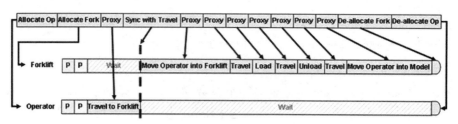

图 3-49　两个协作任务序列

在编写任务序列程序时需要注意以下几点：

①在给任何资源分配代理任务之前，必须做的第一件事是分派那个资源。

②必须从每个分派任务中返回关键字，因为以后要使用它。insertproxytask 命令为代理任务的执行器获得一个关键字。这是分派任务返回的关键字。在取消分派此实体时也要使用此关键字。

③同一个分派资源的所有代理任务是按顺序执行的，而不同的分派资源的代理任务，除非明确地在协作任务序列中加入阻塞任务，都是并行执行的。

④阻塞任务是用来阻塞协作任务序列并行执行的任务类型。任务协调器遍历任务序列，并将代理任务分给适当的分派资源，直到遇到一个阻塞任务。它将一直等待，直到那个任务的阻塞请求被满足，然后继续此任务序列。换句话说，在那个阻塞任务（不管它们应用于哪一个资源）之后发生的所有任务的执行都将被停止，直到阻塞任务请求被满足。

⑤插入任务的顺序有着细微但却重要的含义，尤其是在把代理任务放到与阻塞任务的相互关系中进行考虑时，更是如此。放在特定阻塞任务后面的代理任务与把这些代理任务插入到阻塞任务之前相比，执行起来相差甚大。

⑥确保取消分派所有已分派的实体，否则，任务序列将不能正确地释放它分派的实体。

⑦一旦取消分派了一个资源，就不要再给它任何代理任务。

第4章 Flexsim 脚本编程基础

4.1 Flexsim 脚本规则

4.1.1 概述

Flexsim 编写自定义逻辑的方式有两种:Flexsim 脚本和 C++。通常,用户更喜欢使用 Flexsim 脚本,因为一旦在 Flexsim 脚本中编写完成,马上在模型中生效,不需要进行编译。如果非常关注速度问题,可以使用 C++,因为它的运行速度比 Flexsim 脚本更快,但是必须进行编译。如果想在 Flexsim 脚本中编写代码,并且使用 C++ 的运行速度,则可在创建菜单中进行这两种方式的切换。Flexsim 脚本在句法和应用方面几乎和 C++ 相同,但是为了便于使用,它已被简化。

代码编写一般规则:当创建用户自己的逻辑时需要知道的一般规则:

1)语言对大小写敏感(A 不同于 a);

2)不需要特殊的格式(鼓励灵活运用空格、制表位以及语句换行);

3)如果不明确说明,数值都是双精度的浮点值;

4)文本字符串通常用双引号引起来,如"mytext";

5)函数之后有圆括号,用逗号分隔函数的参数,如 moveobject(object1,object2);

6)函数或命令总是以分号结尾;

7)圆括号可以在数学或逻辑表达式中自由应用生成组合;

8)花括号用来定义复合语句模块;

9)用//将一行的其余部分注释掉;

10)在命名时不要使用空格或特殊字符(_ 可以);

11)名称变量和明确的值可以在表达式中互换使用。

4.1.2 运算符及变量

1. 数学运算符

表 4-1 给出了用于数值计算的各种数学运算符。

表 4-1 数学运算符

运算符	浮点数示例(=结果)	整数示例(=结果)
+	1.6+4.2(=5.8)	2+3(=5)
−	5.8−4.2(=1.6)	5−2(=3)

续表

运算符	浮点数示例(=结果)	整数示例(=结果)
*	1.2×2.4 (=2.88)	3×4 (=12)
/	6.0/4.0 (=1.5)	20/7 (=2)
%(整数取余)		34%7 (=6)
sqrt()	sqrt(5.3) (=2.3)	
pow()	pow(3.0,2.2) (=11.2)	pow(3,2) (=9)
round()	round(5.6) (=6)	
frac()	frac(5.236) (=0.236)	
fabs()	fabs(−2.3) (=2.3)	
fmod()(浮点数取余)	fmod(5.3,2) (=1.3)	

注意,Flexsim 中默认数值为双精度浮点数,所以编写逻辑的时候通常要把运算符当作适用于浮点数运算的。

2. 比较变量

表 4-2 给出了用于比较两个数值或变量的不同的运算符。

表 4-2   比较变量

运算符	示例(结果)
>(大于)	1.7>1.7 (假)
<(小于)	−1.7 < 1.5 (真)
>=(大于等于)	45>=45(真)
<=(小于等于)	45<=32(假)
==(等于)	45==45(真)
!=(不等于)	45!=35(真)
comparetext()	comparetext(getname(current),"Processor5")

3. 关系变量

表 4-3 给出了连接几个变量比较的不同运算符号。

表 4-3   关系变量

运算符	示例
&&(逻辑 AND)	x>5 && y<10
||(逻辑 OR)	x==32 || y>45
!(逻辑 NOT)	!(x==32 || y>45)
min()	min(x, y)
max()	max(x, y)

4. 设置和改变变量

表 4-4 给出了设定和修改变量的方式。

表 4-4　设置和改变变量

操作	示例
=	x = x + 2；
+ =	x += 2；(same as x = x + 2)
— =	x — = 2；(same as x = x — 2)
* =	x * = 2；(same as x = x * 2)
/=	x /= 2；(same as x = x / 2)
++	x ++；(same as x = x + 1)
— —	x — —；(same as x = x — 1)

5. 变量类型

Flexsim 中,只需要使用四种类型的变量,四种类型中的每一种都应用于数组结构中。如表 4-5 和表 4-6 数组变量所示。

表 4-5　一元变量

类型	描述
Int	整数类型
Double	双精度浮点类型
String	文本字符串
Treenode	指向一个 Flexsim 节点或者实体

表 4-6　数组变量

类型	描述
Intarray	整数类型的一个数组
doublearray	双精度浮点类型的一个数组
Stringarray	字符串类型的一个数组
treenodearray	树节点类型的一个数组

6. 声明和设置变量

下面是如何声明和设置变量的示例:

```
int index = 1；
double weight = 175.8；
string category = "groceries";
```

```
treenode nextobj = next(current);
```

7. 声明和设置数组变量

以下是如何使用数组类型的示例：

```
intarray indexes = makearray(5); // 生成带有 5 的数组
indexes[1] = 2; // in Flexsim, 数组基于 1
indexes[2] = 3;
indexes[3] = 2;
indexes[4] = 6;
indexes[5] = 10;
doublearray weights = makearray(3);
fillarray(weights, 3.5, 6.7, 1.4); // fillarray 是快速设定数组值的方式。
stringarray fruits = makearray(2);
fruits[1] = "Orange";
fruits[2] = "Watermelon";
treenodearray operators = makearray(4);
operators[1] = centerobject(current, 1);
operators[2] = centerobject(current, 2);
operators[3] = centerobject(current, 3);
operators[4] = centerobject(current, 4);
```

4.1.3 程序流程结构

下面给出一些程序结构可供用户修改自己的程序代码流程。

1. 逻辑 If 语句

If 语句用来在表达式为真时，执行某些代码，而表达式为假时，执行另一部分代码。此结构的其他部分具备可选择性，见表 4-7 示例。

表 4-7　逻辑 If 语句

程序结构	示例

if (test expression)
{代码块}
else
{代码块}
	if (content(item) == 2)
	{colorred(item);}
	else
	{colorblack(item);}

2. 逻辑 While 循环

While 循环将一直在其程序块内循环直到表达式为假时才停止，见表 4-8 示例。

表 4-8 逻辑 While 语句

程序结构	示例
while（test expression） {code block}	while（content（current）＝＝ 2） { destroyobject（last（current））；}

3. 逻辑 For 循环

For 循环与 While 循环相似,不同之处在于 For 循环通常用于明确知道循环次数的情况。开始表达式只执行一次以初始化循环。在每次循环开始时执行测试表达式,如其为假则终止循环,这和 While 循环一样。在每次循环的最后执行记数表达式,通常是递增某些变量,来标记一次重复的结束,见表 4-9 示例。

表 4-9 逻辑 For 语句

程序结构	示例
for（start expression；test expression；count expression） {代码块}	for（int index ＝ 1；index ＜＝ content（current）； index＋＋） { colorblue（rank（current，index））；}

4. 逻辑 Switch 语句

Switch 语句用来在几种备选的代码段中选择一段执行,这要根据一个变量来切换。Switch 变量必须是整数。表 4-10 的例子给临时实体设定颜色,类型 1 设为黄色,类型 5 设为红色,其他类型都为绿色。

表 4-10 逻辑 Switch 语句

程序结构	示例

switch（ switchvariable ）
{
　case casenum：
　{
　　代码块
　　break；
　}
　default：
　{
　　代码块
　　break；
　}
}
	int type ＝ getitemtype（item）；
	switch（type）
	{
	　case 1：
	　　{
	　coloryellow（item）；
	　　break；
	　　}
	　case5：
	　{
	　colorred（item）；
	　break；
	　}
	　default：
	　{
	　colorgreen（item）；
	　break；
	　}
	}

4.1.4 基本建模函数和逻辑表达式

这里给出 Flexsim 中常用命令的快捷参考。下列的命令和存取变量在 Flexsim 中被用作实体引用，其常用命令和说明见表 4-11～表 4-19。

current－变量，current 是当前资源实体的引用。通常可以是下拉菜单中的一个存取变量。

item－变量，item 是某触发器或函数所涉及的临时实体引用。通常可以是下拉菜单中的一个存取变量。

1. 引用命令

表 4-11　引用命令及说明

命令（参数列表）	说明	示例
first(node)	返回的是所传递的实体中排序第一的对象的引用	first(current)
last(node)	返回的是所传递的实体中排序倒数第一的对象的引用	last(current)
rank(node,ranknum)	返回的是所传递的实体中某给定排序的对象的引用	rank(current,3)
inobject(object,portnum)	返回的是与所传递的实体的输入端口号相连的对象的引用	inobject(current,1)
outobject(object,portnum)	返回的是与所传递的实体的输出端口号相连的对象的引用	outobject(current,1)
centerobject(object,portn um)	返回的是与所传递的实体的中间端口号相连的对象的引用	centerobject(current,1)
next(node)	返回的是所传递的实体排序下一个对象的引用	next(item)

2. 实体属性命令

表 4-12　实体属性命令及说明

命令（参数列表）	说明
gctname(object)	返回实体的名称
setname(object, name)	设定实体的名称
getitemtype(object)	返回实体中临时实体类型的值
setitemtype(object,num)	设定实体中临时实体类型的值

续表

命令（参数列表）	说明
setcolor(object,red) setcolor(object,green) setcolor(object,blue) setcolor(object,white)	设置实体的颜色
colorred(object)	设定实体的颜色为红
setobjectshapeindex (object,indexnum)	设定实体的 3D 形状
setobjecttextureindex(object, indexnum)	设定实体的 3D 纹理
setobjectimageindex(object, indexnum)	设定实体的 2D 纹理,通常只在平面视图中使用

3. 实体空间属性命令

表 4-13　实体空间属性命令及说明

命令（参数列表）	说明
xloc(object);yloc(object);zloc(object)	这些命令返回实体 x、y、z 轴向的位置
setloc(object, xnum, ynum, znum)	此命令设定实体 x、y、z 轴向的位置
xsize(object);ysize(object);zsize(object)	这些命令返回实体 x、y、z 轴向的尺寸大小
setsize(object, xnum, ynum, znum)	此命令设定实体 x、y、z 轴向的尺寸大小
xrot(object);yrot(object);zrot(object)	这些命令返回实体围绕 x、y、z 轴向的旋转角度
setrot(object, xdeg, ydeg, zdeg)	此命令设定实体围绕 x、y、z 轴向的旋转角度

4. 实体统计命令

表 4-14　实体统计命令及说明

命令（参数列表）	说明
content(object)	返回实体当前数量
getinput(object)	返回实体的输入统计
getoutput(object)	返回实体的输出统计
setstate(object, statenum)	设定实体的当前状态
getstatenum(object)	返回实体的当前状态数值
getstatestr(object)	返回实体的当前状态字符串
getrank(object)	返回实体的排序
setrank(object,ranknum)	设定实体的排序
getentrytime(object)	返回实体进入到当前所在实体中的时刻
getcreationtime(object)	返回实体的创建时刻

5. 实体设置标签命令

表 4-15　实体设置标签命令及说明

命令（参数列表）	说明
getlabelnum(object,labelname);getlabelnum(object,labelrank)	返回实体的标签值
setlabelnum(object，labelname，value)setlabelnum(object，labelrank，value)	设定实体的标签值
getlabelstr(object，labelname)	获得实体标签的字符串值
setlabelstr(object，labelname，value)setlabelstr(object，labelrank，value)	设定实体标签的字符串值
label(object,labelname)；label(object,labelrank)	返回一个作为节点的标签的引用,此命令常用在把标签当作一个表来使用的情况下

6. 实体标签命令

表 4-16　实体标签命令及说明

命令（参数列表）	说明
gettablenum(tablename,rownum,colnum)gettablenum(tablenode,rownum,colnum)gettablenum(tablerank,rownum,colnum)	返回表中特定行列的值
settablenum(tablename,rownum,colnum,value)settablenum(tablenode,rownum,colnum,value)settablenum(tablerank,rownum,colnum,value)	设定表中特定行列的数值
gettablestr(tablename,rownum,colnum)gettablestr(tablenode,rownum,colnum)gettablestr(tablerank,rownum,colnum)	返回表中特定行列的字符串值
settablestr(tablename,rownum,colnum,value)settablestr(tablenode,rownum,colnum,value)settablestr(tablerank,rownum,colnum,value)	设定表中特定行列的字符串值
settablesize(tablename,rows,columns)settablesize(tablenode,rows,columns)settablesize(tablerank,rows,columns)	设定表的行列数大小
gettablerows(tablename)gettablerows(tablenode)gettablerows(tablerank)	返回表的行数

续表

命令（参数列表）	说明
gettablecols(tablename) gettablecols(tablenode) gettablecols(tablerank)	返回表的列数
clearglobaltable(tablename) clearglobaltable(tablenode) clearglobaltable(tablerank)	将表中所有数字值设为 0

7. 实体控制命令

表 4-17　实体控制命令及说明

命令（参数列表）	说明
closeinput(object)	关闭实体的输入端口
openinput(object)	打开实体的输入端口
closeoutput(object)	关闭实体的输出端口
openoutp ut(object)	打开实体的输出端口
sendmessage(toobject, fromobject, parameter1, parameter2, parameter3)	触发实体的消息触发器
senddelayedmessage（toobject, delaytim e, fromobject, parameter1, parameter2, parameter3）stopobject(object,downstate)	在一段特定时间延迟后触发实体的消息触发器
stopobject(object,downstate)	无论实体在进行什么操作，都令其停止，并进入指定的状态
resumeobject(object)	使实体恢复其原来的无论什么操作
stopoutput(object)	关闭实体的输出端口，并累计停止输出的请求
resumeoutput(object)	在所有停止输出请求都恢复以后，打开实体的输出端口
stopinput(object)	关闭实体的输入端口，并累计停止输入的请求
resumeinput(object)	在所有停止输入请求都恢复以后，打开实体的输入端口
insertcopy(originalobject,containero bject)	往容器里插入新的实体复制品
moveobject(object,containerobject)	将实体从当前容器移到它的新容器中

8. 实体变量命令

表 4-18　实体变量命令及说明

命令（参数列表）	说明
getvarnum(object,"variablename")	返回附有给定名称的变量的数值
setvarnum(object,"variablename", value)	设定附有给定名称的变量的数值
getvarstr(object,"variablename")	返回附有给定名称的变量的字符串值
setvarstr(object,"variablename", string)	设定附有给定名称的变量的字符串值
getvarnode(object,"variablename")	返回指向一个附有给定名称的作为一个节点的变量的引用

9. 提示和界面输出命令

表 4-19　提示和界面输出命令及说明

命令（参数列表）	说明
pt(text string)	向输出控制台打印文本
pf(float value)	向输出控制台打印浮点数值
pd(discrete value)	向输出控制台打印一个整数数值
pr()	在输出控制台中建新的一行
msg("title", "caption")	打开一个简单的"是、否、取消"消息框
userinput(targetnode, "prompt")	打开一个可以设定模型节点值的对话框
concat(string1,string2,etc.)	返回两个或多个字符串的字符串连接

4.2　运动学脚本编程

4.2.1　概述

运动学功能用来使一个实体同时执行多个行进操作，每个行进都有各自的加速度、减速度、开始速度、结束速度以及最大速度属性。例如，一辆桥式起重机通常有几个马达驱动，一个马达沿着轨道驱动横梁运行，另一个沿着横梁驱动台车，还有一个通过钢索提升吊钩。每一个马达都有自己的加速度、减速度和最大速度属性。这三个马达同时工作，就赋予起重机的操作非常具有运动感。在引入运动学功能之前，模拟此行为的最简单的方法是在模型树中按不同的层次调用三个实体，每个实体模拟一种动作或运动。然而这样的方式让人感觉非常枯燥且不容易操作。运动学功能则允许一个实体同时进行几种运动，从而很好地解决这个问题。此帮助页定义了为运动学功能定义 API（应用程序接口）。以后将在这些 API 上建立更多的功能。例如,表运动学命令可自动生成运动,方法是通过从表中或从 TASKTYPE_KINEMAT-ICS 任务中寻找数值。但现在,这是运动学的核心 API。

进行运动学操作的第一步是调用 initkinematics 命令。它用来初始化运动学数据,保存应用运动的实体的起始位置和旋转等类似的数据。初始化运动后,就可以使用 addkinematic 命令向实体添加后继的运行、旋转操作。例如,可以规定实体在第 5 秒钟开始在 x 方向行进 10 个单位,同时执行给定加速度、减速度及最大速度。然后,命令实体在第 7 秒钟开始在 y 方向行进 10 个单位,执行不同的加速度、减速度及最大速度。这两个运动的结果是实体在刚开始时在 x 方向行进,然后同时也开始在 y 方向加速,经过一个抛物线路径到达目的地。每一个独立的运动都用 addkinematic 命令添加。然后,可以调用 updatekinematics 命令来在运动执行动作过程中刷新视图,此命令计算实体当前的位置和转角。后面将对此进行说明。首先,从 initkinematics 命令开始。

initkinematics 命令和所有其他运动学命令,用户必须传递一个指向空节点的引用作为第一个参数,它指定了在哪里存储运动信息,或者是否从已经存储了运动信息的地方获取信息。此节点必须是没有被其他地方使用的节点,运动学功能才能够存储需要的信息。对于建模人员,此节点很可能是一个标签。一旦运动被初始化,节点将会显示文本为"do not touch(请勿接触)"。正在实行运动操作的过程中,不能在树或表视图中点击此节点,否则运动数据将可能被损坏。

4.2.2　运动学常用命令

（1）initkinematics 命令

```
void initkinematics(treenode datanode, treenode object [, int managerotation, int lo-
calcoords])
```

Initkinematics 命令是可重载的,所以可根据不同情况,用两个不同的参数集调用 initki-nematics 命令。用于这两个重载形式的参数如下:

此参数集假设用户需要移动一个实体,例如运输机。第一个参数,仍是运动数据的空节点,可能是标签、属性或者变量。第二个参数是将要执行移动的实体。此命令将保存此实体的初始位置和转角。可选择性参数 managerotation 取值为 1 或 0。如果是 1,将根据实体在给定时刻的速度来设定实体的转角。在默认情况下,实体的 x 正方向与实体当前的速度方向一致。它的应用情况,例如,我们希望卡车行进的时候总指向前方。如果 managerotation 取值 0,则除非用命令让它旋转,否则将不会转动。后面将会对这点加以说明。如果不指定这个参数,则它默认取值为 0。可选择性的 localcoords 参数可以指定后续行进命令位置的定位。例如,如果卡车旋转 $45°$,并且在 x 方向行进 5 个单位,这可以有两个不同方式的解释:是依照卡车的坐标系统,还是依照模型的坐标系统(或者说是卡车容器的坐标系统)在 x 方向行进 5 个单位? 在前种情况下,实际上,实体将依照模型的坐标空间在 x 和 y 方向分别前进 3.5 个单位。然而,在后者情况下,实体将依照模型的坐标空间在 x 方向前进 5 个单位。参数 localco-ords 指定使用哪一种坐标系统。如果取值为 1,就使用实体的坐标系统(前一种情况),注意,只使用实体的初始坐标系统来计算位置,而不使用实体在运动中旋转后的后续坐标系统。如果取值为 0,就使用实体容器的坐标系统(后一种情况)。如果用户不指定此参数,它将默认为 0。

```
void initkinematics(treenode datanode [, double x, double y, double z, double rx, doub-
le ry, double rz, int managerotation, int localcoords ])
```

这个参数集用来直接传递初始位置和转角,而不是传递一个引用的实体。尽管用户经常使用传递实体至其他参数集,但是此参数集将向用户提供最终的灵活性。

如果需要明确传递实体的初始位置和转角,或者如果位置值和转角值不能代表实际位置和参数,那么用户就可以使用这个参数集。例如,模拟一个机器的手臂,它有多个关节,分别根据不同的加速度/减速度/最大速度值进行不同的移动/转动。手臂运动的可视化展示不是通过直接的 Flexsim 位置和转角进行模拟的,而是通过用户自定义图形命令和标签或变量实现的。在这样的情况下,用户不希望运动学直接应用于转角和位置,而更希望其适用于你所关注的实体的信息。另外,一组给定的运动无需看作直接应用的 x、y、z 位置和 x、y、z 转角,而可以看作各沿一轴运动的 6 个独立的动作。这六个轴可以代表用户希望的任何东西。例如,机器手有四个关节,每个关节有一个转角值。要用运动学驱动这四个关节移动,可以让每一个关节模拟运动学中的一个轴。x 方向的运动部分应用于关节 1 的旋转,y 方向的运动部分应用于关节 2 的旋转,z 方向的运动部分应用于关节 3 的旋转,rx(x 轴转角)运动部分应用于关节 4 的旋转。运动的另外两部分,ry 和 rz,不用担心。可以用关节的初始转角来初始化其运动,然后为每个关节各自添加运动。当你想得到这些关节当前的转角值,以便日后用于绘制机器人手臂的动作时,可采用 getkinematics 而非 updatekinematics 命令来准确获取这些值,并且不把它们应用于某实体位置和转角。这些命令将在后面说明。

注意,x、y、z、rx、ry 和 rz 参数是具备可选择性的。如没有传递到命令中,其默认值是 0。Managerotation 和 localcoords 与在第一个 initkinematics 命令中一样。

(2)setkinematicsrotoffset 命令

```
void setkinematicsrotoffset(treenode datanode, double rx, double ry, double rz)
```

此命令只有在 managerotation 取值为 1 并且被传递到 initkinematics 中时才被使用。此命令用来设定一个初始旋转,从此初始旋转开始对旋转角度进行管理。在默认情况下,实体的 x 轴正方向与实体当前速度方向一致。如果是卡车,你可能希望卡车能够倒车行驶,而不是通过旋转达到向前行驶的目的,这时,你可以指定卡车的转角偏移量为(0,0,180)。

(3)addkinematic 命令

```
double addkinematic (treenode datanode, double x, double y, double z, double tar-
getspeed [, double acc, double dec, double startspeed, double endspeed, double starttime,
int type ])
```

此命令将一个运动添加到运动集中。参数 x、y、z 指定一个偏移位置或转角。例如,位置(5,5,0)告诉运动是向 x 方向行进 5 个单元,向 y 方向行进 5 个单元。注意这是相对实体当前位置的偏移,而不是它的绝对位置。参数 targetspeed 指定行进操作的目标速度。其他参数具备可选择性。参数 Acc 指定加速度,参数 Dcc 指定减速度,参数 Startspeed 指定运动的开始速度。如果这个速度比目标速度高,则实体将以这个速度开始运行并减速到目标速度。参数 Endspeed 指定操作的结束速度。如果结束速度比目标速度大,则在操作的后期,实体将从目标速度加速到结束速度。参数 starttime 是运动的开始时间,为仿真时间,而不是从当前时间算起的差值。参数 type 指定运动的类型。其值可以是 KINEMATIC_TRAVEL(行进),或 KINEMATIC_ROTATE(旋转)。如果类型为 KINEMATIC_TRAVEL,则 x、y、z 轴的坐标值将应用于此运动。如果类型是 KINEMATIC_ROTATE,则运动将应用 rx、ry、rz 的转角值,速度定义为单位时间转动的角度,加/减速度定义为每单位时间平方的角度。此命令返回运动操作将完成的时刻。如果没有将可选择性的参数传递到此命令中,则将应用的默认值如下:

acc:0(或无穷加速)

dec:0(或无穷减速)

startspeed:0

endspeed:0

starttime:当前时间

type: KINEMATIC_TRAVEL

(4)updatekinematics 命令

```
void updatekinematics(treenode datanode, treenode object [, double updatetime])
```

通常,在运动操作过程中,在绘图触发器上调用此命令。它依据添加的所有运动和当前的更新时间,计算,然后设置实体的当前位置和旋转角度。参数 updatetime 是具备可选择性的,如没有递入值,其默认值是当前仿真时间。

(5)getkinematics 命令

```
double getkinematics(treenode datanode, int type [, int kinematicindex, double upda-
tetime/traveldist])
```

此命令用来获取运动信息。即可获取整个运动集的信息,也可以获取单个运动的信息。如果运动没有直接应用于实体的位置和转角,或者在逻辑中需要这些信息,就使用此命令。Type 参数指定需要获取的信息类型,稍后将对此进行说明。参数 kinematicindex 具备可选择性,指定为哪个运动获取信息。例如,如果使用第二个 addkinematic 命令添加一个在 x 方向行进 5 个单位的运动,则将 2 作为 kinematicindex 参数传递给 getkinematics 命令。如果不传递值,或者传递 0 值,则默认为全部运动获取信息。updatetime/traveldist 参数也是具备可选择性的。此参数的意义取决于指定的参数类型。有时不使用此参数。它代表用户想为其获取信息的更新时间。如没有传递值,则使用当前时间。在 KINEMATIC_ARRIVALTIME 查询在情况下,此参数代表行进距离。下面对此参数的每个查询类型做一介绍。

①如果为所有运动获取信息(没有指定 kinematicindex,或者将其指定为 0),可以将如下的值作为类型参数进行传递。

KINEMATIC_X, KINEMATIC_Y, KINEMATIC_Z:返回实体在给定时间将会所在的 x、y、z 位置。

KINEMATIC_RX, KINEMATIC_RY, KINEMATIC_RZ:返回实体在给定时间将会处

于的 x、y、z 转角。这只有在转角不是由运动学功能管理，而是由用户自己管理才有效。

KINEMATIC_VX，KINEMATIC_VY，KINEMATIC_VZ：返回实体在给定时间将具有的 x、y、z 轴上的速度。

KINEMATIC_VRX，KINEMATIC_VRY，KINEMATIC_VRZ：返回实体在给定时间将具有的 x、y、z 轴的转动速度。

KINEMATIC_NR：返回已添加的运动数目。这里不使用 updatetime 参数。

KINEMATIC_STARTTIME：返回所有运动中最早的开始时间。这里不使用 updatetime 参数。

KINEMATIC_ENDTIME：返回所有运动中最晚的结束时间。这里不使用 updatetime 参数。

KINEMATIC_VELOCITY：返回给定时间内的总速度的标量值。

KINEMATIC_RVELOCITY：返回给定时间内的总转动速度标量值。只有用户管理转动时有效。

KINEMATIC_ENDDIST：返回实体起始位置到所有运动最终目标位置的距离。这里不使用 updatetime 参数。

KINEMATIC_ENDRDIST：返回实体初始旋转位置到所有运动的最终目标旋转位置的距离。只有用户管理转动时有效。这里不使用 updatetime 参数。

KINEMATIC_TOTALDIST：返回添加的所有运动的总距离。它与 KINEMATIC_ENDDIST 有细微的差别。例如，如果第一个运动在 x 方向行进 10，第二个运动在 x 方向行进 -10，则 enddist 的值为 0，而 totaldist 的值为 20。这里不使用 updatetime 参数。

KINEMATIC_TOTALRDIST：返回添加的所有运动的总旋转距离。只有当用户管理旋转时，才生效。这里不使用 updatetime 参数。

KINEMATIC_CUMULATIVEDIST：返回所有运动的累积行进距离。这与 enddist 或 totaldist 不同。它计算实体在整个运动中所沿经的曲线路径距离。这里不使用 updatetime 参数。

KINEMATIC_CUMULATIVERDIST：返回所有运动的累积旋转距离。只有用户管理转角时有效。这里不使用 updatetime 参数。

KINEMATIC_TOTALX，KINEMATIC_TOTALY，KINEMATIC_TOTALZ：返回所有已添加运动的 x、y、z 组件之和。这里不使用 updatetime 参数。

KINEMATIC_TOTALRX，KINEMATIC_TOTALRY，KINEMATIC_TOTALRZ：返回所有已添加运动的 rx、ry、rz 各组件之和。只有用户管理转动时有效。这里不使用 updatetime 参数。

②如果想获取某单个运动的信息（通过传递一个大于 0 的 kinematicindex 参数），可以将如下的值作为类型参数传递。

KINEMATIC_X，KINEMATIC_Y，KINEMATIC_Z：返回给定运动在给定时刻的当前位置的 x、y、z 值。例如，添加一个运动使在 x 方向行进 10 个单位，开始时间为 5，你需要获取时此运动在时间为 7 时的 x 位置，你可以调用 getkinematics（datanode，KINEMATIC_X，index，7）去获取这个值。

KINEMATIC_RX，KINEMATIC_RY，KINEMATIC_RZ：返回在给定时间，一个转运动将所处的当前位置的 rx、ry 或 rz 分值。

KINEMATIC_VX，KINEMATIC_VY，KINEMATIC_VZ：返回在给定时间，指定运动的当前速度的 x、y 或 z 分值。

KINEMATIC_VX，KINEMATIC_VY，KINEMATIC_VZ：如果是旋转运动，返回在给定时间，指定运动的当前旋转转速的 x、y 或 z 分值。

KINEMATIC_ENDTIME：返回指定运动将结束操作的时间。与 addkinematic 命令返回的 endtime 时间相同。这里不使用 updatetime 参数。

KINEMATIC_STARTTIME：返回指定运动将开始操作的时间。这与 addkinematic 命令返回的 starttime 一样。这里不使用 updatetime 参数。

KINEMATIC_ARRIVALTIME：在此查询中，updatetime/traveldist 参数用作给定运动所要求的行进距离进行使用。返回某给定运动的特定子距离的到达时间。例如，如果添加了一个让实体在 x 方向行进 5 个单位的运动，但想知道行进到第三个单位需要多长时间，可以采用此查询，并传递 3 作为参数 traveldist 的值。

KINEMATIC_STARTSPEED：返回运动的开始速度。这是在 addkinematic 命令中指定的 startspeed。这里不使用 updatetime 参数。

KINEMATIC_ENDSPEED：返回运动的结束速度。通常是在 addkinematic 命令中指定的 endspeed；但是，如果运动不能在给定距离里加/减速到指定的 endspeed，这里的结束速度就不是在 addkinematic 里面定义的结束速度。这里不使用 updatetime 参数。

KINEMATIC_ACC1：返回用来从开始速度加速到目标速度的加速度值。如果开始速度小于目标速度，则这个值是加速度值，否则，就是负的减速度值。这里不使用 updatetime 参数。

KINEMATIC_ACC2：返回用来从目标速度加速到结束速度的加速度值。如果结束速度小于目标速度，则将返回负的减速度值，否则，返回加速度值。这里不使用 updatetime 参数。

KINEMATIC_PEAKSPEED：返回运动的峰值速度或者"可达速度"。通常与在 addkinematic 命令中指定的目标速度是一样的，但是，如果在行进的距离内无法达到目标速度，两者就不一样了。这里不使用 updatetime 参数。

KINEMATIC_ACC1TIME：返回运动从开始速度加速/减速到目标速度所用的总时间。这里不使用 updatetime 参数。

KINEMATIC_PEAKTIME：返回运动按峰值速度行进的总时间。这里不使用 updatetime 参数。

KINEMATIC_ACC2TIME：返回运动从目标速度加速/减速到结束速度的总时间。这里不使用 updatetime 参数。

KINEMATIC_TOTALDIST：返回运动操作的总距离。

KINEMATIC_TOTALRDIST：如果是旋转运动，则返回运动操作的总转动距离。

KINEMATIC_TYPE：如果指定的运动是行进操作，则返回 KINEMATIC_TRAVEL，如果指定的运动是旋转操作，则返回 KINEMATIC_ROTATE。

（6）profilelcinematics 命令

void profilekinematics(treenode datanode [, int index])：此命令打印运动信息到输出控制台。Index 参数具备可选择性。如果不传递 index 变量,将会打印所有已添加运动的信息。如果传递 index 变量,则 index 变量是用户想要打印其相关信息的已添加运动的索引号。

void deactivatekinematics(treenode datanode)：当调用 updatekinematics 命令时,此命令用来告诉运动不要更新其位置。在重置触发器上执行此命令,以便解放实体,实现在俯视视图中移动的目的。

第5章 Flexsim 仿真入门

5.1 简单仿真模型的建立

本例通过一个简单的加工和搬运系统,使读者对 Flexsim 建模过程和步骤有进一步了解,通过本例,读者可以了解模型如何建立,流程如何建立、数据如何输入,及如何分析输出结果。某加工和搬运系统由机床和传送带组成,该加工系统可以加工 3 种不同零件,其中机床 A 加工 A 零件、机床 B 加工 B 零件、机床 C 加工 C 零件——对应关系,加工完毕后通过各自的传送带送到库房存放(图 5-1)。其生产相关数据如下:毛坯到达加工系统的时间间隔为:normal(20,2)秒,即均值 20 秒,标准差 2 秒的正态分布。传送带速度为:1 米/秒。机床加工时间都为 exponential(0,30,0)。

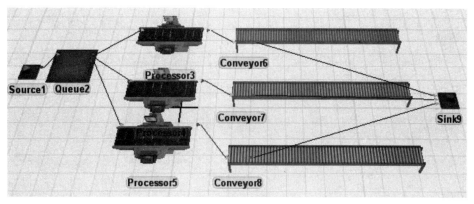

图 5-1 案例布局图

1. 建立模型

毛坯供应商为 Source1,毛坯存放区为 Queue2,3 个机床分别为:Processor3、Processor4、Processor5,3 个传送带分别为:Conveyor6、Conveyor7、Conveyor8。成品仓库为 Sink9。

2. 连接各实体对象

根据零件加工路线和顺序连接相应实体对象。如 A 零件先在毛坯存放区 Queue2 中存放,然后 A 零件在机床 Processor3 上进行加工,加工完毕后从传送带 Conveyor6 上传送到仓库 Sink9 中存放。因此,"A"连接 Source1、Queue2、Processor3、Conveyor6、Sink9 实体对象。

3. 设置产品到达时间间隔

在 Source1 中的属性页中设置产品到达的时间间隔为 normal(20,2)秒,表示产品到达时间间隔为平均 20 秒,方差为 2 秒的正态分布(图 5-2)。

4. 设置产品类型和颜色

为了在加工系统中能区分不同类型零件,需要在 Source1 中设置不同类型零件和颜色。

设置在 Source1 中的 Triggers 属性页中的 Oncreation 创建触发器中设置。选择 Set Itemtype and Color,即产生实体类型和颜色,会自动出现 duniform(1,3)语句,该语句的含义是:随机产生 3 种不同类型的临时实体中的一个,并分配特定颜色(图 5-3)。

5. 定义队列的输出路径

在 Queue2 的 Flow 属性页中,在 Output 输出端口下拉列表框中选择 By Expression,系统默认代码为:getitemtype(item),该函数含义是:根据实体类型把临时实体发往相对应的端口,即:临时实体类型 1 发往端口号为 1 的端口,而端口 1 连接着机床 1(Processor3)。临时实体类型 2 发往端口号为 2 的端口,而端口 2 连接着机床 2(Processor4)。临时实体类型 3 发往端口号为 3 的端口,而端口 3 连接着机床 3(Processor5)。这样就实现了 A 零件在机床 1 上加工,B 零件在机床 2 上加工,不会造成乱流(图 5-4)。

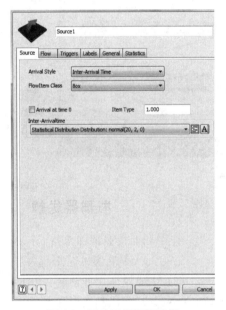

图 5-2　到达时间间隔设置

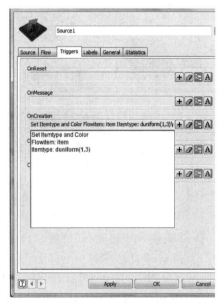

图 5-3　临时实体颜色设置

6. 设置机床加工时间

将 3 台机床的加工时间都设置为 exponential(0,30,0)。

设置方法:在每台 Processor 中的 Processor 属性页中的 Process Time 中设置,如图 5-5 所示。

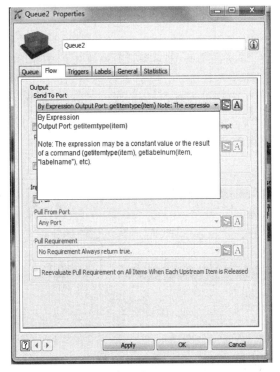

图 5-4　流设置

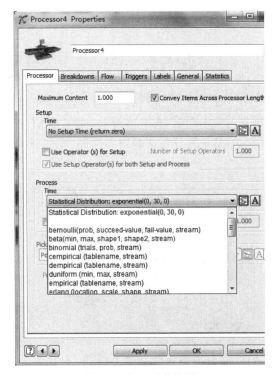

图 5-5　加工时间设置

7. 设置传送带的运行速度

传送带默认速度为 1 个长度单位/单位时间(根据约定,这里代表 1 米/秒),所以这次不需要修改传送带的速度。

8. 运行模型

点击菜单栏中 Run 按钮,模型开始运行(图 5-6)。

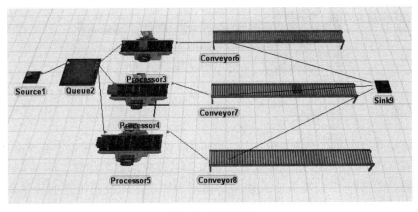

图 5-6　模型运行

9. 数据分析

在 Flexsim 菜单栏中 Stop Time 设置模型运行时间为 1000 秒,该加工系统生产 1000 秒后,模型停止,生产停止。鼠标点击 Sink9 实体,查看进入 Sink9 的成品零件数目,在 1000 秒的加工时间内,共生产出 48 个零件,点击 Processor3,同样可查看到,该机床在 1000 秒的加工时间内共生产出 15 个 A 零件,加工时间占总时间的 37.4%,而空闲时间占总时间的 62.6%(图 5-7),可知该机床利用率偏低,大部分时间在空闲等待零件。

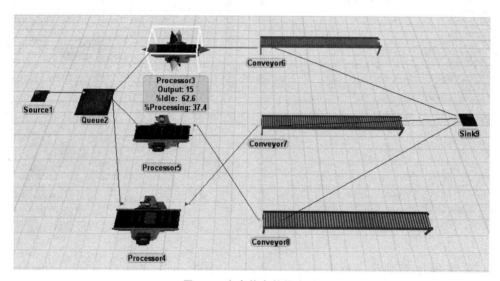

图 5-7　生产状态数据查看

同样,Processor4 机床在 1000 秒的加工时间内共生产出 17 个 A 零件,加工时间占总时间的 58%,而空闲时间占总时间的 42%,Processor5 机床在 1000 秒的加工时间内共生产出 16 个 A 零件,加工时间占总时间的 42.6%,而空闲时间占总时间的 57.4%。

分析总结:该生产加工系统生产率较低,机床利用率偏低,由于毛坯暂存区没有堆积现象,说明机床利用率低的原因是毛坯供应不及时,造成生产中断现象。对策:可以考虑加大供应商的毛坯供应,避免材料中断。

5.2　标签应用入门

5.2.1　概述

标签是建模者自定义的一种变量,用于存储所需要的信息。它可以存在于模型中的任一实体或者临时实体中。模型中的实体或者临时实体可以有无数个标签。标签有名称和数值。它的数值可能是数字型、字符型或者列表型。以下为固定实体传送带上的标签属性页(图 5-8)和临时实体 Box 上的标签属性页(图 5-9)。

图 5-8　传送带标签属性　　　　　图 5-9　临时实体 Box 上标签属性页

利用标签,信息可以以标签的形式存入临时实体或者其他建模实体,也可以通过编写程序代码读取标签值(图 5-10)。

图 5-10　临时实体 Box 上标签值

1. 与标签有关的操作

1)添加数值标签:点击此按钮添加一个可以输入数字数据的新标签。

2)添加文本标签:点击此按钮添加一个可以输入文本数据的新标签。

3)删除:此按钮用来删除被选中的标签。

4)复制:此按钮用来复制被选中的标签。

5)树视图:在树视图中浏览和编辑标签列表。

6)标签表视图:如果点击标签表格按钮,可以在同一个视图中浏览和编辑标签表格。

2. 与标签相关的命令

1)addlabel(object,"labelname")

上述命令含义为:在实体对象 object 上添加一个名字为"labelname"的标签。注意:任何在对实体或临时实体上的标签写入数据之前,该实体必须存在标签,否则无法写入。

贴标签的方法可以手动设置,也可以用 addlabel 语法,用编程方法实现。

2)setlabelnum(object,"labelname",value)

上述命令含义为:在实体对象 object 的"labelname"的标签上设置 value 值。

3)getlabelnum(object,"labelname")

上述命令含义为:读取实体对象 object 的"labelname"的标签上的值。

4)setlabelstr(object,"labelname",string)

5)getlabelstr(object,"labelname")

6)label(object,"labelname")

示例:getlabelnum(item,"lifeng")

setlabelnum(item,"gongjian",5)

getlabelstr(current,"category")

5.2.2 案例

有一条具有 5 个弹出口的分拣线,有 5 种不同产品,每种产品有一个指定的分拣口。

建立模型如下(图 5-11):

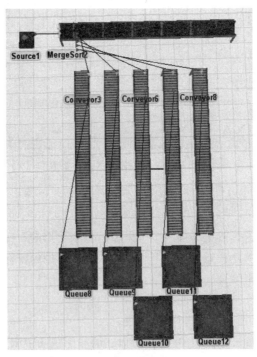

图 5-11 临时实体 Box 上标签值

5 个不同工件从 Source1 中产生,先通过分拣传送带 MergeSort2,分拣完成后从各自的分拣口流出,通过传送带 Conveyor 流到各自的暂存区 Queue 暂存。其中工件 1 流到 Queue8,工件 2 流到 Queue9,依此类推。

本例中产生 5 种类型实体设计方法：

1)在 Source1 中的 On-Creation 中设置。

2)在零件进入分拣传送带时，使用标签方法进行设置。

3)直接在分拣传送带的进入触发器中编写代码：

```
addlabel(item,"类型");int m= duniform(1,5);setlabelnum(item,"类型",m);
```

在 Source1 中设置如下：

临时实体以指数 exponential(0,10,1)方式产生，均值为 10 秒。

在分拣传送带 MergeSort2 的触发器属性页中的 OnEntry 进入触发器中选择设置标签选项：Set Label，并按要求输入要设置的标签名"mylabel"。系统产生默认代码如下：addlabel(item,"mylabel")；给进入分拣传送带 MergeSort2 的每一个临时实体添加一个"mylabel"的标签。

```
setlabelnum(item,"mylabel",duniform(1,5));
```

利用 duniform(1,5)函数随机产生 1～5 之间的一个随机数，并把数添加到"mylabel"的标签中。在分拣传送带 MergeSort2 中的 MergeSort Flow 属性页中进行临时实体出口设置和发送端口 Send Requirement 设置(图 5-12)。

图 5-12　端口 Send Requirement 设置

其中分拣传送带出口设置如下：其输入口 Input Port1 只有一个，和 Source1 连接。出口有 5 个，其中出口 1 设置在分拣传送带 1 米处、出口 2 设置在分拣传送带 3 米处、出口 3 设置在分拣传送带 5 米处、出口 4 设置在分拣传送带 7 米处、出口 5 设置在分拣传送带 9 米处、分拣传送带总长 12 米。注意：出口位置不得大于分拣传送带的设置长度，本例中长度设置为 12 米。图 5-12 中红色线为分拣传送带零件分拣出口，所以 5 个传送带应该与 5 个出口对齐，视觉效果好。

在发送端口 Send Requirement 中设置 Always send,其默认程序代码如下:

```
int n= getlabelnum(item,"mylabel");//读取临时实体 item 上标签"mylabel"的数值
```

if(port= = n)//把该数值付给端口号 port,这样当读取的临时实体标签值为 1 时,把该临时//实体发送到分拣传送带第 1 个出口;当读取的临时实体标签值为 2 时,把该临时实体发送//到分拣传送带第 2 个出口,依此类推。至此在此处利用标签完成了不同类型工件发送到分//拣传送带不同出口的功能。注:此处只能用 port= = n 语句进行判断,不能用赋值语句 port= n;

```
    return 1;
```

建模时对于相同模型为了快速建模可以采用拷贝方式建立模型,如:第一个传送带设置完成后,剩下的传送带我们采取复制和粘贴的方法完成。复制方法:选中要复制的实体,按下[Ctrl+C]组合键。粘贴方法:按下[Ctrl+V]组合键。此外模型建完后需要根据流向进行连接,各实体间连接采用"A"连接。

运行模型:

运行模型如图 5-13 所示,其中工件 1 流到 Queue8,工件 2 流到 Queue9,工件 3 流到 Queue10,依此类推。点击 Queue8 中的任意一个临时实体,可以查看其标签名称和数值,其数值都为 1。

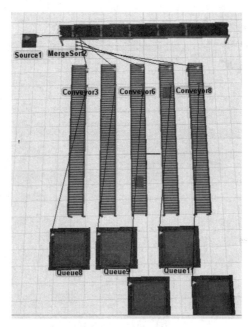

图 5-13　模型运行图

5.3　全局表应用入门

5.3.1　概述

全局表可以存储数字型或字符串型数据。模型中的任何一个实体都可以用与全局表相关

的命令来访问这些数据。全局表可以用来存储模型的输入输出数据等,还可以将已有的 Excel 数据导入全局表中。一个模型可以有多个全局表。

1. 与全局表相关的操作

添加:点击此按钮,向模型中添加另一个全局表。

删除:点击此按钮,可以从模型中删除制定的全局表。

名称:名称应便于记忆,并具有描述表的功能。

行数:全局表的行数。

列数:全局表的列数。

重置时清零:如果此按钮被选中,当模型被重置时,表中所有数值类型单元将被清零。

编辑表:如需编辑表中的某个单元格,点击此单元格,并在单元格中填写信息。

2. 与全局表相关的命令

1)gettablecols("Tablename");

2)gettablerows("Tablename");

3)gettableheader("Tablename", row/col,rowcolnun);

4)gettablenum("Tablename", rownum,colnum);

5)settablenum("Tablename", rownum,colnum,num);

6)gettablestr("Tablename",rownum,colnum);

7)settablestr("Tablename", rownum,colnum,str);

3. 全局表的添加

1)在 Global Tables 菜单中单击"Add"。

2)重命名表格名。

3)设置行数与列数。

4)点击"Advanced"设置各行或列的数据类型(图 5-14)。

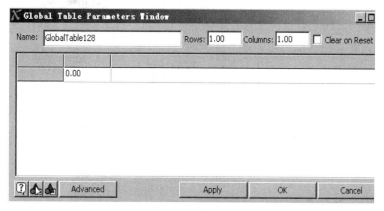

图 5-14　全局表设置

4. 全局表的修改

方法 1:直接编辑表格附初值(图 5-15)。

方法 2:借助事件的下拉列表对全局表进行修改相关函数。

```
gettablenum(tablename, row, col);
//得到全局表 tablename 第 row 行、col 列的数值
settablenum(tablename, row, col, value);
//设置全局表 tablename 第 row 行、col 列的数值为 value
gettablestr(tablename, row, col);
//得到全局表 tablename 第 row 行、col 列的字符串
settablestr(tablename, row, col,"string");
//设置全局表 tablename 第 row 行、col 列的字符串为"string"
```

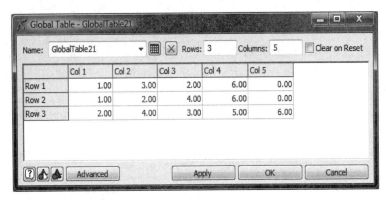

图 5-15　全局表附初值

5.3.2　案例

某分拣线分拣 5 种类型零件,这些零件先经过一条具有 5 个弹出口的分拣线,再通过 5 条传送带流到各自暂存区 Queue 中。其中 A 零件数量占总数的 5%,B 零件数量占总数的 10%,C 零件数量占总数的 40%,D 零件数量占总数的 20%,E 零件数量占总数的 25%。当产品到达分拣线后,再从各自的弹出口中分流出去(图 5-16)。

思路:利用标签值和全局表来发送临时实体到不同的端口。

(1)建立模型

模型如图 5-16 所示,建立步骤如前面一节所示,所不同的是利用全局表来发送临时实体到不同的端口。

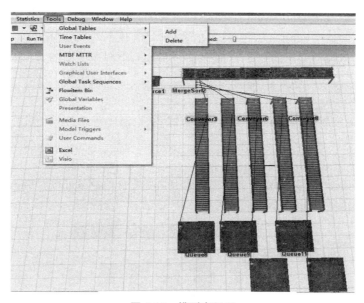

图 5-16　模型布局图

(2)建全局表

建一个名称为"gt1"的全局表,该全局表有 5 行 2 列。其中 Col2 列为零件类型,Col1 列为零件百分比(图 5-17)。

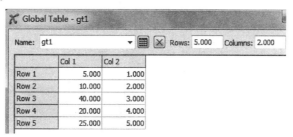

图 5-17　全局表参数设置

(3)编写代码

在 MergeSort2 中的 OnEntry 进入触发器中编写如下代码:

```
addlabel(item,"mylabel");//给临时实体 item 贴一个"mylabel"的标签。
int m= dempirical("gt1");//把全局表"gt1"的值赋给 m
setlabelnum(item,"xmylabel",m);//把 m 值赋给标签"mylabel"
colorarray(item,m);//给该临时实体 item 指定唯一颜色,以区别不同类型临时实体。
```

1)dempirical 固定用法:

dempirical 引用的全局表必须包含一列数值,以及与此数值对应的百分比。且百分比必须位于第一列,对应的数值必须位于第二列。需要多少数值就需要多少行表格。第一列的百分比数值必须介于 0～100,并且总计为 100。

本列中第一列第一行数值为 5,第二列第 1 行数值为 1;第一列第 2 行数值为 10,第二列第 2 行数值为 2;第一列第 3 行数值为 40,第二列第 3 行数值为 3,其含义如下:

赋值数值"1"的概率(占比)为 5%;赋值数值"2"的概率(占比)为 10%;
赋值数值"3"的概率(占比)为 40%;赋值数值"4"的概率(占比)为 20%。

即:该临时实体为类型 1 的概率为 5%;临时实体为类型 2 的概率为 10%;
临时实体为类型 3 的概率为 40%;临时实体为类型 4 的概率为 20%。

2)colorarray(item,m)用法:

给临时实体指定颜色,其中 1 为红色、2 为绿色、3 为蓝色、4 为黄色、5 为橘黄色、6 为紫色、7 为绿黄色等。

(4)运行模型

运行模型如果时间足够长,则从各自零件暂存区中零件的数量可以看出,分拣的各零件所占比例基本符合全局表中设定的要求。见图 5-18 中 Queue8 中的类型 1 零件数量最少,只占 5%。

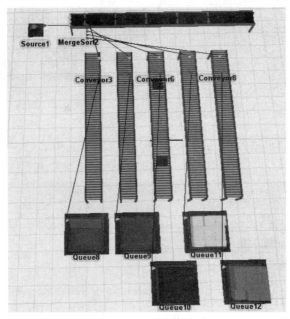

图 5-18 模型运行图

5.4 全局表和标签综合应用(1)

5.4.1 案例描述

有两个 Source 产生两种产品,经过同一个处理器,但是处理器有固定的加工顺序,其加工顺序如下:1,2,1,1,1,1,1,2,1。即若 1 加工完了 2 还没有到处理器,就要等待 2 的到来,而不会加工先到来的 1,1 在前面的 Queue 等待。即生产过程按照生产计划和顺序进行。

条件:1)每个 Source 供货速率为:均值为 10 的指数分布;2)处理器的加工时间为常数 10。

5.4.2 建立模型

建立模型如下(图 5-19):

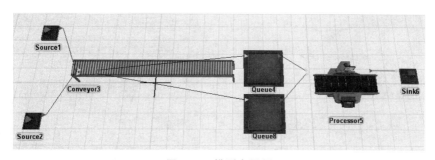

图 5-19　模型布局图

思考:如何实现按照 1,2,1,1,1,1,1,2,1 顺序加工?

方法:

步骤 1:Source 产生类型 1 和类型 2 产品后,设法使其分流,使 Queue4 暂存区只存放 1 产品；Queue8 暂存区只存放 2 产品；

步骤 2:把加工顺序 1,2,1,1,1,1,1,2,1 存放在全部表中,按全局表中顺序加工。加工方案如下:

1)取出全局表第 1 个数据,根据取出的数据是 1 还是 2,来打开相应端口和关闭另外一个端口。本例中图 5-20 全局表 plan 中第 1 个数据为类型 1,则打开端口 1 关闭端口 2。其中,Processor5 的输入端口 1 连接着 Queue4,输入端口 2 连接着 Queue8,而类型 1 零件进入到 Queue4 暂存区,类型 2 零件进入 Queue8 中。

2)处理器加工完毕后,在离开触发器中,取全局表第 2 个数据,图中为类型 2,则打开端口 2 关闭端口 1。

3)处理器加工完毕后,在离开触发器中,取全局表第 3 个数据,图中为类型 1,则打开端口 1 关闭端口 2。

4)依次类推取完 9 个数据,加工完 9 个零件。

5)重新取全局表第 1 个数据,重复以上过程(图 5-20)。

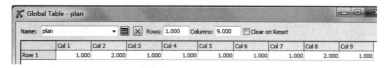

图 5-20　全局表数据设置

此外需要说明的是:

1)初始值的设置:

初始时,在 Queue4 和 Queue8 重置触发器中,关闭两个暂存区的输出端口。

2)需要设置一个全局表计数器 i,机床每加工完一个零件,计数器要加 1。即:处理器加工完毕后,在离开触发器中,全局表计数器 i++;判断 i>=10,如果大于,则 i=1(计数器值为 1,重新取全局表第 1 个数据)。用处理器 Processor 的标签"newnumberlabel"存放全局表计数值。见图 5-21,把全局表每次取出的数据和计数值放在 Processor5 的标签里暂存,然后读标签数值,来打开和关闭相应端口,整个程序框图流程如图 5-22 所示。

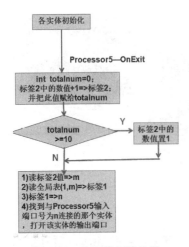

图 5-21　处理器标签设置

图 5-22　程序流程图

程序流程如下：

1)添加一个名字为"plan"的 1 行 9 列的全局表,把加工顺序 1、2、1、1…键入全局表中。

2)手动在 Processor5 上添加 2 个数值标签。

3)Queue4——OnReset 中:关闭输出端口。

4)Queue8——OnReset 中:关闭输出端口。

5)Queue4——OnExit 中:关闭输出端口。

6)Queue8——OnExit 中:关闭输出端口。

7)Processor5——OnReset 中:a)读取全局表第 1 行第 1 列数据,把它存入 Processor5 的第 1 个标签中。b)把 1 存入 Processor5 的第 1 个标签中,用作全局表计数器,指向全局表第 1 列数据。c)读标签 1 数据,根据数据,打开相应实体的输出端口。模型运行如图 5-23 所示。

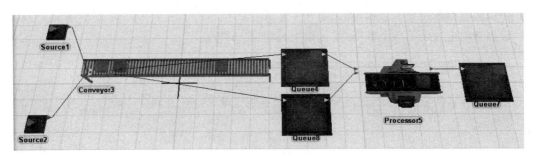

图 5-23　模型运行图

5.5　全局表和标签综合应用入门(2)

5.5.1　案例描述

1)产品到达时间服从指数分布 exponential(0,30,0)。产品的类型分为 4 种(1,2,3,4),

服从（20％，30％，40％，10％)分布。

2)每种产品到达一台处理器进行加工。每台设备加工一种类型的产品。首次加工的产品服从加工时间 uniform(100,120)秒。第二次进行加工的产品加工时间为 uniform(120,130)秒。

3)产品加工完毕之后,放置到暂存区内,等待检测。检测时间为 10 秒。检查通过的产品直接离开模型。不合格的产品会返回到第一个暂存区进行再次加工。不合格产品的比例为 10％。

4)返工产品优先加工。

本例目的是:学习如何使用标签来区分临时实体,从而对特定的临时实体进行特定的操作。

5.5.2　建立模型

建立模型(图 5-24)。

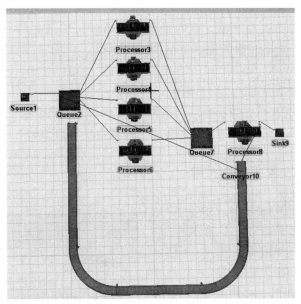

图 5-24　模型布局图

5.5.3　设置相关参数

1)产品到达时间服从指数分布 exponential(0，30,0)在 Source1 中设置产品到达时间,见图 5-25。

2)产品的类型分为 4 种(1,2,3,4),服从 (20％,30％,40％,10％)分布。

对策:采用全局表和标签方法。

建立一个名为"gt1"的全局表,该表为 4 行 2 列,见图 5-26。在 Source1 中的 OnCreation 创建触发器中编写如下代码:

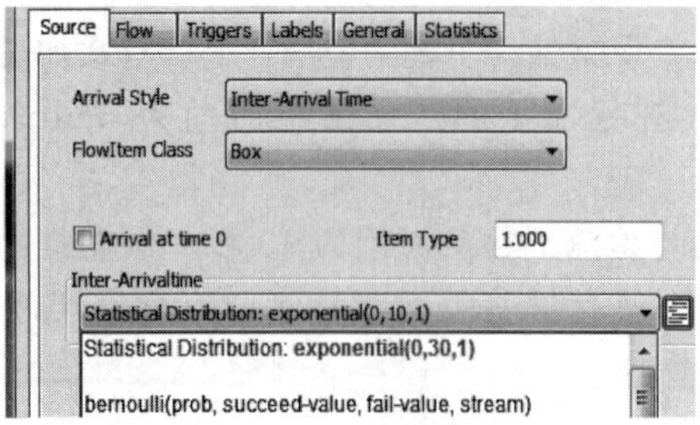

图 5-25　Source1 中产品到达时间设置

图 5-26　"gt1"全局表

```
treenode involved= item;
double newtype= dempirical("gt1");
setitemtype(involved,newtype);
colorarray(involved,newtype);
```

3)每种产品到达一台处理器进行加工。

每台设备加工一种类型的产品。首次加工的产品服从加工时间 uniform(100,120)秒。第二次进行加工的产品加工时间为 uniform(120,130)秒。

对策：

a)首先要判断是否是返工产品？不是返工产品用一个加工时间，是返工产品用另外一个加工时间，所以需要编写代码，进行判断，要判断，就需要用到标签。

在 Source1 中的 OnCreation 创建触发器中代码最后一行添加如下代码：

```
addlabel(item,"返工")//"返工"
```

标签默认值为"0"。

b)给 Processor3、Processor4、Processor5、Processor6 四个处理器都添加一个数值标签。标签名为："加工时间"，如图 5-27 所示，该标签手动设置和代码实现标签都可以。

c)在各处理器中 Processor 属性页中的 Process Time 中编写代码如下：

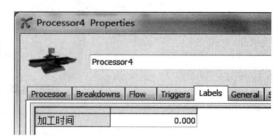

图 5-27　Processor 标签设置

```
double protime;
int m= getlabelnum(item,"返工");//得到零
件上"返工"标签值
if(m= = 0)
{
protime= uniform(100,120);//如果首次加工,其加工时间为 uniform(100,120)
}
else
{
protime= uniform(120,130);//如果为返工产品,其加工时间为 uniform(120,130)
```

```
}
setlabelnum(current,"加工时间",protime);
return getlabelnum(current,"加工时间");
```

注意:按 Reset 重置后,"加工时间"标签值不清零,编程序时需要特别注意,对于一些程序一开始运行就需要在标签中提取数据的场合,注意在程序初始化阶段,对标签值清零。本例没影响,不需要清零。

d)对一个处理器设置好后,对其他 3 个处理器,因为代码功能一样,可以采用复制的方法进行设置。复制方法如下:

①"ctrl"＋鼠标框选中没有设置的 3 个处理器。

②鼠标右击,出现菜单栏,选择:Modeling Utilities→Edit Selected Objects。

③出现 Edit Selected Objects 菜单栏。

④点击已经设置好的处理器 Processor3,出现 Processor3 黄色框。

⑤选择 Copy from Highlighted。

⑥选择拷贝哪些参数? 此处选择复制加工时间:cycletime。

⑦鼠标点击 Variable(变量)一下,完成 3 个处理器加工时间代码和参数复制。

4)产品加工完毕之后,放置到暂存区内,等待检测。检测时间为 10 秒。检查通过的产品直接离开模型。不合格的产品会返回到第一个暂存区进行再次加工。不合格产品的比例为 10%。

对策:产品分流方法一:(不使用标签)

在处理器 Processor8 的 Flow 属性页中的 Send To Port 的下拉列表框中选择 By Percentage(inputs)Percent Port 选项,输入 Port 为 1 时的 Percent 为 90%,Port 为 2 时的 Percent 为 10%。如图 5-28 所示。Processor8 的输出端口 1 连接着 Sink9,即成品仓库,输出端口 2 连接着返工传送带 Conveyor10。即 10%的废品通过返工传送带 Conveyor10,再返回处理器进行二次加工。

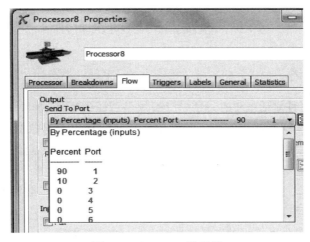

图 5-28　Processor 流设置

产品分流方法二：(使用标签)

在 Processor8 中的 OnEntry 触发器中编写如下代码：

```
addlabel(item,"toport");
setlabelnum(item,"toport",bernoulli(90,1,2));
bernoulli 用法：
int m;
```

m= bernoulli(90,1 , 2);//含义：把数值 1 以 90% 的比例赋值给 m；//数值 2 以 10% 的比例赋值给 m；//本例中标签"toport"值为 1 的情况占总临时实体的比例为 90% ，//标签"toport"值为 2 的情况占总临时实体的比例为 10%

在 Processor8 中的 Send To Port 触发器中编写如下代码：

```
int m= getlabelnum(item,"toport");//得到 item 的"toport"标签值
```

```
return m; //标签值为 1 的临时实体发送到输出端口 1,标签值为 2 的临时实体发送到输出端口 2
```

5)返工产品优先加工。

在 Queue2 的进入触发器中编写如下代码：

```
int m;
m= getlabelnum(item,"返工");
if(m= = 1)
{setrank(item,1);}
```

setrank(item,1)含义：把进入到 Queue2 中的返工产品设置成排序为 1,即只要任何 Processor 有空闲,这个 item 第一个出去（排队系统特点）。

5.5.4　模型运行

运行模型,观察加工过程。

5.6　触发器的原理及应用

5.6.1　触发器概述

Flexsim 对象的属性对话框中有一些(字段)域是可以编程的,这些域称为触发器,它们在特定事件发生时会触发执行,如 OnExit 触发器在临时实体离开对象时会触发执行。程序开发人员可以在触发器中编制程序,以定制对象的行为。触发器的特点如下：

1)当实体发生重要事件时,就会触发触发器,并执行触发器中的代码,执行自定义系统行为。这些行为如：写入信息到临时实体或从临时实体读取信息、改变临时实体或实体的外形属性、向其他实体发送信息、改变其他实体的行为等。

2)用户可以指定多个事件在触发器触发时发生(触发器逻辑)。

3)每个类型的实体都有专门的一套触发器(图 5-29)。

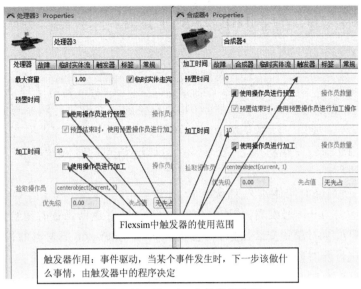

图 5-29 Flexsim 中触发器范围

触发器的弹出窗口显示所有当前的选项,使用 ⊞ 和 ⬚ 按钮,添加或删除选项可以对选中选项进行编辑,可编辑蓝色文本。触发器中常用的任务有模板,可在下拉列表框中选取,有的可直接使用,有的在模板基础上做点修改即可使用,模板中没有的复杂任务,如果要执行复杂任务则需要自己全部编写代码(图 5-30)。

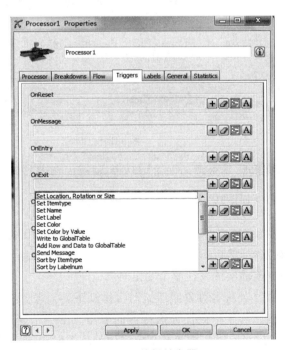

图 5-30 编辑触发器

Flexsim 模型中一个实体对象往往有很多触发器,这些触发器执行的先后顺序有差别,因此理解触发器的执行顺序,对理解模型执行逻辑,提高编程水平是非常有帮助的。

1. 推动模式

固定资源对象默认工作在推动模式下。当有一个 Flowitem 临时实体进入 Processor 对象后,其触发器执行先后顺序如图 5-31 所示(其他对象的触发器执行顺序与此类似),其中不带 On 前缀的触发器主要用于计算某些值,然后用 return 语句返回某个值给对象。带 On 前缀的触发器主要用于执行一些动作,一般不需要 return 语句返回值(但可以用 return 0 语句在中途退出触发器)。

在推动模式下,当临时实体进入 Processor 实体后,首先 Processor 的 OnEntry 触发器被触发,然后执行 Setup Time 触发器,读取其中的预置时间,并返回预置时间给 Processor 对象。如果设置要求作业员执行预置安装操作,就会执行 Pick Operator 触发器的代码,该触发器返回一个指向任务执行器对象的引用,该任务执行器将被用来执行预置操作。

下一步是经过一个时间延时,该延时等于预置时间 Setup Time 加上任务执行器变得可用并行走到本对象的时间。当这段延时结束后,会触发执行 OnSetupFinish 触发器,程序设计人员可以在这里加入自己的程序以定制对象行为。然后执行 Process Time 触发器,该代码返回处理时间给 Processor 对象。如果设置要求作业员执行处理操作,就会执行 Pick Operator 触发器,该触发器返回一个指向任务执行器对象的引用。

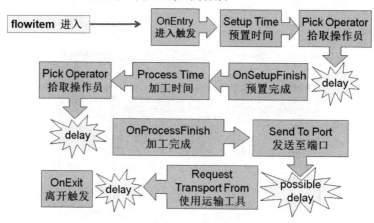

图 5-31 推动模式下对象触发器执行顺序

再经过一个时间延时,该延时等于处理器加工完工件时间,当工件加工完毕后,会触发执行 OnProcessorFinish 触发器,然后 Send To Port 触发器执行,该触发器返回一个输出端口号,通知 Processor 对象将流动实体发往哪个输出端口。

如果设置了要任务执行器从本对象搬运流动实体到下游对象,则会执行 Request Transport From 触发器代码,返回一个指向任务执行器的引用。下一个延时是等待任务执行器走到本对象的时间延时。最后当临时实体离开固定实体处理器时执行 OnExit 触发器。

在编写程序时,要注意任务执行的先后关系,如进入触发中改变颜色,在 OnExit 中再改变颜色,就会以后一个为主。覆盖前面的相同任务。

再如:根据实体类型发送到相应端口,类型的判断只能在 Send To Port 中或者之前判断,不能再 OnExit 中判断。否则程序运行结果会出错。

2. 拉动模式

若在 Processor 对象的 Flow 属性页中选中 Pull 框,则该对象进入拉动模式,在拉动模式下其触发器的执行顺序如图 5-32 所示。

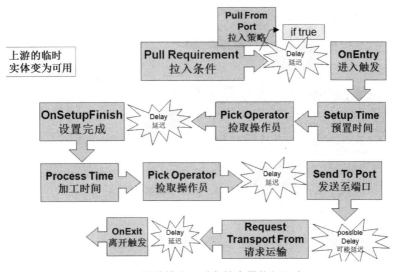

图 5-32　拉动模式下对象触发器执行顺序

固定资源对象在拉动模式下,当上游临时实体变得可用时,Processor 的 Pull Requirement 触发器触发,该触发器中用户可定义一些规则。当流动实体满足拉入条件规则和拉入策略时,临时实体 item 就进入 Processor 处理器,同时 OnEntry 触发器被触发,之后过程与推动模式下的类似(图 5-32)。此处不再赘述。

5.6.2　案例

发生器产生 4 种类型的产品,服从均匀分布;产品随机发送到 3 个仓库中;处理器只处理 1 种类型的产品;3 个仓库轮流发送产品加工(必须等到上一个仓库发送了需要加工的产品,下一个仓库才发送,即采用拉式生产方式)。

建模步骤:

1)建立模型,如图 5-33 所示。

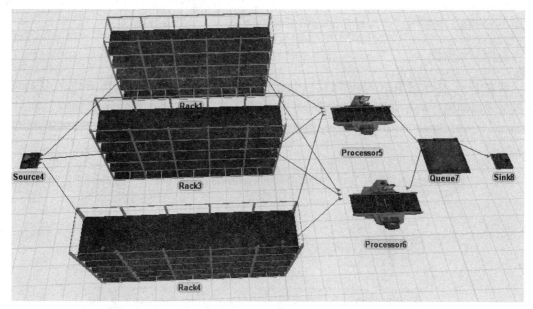

图 5-33　模型布局图

2）Source4 参数设置和代码编写。

该模型由 1 个 Source，3 个 Rack 仓库，2 个处理器 Processor 组成。

在 Source4 发生器 Send To Port 流触发器中编写如下代码：

```
treenode item= parnode(1);
treenode current= ownerobject(c);
return(duniform(1,nrop(current)));
//duniform:为均匀分布,上式中最小值为1,最大值为本实体 Soruce4 的下游端口数量(或//输出端口
```

的数量，本例中 Source4 输出端口数量为 3，即 3 个 Rack，所以临时实体输出时会在端口 1 和端口 3 随机输出 item）

3）Processor5 和 Processor6 参数设置和代码编写。

在 Processor5 和 Processor6 的 Flow 属性页中勾选 Pull 选项（拉式生产方式）。

拉入策略：Processor5 只加工类型 1 工件；Processor6 只加工类型 2 工件。

在 Processor5 固定实体的 Pull Requirement 触发器中选择 Specific Itemtype 选项，然后 Itemtype 后面再录入 1（图 5-34）。

在 Processor6 固定实体的 Pull Requirement 触发器中选择 Specific Itemtype 选项，然后 Itemtype 后面再录入 2。其中在 Processor5 的 Pull Requirement 触发器里，系统自动生成如下代码。

```
treenode current =  ownerobject(c);
treenode item =  parnode(1);
int port =  parval(2);
int type =  1;
return getitemtype(item) = =  type;//把临时实体 1 拉入处理器进行加工。
```

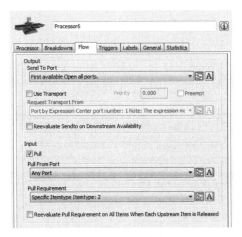

图 5-34　Processor 参数设置

　　此外要实现处理器对 3 个仓库对应的产品进行轮流加工,即:Processor6 只加工类型 2 实体,且轮流加工 3 个仓库出现的类型 2,如果某仓库暂时没有类型 2 产品,即使其他 2 个仓库有类型 2 产品,也不能加工,要一直等待该仓库出现类型 2 后,加工完该仓库的类型 2 产品后,才能按循环顺序加工其他仓库的类型 2 产品。可以在 Processor 处理器的 Flow 属性页中的 Pull From Port 的下拉列表框中选择 Round Robin 选项,该选项含义是:轮流加工上游厂库中的工件。

　　4)运行模型(图 5-35)。

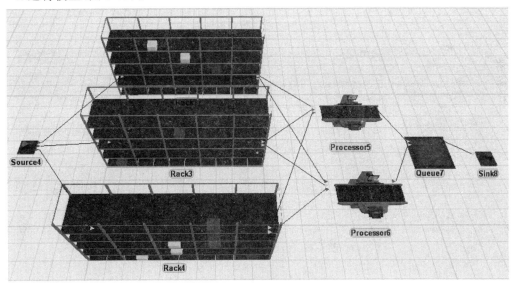

图 5-35　模型运行界面

5)查看统计结果。

用"统计"菜单创建完整报告、汇总报告、状态报告等。方法如下:

①勾选上 Full History On。

②运行程序 1000s。运行 1000s 后点击菜单 Reports and Statistics 出现如图 5-36 所示属性页,勾选 Include Summary Report 和 Include State Report,点击 Generate RePort 即输出图 5-37 所示的报表。报表中相关分析数据如下:当前临时实体数、最少临时实体数、最大有临时实体数、平均临时实体数、输入临时实体数、机床空闲百分比、机床工作百分比、仓库存放工件数量。整个生产系统在 1000 秒的时间内加工的类型 1 工件数量和类型 2 工件数量等结果。

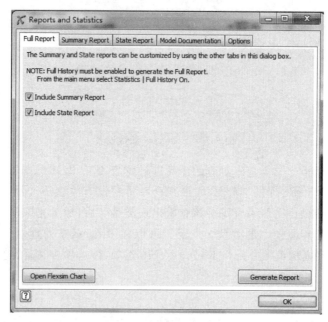

图 5-36　统计报告属性页

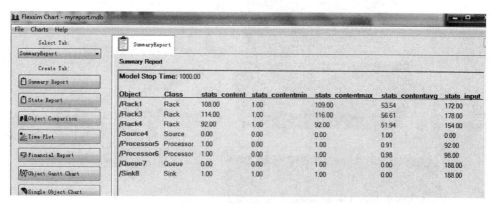

图 5-37　模型仿真统计分析报表

5.7　Rack 触发器和 OnMessage 触发器应用

5.7.1　案例 1

某商铺有一个 9 层的货架,进货 3 种类型的产品,现在需要将第 1 种类型的产品随机放置到货架的 1～3 层,第 2 种类型的产品放置在 4～6 层,第 3 种产品放置在 7～9 层。如何通过标签实现?

1)建立模型(图 5-38)。

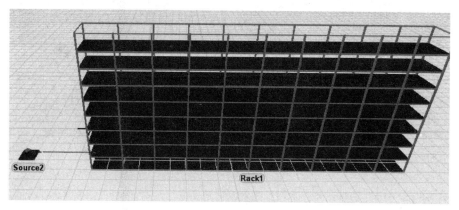

图 5-38　模型布局图

在 Source2 的 OnCreation 触发器中编写如下代码:

```
treenode involved = item;
double newtype = duniform(1,3);//随机产生 3 种类型临时实体
setitemtype(involved,newtype);//设置临时实体类型
colorarray(involved,newtype);//设置临时实体颜色
addlabel(item,"层数");//给每个 item 贴上一个名称为"层数"的标签
int n= getitemtype(item);//得到临时实体类型
if(n= = 1)
setlabelnum(item,"层数",duniform(1,3));//如果类型为 1,设置层数标签数,该标签//数为 1~ 3
```

之间的随机数,意味着把临时实体 1 放置在 1~ 3 层。

```
if(n= = 2)
setlabelnum(item,"层数",duniform(4,6));//如果类型为 2,设置层数标签数,该标//签数为 4~ 6
```

之间的随机数,意味着把临时实体 2 放置在 4~ 6 层。

```
if(n= = 3)
setlabelnum(item,"层数",duniform(7,9));
```

在 Rack1 的 Rack 属性页中的 Place in Level 触发器下拉列表框中选择 By Expression 选项。在下面的 Level number 后面输入:getlabelnum(item,"层数");

即:把临时实体放在临时实体标签"层数"值对应的货架层上。

2)运行模型(图 5-39)。

图 5-39　模型运行效果图

5.7.2　案例 2

某产品在一个装配机床上进行装配,该产品需要 4 种零件进行装配,其中每个产品需要 A 零件 1 个,B 零件 2 个,C 零件 3 个,D 零件 2 个。每种零件在装配机床前都设有缓冲区,4 种零件由供应商供应,通过物流运输到车间,物流运输由传送带模拟,装配完成的产品送到仓库,每个缓冲区都设有安全库存,安全库存如下:大于 20 个零件通知供应商停止发货,小于 5 个通知供应商开始发货,相关参数如下:

A 供应商供货速度为:均值为 20 秒,标准差为 2 的正态分布;

B 供应商供货速度为:均值为 15 秒,标准差为 1 的正态分布;

C 供应商供货速度为:均值为 10 秒,标准差为 2 的正态分布;

D 供应商供货速度为:均值为 22 秒的指数分布;

A 零件运输时间为 1m/s;B 零件运输时间为 2m/s;C 零件运输时间为 3m/s;D 零件运输时间为 4m/s;

传送带长度 30m;装配机装配 1 件产品时间为 8s;

问题:1)如何设置安全库存合适? 即库存量小,同时又不断货,或者产量最大? 求 4000s 时最大的产量和最小库存? (注意:只能改变安全库存)2)系统瓶颈在哪里? 如何只改善一个瓶颈,使产能最大? 这时各暂存区安全库存最优又为多少? (4000s)

1)建立模型(图 5-40)。

2)Source 和 Conveyor 设置参数和编辑代码。

Source10 产生类型 1 实体表示 A 零件,Source11 产生类型 2 实体表示 B 零件,Source12 产生类型 3 实体表示 C 零件,Source13 产生类型 4 实体表示 D 零件。

在 Source10 的 OnCreation 创建触发器中编写如下代码:

```
treenode involved = item;
double newtype = 1;
setitemtype(involved,newtype);//创建类型为 1 的临时实体
```

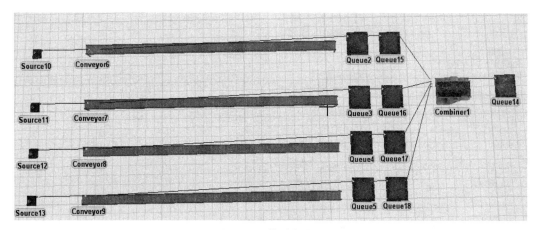

图 5-40　模型布局图

colorarray(involved,newtype);//为临时实体 1 涂上唯一颜色

在 Source11 的 OnCreation 创建触发器中编写如下代码：

treenode involved = item;

double newtype = 2;

setitemtype(involved,newtype);//创建类型为 2 的临时实体

colorarray(involved,newtype);//为临时实体 2 涂上唯一颜色

在 Source10 的 Source 属性页中的 Inter-Arrivaltime 触发器中设置到达时间。

设置为:normal(20,2,0)正态分布;

其余类似。

设置传送带 Conveyor6 的速度 1m/s(图 5-41);

传送带 Conveyor7 为 2m/s;

传送带 Conveyor8 为 3m/s;

传送带 Conveyor9 为 4m/s。

3)安全库存实现编程思路。

①利用各暂存区 Queue 标签,事先在标签上设置好安全库存的上限和下限。

②对进入各暂存区的零件计数,计数值存放在 Queue 标签上。

③当有零件离开暂存区,则判断暂存区中现存零件数量。

④如果数量大于安全库存上限,发送消息给 Source(供应商),关闭 Source 的输出端口,如果库存数量小于安全库存下限,发送消息给 Source(供应商),打开 Source 的输出端口;如果零件在安全库存内,则不发送消息(图 5-42)。

图 5-41　Conveyor 参数设置　　　　　　　图 5-42　安全库存设置

⑤消息发送方为各暂存区 Queue；零件计数和发送消息在各暂存区 Queue 的 OnEntry 进入触发器中编写代码实现。

⑥消息接收方为各 Source 的 OnMessage 触发器（在此触发器中编写接收代码和端口打开和关闭的处理程序）。

⑦利用暂存区 Queue 标签对零件计数值进行存储和读取。

4）设置 4 个暂存区标签；每个暂存区设置 3 个数值标签。

1 个标签用来计数；

1 个标签用来存放安全库存上限；

1 个标签用来存放安全库存下限。

在 Queue2 暂存区的进入触发器编写代码，用于零件计数，即每当进入 Queue2 一个工件，计数值就加 1。

OnEntry 中编写代码如下：

```
int num;
num= getlabelnum(current,"暂存区零件数量");//得到 Queue2 的"暂存区零件数量"标签值。
num= num+ 1;//对标签值加 1
setlabelnum(current,"暂存区零件数量",num);//再把计数值存入标签
```

Queue3、Queue4、Queue5 编写代码类似。

在 Queue2 的 OnExit 触发器中编写如下代码：

```
int num;//零件计数值
int stockmax;//安全库存上限（最大值）
```

```
int stockmin;//安全库存下限(最小值)
treenode toobject;
num= getlabelnum(current,"暂存区零件数量");
num= num- 1;//每从 Queue2 暂存区中流出 1 个零件,零件计数器减 1。本例用 Queue2 标签//值做计
```
数器。
```
setlabelnum(current,"暂存区零件数量",num);
stockmax= getlabelnum(current,"安全库存上限");
stockmin= getlabelnum(current,"安全库存下限");
toobject= node(("/Source10"),model());
if(num< = stockmin)//如果暂存区 Queue2 中的零件数量小于安全库存下限,则向 Source10//发送
```
消息,让 Source10 产生新的临时实体(工件),发送的消息参数为 1
```
{
senddelayedmessage(toobject,0,current,1,0,0);
}
if(num> = stockmax) //如果暂存区 Queue2 中的零件数量大于安全库存上限,则向 Source10 发送消
```
息,让 Source10 停止产生新的临时实体(工件),发送的消息参数为 10
```
{
senddelayedmessage(toobject,0,current,10,0,0);
}
```

在 Source10 的 OnMessage 消息触发器中编写接收消息和处理代码:

```
if(msgparam(1)= = 1)//如果接收消息参数为 1,说明暂存区 Queue2 的零件库存小于安全库//存下
```
限,Source10 打开输出端口,发送工件
```
{
openoutput(current);//打开输出端口
}
if(msgparam(1)= = 10)/如果接受消息参数为 10,说明暂存区 Queue2 的零件库存大于安全//库存上
```
限,Source10 关闭输出端口,停止发送工件
```
{
closeoutput(current);//关闭输出端口
}
```

消息函数 senddelaymessage(obj toobject, num delaytime, obj fromobject[, num par1,
num par2, num par3])

该函数含义是:延迟一段时间 delaytime 后,从 fromobject 实体发送消息到 toobject 实体,
同时把数据 par1, par2, par3 传送到 toobject 实体对象。

消息接收对象定义和确定的一种方法,即把消息传送到模型中任何一个固定资源类实体
(如货架、暂存区、处理器等)。

```
treenode toobject;
toobject= node(("/模型名"),model());
senddelayedmessage(toobject,50,current,4,0,0);
```

5.8　任务序列应用

叉车从 Souce4 处拿一个托盘，然后行驶到 Queue3 处取一个货物（货物装载托盘上），如果没有货物就等待，有了就全部装载在托盘上送到 Sink1。

建模步骤：

1)建立模型并连接各实体对象(图 5-43)。

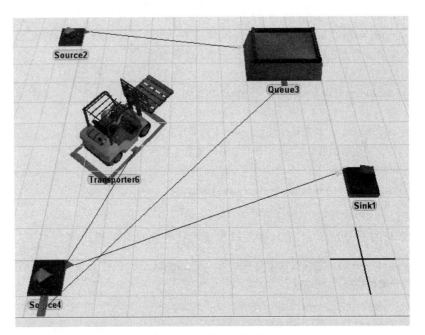

图 5-43　模型布局图

2)在 Source4 发生器的 Flow 属性页中勾选"Use Transport"选项。

在该属性页中的 Request Transport From 触发器中编写如下代码：

```
1 treenode item = parnode(1);
2 treenode current = ownerobject(c);
3 int port = parval(2);
4 int portnum = 1;
5 treenode newts = createemptytasksequence(centerobject(current,1),0,0);
//给叉车创建一个任务序列
6 inserttask(newts,TASKTYPE_TRAVEL,current,NULL);//叉车开到 Soure4
7 inserttask(newts,TASKTYPE_FRLOAD,item,current,prot);//装载货物(托盘)
8 inserttask(newts,TASKTYPE_BREAK,NULL,NULL);//任务中断
9 inserttask(newts,TASKTYPE_TRAVEL,centerobject(current,2));//搬运货物到 Queue3
10 inserttask(newts,TASKTYPE_CALLSUBTASKS,centerobject(current,2));
```

//调用子程序,任务执行器即叉车从自身发送一条消息给 Queue3,告诉 Queue3 实体对象,

//叉车来到跟前了,然后 Queue3 的消息触发器会接收到这个消息,在其消息触发器中编写

//代码,即新建新任务序列,这个新任务序列的内容是:若果 Queue3 暂存区没有零件,则

//叉车就等待,如果有零件,则叉车就搬运。

11 inserttask(newts,TASKTYPE_TRAVEL,outobject(current,port),NULL);

//如果有货物则装载货物后,叉车走到 sink1

12 inserttask(newts,TASKTYPE_FRUNLOAD,item,outobject(current,port),opipno(current,port));//卸载货物到 sink1

13 dispatchtasksequence(newts);//任务派发

14 return 0;

3)在 Queue3 的 OnReset 重置触发器中编写如下代码:

1 treenode current = ownerobject(c);

3 addlabel(current,"forkliftwaiting",0);//给 Queue3 暂存区添加一个名为/"forkliftwaiting"标签,该标签作用是叉车状态是否是等待状态。

4)在 Queue3 的 OnMessage 消息触发器中编写如下代码:

1 treenode current = ownerobject(c);

2 treenode forklift = magsendingobject;//得到发送消息的叉车节点

3 treenode ts = createemptytasksequence(forklift,0,0);//为叉车创建一个新的任务序//列 forklift

4 if(content(current)> 0)//查看 Queue3 内是否有货物?

5 {

6 　　for(int k= content(current);k> 0;k- -)

7 　　{treenode itemz= rank(current,k);

8 inserttask(ts,TASKTYPE_MOVEOBJECT,itemz,first(forklift));}//把货物 itemz 移入到//叉车里的第一个容器里,该容器实际为托盘,即把零件放在叉车上的托盘上。

//TASKTYPE_MOVEOBJECT 任务说明:此任务告诉执行器将指定实体移动到一个指定的容器中。如果想要任务执行器在装载/卸载临时实体时,不进行偏移,或者不执行装载/卸载时间,则要使用此任务类型。还可以用于想要移动一个临时实体,但又不是移进或移出任务执行器的情况。

9 }

10 else

11 {//如果没货物执行下面语句

12 //如果没有货物装载,那么告诉叉车停止工作,然后一直到条件满足,叉车恢复工作

13 setlabelnum(current,"forkliftwaiting",1);

14 inserttask(ts ,TASKTYPE_STOPREQUESTBEGIN,NULL,NULL,STATE_IDLE);

//任务类型:"停止请求"开始,使叉车处于停止状态,此任务使任务执行器在参数 involvedl 传递的实体上调用 stopobject()命令。第一个参数:指定要调用 stopobject()的实体,如果为 NULL,则任务执行器将在自身上调用 stopobject(),第二个参数不使用,一般为 NULL。

15 inserttask(ts,TASKTYPE_CALLSUBTASKS,current);//再次调用子任务,其目的是使

//curren(即 Queue3)的 OnMessage 消息能够再次触发,OnMessge 里的程序再次被执行。

16 }

17 return tonum(ts);

5）在 Queue3 的 OnEntry 进入触发器中编写如下代码：

```
1 treenode item =  parnode(1);
2 treenode current  = ownerobject(c);
3 int port =  parval(2);
4 if(getlabelnum(current,"forkliftwaiting"))
//如果 Queue3 标签"forkliftwaiting"值为 1,说明叉车处于等待状态
5 {
6  setlabelnum(current,"forkliftwaiting",0);//标签"forkliftwaiting"值设为 0
7  resumeobject(centerobject(centerobject(current,1),1));//恢复叉车为可执行任务状态,
可以搬运刚进入 Queue3 的工件。
8 }
```

5.9 运输机上电梯协同任务序列应用

协同任务序列用来完成需要两个或多个任务执行器进行复杂协作的操作。这些任务序列用来实现这样一些概念,如任务执行器的分派和取消分派,又如并行完成多个操作等。协同任务序列常用的函数如下:

1）createcoordinatedtasksequence(operatorteam)//创建任务序列

2）insertallocatetask(myts, operatorteam,0,0,1);//插入分派任务

3）insertproxytask(myts, operator1key, TASKTYPE_TRAVEL, current, NULL,0,0, 0,0);//插入代理任务

4）insertsynctask(myts,operotation);//插入同步任务,中断任务序列执行

5）insertdeallocatetask(myts, operator1key);//插入取消分派任务

6）dispatchcoordinatedtasksequence(myts);//派送任务序列

调用协同任务序列时,应注意以下几点:

1）在给任何资源分配代理任务之前,必须做的第一件事是分派那个资源。

2）必须从每个分派任务中返回关键字,因为以后要使用它。insertproxytask 命令为代理任务的执行器获得一个关键字。这是分派任务返回的关键字。在取消分派此实体时也要使用此关键字。

3）同一个分派资源的所有代理任务是按顺序执行的,而不同的分派资源的代理任务,除非明确地在协作任务序列中加入阻塞任务,否则都是并行地执行的。

5.9.1 案例描述

运输过程:运输机先把队列 Queue2 中的货物运到电梯处,等待电梯下降,然后乘电梯上升,最后运输机再把货物送到队列 Queue9 中。建模如图 5-44 所示。

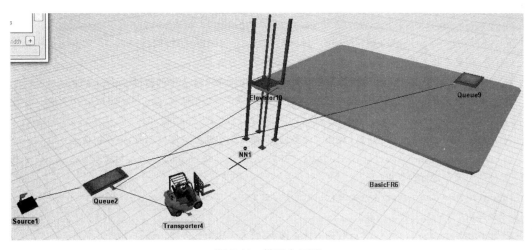

图 5-44　模型布局图

5.9.2　建模关键代码

在 Queue2 的 Request Transport From 触发器中编写叉车任务序列代码：

```
1 treenode item = parnode(1);
2 treednode current = ownerobject(c);
3 int port = parval(2);
4 treenode t1= centerobject(current,1);//注:与中间端口 1 相连的是叉车 Transporter4
5 treenode t2= centerobject(current,2);//注:与中间端口 2 相连的是电梯 Elevator10
6 treenode destination= outobject(current,1);//目的地是和输出端口 1 相连的队列//Queue9
7 treenode middestination1= node("/NN1",model());//中间目的地是节点 NN1
8 treenode middestination2= node("/NN2",model());//中间目的地是节点 NN2
9 treenode ts= createcoordinatedtasksequence(t1);//给叉车创建一个协作任务序列 ts
10 int t1p= insertallocatetask(ts,t1,0,0);//插入分派任务,为叉车插入一个分派任务
11 int t2p= insertallocatetask(ts,t2,0,0);//插入分派任务,为电梯插入一个分派任务
12 insertproxytask(ts,t1p,TASKTYPE_TRAVEL,current,NULL);//给叉车 t1p 插入代理任务,//
让叉车走到 current 处
13 insertproxytask(ts,t1p,TASKTYPE_LOAD,item,current);//给叉车 t1p 插入代理任务,从
Queue(current)处装载货物
14 int syn0= insertproxytask(ts,t1p,TASKTYPE_TRAVEL,middestination1,NULL);//插入代
理任务,使叉车走到中间节点 NN1,
15 insertsynctask(ts,syn0);//插入任务同步,使叉车中断任务序列执行,即停止状态
16 int syn1= insertproxytask(ts,t2p,TASKTYPE_LOAD,t1p,t2p);//为电梯 t2p 插入代理任务,
在电梯 t2p 处,装载叉车 t1p
17 insertsynctask(ts,syn1);//插入任务同步,使电梯中断任务序列执行,即停止状态
18 //以下为电梯 t2p 插入代理任务,该任务类型是:捡取偏移。由电梯 t2p 把叉车 t1p 放置到终点 NN2
```
处,参数 0,0,1,0 的含义是 x,y 的偏移量为 0,即不偏移,z 方向为 1 进行 100% 的偏移,最后一个 0 为结束速

度为 0；

19 insertproxytask(ts,t2p,TASKTYPE_PLACEOFFSET,t1p,middestination2,0,0,1,0);

20 int syn2= insertproxytask(ts,t2p,TASKTYPE_MOVEOBJECT,t1p,model());//为电梯 t2p 插入代理任务，把叉车移入模型 model()中，即实现电梯和叉车分离。

21 insertsynctask(ts,syn2);//插入任务同步，使电梯中断任务序列执行，即停止状态

22 //下面给叉车 t1p 插入一个代理任务，此任务是：由叉车 t1 给队列 Queue2(current)发送一个消息

23 int syn3= insertproxytask(ts,t1p,TASKTYPE_SENDMESSAGE,current,t1,1,0,0,0);

24 insertsynctask(ts,syn3);//插入任务同步，使叉车中断任务序列执行，即停止状态

25 insertproxytask(ts,t1p,TASKTYPE_TRAVEL,destination,NULL);//给叉车 t1p 插入一个代理任务，此任务是叉车运行到终点

26 int syn8= insertproxytask (ts, t1p, TASKTYPE_UNLOAD,item,destination);//在终点站 queue9 处卸货(item)。

27 insertsynctask(ts,syn8);//插入任务同步，使叉车中断任务序列执行，即停止状态

28 //给叉车 t1p 插入一个代理任务，即回到中间站点 NN2 处。

29 int syn4= insertproxytask(ts,t1p,TASKTYPE_TRAVEL,middestination2,NULL);

30 insertsynctask(ts,syn4);//插入任务同步，使叉车中断任务序列执行，即停止状态

31 //以下给电梯 t2p 插入代理任务，即电梯 t2p 装载叉车 t1p

32 int syn5= insertproxytask(ts,t2p,TASKTYPE_LOAD,t1p,t2p);

33 insertsynctask(ts,syn5);//插入任务同步，使电梯中断任务序列执行，即停止状态

34 //以下为电梯 t2p 插入代理任务，该任务类型是：捡取偏移。由电梯 t2p 把叉车 t1p 放置到终点 NN1 处，参数 0,0,1,0 的含义是 x,y 的偏移量为 0，即不偏移，z 方向为 1 进行 100% 的偏移，最后一个 0 为结束速度为 0；

35 insertproxytask(ts,t2p,TASKTYPE_PLACEOFFSET,t1p,middestination1,0,0,1,0);

36 int syn6= insertproxytask(ts,t2p,TASKTYPE_MOVEOBJECT,t1p,model());//为电梯 t2p 插入代理任务，把叉车移入模型 model()中，即实现电梯和叉车分离。

37 insertsynctask(ts,syn6);//插入任务同步，使电梯 t2p 中断任务序列执行，即停止状态

38 //下面给叉车 t1p 插入一个代理任务，此任务是：由叉车 t1 给队列 Queue2(current)发送一个消息

39 int syn7= insertproxytask(ts,t1p,TASKTYPE_SENDMESSAGE,current,t1,2,0,0,0);

40 insertsynctask(ts,syn7);//插入任务同步，使叉车中断任务序列执行，即停止状态

41 insertdeallocatetask(ts,t2p);//取消电梯的分派任务

42 insertdeallocatetask(ts,t1p);//取消叉车的分派任务

43 dispatchcoordinatedtasksequence(ts);//分派协同任务序列

在队列 Queue2 中的消息触发器 OnMessage 中编写如下程序：

```
treenode current = ownerobject(c);
if(msgparam(1)= = 1)
{
treenode park = node("/NN2", model());
setloc(msgsendingobject, xloc(park), yloc(park), 5);
}
else if (msgparam(1)= = 2)
{
```

```
treenode park = node("/NN1", model());
setloc(msgsendingobject, xloc(park), yloc(park),0);
}
```

以上程序主要目的是,得到电梯与叉车每次分离时,叉车的位置(实际上是节点 NN2 或者 NN1 的位置),然后通过 setloc 语句,固定此位置,使叉车再运行时,以此点为运行的开始点,如果不设,叉车会以前面或别的位置为运行初始点(切记),导致运行路径混乱。

上段代码中 setloc(obj object, num x, num y, num z)语句解读:

这个命令是设置 object 相对于它的容器坐标 x,y,z,即如果 object 是装在托盘中的一个对象,则该语句作用是:设置 object 相对于托盘的坐标 x,y,z。即以托盘为坐标原点。如果该 object 对象不在容器里,只在模型 model()中,则该语句是设置 object 相对于模型的坐标 x,y, z。模型坐标原点在 Flexsim5 中有十字星显示。setloc(item,0,5,8);是设置临时实体 item 相对于它的容器坐标为(0,5,8),注:item 临时实体是一定有容器的。Msgsendingobject:是发送消息的那个实体对象。

xloc(obj object),yloc(obj object),zloc(obj object);以上语句是分别返回 object 实体对象以模型 model()的原点为原点的 x,y,z 的坐标。

5.10　运动学原理及应用

5.10.1　FLexsim 中的坐标空间

运动功能允许一个对象同时实现多个移动操作,在每个运动方向都有加速度、减速度、起始速度、结束速度以及最大速度等属性。例如集装箱岸桥的运动就是由多个部件的运动组成,即大车沿着轨道运行,小车在大车上运行,吊具在垂直方向上运行。大车、小车和吊具都有其自己的速度属性。如果有了岸桥这样一个设备对象,在仿真过程中我们就可以实现岸桥的作业过程。运动学函数的引入就是帮助用户来实现自己定制的设备的动作。运动学这部分是从 3.06 版开始引入的,新版本还会对这部分进一步改进。

实现运动学并不难,主要是对三个函数的使用。要执行运动操作,首先要调用 initkinematics 命令。该命令为运动初始化数据,保存对象的起始位置、起始角度。初始化完毕之后,调用 addkinematic 命令为对象添加平移或旋转动作。例如,用户告诉对象在 5 秒钟时开始运动,给定加速度、减速度和最大速度,在 X 方向上平移 10 个单位;然后告诉对象在 7 秒钟时,用不同的加速度、减速度和最大速度,在 Y 方向上移动 10 个单位。这两个运动的结果是:对象先在 X 方向上运动,然后同时在 Y 方向上加速,最后到达目的点的运动轨迹是抛物线。每一个单独的运动通过 addkinematic 命令添加;然后调用 updatekinematics 命令在运动过程中不断地刷新视图,该命令的作用就是计算对象当前的位置和旋转角度。

上面的例子很简单,为了更好地解释运动学,我们先介绍坐标空间的概念。Flexsim 中最常用的坐标空间就是模型空间(model)。用户建立系统模型时,将许多对象放入视图中,根据不同的逻辑关系组成不同的模型。这些对象都处于模型空间中。模型空间是 Flexsim 中最大的坐标空间,系统模型中的所有对象都被包含在这个空间当中。

还有一种容器坐标空间(container)。容器对象就是可以存储物件,举例来说,对象 Queue 的作用是暂存物件,此时 Queue 就相当于一个容器。当物件置于 Queue 中时,物件(item)就处于 Queue 的容器空间中。当一个物体处于不同的容器空间中时,它的位置坐标就是它所在容器坐标空间坐标系的值。图 5-45 描述了容器空间的概念。

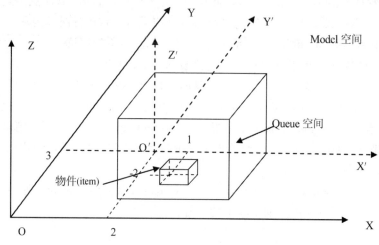

图 5-45 Flexsim 中模型坐标空间

在图 4-45 中,Queue 置于 Model 坐标空间中,其位置坐标是(2,3);物件 item 置于 Queue 的容器空间中,其位置坐标是(1,−2)。用户查看对象的属性页面可以得到对象的坐标值。这里需要提示一点的是,在 Flexsim 中每个被选中的对象都有一个黄色的外界矩形框,对象的坐标是以如图 4-45 所示的位置点来确定的。

当用户定制的对象需要做的动作比较复杂时,相对运动的坐标关系常常需要在不同的容器坐标系之间做相应的转换工作。Flexsim 也提供了相应的坐标转换函数。

5.10.2　案例

发生器产生的零件先进入一个旋转机构,再通过传送带进入暂存区里。

要求:

1)进入旋转机构后,该旋转机构旋转 180°,然后工件进入传送带。

2)旋转机构再反方向旋转 180°回到初始位置。

3)发生器产生的下一个零件进入旋转机构。

4)循环重复以上步骤。

5.10.3　建模步骤

1)建立模型并进行相关实体连接(图 5-46)。

用模型元素 Conveyor1 传送带代表旋转机构,Conveyor2 代表传送带。

2)在 Conveyor1 中的 OnReset 重置触发器中设置及编程。

```
1 treenode current = ownerobject (c);
```

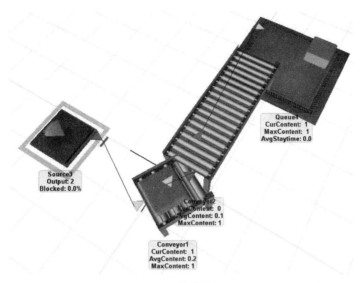

图 5-46　模型布局图

2 setrot (current,0,0,0);//初始化把 Conveyor1 传送带放在 mode 场景中的(0,0,0)位置,这意味着不管你怎么拖动传送带,初始化后,系统一旦重置,被拖动在别处的传送带自动回到(0,0,0)的位置。即对旋转机构位置进行初始化。

3)在 Conveyor1 中的 OnEntry 进入触发器中设置及编程。

1 treenode item = parnode (1);

2 treenode current = ownerobject (c);

3 int port = parval (2);

4 stopobject(inobject(current,1),STATE_BREAKDOWN);//停止 source3 触发器实体的一切工作,使之处于 STATE_BREAKDOWN 状态(故障状态),即一旦有工件进入到旋转机构,在工件没有流出去前,发生器不能产生新的工件。

5 closeoutput (inobject(current,1));//关闭 source3 的输出端口

6 initkinematics(label(current,"kinematics"),current);//初始化运动学数据,保存运动实体的起始位置和旋转等相关数据。注意:这里这个语句 initkinematics 的相关数据保存在 conveyor1 的标签"kinematics"里(图 5-47)

7 double time1= addkinematic (label (current,"kinematics"),0,0,90,9,0,0,9,0,time(), KINEMATIC_ROTATE);

//初始化运用后,就可以利用 addkinematic 命令向实体添加后继的直线移动,旋转操作。

//本语句为 KINEMATIC_ROTATE 旋转指令,从初始状态旋转到(RX,RY,RZ)为(0,0,90)的位置,且运行到目标时的速度 targetspeed 为 9,加速度为 acc 为 0,减速度为 dec 为 0,启动速度 startspeed 为 9,结束速度 endspeed 为 0

相关语句说明:

Addkinematic 命令中的 time()为开始运动的时间,即读取此时系统时间作为开始运动时间。

Stopobject(obj object, num state[,num id, num priority])

该语句告诉 object 停止它正在做的任何工作,进入到指定的状态,并且等待 resumeobject( ) 语句被调用,然后恢复之前的工作状态。注意 Stopobject( )命令可以被累积,即,如果 Stopobject 被调用两次,则 resumeobject( )命令也必须被调用两次,否则不能恢复以前的工作状态。

其指定的状态还有其他类型,如:STATE-IDLE(空闲);STATE-PROCESSING(加工);STATE-BUSY(忙);STATE-BLOCKED(堵塞)等各种状态。

```
inobject(current,1)//得到与当前对象的输入端口 1 连接的对象
Stopobject(inobject(current,1),STATE- BREAKDOWN)//停止 Source3 的工作,使之处于故障
状态
```

4)在 Conveyor1 上添加一个"kinematics"运动学标签,该标签用于保存运动实体的运动位置等相关运动数据。

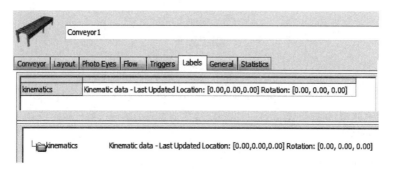

图 5-47 标签"Kinematics"中运动数据

5)在 Conveyor1 中的 OnExit 离开触发器中设置及编程。

```
1 treenode item =  parnode (1);
2 treenode current =  ownerobject (c);
3 int port = parval (2);
4 senddelayedmessaye (current,1,current,2,0,0);
```

该语句目的是,一旦临时实体离开 Conveyor1,延时 1s 后,马上向自身发送一个带参数 2 的消息,在消息处理函数中利用运动学使旋转机构回到初始位置,以便下一个工件进入旋转机构。

6)在 Conveyor1 中的 OnMessage 消息触发器中设置及编程。

```
1 treenode current =  ownerobject (c);
2 if (msgparam(1)= = 1)
3 {
4  openoutput(inobject(current,1));
5 //如果接收的消息是 1,则打开 Source3 的输出端口,旋转机构可以接收下一个工件
6  resumeobject(inobject(current,1));
7//如果接收的消息是 1,则恢复 Source3 的一切活动
8 }
9 else if (msgparam(1)= = 2)
```

10 {double time1 = time();

11 double time2= addkinematic(labe1(current,"kinematics"),0,0,- 90,90,0,0,90,0,time(),KINEMATIC_ROTATE);

12 //如果是消息 2,则意味着临时实体已经离开 Conveyor1,为此需要可旋转的 Conveyor1 快速旋转回到最初的位置,即反方向旋转 90°,此语句中,(0,0,- 90)为反方向旋转 90°,并且运行到目标的速度为 90,加速和减速 0 和 0,启动速度为 90,结束速度(endspeed)为 0.

13 senddelayedmessage(current,time2- time1,current,1,0,0);

14 //返回后给自身发送消息 1,打开 source3 的输出端口和恢复 source3 的一切状态,使 source3 可以发送下一个工件。此外 time2- time1 的作用:要延迟等到 addkinematic 命令执行完毕,即旋转工作台恢复,才发送延迟信息。因为这里:命令语句执行得快,但动作执行得慢。也就是说,旋转机构没有回到初始位置,旋转机构就不能接受新的工件。

7)在 Conveyor1 中的 Custom Draw Code 图形处理触发器中设置及编程

1 treenode current = ownerobject(c);

2 treenode view = parnode(1);

3 if (time()> 0.2)

4 updatekinematics (labe1(current,"kinematics"),current);

//此语句作用是时时更新和刷新该运动的运动状态

5.11　网络节点及应用

5.11.1　Flexsim 网络节点概述

网络节点用来定义运输机和操作员遵循的路径网络。通过网络节点,操作员或者运输机可以走到与网络节点连接的任意目的地。此外可以使用样条线节点增加路径弯曲部分来修改路径。在默认情况下,在网络上行进的实体将沿着起始位置和目标位置之间的最短路径行进。

连接行进网络有如下三个步骤:

①将网络节点相互连接。②将网络节点连接到扮演网关的实体上。③将任务执行器连接到某个网络节点,仿真开始时,任务执行器将待在被连接网络节点上。

5.11.2　案例 1

案例描述:操作员从库房搬运货物到生产线边暂存区,搬运时,沿着物流通道行进。

1. 建模步骤

1)建立操作员货物搬运模型,其中,仓库由 Queue2 代替,生产线边暂存区由 Queue3 代替,物流通道由网络节点 NN1,NN2,NN5,NN4 组成,此外增加 NN3 节点,验证在网络上行进的实体将沿着起始位置和目标位置之间的最短路径行进。最终模型如图 5-48 所示。

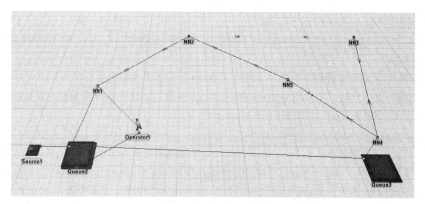

图 5-48　模型布局图

2)拖曳 Source1、Queue2、Queue3、Operator5 到模型中,用 A 或 S 连接好流程。

3)拖曳网络节点 NN1,NN2,NN3,NN4,NN5 到模型中,用 A 连接各网络节点,最后再 A 连接起点 Queue2 和 NN1,NN4 到 Queue3。在 Queue2 属性页中勾选搬运时选用机器人。同时把操作员与节点 NN1 连接,此处用"A"连接,最后把操作员与 Queue2 中间端口进行连接。

2. 模型连接一些注意事项

1)按下"A"键,同时点击—拖动连接之后,会在两节点之间出现一条黑线,两个绿色箭头表示允许双方向运行(图 5-49)。

2)连接一个任务执行器到网络节点(图 5-50)。

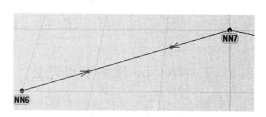

图 5-49　连接网络节点

按住"A"键,点击拖曳从任务执行器到网络节点,连接成功会显示红色的线。这条线不会连接任何端口。

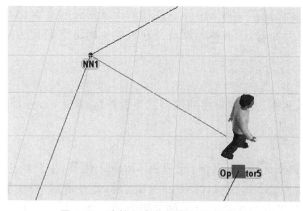

图 5-50　连接任务执行器到网络节点

3)连接一个固定资源类实体(如 Queue2)到网络节点(如 NN1)按住"A"键的同时,拖曳鼠标对固定资源类实体(如 Queue2)和网络节点(如 NN1)之间进行连接。连接成功后,一条蓝色的线会显示出来,这条线不会连接任何端口(图 5-51)。

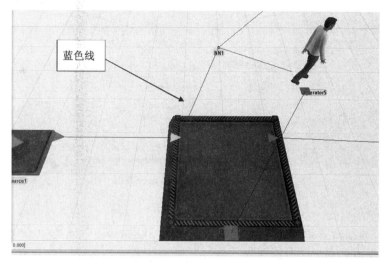

图 5-51　网络节点"A"键连接固定资源类实体

4)单向路径。

可限制任务执行器在路径的一个方向上行驶,按住"Q"键,点击拖动你想取消的方向,绿色方向显示可以通过,红色方向显示禁止(图 5-52)。注意:往哪个方向用"Q"键拖曳,哪个方向就显示红色,表示禁止通行。如果想再通行,再用"A"键拖曳,一下就变成绿色,即可通行。

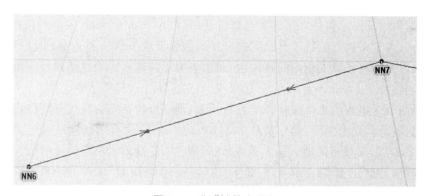

图 5-52　"Q"键禁止通行

5)无通过路径。

按住"A"键,在两个已经连接的网络节点之间点击和拖曳,即可切换路径状态。

方向指示器变成黄色,象征此方向禁止运输工具通过,按住"A"键,沿红色或黄色箭头的方向,拖曳,箭头变成绿色。

6)方向指示器对话菜单。

右键点击一个方向指示器,通过对话菜单中选择也可以切换路径类型,与按下"A"键拖曳连接的效果相同(图 5-53)。

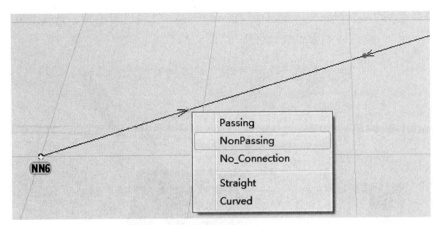

图 5-53 菜单选择切换路径类型

7)样条线节点。

建立一个弯曲的路径右键点击方向指示器,选择"Curved",样条线节点将会显示在路径上,拖动样条线节点创建一个曲线路径。

8)网络节点视图模式。

切换网络节点的显示模式,按下"X"键,然后鼠标点击任何一个网络节点就会隐藏线和网络节点。

方法:按下"X"键,然后鼠标不停地点击任何一个网络节点,每点击一次,就会隐藏一部分内容,一直到消失,再点击,就又全部出现。

9)路径选项卡。

一条通过网络节点的路径有很多种编辑方法,可以用"Connection Type"下拉列表定义不同方向的模式,可定义两个运行工具之间的最短间距设置这条路径上运输工具的最大速度,设置虚拟距离,虚拟距离是强迫使用的距离值,使用虚拟距离你可以给这条路径一个虚拟长度。

10)注:当路径与 Flexsim 网格线平行时,看不到连接线。其实已经连接上。

11)当网络节点组成了几条路径都能到目的地,则任务执行器会沿着最短路径的节点组成的路径返回目的地。如上例中,操作员从节点 NN2 到 Queue3 有两条路径可走,第 1 条是:人沿着 NN2、NN5、NN4 到目的地。第 2 条是:人沿着 NN2、NN3、NN4 到目的地。如果第 1 条路径短,则操作员就沿着第 1 条路线进行搬运,而不会沿着 NN2、NN3、NN4 到目的地 Queue3。

模型在运行过程中,可以试着调节节点 NN3 的位置,使第 2 条路径最短,则操作员会沿着第 2 条路径行走。

5.11.5 案例 2:动态路线规划

利用网络节点改变路径,进行动态的路线规划。叉车搬运货物从仓库到目的地 Queue2,搬运货物有两种产品 A 和 B,每次只能搬运一种,并且搬运 A 产品和搬运 B 产品的物流路线不同,即搬运货物 A 时,从 NN1、NN2、NN3 物流路线走,搬运货物 B 时,从 NN1、NN2、NN5、NN3 路径行走(图 5-54)。

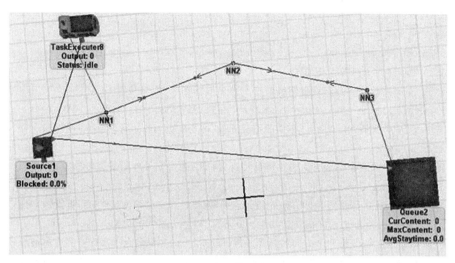

图 5-54　案例模型布局图

建模步骤如下：

1）建立货车货物搬运模型，其中，仓库由 Source1 代替，运送货物目的地由 Queue2 代替，物流线路由网络节点 NN1、NN2、NN3、NN4、NN5 组成，其中 NN5 节点由编程实现。货车由 TaskExecute8 代替，最终模型如图 5-54 所示。

2）在 Source1 的创建触发器 OnCreation 中编写如下代码：

```
1 treenode item = parnode(1);
2 treenode current = ownerobject(c);
3 int rownumber = parval(2); //row number of the schedule/sequence table
4 {
5 treenode involved = item;
6 double newtype = duniform(1,2);//随机产生两个 double 型的变量
7 setitemtype(involved,newtype);//设置临时实体类型
8 colorarray(involved,newtype);//给产生的临时实体上颜色
9 }//注意：以上代码主要作用是产生两种类型的临时实体，不同临时实体走不同路径。
```

3）在 Source1 中的 OnExit 离开触发器中编写如下代码：

```
1 treenode item = parnode(1);
2 treenode current = ownerobject(c);
3 int rownumber = parval(2);//row number of the schedule/sequence table
4 int port = parval(2);
5 treenode NN5 = node("/NN5",model() );//得到 model 中实体名称为"NN5"的树节点，//注意：如
```
果 model 中无 NN5，则得到的树节点值为空 NULL
```
6 if (getitemtype(item) == 2)//如果临时实体类型为 2,则叉车沿着 NN2、NN5、NN3 行车//路径行
```
驶，为了防止叉车按最短路径 NN2、NN3 路径行走，所以必须切断 NN2 与 NN3 之间//连接。
```
7 {
8 if(! objectexists(NN5) )//如果网络节点 NN5 不存在，为空 NULL。
```

```
9 {
10 treenode new_nw =
createinstance(node("/project/library/NetworkNode",maintree() ),model());
```
//在 mode 中创建一个网络节点 NN5
```
11 setloc(new_nw,0,0,0)//设置网络节点 NN5 的坐标在(0,0,0)位置
12 contextdragconnection(node("/NN2",model()),node("/NN3",model()),"Q");
```
13 //调用"Q"命令取消 NN2 到 NN3 方向的路径连接,即变红色禁止执行器此方向通行
```
14 contextdragconnection(node("/NN3",model()),node("/NN2",model()),"Q");
```
15 //调用"Q"命令取消 NN3 到 NN2 方向的路径连接,即变红色禁止执行器此方向通行
```
16 contextdragconnection(node("/NN2",model()),node("/NN5",model()),"A");
```
17//调用"A"命令建立 NN2 到 NN5 方向的路径连接,即路径方向变绿色允许执行器此方向通行
```
18 contextdragconnection(node("/NN5",model()),node("/NN3",model()),"A");
```
//调用"A"命令建立 NN5 到 NN3 方向的路径连接,即路径方向变绿色允许执行器此方向通行
```
19 optimizenetwork();//在仿真运行期间,动态的改变网络节点和路径后,必须使用此命令,对新建的
```
路径进行相关的后台重新计算,以便叉车按改变后的路径行走。
```
20 }
21 if(objectexists(NN5))//如果网络节点 NN5 已经存在
22 {//其做法与上面一样
23 setloc(NN5,0,0,0);
24 contextdragconnection(node("/NN2",model()),node("/NN3",model()),"Q");
25 contextdragconnection(node("/NN3",model()),node("/NN2",model()),"Q");
26 contextdragconnection(node("/NN2",model()),node("/NN5",model()),"A");
27 contextdragconnection(node("/NN5",model()),node("/NN3",model()),"A");
28 optimizenetwork();
29 }
30 treenode new_connec = first(connectionsout(node("/NN5",model() ) ) );
```
//得到 NN5 的网络节点下函数节点 connectionsout 下一层子节点中排序为 1 的子节点,如
//果存在 NN5,则 new_connec 节点指向 To NN2
```
31 while(objectexists(new_connec) ) //判断 To NN2 子节点是否存在
32 {
33 setnodenum(rank(new_connec,PORT_INOPEN),1);
```
//如果存在,则使 To NN2 子节点中的 in open 为 1,使 NN5 到 NN2 方向允许通行,
//为 0 则禁止通行。
```
34 setnodenum(rank(tonode(getnodenum(new_connec)),PORT_INOPEN),1);
```
//同时使 NN2 到 NN5 方向也允许通行,这个标志可在 NN2 的 TO NN5 子节点中的 in open
//的值为 1 可以看出。
```
35 new_connec = next(new_connec);
```
//指向下一个子节点 TO NN3,对 TO NN3 子节点进行以上同样操作
```
36 }//注:以上 while()循环语句主要含义是:如果 NN5 网络节点存在,就把和 NN5 网络节点
```
//相连的所有路径的正反方向都打开,允许通行,
```
37 }
38 if(getitemtype(item) == 1)
```

39 {　　　//临时实体如果为 1，则叉车按照 NN2、NN3 路径行走，把货物送到 Queue2，Queue2 与节点 NN3 连接，同时禁止叉车沿着 NN2、NN5、NN3 路径行驶，为此，必须销毁 NN5 节点。

40 treenode NN5 = node("/NN5",model());

41 if(objectexists(NN5))

42 {

43 destoryobject;(NN5);//销毁 NN5

44 contextdragconnection(node("/NN2",model()),node("/NN3",model()),"A");

45 //重新建立 NN2 和 NN3 的连接

46 optimizenetwork();

47 }

48 treenode new_connec = first(connectionsout(node("/NN2",model())));

49 while(objectexists(new_connec))

50 {

51 setnodenum(rank(new_connec,PORT_INOPEN),1);

52 setnodenum(rank(tonode(getnodenum(new_connec)),PORT_INOPEN),1);

53 new_connec = next(new connec);

54 }

55 }

56 repaintall();

注：以上最后一段程序含义是：如果临时实体 item 类型为 1 时，重新建立 NN2 和 NN3 网络节点的连接。光连接还不行，还要编程序允许通行，其具体实现在 while()语句中实现，作用是：找到 NN2 网络节点下面所有的 TO NN 子节点，并且建立双向都允许通行。

4）在模型中的 OnModelReset 重置触发器中编写如下代码：

1 treenode NN5 = node("/NN5",model());//程序一旦重置 Reset,则执行下面语句，

2 if(objectexists(NN5))//判断 NN5 是否存在

3 {//如果存在

4 destoryobject;(NN5);//销毁 NN5 网络节点

5 contextdragconnection(node("/NN2",model()),node("/NN3",model()),"A");

6 //同时建立 NN2 到 NN3 路径连接

7 optimizenetwork();//系统对变化了的路径进行优化

8 }

9 else {//如果不存在

10 contextdragconnection(node("/NN2",model()),node("/NN3",model()),"A");

11 //同时建立 NN2 到 NN3 路径连接

12 optimizenetwork();

13}

14 treenode new_connec = first(connectionsout(node("/NN2",model())));

15 //以下语句含义：把 NN2 网络节点直接相连的所有网络节点都双向打开，允许通行

16 while(objectexists(new_connec))

17 {

18 setnodenum(rank(new_connec,PORT_INOPEN),1);

```
19 setnodenum(rank(tonode(getnodenum(new_connec)),PORT_INOPEN),1);
20 new_connec = next(new connec);
21 }
```

5)模型运行。

模型运行如图 5-55 所示,当运送的实体类型不一样时,货车运行的路线也不一样。

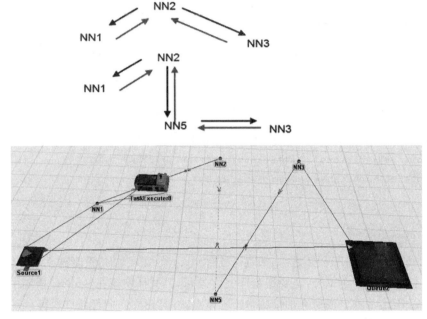

图 5-55　行车路径和模型运行图

5.12　基本传送带及应用

5.12.1　基本传送带概述

基本传送带是一种可以允许临时实体随时随地移进或移出、根据用户定义的逻辑可在上面移动的一种输送机。它是用户进行自定义传送带的起点。

基本传送带具备双向输送临时实体的功能。但是,在给定的时间内,所有临时实体的输送方向必须一致。使用 bcsetdirection()命令可以设置传送带运输方向。

用户可以使用基本传送带中的决策点(Decision Points)选项卡定义更多的传送带逻辑。

这些触发点对应着传送带的同方向的不同位置,主要用来更新临时实体的传送状态,释放临时实体、接收新的临时实体或执行其他的定义传送带行为的逻辑。

5.12.2　案例

该传送带上的货物,首先加速运行到传送带尽头,然后转向回来,至操作员处,由操作员搬运到 Queue 里。模型如图 5-56 所示。

图 5-56　模型布局图

建模和编程步骤如下：

1）对基本传送带 BasicConveyor2 设置参数。

首先在传送带全长上设置 3 个决策点（图 5-57），即：DecisionPoint（在 0 处）、Decision-Point2（在 5 处）、DecisionPoint3（在全长 10 的 9.5 处）、DecisionPoint 设置完成后，在传送带视图上由相应绿色线条显示，设置传送带全长 10（图 5-58），勾选 Use Transport 选项（注：实际上本例中 DecisionPoint2 决策点和其触发器没有应用，只是设置了该点）。

图 5-57　模型运行图

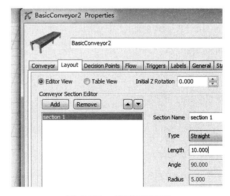

图 5-58　模型运行图

2）在 BasicConveyor2 中 OnReset 触发器编程。

```
1 treenode current= ownerobject(c);
2 receiveitem(current);//打开 BasicConveyor2 的输入端口，准备接收一个临时实体
3 senddelayedmessage(current,0.000001,current);//给基本传送带自身发送一个延迟消息，在
OnMessage 中接收触发。
```

3）在 BasicConveyor2 中 OnMessage 触发器编程。

```
1 treenode current= ownerobject(c);
2 resumeobject(inobject(current,1));//恢复 Sourec 对象，可以发 item
```

3 bcsetdirection(current,1);//设置基本传送带 BasicConveyor2 的 item 流动方向,即//从左向右

4)在 BasicConveyor2 中 OnEntry 触发器中编程。

1 treenode item = parnode(1);

2 treenode current = ownerobject(c);

3 int port = parval(2);

4 //当临时实体进入后,此 OnEntry 触发器被触发。

5 receiveitem(current);//打开 BasicConveyor2 的输入端口,准备接收一个临时实体,注:基本传送带 BasicConveyor2 的特点是:每进入一个临时实体,其输入端口都会自动关闭,再次进入临时实体前,需要用 receiveitem(current)语句打开端口,为下面再进入一个临时实体做准备,这一句不可少。

6 bcsetitemconveystate(current,item,0,0,3,1);//与一般 Conveyor 不同,基本传送带使用前要用命令 bcsetitemconveystate 对基本传送带 basicconveyor 设置状态参数。如:bcsetitemconvey-state(current,item,1,0,1,0)//含义是:起始点在 1 处(即在 1 处开始加速,该处为人站在的位置)、起始速度为 0,目标速度为 1,加速度无限大。此外需要注意的是,上面中 bcsetitemconveystate(current,i-tem,1,0,1,0)语句,一旦执行此语句,item 就开始传送。

7 closeinput(current;//关闭 BasicConveyor2 的输入端口,本案例每次只允许基本传送带上有一个临时实体,即工件。

8 stopobject(inobject(current,1),STATE_STOPPED);//停止与 current(BasicConveyor2)输入端口 1 相连的那个实体对象一切活动,而本例中与 BasicConveyor2 输入端口 1 相连的那个实体是 Source。即:使 Source 进入 STATE_STOPPED 状态,不产生新的临时实体。

5)在 BasicConveyor2 中 OnCover 触发器中编程。

下面对第一个 DecisionPoint(在 0 处)的 OnCover 触发器编程。

1 treenode current= ownerobject(c);

2 treenode item= parnode(1);

3 int decisionpoint= parval(2);

4 double position= parval(3);

5 if(getlabelnum(item,1)= = 1)//得到 item 标签"dire"值是否为 1,如果为 1,说明这个 item 是返回的 item,而不是去的 item,就要让它离开基本传送带,即 receiveitem(item);另外语句:getlabel-num(item,1)与 getlabelnum(item,"dire")功能一样。这里的 1 可以理解为:标签序号为第 1 的标签值。也可以理解为 item 的第一个标签,这里第一个标签就是指"dire"。

9 {

10   releaseitem(item);//释放 item 让它离开基本传送带,让操作员搬运到 Queue 中

11   openinput(current);//打开基本传送带的输入端口,可以接受新的临时实体;

12   senddelayedmessage(current,5,current);//给自身发消息,调用 OnMessage 里的消息触发程序。

注意:OnEntry 触发器和 DecisionPoint(在 0 处)的 OnCover 触发器触发有先后顺序,其先后顺序是:先 OnEntry 触发器,然后是 DecisionPoint(在 0 处)的 OnCover 触发器触发,并哪个触发器先出发,系统就先执行哪个触发器中的代码。

6)在 BasicConveyor2 的 DecisionPoint3(在 9.5 处)OnCover 触发器中编程。

　　当临时实体运行到基本传送带终点时(设置在 9.5 处),该决策点 DecisionPoint3 处 On-Cover 触发器触发,在其触发器中编写如下代码。

```
1 treenode current= ownerobject(c);
2 treenode item= parnode(1);
3 int decisionpoint= parval(2);
4 double position= parval(3);
5 if (! objectexists(label(item,"dire")))//检查 item 是否有标签"dire"
6 {
7 addlabel(item,"dire");//如果没有,添加一个标签"dire",这个标签用于返回标志
8 setlabelnum(item,"dire",1);//设置标签"dire"值为 1,表示该 item 是返回的 item
9 }
10 bcsetdirection(current,0);//设置 BasicConveyor2 的 item 流动方向,即从右向左(返回);
11 bcsetitemconveystate (current,item,bcgetitemposition(current,item),0,1,0.2);
```

　　小技巧:当传送带上同时有很多 item 时,为了重复编写上述代码,可以用下面这段程序对传送带上的所有 item 设置 bcsetitemconveystate 参数。

```
12 for(int i= 1,i< content(current);i+ + )
13 {
14 treenode item= rank(current,i);//得到基本传送带上第一个临时实体 item。
15 bcsetitemconveystate(current,item,bcgetitemposition(current,item),0,1,0.2);
16 }
```

　　7)基本传送带常用命令解释。
　　①receiveitem(obj station [, num port])
　　通知固定资源类的对象 station,打开它的输入端口 port 并且接收一个 flowiitem。
　　②bcsetdirection(obj basicconveyor, num direction)
　　该命令将使传送带上的所有临时实体 flowitems 停下来,并且设置传送方向,1＝向前;0＝相后(相反),另外在所有的临时实体 flowitems 开始再次移动时,还需要利用 bcsetitemconveystate()命令再重新设置传送带的状态。
　　③bcsetitemconveystate(obj basicconveyor, obj item, num startpoint, num startspeed, num targetspeed, num accdec)
　　此命令是 BasicConveyor 固定实体对象的专有命令,BasicConveyor 基本传送带允许 flowitems 在任何时刻、任何地点进入和离开传送带,每一个在 BasicConveyor 上面移动的 flowitems 能够被分配或重新分配它自己的三维动力学外形,能够定义 flowitems 怎样在传送带上移动。在传送带上,当一个 flowitems 将要超过另一个 flowitems 时,后面的 flowitems 或者停下来,或者降低它的移动速度,以一个很低的速度运行,与和运行状况匹配,尽管 flowitems 理论上可以以任何方向沿着 conveyor 传送,但是在给定的时间内,所有的 flowitems 都将沿着相同的方向传送。传送带的传送方向在 bcsetdirection()命令中设置。当一些 flowitems 进入或离开 conveyor 时,conveyor 上的其他 flowitem 将沿着 conveyor 自动地增加或减少相互间可利用的剩余空间,使传送带上的 flowitem 排布均匀。

使 flowitem 进入 BasicConveyor 有两种方法,即:要么使用 receiveitem()间接命令,要么使用 moveobject()直接命令,但不管哪种方法,进入 BasicConveyor 后,都需要定义 flowitem 的初始的运动学模型,定义好的运动学模型作为后面 flowitem 在传送带上的传送状态。而且运动学模型在 bcsetitemconveystate()命令中设置。对于一个 flowitem 来说,它的传送状态可以根据实际需要被多次设置。下面是 bcsetitemconveystate()命令中,相关参数的解释:

basicconveyor ＝基本传送带。

item ＝ 在传送带上传输的 flowitem。

startpoint ＝ 在传送带上 flowitem 被开始测量的起始位置。

startspeed ＝在传送带上 flowitem 开始传送的初始速度。

targetspeed ＝在传送带上 flowitem 传送最后达到的目标速度。如果目标速度比起始速度大,那么 flowitem 将加速一直达到目标速度。否则将减速一直到目标速度。如果 start-speed 和 targetspeed 被设置为 0,那么 flowitem 将被放置在起始点(startpoint),并且不移动。

accdec ＝加速或减速达到目标速度的时间。如果此参数被设置为 0,则意味着加速度或减速度无限大,换句话说,flowitem 将立即达到它的目标速度。

最终目的地的结束速度或终点速度不需要设置,因为 flowitems 沿着 conveyor 运行时,或者运行到传送带末端,或者碰到另一个 flowitem,或者它们的传送状态被再一次改变。Basic-Conveyor 允许在它的全长上有多个"Decision Points"触发点被定义,这些触发点可以便利地放在任何位置,主要用于更新 flowitem 的传送状态。

```
bcsetitemconveystate(current,item,bcgetitemposition(current,item),0,1,0.2);
```

语句的作用是:得到当前在传送带(current)上运行的 item 的位置坐标,即以此位置为运行起点,起始速度为 0,目标速度为 1,加速度为 0.2,然后开始从右向左运行。

④stopobject(obj object, num state [, num id, num priority])

通知指定的实体对象 object 立即停止它正在做的任何事情,进入指定的 state 状态,然后一直等候 resumeobject()被调用,然后恢复原先状态。Stopobject()命令是能够累积的,这意味着对同一对象 Stopobject()如果被调用两次,则 resumeobject()必须也要被调用两次,否则不能恢复到原先操作状态。对于固定资源类实体对象来说,一般的事件被无限期延期,输入和输出被停止,所有的进出实体对象的操作被停止,这意味着 TaskExecuters 任务执行器的装载和卸载工作也停止,然后等待,一直到实体对象被恢复(resumeobject());对于任务执行器 TaskExecuters 来说,事件被延迟,相当于一个具有 100000 优先级的独占任务序列被创建执行,但这个任务序列的任务是 TE_STOP task,如果对同一个实体对象有几个停止请求(Stopobject()),则每一个停止请求状态是不能被系统记忆的,见上面指令,如果一个 object 被 A 实体对象请求停止在 state12,并且后来这个 object 被 B 实体对象请求停止在 state14,那么它将记住 state14 而忘记 state12,即使实体 B 先于实体 A 恢复 object,这个 object 对象将一直保留 state 14 状态,直到所有的 stop 请求被恢复(resumed)。

5.13　统计信息的查看与显示

5.13.1　概述

Flexsim 仿真结果信息显示有两种途径显示。一个是通过 Flexsim 的报表和统计模块显示相关信息,如图 5-59 所示。仿真前在 Reports and Statistics 模块中选择需要仿真的参数,仿真结束后点击 Generate Report 按钮,系统把仿真结果数据以 Excel 报表形式导出来。但是这种方式具有滞后性,不能随时显示相关仿真数据。另一种仿真结果信息显示途径是通过 Flexsim 系统自带的 Recorder 显示实体进行实时显示。

本例为 3 个机床加工不同产品,加工时间不一样,3 个不同类型产品由发生器产生,先进入一个暂存区,然后在不同机床上进行加工,加工完毕后,通过传送带离开生产系统。

利用 Recorder 显示实体实时显示进入暂存区的最大工件数量,每个机床上工件平均停留时间等仿真结果数据。

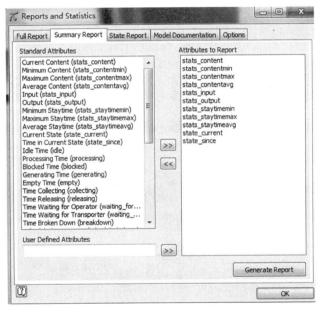

图 5-59　Reports and Statistics 显示界面

5.13.2　建模步骤

1)首先根据要求建立仿真模型。如图 5-60 所示。

2)点击主窗口菜单 Statistics/Object Graph Data/Selected Objects On 选择所选中对象为统计对象。进行统计和显示的对象外面出现绿色方框,如图 5-61 所示。

3)拖放 4 个 Recorder 对象至建模视图中(图 5-62)。

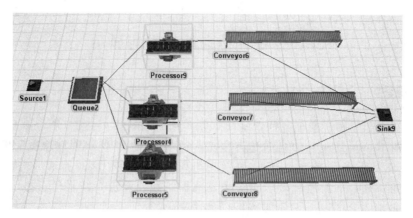

图 5-60　模型视图

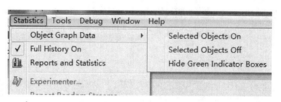

图 5-61　Selected Objects On 菜单

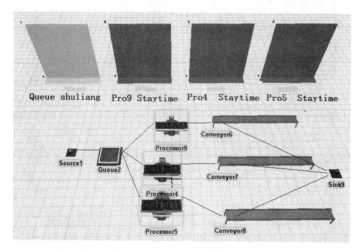

图 5-62　Recorder 对象视图

4）修改 Recorder 对象视图参数。打开透视图，依次打开 Re-
corder 的属性对话框，修改 Visual 选项卡中的 Z 为 8，SX、SY 均
修改为 6，SX 修改为 90，并视情况调整。

5）修改 Recorder 对象显示参数。双击第一个 Recorder 对象，
打开参数对话框见图 5-63，点击按钮"Data Capture Settings"，修
改 Type of Data 为 Standard DataObject Name 为 Processor 1。

Data to capture 为 Staytime，见图 5-64，点击"Next"按钮返回
到 Recorder，对象的参数对话框。

图 5-63　Recorder 参数对话框

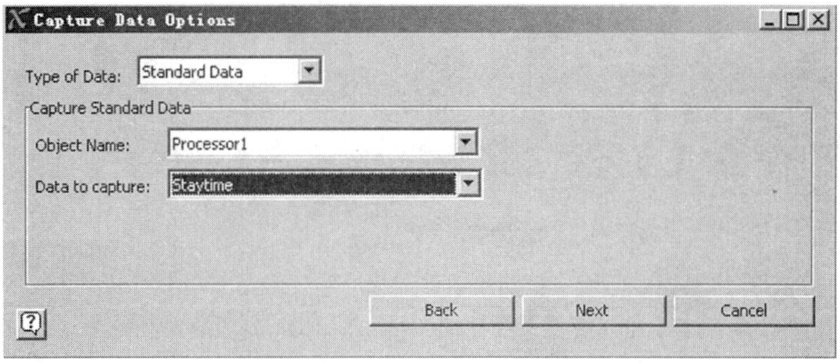

图 5-64　Recorder 显示参数设置

6）修改 Recorder 对象表头（图 5-65）。

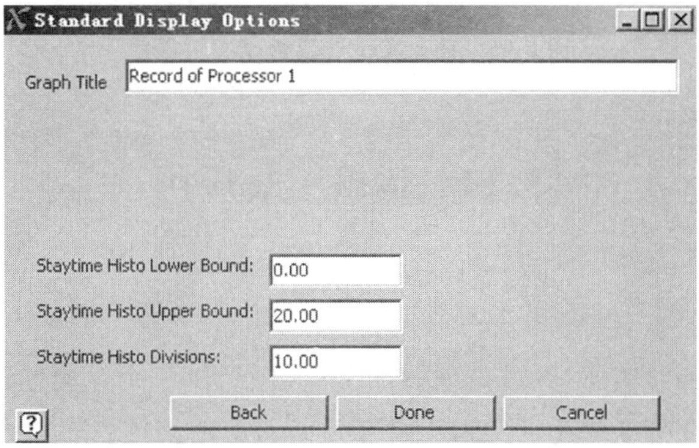

图 5-65　Recorder 表头设置

①点击"Display Options"按钮。

②修改 Graph Title 为 Staytime of Processor 1。

③修改坐标轴参数。

Lower Bound 改为 0

Upper Bound 改为 20

Divisions 改为 10

④点击按钮"Done"退出参数设置依次修改其他两个 Recorder 对象的参数。

注意：Graph Title 设置后，有时不能直接显示，需要保存和按 Reset 键后才显示。

7）保存，重置，运行。见图 5-66，Recorder1 显示实体实时显示进入暂存区 Queue2 的最大工件数量，其余 3 个 Recorder 显示每个机床上工件平均停留时间 Staytime 等仿真结果数据。

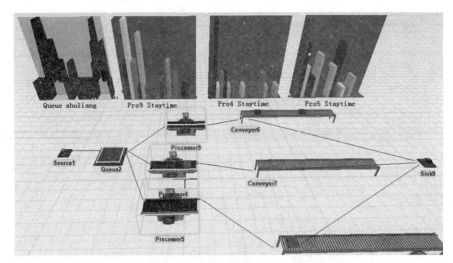

图 5-66　Recorder 仿真数据实时显示

5.14　运输工具应用

5.14.1　概述

发生器产生 3 种临时实体,经过处理器加工后,再经过一个弯曲输送机进入成品暂存区,最后再由运输工具叉车把 3 种不同类型工件搬运到对应的立体仓库储藏。本模型需要改变输送机 1 和 3 的物理布局,使它们的末端弯曲接近暂存区。采用一个全局表作为参考,所有实体类型 1 的临时实体都送到货架 2,所有实体类型 2 的临时实体都送到货架 3,所有实体类型 3 的临时实体都送到货架 1。采用网络节点实体,可以为一个叉车建立一个路径网络,当它从输送机暂存区往货架运输临时实体时使用此路径网络。还要用实验控制器来设定多次运行仿真来显示统计差异,并计算关键绩效指标的置信区间。

5.14.2　建模方法和步骤

1)拖入输送机,并修改输送机 1 和 3 将临时实体输送到离输送机暂存区更近的位置。从输送机暂存区寻径到货架区:使用一个全局表给临时实体指定如下的路径:实体类型 1 到货架 2;实体类型 2 到货架 3;实体类型 3 到货架 1;为叉车设定一个路径网络,沿此网络在输送机暂存区和货架之间行进。为漫游式模型展示生成一个漫游路径。

2)重新配置输送机 1 和 3 的布局。

使用输送机 1 和 3 的参数视窗中的布局分页,改变其布局,使输送机在末端有一个弧段,将临时实体输送到离输送机暂存区更近的位置去(图 5-67 和图 5-68)。至少需要添加一个附加的弧段来实现此目的。注意,第 2 个分段"类型"的值是 2,表示它是一个弧形分段。对于类型 1 的分段,可以使用长度、上升高度和支柱数目等参数。对于类型 2 的分段,可以使用上升高度、弯曲角度、半径和支柱数目等参数。如有兴趣可以在此布局分页中实验创建一些复杂的弯曲和倾斜上升的布局。

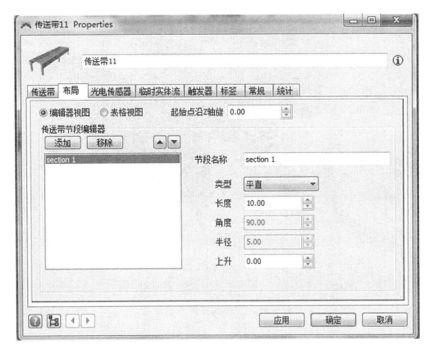

图 5-67　添加分段来重新配置输送机 1 和 3

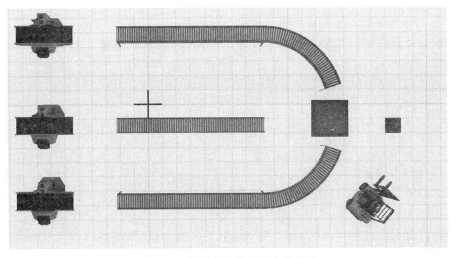

图 5-68　配置好输送机后安排布局

3)给模型添加 3 个货架。

在库中选择货架实体,往模型中拖放 3 个货架。模型中放入货架后,创建从输送机暂存区到每个货架的端口连接,方法是按住"A"键,然后从这个暂存区到每个货架进行点击拖动操作(图 5-69)。

将货架放置离暂存区有足够的距离,以便让叉车在到达货架时需要行进一定的距离。

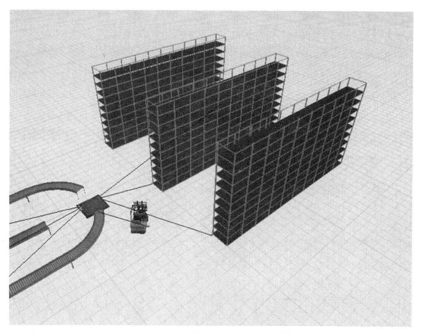

图 5-69　添加到模型中的货架

4)设定用来安排临时实体从暂存区到货架路径的全局表。

下一步是设定一个全局表,用来查找每个临时实体将被送到哪个货架(或者,更确切地表述为,临时实体将从输送机暂存区的哪个输出端口发送出去)。这里假设条件是,输出端口 1连接到货架 1,输出端口 2 连接到货架 2,输出端口 3 连接到货架 3。本模型将把所有实体类型为 1 的临时实体送到货架 2,所有实体类型为 2 的临时实体送到货架 3,所有实体类型为 3 的临时实体送到货架 1。

下面是设定一个全局表的步骤:

①在工具栏中选择全局表按钮。

②打开全局建模工具视窗后,按全局表旁边的按钮。全局表的下拉菜单中将会出现默认的表名称。

③选择按钮来设定此表。

④在全局表参数视窗中,将表的名称改为"rout"。

⑤设定此表有 3 行 1 列,然后点击"应用"按钮。

⑥将 3 行分别命名为 item1、item2 和 item3,然后填入相应的临时实体要被送到的输出端口号(货架号)。

⑦选择视窗底部的"确认"按钮。选择全局建模工具视窗底部的"关闭"按钮。

现在,已定义了全局表,可以设置暂存区上的"送往端口"选项。

5)设置输送机暂存区上的"送往端口"选项。

在输送机暂存区上双击打开其产生视窗。选择临时实体流分页。在"送往端口"下拉菜单中,选择"By Lookup Table(通过查表)"选项。选择了查表选项后,选择"代码"模板按钮。编辑模板来使用叫作"rout"的表(图 5-70)。

选择确认按钮关闭模板视窗,然后选择确认按钮来关闭参数视窗。

6)编译、重置、保存和运行。

到现在为止,最好编译、重置、保存一下模型,然后运行模型来验证对模型的改动。模型应该显示用叉车往货架中搬运临时实体,送往的货架的选择基于在全局表中定义的实体类型。

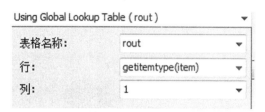

图 5-70　编辑代码模板来使用名为"rout"的表

7)为叉车添加网络节点来为叉车开发一条路径。

网络节点用来为任何任务执行器实体,如运输工具、操作员、堆垛机、起重机等,开发一个路径网络。在前面几课中,已经采用过操作员和运输工具来在模型中任意运输临时实体。到此为止,任务执行器可以在模型中在实体之间的直线上自由地移动。现在,当叉车在从输送机暂存区到货架之间运输临时实体时,想将叉车的行进限制在一个特定的路径上。下面的步骤用来设定简单的路径。

①在输送机暂存区和每个货架旁边拖放添加网络节点。这些节点将在模型中成为捡取点和放下点(图 5-71)。可以在这些节点之间添加附加节点,但是并没有必要这样做。

②按住"A"键,在每个网络节点之间点击拖动一条连线,可以将这些网络节点彼此连接起来(图 5-72)。建立连接后将会显示一条绿色的连线,表示这两个节点之间的路径在两个方向上都是可以通行的。

③给输送机暂存区连接一个节点,并给 3 个货架的每一个都连接一个节点。必须这样做,叉车才能知道与模型中每个捡取和放下地点相连的是哪一个网络节点。此连接也是用按住键盘"A"键,然后在网络节点和实体之间点击拖动一条连线的方式来实现。正确建立了连接后将显示一条细蓝线(图 5-73)。

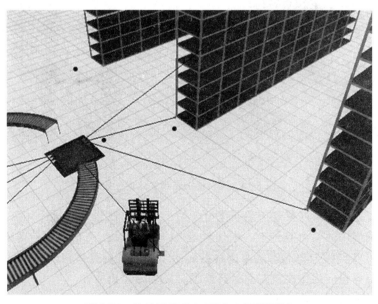

图 5-71　拖放网络节点(黑色点)到模型中

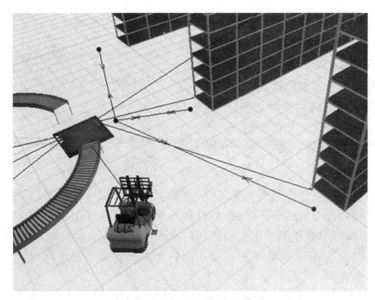

图 5-72　网络节点之间的连接

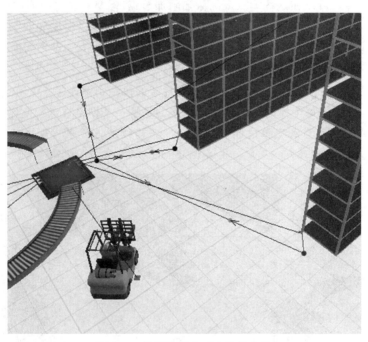

图 5-73　从网络节点到实体的连接

　　④最后一步是将叉车连接到节点网络上。为了让叉车知道它必须采用路径行进，必须把它连接到路径网络中的某个节点上。按住键盘"A"键，然后在叉车到一个网络节点之间进行点击拖动操作可以实现连接。建立连接后将显示一条红色的连线（图 5-74）。所选择的连接到叉车的那个节点将成为每次重置和运行模型时叉车的起始位置。

　　8）编译、重置、保存并运行模型。

　　现在，可以编译、重置、保存，然后允许模型来查看叉车是否在使用路径网络。

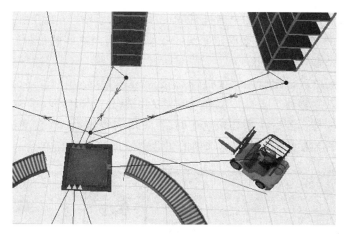

图 5-74　将叉车连接到网络节点

9)关于偏移的一点说明。

在模型运行的时候,可以注意到,在捡取和放下临时实体时,叉车会行进离开网络节点。这是选择了叉车参数中的"装卸时采用行进偏移"选项的结果(图 5-75)。

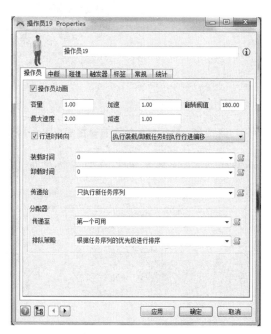

图 5-75　选择了装卸时采用行进偏移选项

偏移被叉车用来进行定位到模型中需要捡取或者放下临时实体的位置。这可以使叉车行进到暂存区内来捡取一个临时实体,并行进到特定的货架单元并放下临时实体。如要强制叉车待在网络节点而不离开路径网络,只要不选中行进偏移复选框就可以了。

10)路径样条线节点。

注意,当连接了两个网络节点时,显示一条绿色连接线。在连线的中间有一个样条线节点。可以添加附加的样条线节点,并随意移动这些节点来形成路径上的复杂的弯曲、转弯和斜坡。路径样条线节点带来了极大的灵活性,同时也减少了建立复杂路径所需要的网络节点数。路径网络自动采用 Dyjkstra 算法来确定网络中任意两个节点之间的最短路径。

11)使用报告来查看输出结果

如要在 Flexsim 中获得相应的特征报告,就必须在模型中选中想要包含在报告中的实体。在运行结束后可以获得报告。要选中实体,可以按住键盘"Shift"键,然后用鼠标拖动一个选择框包围要报告的实体。当一个实体被选中时,在它周围将显示一个红色方框(图 5-76)。也可以按住"Ctrl"键并点击实体来实现向选中的集合中添加和移除实体。

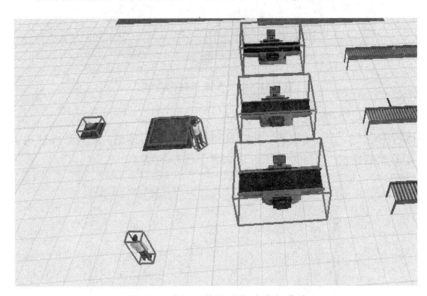

图 5-76 选择实体使它包含在报告中

选择了想要进行报告的实体后,选择菜单选项"统计＞标准报告"(图 5-77)。

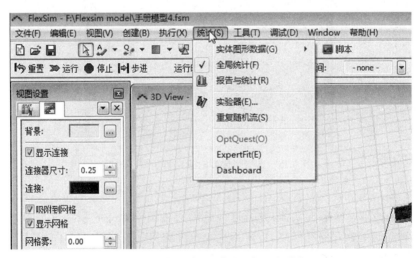

图 5-77 菜单选项"统计＞标准报告"

选择了此选项后,将会看到 Standard Report Setup(标准报告设置)视窗(图 5-78)。

图 5-78　Standard Report Setup 视窗

按生成报告可以生成一个基本报告(图 5-79)。如果只需要生成关于所选实体的报告,就不要选择"整个模型的信息报告"复选框。如果需要向报告中添加其他的属性,可以在此界面中添加。报告将输出到一个 csv 文档,并自动用 Excel 显示,或者用用户机器上所默认的用来显示 csv 文档的应用程序来显示。

	A	B	C	D	E	F	G	H	I	J	K	L	M
1	Flexsim Summary Report												
2	Time:	0											
3													
4	Object	Class	stats_cor	stats_cor	stats_cor	stats_cor	stats_inp	stats_out	stats_st	stats_st	stats_st	state_cur	state_since
5	发生器3	Source	0	0	0	0	0	0	0	0	0	5	0
6	暂存区4	Queue	0	0	0	0	0	0	0	0	0	6	0
7	处理器5	Processor	0	0	0	0	0	0	0	0	0	1	0
8	处理器6	Processor	0	0	0	0	0	0	0	0	0	1	0
9	处理器7	Processor	0	0	0	0	0	0	0	0	0	1	0
10	传送带8	Conveyor	0	0	0	0	0	0	0	0	0	6	0
11	传送带9	Conveyor	0	0	0	0	0	0	0	0	0	6	0
12	传送带10	Conveyor	0	0	0	0	0	0	0	0	0	6	0
13	暂存区11	Queue	0	0	0	0	0	0	0	0	0	6	0
14	货架12	Rack	0	0	0	0	0	0	0	0	0	1	0
15	货架13	Rack	0	0	0	0	0	0	0	0	0	1	0
16	货架14	Rack	0	0	0	0	0	0	0	0	0	1	0
17	任务分配	Dispatche	0	0	0	0	0	0	0	0	0	1	0
18	叉车17	Transport	0	0	0	0	0	0	0	0	0	1	0
19	操作员19	Operator	0	0	0	0	0	0	0	0	0	1	0
20	操作员20	Operator	0	0	0	0	0	0	0	0	0	1	0
21	吸收器68	Sink	0	0	0	0	0	0	0	0	0	7	0

图 5-79　基本报告

选择菜单选项"统计＞统计报告"可以创建统计报告。这将生成一个包括模型中所有选定实体的状态报告(图 5-80)。

Object	Class	idle	processir	busy	blocked	generatir	empty	collectir	releasing	waiting f	waiting f	breakdowr	schedulec
Flexsim State Report													
Time:	1443.378												
发生器3	Source	0.00%	0.00%	0.00%	0.00%	100.00%	0.00%	0.00%	0.00%	0.00%	0.00%	0.00%	0.00%
暂存区4	Queue	0.00%	0.00%	0.00%	0.00%	0.00%	13.26%	0.00%	64.57%	0.00%	22.17%	0.00%	0.00%
处理器5	Processor	26.61%	22.86%	0.00%	0.00%	0.00%	0.00%	0.00%	0.00%	11.35%	16.32%	0.00%	0.00%
处理器6	Processor	42.35%	34.64%	0.00%	0.00%	0.00%	0.00%	0.00%	0.00%	0.00%	23.01%	0.00%	0.00%
处理器7	Processor	43.48%	33.26%	0.00%	0.00%	0.00%	0.00%	0.00%	0.00%	0.00%	23.26%	0.00%	0.00%
传送带8	Conveyor	0.00%	0.00%	0.00%	0.00%	0.00%	63.90%	0.00%	0.00%	0.00%	0.00%	0.00%	0.00%
传送带9	Conveyor	0.00%	0.00%	0.00%	0.00%	0.00%	66.05%	0.00%	0.00%	0.00%	0.00%	0.00%	0.00%
传送带10	Conveyor	0.00%	0.00%	0.00%	0.00%	0.00%	46.98%	0.00%	0.00%	0.00%	0.00%	0.00%	0.00%
暂存区11	Queue	0.00%	0.00%	0.00%	0.00%	0.00%	4.89%	0.00%	0.00%	0.00%	95.11%	0.00%	0.00%
货架12	Rack	100.00%	0.00%	0.00%	0.00%	0.00%	0.00%	0.00%	0.00%	0.00%	0.00%	0.00%	0.00%
货架13	Rack	100.00%	0.00%	0.00%	0.00%	0.00%	0.00%	0.00%	0.00%	0.00%	0.00%	0.00%	0.00%
货架14	Rack	100.00%	0.00%	0.00%	0.00%	0.00%	0.00%	0.00%	0.00%	0.00%	0.00%	0.00%	0.00%
任务分配	Dispatche	100.00%	0.00%	0.00%	0.00%	0.00%	0.00%	0.00%	0.00%	0.00%	0.00%	0.00%	0.00%
叉车17	Transport	4.23%	0.00%	0.00%	0.00%	0.00%	0.00%	0.00%	0.00%	0.00%	0.00%	0.00%	0.00%
操作员19	Operator	10.71%	0.00%	0.00%	0.00%	0.00%	0.00%	0.00%	0.00%	0.00%	0.00%	0.00%	0.00%
操作员20	Operator	15.42%	0.00%	0.00%	0.00%	0.00%	0.00%	0.00%	0.00%	0.00%	0.00%	0.00%	0.00%
吸收器68	Sink	0.00%	0.00%	0.00%	0.00%	0.00%	0.00%	100.00%	0.00%	0.00%	0.00%	0.00%	0.00%

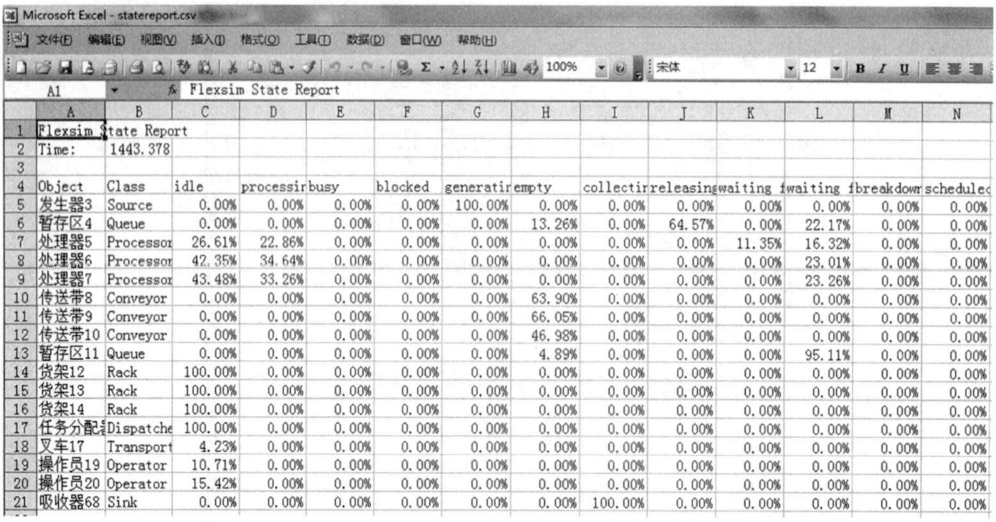

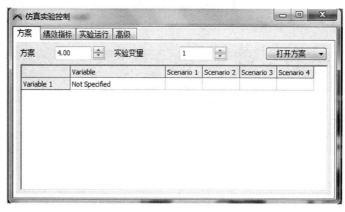

图 5-80　状态报告

12)使用实验控制器进行多次允许

要获取 Flexsim 的实验控制器,可以选择主视窗右底部的实验控制器按钮。按下按钮后,将出现 Simulation Experiment Control(仿真实验控制)视窗(图 5-81)。

图 5-81　Simulation Experiment Control 视窗

Simulation Experiment Control 视窗用来设定一个特定模型的多次重复运行和一个模型的多个场景运行。当运行多场景时,可以声明几个实验变量,然后每个场景下想要运行的各个变量的取值。将会计算并显示在绩效指标分页中定义的每个绩效指标的置信区间。

5.15　GUI 原理及应用

5.15.1　GUI 概述

用户可以使用 GUI 为模型或实体创建自己的窗口界面。通过这个界面,用户可以随意地和模型、实体进行交互。GUI 的主要作用如下:①控制 Flexsim 模型及实体的各种属性、变量;②显示 Flexsim 模型及实体的各种统计数据;③满足各种用户对图形窗口的特有需求。此外利用 GUI 即使不了解 Flexsim、不理解代码的人也能操作或控制模型,在软件测试时能够节约大量的测试时间。方便使用,可将大量信息集中在一个地方,软件具有更加专业的外观。创建程序的 GUI 步骤很简单:通过工具—GUI(G)—添加(图 5-82),可以新建一个 GUI 创建器,这时就会弹出 2 个窗口:GUI 生成器(图 5-83)和 GUI 画布(图 5-84)。

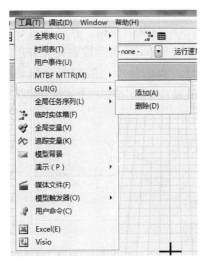

图 5-82　新建 GUI

图 5-83　GUI 生成器

5.15.2　GUI 创建器界面

在 GUI 生成器窗口里主要是一些创建 GUI 所用的控件和属性。

可以在 GUI 生成器窗口里拖动需要的控件到 GUI 画布上。如拖动静态控件 static 到画布。

此外,在 GUI 生成器窗口下面有控件属性选择,这些属性是创建和使用控件时所需要的所有属性。包括有常用属性和专用属性。其中常用属性是指控件常用到的属性。专用属性是指当我们拖动一个控件到画布后,在画布里点击这个控件就会在 GUI 生成器窗口下面出现这个控件的专用属性。

在 GUI 生成器窗口右上方有查看属性、查看结构、无更新三个按钮选项,其作用是:当点击查看属性按钮时就会展开选择的那个控件的所有属性;当点击查看结构按钮时,如果此控件还有子部件,则控件的子部件也会展开。把所需控件拖入画布后,我们可以在画布中改变这个控件的名称、位置和大小。

所有属性—显示所有用于创建 GUI 界面的属性;

图 5-84　GUI 画布

常用属性—GUI 界面中常用的属性列表；

专有属性—专用于被选中控件的属性；

查看属性—查看当前选中的视图的属性查看结构—查看当前选中的视图的结构无更新—当你在 GUI 画布中点击控件时,不更新 GUI 编辑器。

5.15.3　GUI 和树节点链接

要想通过控件来控制实体的属性,我们就必须要把控件和实体属性链接起来,而这必须要对树结构非常熟悉。即:需要穿过 GUIs 树结构,获得属性节点需要的数据。在链接过程中我们要经常使用一些命令:如:我们拖动 1 个 edit6 控件到画布中,点击 edit6 控件在其专用属性中出现 coldlink(冷链接)和 hotlink(热链接)两个专用属性。我们从专用属性窗口拖动一个 coldlink 到 edit6 控件树上(按住不动拖曳),就会在 edit6 的属性下面出现一个 coldink 子节点属性(图 5-85)。

图 5-85　edit6 子节点 coldlink 属性

点击 coldlink 子节点,在右边窗口出现一串字符串:@＞objectfocus＋＞variables/variablename,该段字符串指明一个路径。其含义如下:

①objectfocus—指定一条到达某个实体的路径,路径应该包含文本数据,到达包含所需信息的节点。

②热链接/冷链接—它是一种实现与模型中某个节点链接的属性。热链接将会随着模型中值的变化,连续更新它的文本区。而冷链接只有当打开窗口,设置值,并且只有当点击应用按钮后,它才能获取此值。如:打开 GUI 窗口,在编辑控件中输入参数,再按应用按钮,这个参数值才会生效。如果是热链接,在其文本区这个值会随着模型运行,这个值在动态地变化。一般来说,在运行模型前往往要输入一些参数,这些参数的输入可以用冷链接,即输入后,按确定按钮,这些参数就设置到模型系统中。而模型输出往往是一些变化的结果,因此模型数据输出往往用热链接,需要随时更新模型输出数据。此外,输出图标也用热链接,因为这些图标随着模型运行,也在发生着变化。Flexsim 模型中很多实体的统计属性页中的输出数据都是热链接做的。再如:暂存区的最大容量在程序运行前就要设置好,是冷链接做的。

—字符串示例:@＞objectfocus＋＞variables/variablename

—Hotlink 示例:处理器的统计选项卡上,实体的容量统计则是热链接的示例。

—Coldlink 示例：处理器选项卡上，最大容量则是冷链接的示例。

③Hotlinkx/Coldlinkx—和上面的相似，但是需要使用脚本创建链接，而不使用字符串。即编写一段代码，然后返回一个节点，这个节点就是要链接的节点。

代码：return(node("@＞objectfocus＋",c));

链接到什么节点？ 链接到的节点应该包含你想要的值。 如：

①各类参数：如速度、最大容量，加工时间。

MAIN：/project/model/obj_name＞variables/maxcontent；

@＞objectfocus＋＞variables/maxspeed。

②标签： @＞objectfocus＋/obj_name＞labels/label_name。

③全局表：MAIN：/project/model/Tools/GlobalTables/Table_name＞variables/data。

④标签表、状态图。

穿过树结构：使用链接属性时或者在函数中定义字符串路径（例如 node()）时，以下符号非常有用。穿过树结构的起点就是路径所在的节点；

@：指向当前节点的根节点。通常指自定义的 GUI 窗口；

＞：指向节点的属性树。就像节点变高亮时，它左边出现的符号；

＋：读取节点的文本，并将该文本作为指向实体的路径；

/：到达节点的子节点（子结构树）；

..：到达节点的父节点。具体引用见表 5-1。

表 5-1　引用树

代码	返回
c	combobox11
itemcurrent(c)	itemcurrent
node("＞itemcurrent",c)	itemcurrent
ownerobject(c)	panel4
node("..",c)	panel4
node("../../panel5/ortho12",c)	ortho12
ownerview(c)	GUI 2
node("@",c)	GUI 2
node("@＞toolwindow",c)	toolwindow
node("@/tabcontrol2/panel3/1",c)	edit6
node("../../3/1",c)	ortho12
node("@/button8",c)	button8
node("@＞objectfocus＋",c)	model

（1）GUI 生成器菜单

1）选中实体使用此 GUI。

此选项将模型中被选中实体的 guifocusclass 属性引用指向这个 GUI。

2）复制当前 GUI 到选中实体。

此选项将会完全复制 GUI，将其保存在每个被选中的实体中。

（2）添 GUI 至当前用户库

作为可以拖动的图标—它将以图标的方式显示在用户库中。

并可以通过拖动的方式将其添加至其他的模型中，拖动的同时，GUI 将会被添加至模型的工具箱中。

作为自动安装的组件—GUI 将会添加至用户库中，但是不会显示在库中。它是作为组件添加至库中的，且当用户库被装载时，自动安装到模型中。

（3）将 GUI 分配给控制按钮

选择此选项，点击 Flexsim 主工具栏中的"控制"按钮时，就可以直接打开此 GUI。

（4）默认 GUI

工具栏中的"俯视视图"和"透视图"按钮通过此菜单定义后，可以直接打开创建的 GUI。选择"返回俯视图/透视图原始 GUI"选项，即可通过点击俯视图/透视图按钮，返回其原始 GUI。

（5）网格

用户可以使用此菜单设置 GUI 画布是否与网格对齐，和网格的大小。

5.15.4 案例背景

发生器产生四种不同产品，这些产品先进入到一个暂存区暂存，然后每种产品在不同机床上加工，加工完毕后，需要在检测台上去检测是否合格。合格的产品进入仓库（吸收器），不合格的产品从传送带进入机床的暂存区，然后重新在机床上再加工，布局见图 5-86。

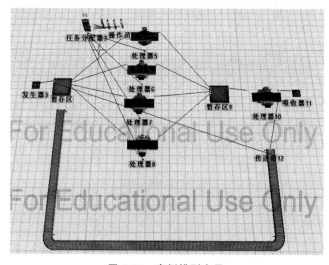

图 5-86 案例模型布局

5.15.5　操作步骤

1)新建一个 GUI2,然后在 GUI 生成器中拖入一个 tabcontrol 到画布上,并拖曳调整大小最大化,把它作为不同面板的一个容器,管理多个面板,因为后面需要多个面板既要显示数据,又要显示图形。然后拖入一个面板 panel 进入画布,并把这个面板的名称改为"数据",数据一般有输入和输出两种,然后再拖入一个组合框 groupbox 进入画布,调整大小。把它的名称改为"输入数据"。改完后,点击画布上的 groupbox 框,该 groupbox 就显示为"输入数据"。然后拖入一个组合框 groupbox 进入画布。然后把它的名称改为"输出数据"。改完后,点击画布上的 groupbox 框,该 groupbox 就显示为"输出数据"。group-box 在这里作为容器来用,因此这里只改变大小和名称,其

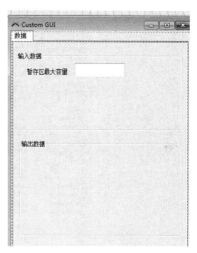

图 5-87　GUI 画布布局

他不用设置。拖入一个静态文本框 static 到画布,用来静态显示输入的是什么数据。本例中要把"暂存区最大容量"作为输入数据,改变 static 名称为"暂存区最大容量"。改好后画布上名称未改变,按"F5"键刷新,画布上 static 就显示出新改变的名称。再按"F5"又回到可以编辑的状态(如果不行就关闭重新打开 GUI)。再拖入一个编辑控件 edit 到画布,排布在"暂存区最大容量"右侧处,见图 5-87。我们下一步要把它和暂存区的最大容量节点链接起来。在 GUI 生成器图中展开这个编辑控件 edit 的树节点,查看它的编辑属性。由于这个 edit 在本例中是个输入数据,所以我们要在它的属性里添加一个冷链接。在专用属性区中拖入一个冷链接 coldlink 到这个 edit 属性树节点下面,如图 5-88 所示。

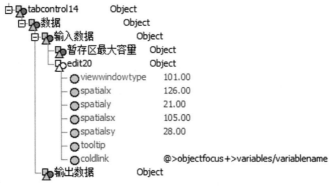

图 5-88　edit 树节点

coldlink 节点右侧有一行文本,这是一个链接路径,是一个指向(默认自带一个路径)。点击 coldlink 节点,可以对其路径进行编辑。在本例中,我们要改变这个链接路径代码,使它指向暂存区的最大容量的那个节点。这个节点要在 Flexsim 的树结构中去找。打开 Model 树,找到暂存区节点,展开暂存区属性 variables,暂存区最大容量 maxcontent 在 variables 子节点下面。

@符号表示 GUI 节点,通过@可以找到 GUI 节点,展开 GUI 属性,>该符号表示 GUI 下

面子节点,objectfocus 表示 GUI 下面的子节点。＋表示读这个节点的文本,即读 objectfocus 节点的文本,本例中其文本为:MAIN:/project/model,意味着通过@＞objectfocus＋就可以找到模型中要找的节点。剩下的就是修改@＞objectfocus＋＞后面的内容使之指向暂存区的最大容量子节点。即把冷节点默认语句:@＞objectfocus＋＞variables/variablename 修改为:

@＞objectfocus＋/暂存区＞variables/maxcontent,即可找到模型中暂存区的最大容量子节点,这样就把编辑控件 edit 和模型中暂存区的最大容量子节点链接在一起了(见图 5-89)。

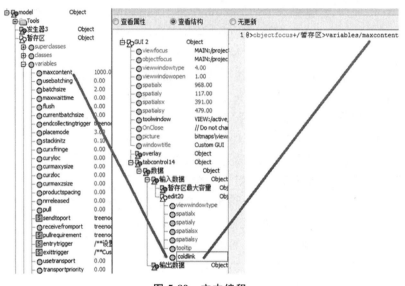

图 5-89　文本编程

点开的节点如果是＋号,则语句用斜杠/表示展开下一级,如果展开的节点是大于号＞,则在语句中用＞表示展开下一级。如下面语句@＞objectfocus＋/暂存区＞variables/maxcontent 含义是:用加号＋点开模型 model 的暂存区,用＞展开暂存区中的变量 variables,再用点击加号＋展开 maxcontent。或者更简单的理解是用语法:@＞objectfocus＋即可找到模型中 model 节点。剩下的子节点再用语句一级一级指向。链接完成后,可以检验是否链接正确,方法是:按 F5 刷新,则画布中 edit 控件会显示 model 中暂存区设置的最大容量 1000。要注意的是路径后面不能有空格。

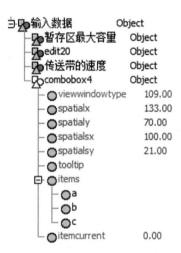

图 5-90　combobox 组合框节点

2)下面设置模型中传送带的速度:再拖入一个静态文本框 static 到画布,把它名字改为"传送带的速度",同时再拖入一个下拉组合框控件到画布,排布在"传送带的速度"右侧,用于传送带速度的输入。本例中传送带的速度是可选的,如 2、4、6 等,不用输入。因此这里不用 edit 控件。而是拖入一个下拉组合框 combobox 到画布。在 GUI 生成器中展开 combobox 组合框节点,可以看到在其子节点 items 下面有默认的三个下拉选项 a、b、c(见图 5-90),我们可以改变这些节点数值,把它们改为 2、4、6。选中 combobox 组合框,然后从其专用属性中拖入

OnSelect 节点到 GUI 生成器中。拖入后把其默认代码删去，然后在其中编写代码，把它和传送带的速度链接起来。其代码如下：

```
treenode item1= itemcurrent(c);
```

括号中的 c 表示拖入画布，现在正在编程的组合框，上述语句表示得到组合框 combobox4 中的 itemcurrent 子节点。该语句在组合框 combobox4 下面节点子节点 OnSelect 中写的，所以(c)代表组合框

int item_num= getnodenum(item1);//得到子节点 itemcurrent 数值，需要注意的是：当选中下拉组合框中第一个选项时，itemcurrent 子节点数值为 1，即 item_num= 1；当选中下拉组合框中第二个选项时，itemcurrent 子节点数值为 2，即 item_num= 2；当选中下拉组合框中第三个选项时，itemcurrent 子节点数值为 3，即 item_num= 3；treenode con= node("/传送带 12",model());

//得到模型中传送带的节点，后面可以对传送带进行操作。

treenode speednode= var_s(con,"speed");

//得到传送带 12 下面变量"speed"子节点。

if(item_num= = 1)

//如果选择的是组合框第一项，则 item_num 等于 1

setnodenum(speednode,2);

//把 2 设置到变量"speed"中。

if(item_num= = 2)

//如果选择的是组合框第二项，则 item_num 等于 2

　setnodenum(speednode,4);

//把 4 设置到变量"speed"中。

if(item_num= = 3)

//如果选择的是组合框第三项，则 item_num 等于 3

setnodenum(speednode,6);

//把 5 设置到变量"speed"中。

注意：如图 5-91 所示 items 节点下面 3 个子节点上有改过的数值：2、4、6，这些数值只是当选择下拉列表框中，在下拉列表框中出现的数值，并不是 setnodenum 语句后面的 2、4、6，而执行后者可以改变模型中相关变量。最后按"F5"键，进行刷新。

3)建立一个输入全局表(图 5-92)

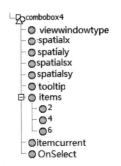

图 5-91　Onselect 节点选择

图 5-92　输入全局表

该全局表有设备加工时间和操作工人数量,模型运行时可以读全局表中的值,从而对模型参数进行设置。下面把 GUI 和这个全局表链接起来。在输入数据框中拖入一个 table 控件,名称为 table3,调整它的大小,如图 5-93 所示的 table 布局图和图 5-94 所示的 GUI 树结构。

图 5-93　table 布局图

图 5-94　GUI 树结构

展开 table3 的属性,要把它和全局表链接起来。展开 table3 节点,点击下面的 viewfocus 节点,该节点包含一个路径。这个路径是指向全局表的。在该节点文本里编写如下路径代码:
MAIN:/project/model/Tools/GlobalTables/输入>variables/data;这段代码解释如下:

MAIN:/project/model:找到模型中的 model

MAIN:/project/model/Tools/GlobalTables/输入:要找的"输入"全局表在工具 Tools 下面的 GlobalTables 节点下面,其数据 data 在"输入"全局表属性变量 variables 下面。其层次关系见图 5-96 "输入"全局表树结构。

4)"输入"数据是用冷链接做的,因此必须添加一个按钮,当按钮按下后表中数据才能生效。

在画布上的数据输入区拖入一个 button 按钮控件,把它的名字修改为"确定"。给这个按钮添加一个属性 apply,从专用属性区拖进来。见图 5-95。点击 GUI Option(GUI 选项),选择:将 GUI 分配给控制"按钮",即可将"输入"数据区的控件数据全部一一对应地设置到 model 中各实体参数中,至此,输入数据 GUI 全部建成。点击模型中:视图—>模型控制 GUI,即打开建好的可运行的模型 GUI,见图 5-97。在 GUI 上输入相关数据,点击"确定"按钮,查看相关输入数据是否已经设置到模型各实体对象中去了。注意:修改 GUI 中表格控件中的"加工时间"和"操作员数量"数值,最后改变的是"输入"全局表中的数值。

图 5-95　"确定"树结构

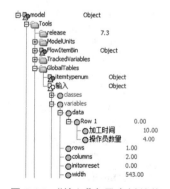

图 5-96　"输入"全局表树结构

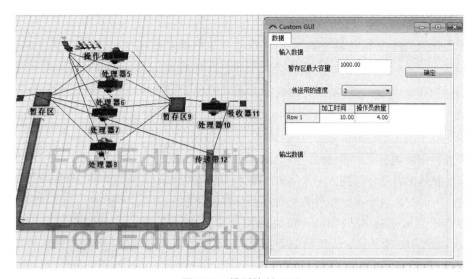

图 5-97　模型控制 GUI

5）建立"输出"数据 GUI。

统计进入系统的产品数量。先拖入一个静态控件 static，改名称为"系统输入"，再拖入一个编辑控件 edit，用于显示输入系统的产品是多少。我们再给这个编辑控件拖入一个热链接"hotlink"的属性进来。编辑控件要热链接的控件是模型中发生器的输出那个节点。在热链接"hotlink"文本中编写代码：MAIN：/project/model/发生器 3＞stats/throughput/stats_output

上述代码指向了发生器 3 的输出子节点（图 5-98）。

动态地把暂存区的最大容量显示出来，看看这个最大容量设置得是否合理？

给暂存区设置一个标签，用来统计暂存区的最大容量，如图 5-99 所示。下面把这个标签和 GUI 链接起来即可。

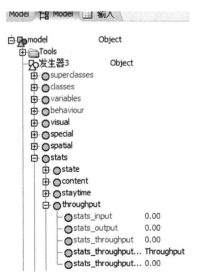

图 5-98　发生器 3 的输出子节点

图 5-99　暂存区标签设置

6）暂存区标签和 GUI 链接

在暂存区离开触发器中编写如下代码，统计当工件离开暂存区后，暂存区最大容量。

```
int max_content= getnodenum(stats_contentmax(current));
setlabelnum(current,"最大容量",max_content);
```

stats_contentmax 为暂存区下 content 的子节点，其节点树结构见图 5-100。下面就把暂存区标签统计值和 GUI 链接起来，方法如下：

在输入数据区再拖入一个静态控件 static，把它的名字改为暂存区实际最大容量。再拖入一个 edit 编辑控件，用来显示最大容量。下面要把这个编辑控件和暂存区的标签链接起来。

从专用属性区中拖入 hotlinkx 到编辑控件节点中。点击 hotlinkx，显示出其中的默认代码如下：

```
return(node("@ > objectfocus+ ",c));
```

hotlinkx 它是通过一段代码返回一个节点。与 hotlink 的文本找节点方式不同。

修改这段代码，让它返回暂存区的标签。

```
treenode queue= node("/暂存区",model());
treenode lable_node= lable(queue,"最大容量")
return(lable_node);
```

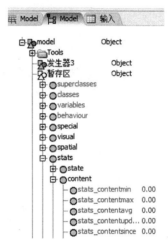

图 5-100　stats_contentmax 树结构

上述第一行是找到暂存区，第二行是找到暂存区的标签节点，第三行是返回节点。

链接完成后，按 F5 刷新，看编辑控件里是否有数字，没有数字表示程序有问题。

7）统计合格产品和不合格产品数量

点击检验处理器 10，打开标签属性，选中 outnum 标签后，点击标签表格，就会出现一个含有"合格产品数量"和"不合格产品数量"的标签表格，见图 5-101。下面要把这个标签表格和 GUI 的输出相链接。

图 5-101　处理器 10 标签表格

选中标签属性,右键单击－＞View－＞Explore structure 会打开一个树编辑窗口。见图 5-102注意鼠标点击在"设置尺寸"下面一点空白处。

打开树结构后,把最后一个节点"labeltableview"红选,即:选中 labeltableview 节点后,按右键－＞Edit－＞Select,即可红选。再按 Ctrl＋C 复制这个选中节点。

下面再打开 GUI 树结构,展开后选中"输出数据"这个节点,并黄选,然后按"Ctrl＋V",把刚才那个节点"labeltableview"复制过来,见图 5-103。

然后按 F5 刷新,在 GUI 画布上就会显示标签表格,见图 5-104。

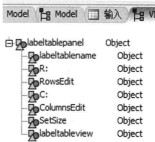

图 5-102　标签表格树结构

图 5-103　节点复制后的 GUI 树结构

图 5-104　新 GUI 画布

展开节点"labeltableview",点击其下面第一个子节点 viewfocus,在其节点中也是一串文本,该文本指向一个路径。我们在这里改变代码,把它和处理器 10 链接起来。

编写代码如下:@＞objectfocus＋/处理器 10＞labels/1

注意:该语句 labels 后面的 1 表示处理器 10 的第 1 个标签。1 也可以用标签名字代替,然后点击画布,画布上输出数据框中就显示出标签表格(图 5-105)。

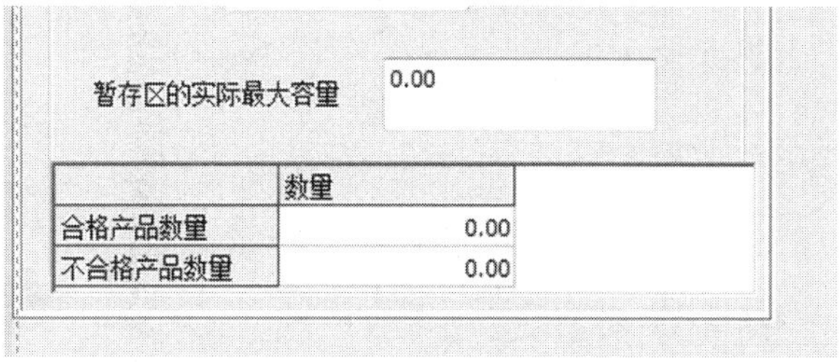

图 5-105　GUI 画布上标签表格

设置完成后,关闭 GUI,打开视图—＞模型控制 GUI,在数据输入区输入数据,按"确定"按钮,然后运行程序,观察 GUI 上输出数据变化(图 5-106)。

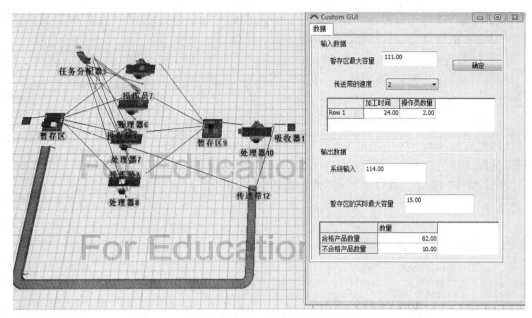

图 5-106   模型界面

5.15.6   关键代码

1)在任务分配器 3 中重置触发器中编写设置操作员数量代码。

在 GUI 中可以设置操作员数量,即是一个操作员工作,还是两个或 3 个操作员工作。其操作步骤和流程如下:①通过 GUI 设置改变"输入"全局表中操作员数量设置。②在任务分配器 3 中重置触发器中编写程序,先读取"输入"全局表中操作员数量,根据数量编写代码,通过打开或关闭端口、隐藏或显示操作员,进行视觉上和实际上对操作员工作数量的控制。

```
treenode current =  ownerobject(c);
int output_num= nrop(current);
for (int m= 1;m< = output_num;m+ + )
{
treenode op= outobject(current,m);
switch_hideshape(op,0);
}
int op_num= gettablenum("输入",1,2);
if (op_num> output_num)
{
msg("error",concat("操作员数量不能大于",numtostring(output_num)),1);
}
for (int m= op_num+ 1;m< = output_num;m+ + )
{
treenode op= outobject(current,m);
switch_hideshape(op,1);
```

```
closeinput(op);
}
```

2）在处理器 10 中 OnEntry 触发器中编写如下代码：

```
treenode item = parnode(1);
treenode current = ownerobject(c);
int port = parval(2);
addlabel(item,"toport");
setlabelnum(item,"toport",bernoulli(90,1,2));
```

3）在处理器 10 中 OnExit 触发器中编写如下代码：

```
treenode item = parnode(1);
treenode current = ownerobject(c);
int port = parval(2);
treenode label_node= label(current,"outnum");
inc(first(rank(label_node,port)),1);
```

4）在处理器 5 中 Process Time 触发器中编写如下代码：

```
treenode current = ownerobject(c);
treenode item = parnode(1);
string tablename = "输入";
int row = 1; int col = 1;
return gettablenum(tablename,,row,,col);
```

5）暂存区设置。

在暂存区设置"最大容量"标签，在暂存区 OnExit 触发器中编写如下代码：

```
int max_content= getnodenum(stats_contentmax(cur-
rent));
setlabelnum(current,"最大容量",max_content);
```

如图 5-107 所示为 stats_contentmax 树节点。

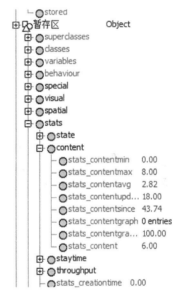

图 5-107　stats_contentmax 树节点

第 6 章　Flexsim 应用技巧

6.1　如何实现不同的操作者针对同一任务操作时间不同？

模型如图 6-1 所示,其中用 VisualTool8 来显示各个 Operator 的加工操作时间。Source2 不需要设置(默认)。而 Processor 处理器要用到四个触发器,包括 Pick Operator、OnEntry、Processor Time 和 OnProcessFinish,这四个触发器执行的先后顺序是:(1)OnEntry(进入触发)(2)Processor Time(加工时间设置)(3)Pick Operator(操作员选择)(4)OnProcessFinish (加工完成触发)。当 Pick Operator(操作员选择)执行完成后,操作员立即走向机床。此外每加工完成一个产品,下一产品再进入 Processor 后,上述四个触发器会再次依次触发,其程序代码会再执行一遍,依此类推。相关参数设置如下:在 Processor3 OnEntry 触发器编写程序如下:

```
1 treenode item = parnode(1);//item是指临时实体 item
2 treenode current = ownerobject (c);// current 是指 processor3
3 int port = parval (2);//port是指输入端口 1;
4 setlabelnum (current,1,duniform(1,3));//用随机数产生 1~ 3之间
5 //任意一个数,给 processor3的标签 1赋值,该值指代第几个操作员
```

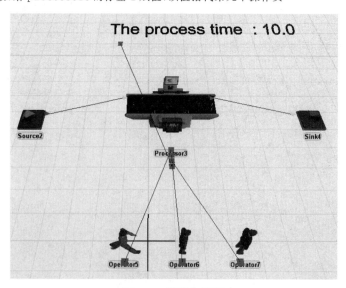

图 6-1　模型布局图

OnEntry 触发器中,setlabelnum(current,1,duniform(1,3))中的 1,意为标签 1,这在 Processor3 中的 Labels 中已经设置,为 witch op picked,系统运行时根据该标签值选择相应的操作者来加工。标签 2 为 processTime 。对不同操作者的加工时间在该标签中设置并在运行时读取。如:当 witch op picked 值为 3,processTime 值为 30 时,系统选择第 3 个操作者来加工,其操作时间为 30s。

Processor3 设置如下:在其属性页 Processor 中设置如下:勾选 Use Operator(s) for Process;Number of Process Operators 为:1 ,其余默认。

在 Processor3 中的 Process Time 触发器中编写代码如下:

```
1 treenode  current = ownerobject (c);
2 treenode  item = parnode (1);
3 double value = 10* getlabelnum(current,1);//得到标签 1 中的数(该数代表第几个操作员),然后再乘以 10 得到该操作员的操作时间。即:第一个操作员操作 10s,第二个操作员操作 20s,第三个操作员 30s
4 setlabelnum (current ,2, value) ;//把操作时间写入 processor3 中的标签 2 的 processTime 中进行保存。
5 return value;//返回 process Time 值
```

在 Processor3 中 Pick Operator 触发器中编写代码如下:

```
1 treenode current = ownerobject (c);
2 treenode item = parnode (1);
3 int trigger = parval (2);
4 int value = getlabelnum (current,1) //得到 processor3 的标签 1 的值,该值存储的是用第几个操作者操作机床
5 int portnum = 0;
6 switch (value) //根据标签值选择操作者
7 {
8 case 1: portnum = 1; break;
9 case 2: portnum = 2; break;
10 case 3: portnum = 3; break;
11 default: portnum = 1; break;
12 }
13 return tonum (centerobject (current, portnum));//得到返回值
```

在 Processor3 中的 OnProcessFinish 触发器中编写代码如下:

```
1 treenode item = parnode(1);
2 treenode current = ownerobject(c);
3 treenode ts = createemptytasksequence(centerobject(current,getlabelnum(current,1)),0,0)
4 inserttask(ts,TASKTYPE_TRAVELTOLOC,NULL,getlabelnum(current,1),0,0);
5 dispatchtasksequence (ts);
```

当操作员加工完成后,在 Processor 的 OnProcessFinish 触发器中编写任务序列代码,让

操作员去完成其他工作,如返回初始出发地。其任务序列代码编写如下：

```
treenode ts = createemptytasksequence (centerobject (current, getlabelnum (current,
1)),0,0);//给与 current(Processor3)中心端口 n 相连的操作员创建一个任务序列。这个 n 值由 Pro-
cessor3 的标签 1 上的数值确定。
inserttask(ts,TASKTYPE_TRAVELTOLOC,NULL,NULL,getlabelnum(current,1),0,0);//此语句
```
使任务执行器采用行进偏移行进到指定位置。该语句头两个参数一般为 NULL,不使用此参数,后面三个参数
是行进目标地的 x;y;z 位置参数,此列中行进目的地是:(getlabelnum(current,1),0,0)。其中,以第几个
人代表 x 位置。

```
dispatchtasksequence(ts);//分派任务序列
```

用于操作时间显示的 VisualTool8 设置和编程(图 6-2)。

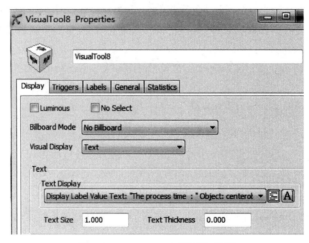

图 6-2　VisualTool8 设置和编程

在 Text Display 中编写相关代码如下：

```
1 treenode current = ownerobject (c);
2 treenode textnode = parnode (1);
3 string starttext = "The process time : "
4 treenode involved = centerobject (current ,1)
5 setnodestr (textnode ,concat(starttext,numtostring(getlabelnum(involved,2),0,1)));
```

式中,numtostring 语句格式和功能为：

```
numtostring(num value[, num width, num precision])
```

该语句作用:把数字 Value 转化为字符串,其中 width 为在一行中第几个位置显示这个字
符串,Precision 为显示的字符串精确到小数点后几位小数。本例中,在"The process time:"这
个字符串后面第 0 位开始显示 value 字符串(即:紧跟着显示),精度为小数点后 1 位。concat
语句格式和功能为：

```
concat(str text1, str text2 [, str text3, …])
```

该语句作用:把字符串 text1、text2、text3………结合为一个字符串(最多可结合 10 个字

符串)例：concat("a","b","c")　　　returns "abc"

setnodestr 语句格式和功能为：

```
setnodestr(node thenode, str value)
```

给 thenode 树节点赋一个字符串的值，这个 node 节点必须有字符串数据类型，如果没有，则没有任何结果。此命令很少用，常用下面语句

setlabelstr()，　　　settablestr()，　　　setvarstr() 等

1)setnodestr(node(">labels/lastvisited",item),getnodename(current))

2)setlabelstr(item，"lastvisited"，getnodename(current))

以上 1)和 2)含义相同，都为 item 上的标签 lastvisited 赋值。

6.2　如何让操作员控制起重机？

问题描述：起重机在装载货物和搬运货物时，需要人操作，卸载货物时不需要人操作。

模型如图 6-3 所示，起重机由 Robot10 代替。

在 Flow 属性页中勾选 Use Transport，不需要编写代码。

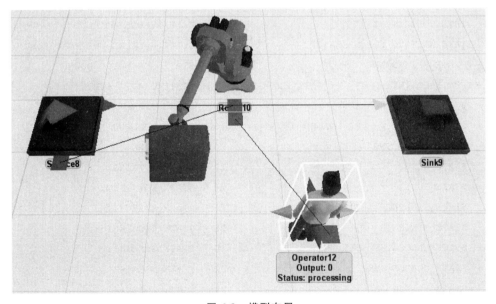

图 6-3　模型布局

解决方法如下：

在 Source8 中 Flow 属性页中勾选使用：Use Transport

在 Robot10 中的 OnLoad 触发器中编写代码如下：

```
1 treenode item =  parnode(1);
2 treenode current =  ownerobject (c);
3 treenode station =  parnode(2);
```

4 setstate (centerobject (current,2),2)//起重机在装载时,设置操作员为 STATE_PROCESSING
状态,即加工操作状态。2 为 STATE_PROCESSING 状态

在 Robot10/Triggers/OnUnload 中编写代码如下:

1 treenode item = parnode(1);

2 treenode current = ownerobject (c);

3 treenode station = parnode(2);

4 setstate (centerobject (current,2),1)//起重机在装载时,设置操作员为 STATE_IDLE 状态,即
空闲状态。1 为 STATE_IDLE 状态

setstate 语句格式和功能为:

setstate(obj object, num state)

这个命令含义:根据 num 数字,设置 object 处于一种状态,当这个命令被调用后,object
状态将被自动更新,并且 statistics 将对新状态进行统计,num 对应的状态列表如下:

1 - STATE_IDLE	2 - STATE_PROCESSING
3 - STATE_BUSY	4 - STATE_BLOCKED
5 - STATE_GENERATING	6 - STATE_EMPTY
7 - STATE_COLLECTING	8 - STATE_RELEASING
9 - STATE_WAITING_FOR_OPERATOR	10 - STATE_WAITING_FOR_TRANSPORT
11 - STATE_BREAKDOWN	12 - STATE_SCHEDULED_DOWN
13 - STATE_CONVEYING	14 - STATE_TRAVEL_EMPTY
15 - STATE_TRAVEL_LOADED	16 - STATE_OFFSET_TRAVEL_EMPTY
17 - STATE_OFFSET_TRAVEL_LOADED	18 - STATE_LOADING
19 - STATE_UNLOADING	20 - STATE_DOWN
21 - STATE_SETUP	22 - STATE_UTILIZE
23 - STATE_FULL	24 - STATE_NOT_EMPTY
25 - STATE_FILLING	26 - STATE_STARVED
27 - STATE_MIXING	28 - STATE_FLOWING
29 - STATE_ALLOCATED_IDLE	30 - STATE_OFF_SHIFT
31 - STATE_CHANGE_OVER	32 - STATE_REPAIR
33 - STATE_MAINTENANCE	34 - STATE_LUNCH
35 - STATE_ON_BREAK	36 - STATE_SUSPEND
37 - STATE_AVAILABLE	38 - STATE_PREPROCESSING
39 - STATE_POSTPROCESSING	40 - STATE_INSPECTING
41 - STATE_OPERATING	42 - STATE_STANDBY
43 - STATE_PURGING	44 - STATE_CLEANING
45 - STATE_ACCELERATING	46 - STATE_MAXSPEED
47 - STATE_DECELERATING	48 - STATE_STOPPED
49 - STATE_WAITING	50 - STATE_ACCUMULATING

6.3　如何柔性实现不同产品在不同机床上的加工顺序？

问题描述:柔性生产系统中,共有三种产品需要加工,共有 5 台处理器,item1 需要的处理器顺序为 1-3-1,item2 需要的处理器顺序为 1-2-5-2,item3 需要的处理器顺序为 3-2-4,如何实现这种顺序步骤？

模型示意图如图 6-4 所示(不用任务序列进行搬运的建模方案):

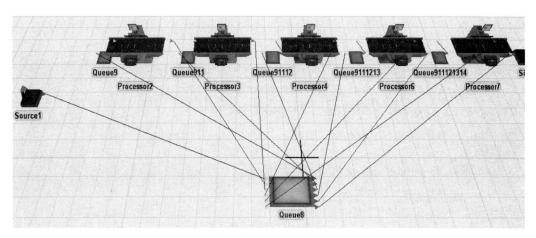

图 6-4　模型布局图

方法:

1)首先建立模型如图 6-4 所示,Source1 的输出连接到 Queue8 的输入,Queue8 的输出分别与 Queue9、Queue911、Queue91112、Queue9111213、Queue911121314 暂存区和吸收器 sink 的输入相链接,Processor2、Processor3、Processor4、Processor5、Processor6、Processor7 的输出都与 Queue8 的输入相链接。

2)在 Source 的触发器中选用"Set Itemtype and Color"和"Create and Initialize Label"的 Picklist 设定类型和标签(nextrout)。

3)建立一个 Routingwg 全局表(图 6-5)。

	Step1	Step2	Step3	Step4	step5
Item1	1.00	3.00	5.00	6.00	0.00
Item2	1.00	2.00	5.00	2.00	6.00
Item3	3.00	2.00	4.00	6.00	0.00

图 6-5　Routing 全局表

4）在黄底 Queue 的出口触发器中选用"Increment Value"Picklist 变更标签值,并在 Send-Port 处选用"By Global Table Lookup"的 Picklist 设置流程(表的行号代表 Item 类型,列号代表加工顺序号)只要变更 Routing 表,不管什么样的反复流程都能实现。表中数字是和黄底 Queue 的出端口顺序是相对应的,这里最大数 6 是到 Sink 的端口顺序,即加工完毕。

Source1 中 OnCreation 触发器中编写代码如下:

```
1 treenode item = parnode (1);
2 treenode current = ownerobject (c);
3 int trigger = parval (2);
4 {
5 treenode involved = item;
6 double newtype = duniform(1,3);//随机产生三种类型临时实体
7 setitemtype (involved,newtype);//设置实体类型
8 colorarray (involved,newtype);//设置临时实体颜色
9 }
10 {
11 treenode involved = item;
12 string labelname = "nextrout";
13 double newvalue = 1;
14 addlabel (involved ,labelname);//给临时实体贴标签
15 setlabelnum(involved, labelname, newvalue);//给标签设置值
16 }
```

在 Queue8 中的 Send To Port 发送端口触发器中编写代码如下:

```
1 treenode item= parnode (1);
2 treenode current = ownerobject (c);
3 string tablename= "routing";
4 int row = getitemtype (item) ;
5 int col = getlabelnum (item ,"nextrout") ;
6 return gettablenum(tablename, row, col);
```

在 Queue8 中 OnExit 触发器中编写代码:inc(label(item,"nextrout"),1);

最后:各个处理器如 Processor2、Processor3、Processor4、Processor6 和暂存区,Queue9、Queue911、Queue91112、Queue9111213 等都不需要设置和编写程序。

6.4　用任务序列和操作者实现不同产品在不同机床上的加工顺序?

问题描述:柔性生产系统中,共有三种产品需要加工,共有 5 台处理器,item1 需要的处理器顺序为为 1-3-1,item2 需要的处理器顺序 1-2-5-2,item3 需要的顺序为 3-2-4,本例用任务序列和操作者实现不同产品在不同机床上的加工顺序。

6.4.1　建模步骤(见图 6-6)

Source1 的中间端口连接方法：

中间端口 1———＞Processor2；中间端口 2———＞Processor3；

中间端口 3———＞Processor4；中间端口 4———＞Processor6；

中间端口 5———＞Processor7；中间端口 6———＞Operator16；

中间端口 7———＞Operator17；中间端口 8———＞Operator18；

Source1 的输出端口连接方法：

输出端口 1———＞Queue9；输出端口 2———＞Queue911；

输出端口 3———＞Queue91112；输出端口 4———＞Queue9111213；

输出端口 5———＞Queue911121314；输出端口 6———＞Sink5。

5 个 Processor 的输出不与任何实体相连，靠其中的任务序列，用 Operator 进行搬运。

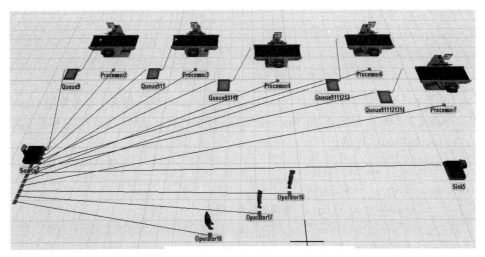

图 6-6　模型布局图

6.4.2　各实体属性页设置

1. Source1 属性页设置

在 Source 属性页中设置相关参数，其中：

Arrival Style 设置为：Inter－Arrival Time；FlowItem class 设置为：Textured Colored Box；Inter－Arrival Time 触发器中设置为：Statisitical Dstribution:exponential(0,30,1)。

在 Source1 中的 OnCreation 触发器中编写程序，程序主要目的为：产生 3 种类型的 item，并为每一个贴 2 个标签"nextrout"和"op"，并赋初值 1,和设定唯一颜色。

```
1 treenode item = parnode (1);
2 treenode current = ownerobject (c);
3 int rownumber = parval (2);
```

```
4 treenode involved =  item ;//得到临时实体 item 的树节点
5 double newtype =  duniform(1,3) ;//随机产生 3 中的任意一个
6 setitemtype (involved,newtype); //给得到的 item 赋值类型型号(1、2、3)
7 colorarray (involved,newtype);//根据类型号,给其赋值唯一的颜色
8 { //注意:当有括号时,括号外的参数和括号里的参数可重复定义,如下面 involved
9 treenode involved = item;
10 string labelname = "nextrout" ;
11 double newvalue =  1;
12 addlabel (involved ,labelname);//给临时实体贴一个"nextrout"的标签
13 setlabelnum (involved, labelname, newvalue);//给这个临时实体"nextrout"标签赋值 1;
14 }
15 //以下为再给 item 贴一个"op"标签,并赋初值 1
16 {
17 treenode involved =  item;
18 string labelname =  "op" ;
19 double newvalue =  1;
20 addlabel (involved ,labelname);
21 setlabelnum (involved, labelname, newvalue);}
```

在 Source1 的 Flow 属性页中设置 Send To Port 和 Use Transport,勾选使用 Use Transport ,并在 Send To Port 触发器和 Request Transport From 触发器中编写程序,其中,在 Send To Port 中编写如下代码:

```
1 treenode item= parnode (1);
2 treenode current = ownerobject (c);
3 string tablename= "routing";//得到全局表的名称
4 int row = getitemtype (item) ;//得到 item 的类型,并以此类型作为全局表的行数
5 int col = 1;//全局表的列数,初始值以 1 为列数
6 //全局表"routing"存储的是要发送的端口号,见图 6-7。
7 return gettablenum  (tablename, row, col);//返回全局表中的值。
```

全局表"routing"的设置,该全局表中设置了每个类型产品 item 的加工顺序,如 Item1 先在和 Source1 的端口 1 连接的机床上加工,然后再到和其端口 3 连接的机床上加工,最后再到和其端口 5 连接的机床上加工。最后加工完后,都送往 Sink5,而 Sink5 和 Source1 的输出端口号 6 相连。所以表 6-7 中以都以 6 作为结束标志(图 6-7)。

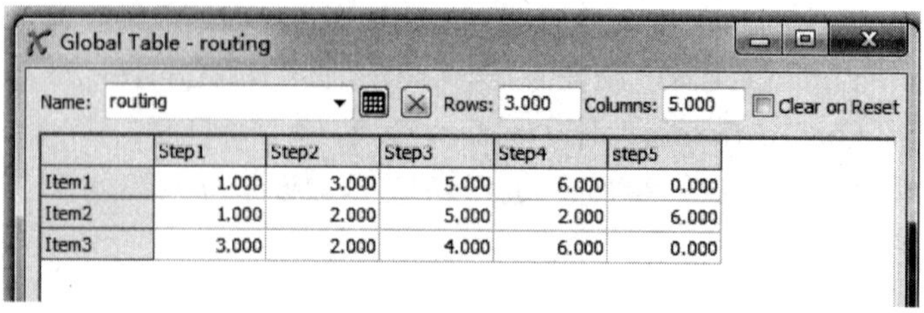

图 6-7 "routing"全局表设置

在 Source1 的 Request Transport From 触发器中编写程序代码如下：

```
1 treenode item= parnode (1);
2 treenode current = ownerobject (c);
3 int port = parval (2);
4 int portnum = 5+ getitemtype(item);//中间端口前 5 个连接着 processor,后面 3 个连着操作
```

员,每个类型的 item,由对应的操作者搬运。即类型为 1 的 item(红色),由 operator16 搬运。类型为 2 的 item(绿色),由 operator17 搬运。类型为 3 的 item(蓝色),由 operator18 搬运。

```
5 return tonum (centerobject (current, portnum);//返回要搬运此 item 的搬运操作员的端
```

口号。

例如：对于类型为 2 的 item(绿色),由操作员 Operator17 搬运,把它搬运到输出端口 1 相连的 Queue9 暂存区中,注意：临时实体 item 由 Source1 送往各个加工站点暂存区是由操作员进行搬运,而由暂存区的 item 流往 Processor 处理器,是设置为不用操作员,由系统自动输送,不需要操作员搬运。在加工过程中各个 Processor 之间的 item 传送由操作员根据任务序列完成。

2. Processor2 属性页设置

该属性页设置时,只在 Triggers 属性页中设置,在 OnEntry 和 OnProcessFinish 触发器中编写代码。其中 OnEntry 触发器中编写代码如下：

```
inc(label(item, "nextrout"),1);//item 标签"nextrout"的值加 1
```

在 OnProcessFinish 触发器中编写如下代码：(加工完成后用任务序列方法完成零件到下道工位的搬运)

```
treenode ts = createemptytasksequence(centerobject(centerobject(current,1),5+ get-
itemtype(item)),0,0);//先得到与当前实体(Processor2)中间端口 1 相连的那个实体,即 Source1,然
后,再得到与 Source1 中间端口(5+ getitemtype(item))相连的那个操作者,为这个操作者建立一个任务
序列。这里最后两个参数为 0,0;指:任务序列的优先级和占先值为 0,0
inserttask(ts, TASKTYPE _ TRAVEL, current, NULL);//命令指定的操作者走到当前实体
(Processor2)跟前；
inserttask(ts,TASKTYPE_FRLOAD,item,current);//在 Processor2 上拿起临时实体 item
inserttask(ts,TASKTYPE_BREAK,NULL,NULL);//"中断"类型任务告诉任务执行器去查看是否有它
可以"中断"转而进入的其他任务序列。如果没有,则程序继续往下执行。
inserttask(ts,TASKTYPE_TRAVEL,outobject(centerobject(current,1),gettablenum("rou-
ting",getitemtype(item),getlabelnum(item,"nextrout"))),NULL);
//先得到与当前实体(Processor2)中间端口 1 相连的那个实体,即 Source1,然后,再得到与 Source1
输出端口相连的,端口号为 X 的那个实体对象(即:操作员从当前实体(Processor2)搬运货物走到端口号为 X
的那个实体对象(暂存区 Queue))。X 的确定方法是:通过全局表"routing"查得,其中以 getitemtype(i-
tem)得到行数(即以 item 类型为行数),以每个 item 标签"nextrout"中数为列数,程序编排上,item 每进入
一个 Processor,在进入触发中会使标签"nextrout"中数加 1。表示将进入下一个站点。
inserttask(ts,TASKTYPE_FRUNLOAD,item,outobject(centerobject(current,1),gettable-
num("routing",getitemtype(item),getlabelnum(item,"nextrout"))));
```

```
//把 item 卸载在指定的实体对象上。
dispatchtasksequence(ts);//任务派发
```

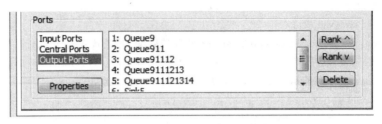

图 6-8　Source1 输出端口连接图

6.5　利用全局任务序列实现单元生产

问题描述:在一条以一个流生产方式进行生产的 U 形单元流水线上,工人拿起零件依次顺序地在各个机床上加工,一个零件整个加工完后,然后拿第二个零件加工(图 6-9)。

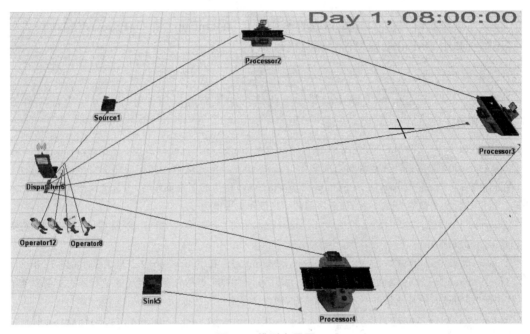

图 6-9　模型布局图

其建模思路:采用全局任务序列,然后利用 Dispatcher6 进行调度,调度代码在 Dispatcher6 中的 PassTo 中编写。先建立一个 banyun 全局任务序列,本案例利用全局任务序列实现单元生产,全局任务序列允许用户通过图形用户界面,而不是代码建立任务序列。通过工具主菜单、全局任务序列子菜单、点击添加,即可弹出以下窗口(图 6-10)。首先,给任务序列命名 banyun。建立全局任务序列,首先创建实体引用名,然后创建与这些引用相关联的任务。实体引用可为动态,意思是实际创建任务序列实例时,将处理这些引用,方法为:作为动态参数传递到 createglobaltasksequence()命令；或者实体引用为静态，意思是它们在所有任务序列实例中都保持不变。点击添加和移除按钮，即可添加或者移除实体引用。对于每种实体引用均可定义名称和类型（动态或静态）。对于动态类型，用户可以将引用选为动态参数 1～5 的其中一种。这些参数将被传递到 createglobaltasksequence()函数中，当实例被创建时，对于静态引用，点击浏览按钮，并且在模型树中选择期望的实体。一旦创建了需要的引用，即可访问任务序列选项卡。

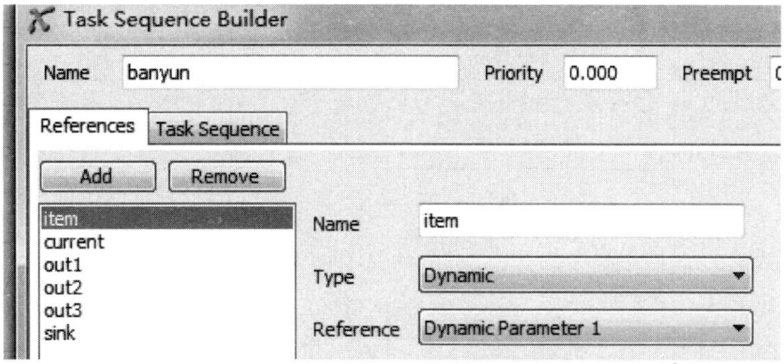

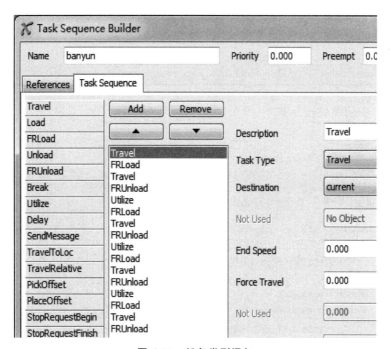

图 6-10　全局任务序列属性框

Current 为 Source1；Type 为 Static；　　out1 为 Processor2；Type 为 Static；
Out2 为 Processor3；Type 为 Static；　　out3 为 Processor4；Type 为 Static；
Sink 为 Sink5；Type 为 Static；

图 6-11　任务类型添加

默认状态下任务序列为空。窗口的最左侧为可以拖动的任务表格。从左边的任务表格中拖曳任务,放置在右边的空白表格中,即可实现任务添加(图 6-11)。然后就会在窗口的最右侧弹出属性面板。要编辑每个任务的属性,可以直接点击列表中的任务,然后编辑右侧的参数。使用位于列表上面的两个按钮,可以调节和移动序列中任务的位置。任务类型汇总见表 6-1,一旦创建了任务序列,可以在任何实体的属性窗口中,实体流选项卡的"按下列请求运输工具"模块中选择"使用全局任务序列"选项。

表 6-1　任务类型汇总

Type	Destination	Type	Destination
Travel	Current (Source1)	Utilize	No Object
FRLoad	Current (Source1)	FRLoad	out2 (Processor3)
Travel	out1 (Processor2)	Travel	out3 (Processor4)
FRUnload	out1 (Processor2)	FRUnload	out3 (Processor4)
Utilize	No Object	Utilize	No Object
FRLoad	out1 (Processor2)	FRLoad	out3 (Processor4)
Travel	out2 (Processor3)	Travel	sink (Sink5)
FRUnload	out2 (Processor3)	FRUnload	sink (Sink5)

在 Source1 中的参数选择如下(图 6-12):

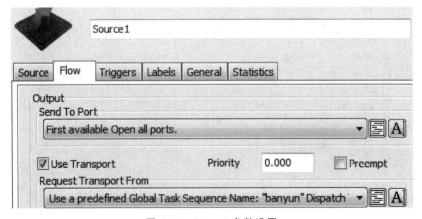

图 6-12　Source1 参数设置

在 Source1 中的 Request Transport From 中编程如下：

```
1  treenode item = parnode (1);
2  treenode current = ownerobject (c);
3  int port= parval (2);
4  string tsname = "banyun";
```
//设置一个"banyun"字符串：该字符串实际为已经创建的全局任务序列的名字，该全局任务序列在 Tool 工具栏中的 Global Task sequences 中已经创建，名字为"banyun"，有 6 个参数和 16 项任务。

```
5  treenode dispatcher = centerobject(current,1);V
```
//得到分配器 dispatcherde 的树节点
```
6  treenode dp1 = item;
```
//得到由源 source1 产生的临时实体的树节点。
```
7  treenode dp2 = current;
```
//得到 source1 的树节点。
```
8  treenode dp3 = outobject(current,port);
```
//得到下一个临时实体要输往的实体对象的树节点，下一个对象是 processor2
```
9  treenode dp4 = NULL;
10 treenode dp5 = NULL;
11 //创建一个全局的任务序列"banyun";
12 treenode ts = createglobaltasksequence(tsname,dispatcher,dp1,dp2,dp3,dp4,dp5);
13 dispatchtasksequence(ts);//派发和分配此任务序列
14 return 0;    //返回值为 0,意为用任务序列来完成搬运任务。
```

在 Dispatcher6 中的 PassTo 中系统自动生成如下代码：

```
treenode tasksequence = parnode(1);
treenode current = ownerobject(c);
int yes = 1;
int no = 0;
int onlyavailable = /* * /yes/* * /;/* *  (yes, no) * /
double curmin = GLOBAL_UNREACHABLE;
int minindex = 0;
treenode destination = NULL;
int pp;
for(int taskrank = 1; taskrank < = gettotalnroftasks(tasksequence) && destination =
= NULL; taskrank+ + ) // this finds the first task in the tasksequence that is a travel task.
{
    if(gettasktype(tasksequence,taskrank) = = TASKTYPE_TRAVEL)
        destination = gettaskinvolved(tasksequence,taskrank,1);
}
if(destination= = NULL) // first available if there is no travel task
    return 0;
for(int index = 1; index < = nrop(current); index+ + )
{
    treenode curobj = outobject(current, index);
```

```
        if(curobj && isclasstype(curobj, CLASSTYPE_TASKEXECUTER))
        {
            int validcheck= 1;
            int pp1= (ipopen(curobj, opipno(current, index)));
            int pp2= inputopen(curobj);
            if(onlyavailable && ! (ipopen(curobj, opipno(current, index)) && inputopen
(curobj)))
```
//整个语句为:判断哪个操作者处于空闲状态。无空闲则不执行下面的 if(validcheck)语句,有空闲则执行 if(validcheck)语句;
```
            validcheck= 0;
            if(validcheck)
            {
                double curdist = distancetotravel(curobj, destination);
                if(curdist != GLOBAL_UNREACHABLE && (curmin == GLOBAL_UNREACHABLE ||
curmin> curdist))
                {
                    curmin = curdist;
                    minindex = index;
                }
            }
        }
    }
    return minindex;
```

相关语句解释:

1)gettotalnroftasks(tasksequence)　//得到添加到任务序列 tasksequence 中的任务总的数量。此例中,总共有 16 个任务,第 1 个任务是:TASKTYPE_TRAVEL。

2)isclasstype(obj object, num classtype)　//返回 object 是否是给定的类型(classtype),1＝yes;0＝No;可能的类型有:CLASSTYPE_FLEXSIMOBJECT,CLASSTYPE_FIXE-DRESource;CLASSTYPE_TASKEXECUTER;CLASSTYPE_NETWORKNODE 等。

3)nrop(obj object);//返回 object 的输出端口数量。

4)ipopen(object object,num inputportnum);　//判断 object 的输入端口是否打开,打开则返回 1,没有打开返回 0。

5)opipno(obj object,num outputportnum)　//返回与实体 object 输出端口号为 output-portnum 相连的那个实体的输入端口号。

6)inputopen(obj object)//判断 object 的输入端口是否打开? 返回 1 为打开,返回 0 为关闭。

当操作者只要在执行任务序列中的任务,则 pp1＝0,当操作者没有在执行任务序列中的任务,处于一个工作循环结束后,而下一个工作循环还没有开始时的停滞或休息状态,则 pp1＝0;如果一个工作循环紧接着下一个工作循环,没有间隙,则 pp1 就一直为 0;当用 closeinput(curobj)关闭端口时,pp2 等于 0。

但 pp1 不等于 0;这时操作员也不会移动。

用 closeinput(curobj)关闭端口后,这时用 inputopen(curobj)去判断端口是否打开,返回值为 0;当操作者开始执行任务序列时,其输入端口会自动关闭,只有在一个工作循环结束后,而下一个工作循环还没有开始时的停滞或休息状态,其输入端口才会自动打开。

```
int pp1= (ipopen(curobj, opipno(current, index)));
```

该语句用于判断操作者是否在执行任务序列,是则 pp1＝0;不是 pp1＝1。

```
int pp2= inputopen(curobj);
```

该语句判断操作者端口是否打开,打开则 pp2＝1;关闭则 pp2＝0;

7)distancetotravel(obj traveler, obj destination)

该语句为返回操作者(或叉车)到目的地 destination 的距离。

在每个 Processor 属性页中勾选:Use Transport,在 Processor 的 OnProcessFinish 触发器中编写如下代码:freeoperators(centerobject(current,1),item);//释放操作员。

操作者只要在执行任务序列中的任务,则 pp1＝0,当操作者没有在执行任务序列中的任务,处于一个工作循环结束后,而下一个工作循环还没有开始时的停滞或休息状态,则 pp1＝0;此时系统要释放操作员,以便可以接受新任务。

6.6　自动分拣系统设计(利用 MergeSort2 类分拣输送带)

问题描述:有四种产品,在分拣输送带上分拣,分拣后,由相应的生产线进行加工,加工后成品入库,废品由传送带送至 Sink 出系统。其生产要求如下:

① 四种货物 A,B,C,D 各自独立到达高层的传送带入口端:

A 的到达频率服从正态分布函数 Normal(400,50)s

B 的到达频率服从正态分布函数 Normal(200,400)s

C 的到达频率服从均匀分布函数 Uniform(500,100)s

D 的到达频率服从均匀分布函数 Uniform(150,30)s

② 四种不同的货物沿一条传送带传送,根据品种的不同由分拣装置将其推入到四个不同的分拣道口,经各自的分拣通道到达操作台。

③ 每个检验包装操作台需操作工一名,货物经检验合格后打包,被取走。

④ 每检验一件货物占用时间为 Uniform(60,20)s。

⑤ 每种货物都可能有不合格产品。检验合格的产品放入箱笼;不合格的产品通过地面传送带送往检修处进行修复;A 的合格率为 95%,B 为 96%,C 为 97%,D 为 98%。传送带的传送速度可以采用默认的速度。

分拣系统由一个 MergeSort 和四个 Conveyor 组成。1 个 MergeSort 由 3 段组成,3 段形状、尺寸在下面分拣传送带 MergeSort 的 Layout 属性页中设置(图 6-14),四个 Conveyor 的形状、尺寸设置同上。

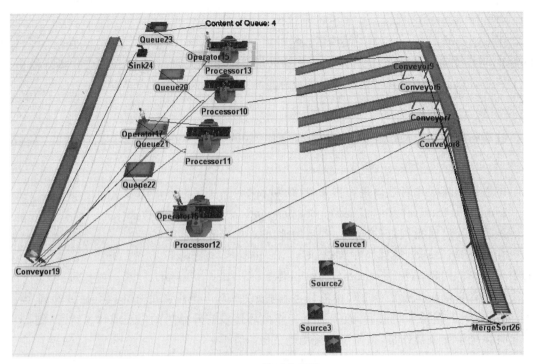

图 6-13　模型布局图

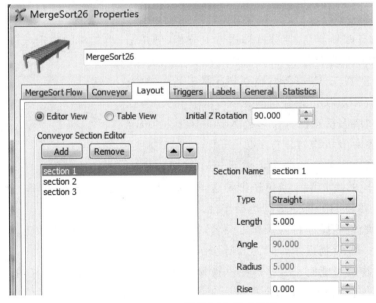

图 6-14　Layout 属性页中尺寸设置

再下面一步,进行连接,连接 4 个 Source 到 MergeSort,再连接 MergeSort 到 4 个 Conveyor,注意连接方向,即根据流向从什么实体连向哪个实体。连接好后,打开 MergeSort 的 MergeSortFlow 属性页。在该属性页中进行如下设置(图 6-15)。

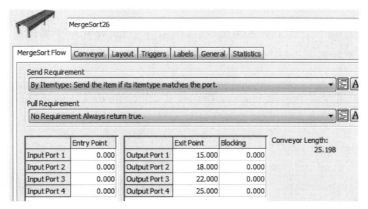

图 6-15　MergeSortFlow 属性页设置

在上面属性页中,确定 4 个入口点的位置和四个出口点的位置。然后在 Send Require-ment 中选择:根据实体类型发送到相应出口。getitemtype(item) == port;即:类型 1 从出口端口 1 送出;类型 2 从出口端口 2 送出;然后在出口点放置 Conveyor 即可。

每个机器设置需要操作者加工。然后在 Flow 中的 Send To Port 中,选择或编程按百分比发送到相应的输出端口,如:95% 的成品入库,5% 的废品出系统。

6.7　给打包了不同 BOX 的托盘任意卸下其中一个

问题描述:给打包了不同 BOX 的托盘任意卸下其中一个。

装盘打包常常采用合成器完成,合成器用来把模型中行进通过的多个临时实体组合在一起。它可以将临时实体永久地合成在一起,也可以将它们打包,合成器有三种操作模式:装盘、合并与分批。如在装盘模式下,合成器将从输入端口 2 与更高序号的输入端口接收到的所有临时实体(产品)全部移入到由输入端口 1 接收的临时实体中(托盘)。然后以装盘或打包方式输出。

分解器通过分解/拆盘可用来拆分一个由合成器装盘或打包的临时实体,但是默认的是把托盘和全部临时实体(零件)全部拆分为两类,一类是托盘,另一类是零件,但在现实当中往往需要给打包了不同 BOX 的托盘任意卸下其中一个或一类(如红色零件),如图 6-16 所示。因此需要编写代码完成此功能。在 Flexsim 中建立如下模型,模型主要由合成器 Combiner3、分解器 Separator5、传送带组成。

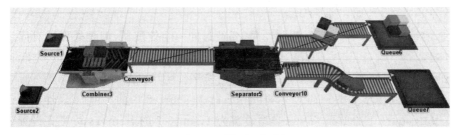

图 6-16　模型运行图

建模方法：

在 Flexsim 界面里选择 Tools 菜单的 FlowItem 子菜单，在其中选择托盘 Pallet，并打开其属性页，为托盘添加标签名为"x"的标签，该标签记录着从托盘 Pallet 上要卸货的数量。初始值给 2。托盘类型为 1。

在 Separator5 属性页中选择 Unpack 拆包模式，在 Split or Unpack Quantity 触发器中进行编程。

```
1 treenode item= parnode(1);
2 treenode current= ownerobject(c);
3 return getlabelnum(item,"x");//得到托盘上的标签 x 的值，此值记录了该托盘上有几个红色货物。把此值 x 作为返回值。意味着分离器要从托盘上去掉几个实体(货物或临时实体)
```

在 Separator5 中的 OnEntry 进入触发器中编写代码如下：

```
1 treenode item= parnode(1);
2treenode current= ownerobject(c);
3 int port = parval(2);
4 addlabel(item,"x",DATATYPE_NUMBER);//这里 item 为托盘，给托盘贴一个"x"标签，其类型是数字类型标签 DATATYPE_NUMBER，current 为分离器
5 setlabelnum(item,"x",0);//给这个数值类型标签赋值 0，即初始化标签
6 treenode box;
7 treenode label_x= label(item,"x");//得到托盘 item 实体的标签 x 的树节点 label_x，以后，对label_x 赋值或操作，就相当于给 item 的标签 x 赋值
8 for(int i= content(item);i> = 1;i- - )//得到托盘内货物总数
9 {
10    box= rank(item,i);//把托盘中索引为 i 的临时实体(货物)树节点
11    //给 box，以后对该 box 操作，相当于对该临时实体(托盘中货物)操作
12    if(getitemtype(box)= = 1)//该货物是否为 1(即是否为红色?)
13    {  inc(label_x,1);//如为红色，托盘标签 x 的值加 1
14        setrank(box,content(item));
15    }
16 }
```

6.8   生产计划如何导入

问题描述：有两个 Source 产生两种产品，要经过同一个处理器，但是处理器有固定的加工顺序，例如：1,2,1,1,1,1,1,2,1。若 1 加工完了 2 还没到处理器就要等待 2 的到来，而不会加工先到来的 1,1 在前面的 Queue 等待。这要如何实现? 生产计划如何导入?

建模步骤：建立模型如图 6-17 所示，在 source1 和 source2 中的 Source 属性页中设置临时实体类型，其中 source1 的 Item Type 类型设置为 1，source2 的 Item Type 类型设置为 2。

在 source1 和 source2 中的 OnExit 触发器中编写如下代码：

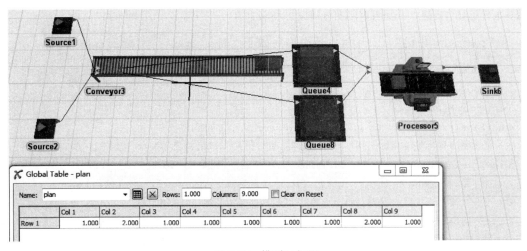

图 6-17　模型运行图

```
int value = getitemtype(item);
switch(value)
{
case 1: colorred(item);break;//根据临时实体不同类型设置不同颜色,类型 1 为红色
case 2: colorgreen(item);break;//类型 2 为绿色
default: colorarray(item, value);break;
}
```

在传送带 Conveyor3 的 Send To Port 触发器中,编写代码,根据不同临时实体类型把临时实体发送到相应端口。

```
1 double value= getitemtype(item);
2 return value;
```

在 Queue4 和 Queue8 中的 OnReset 重置触发器中编写如下代码:

```
closeoutput(current);//关闭输出端口
```

在 Processor5 中的 OnReset 触发器中编写如下代码:

```
1 treenode current= ownerobject(c);
2 setlabelnum(current,1,gettablenum("plan",1,1));
3 setlabelnum(current,2,1);
4 senddelayedmessage(current,0.0001,current);
```

注:在 Processor5 上设置两个标签,一个为 1、一个为 2,并且为它们赋值。标签不仅可以是字符型,也可以是数字。然后给自身发消息。最后在 OnMessage 中接收。

在 Processor5 中的 OnMessage 触发器中编写如下代码:

```
1 treenode current= ownerobject(c);
2 openoutput(inobject(current,getlabelnum(current,1)));
```
//getlabelnum(current,1):得到处理器上标签为 1 的标签上面的存储的值。实际上是全局表中的数

了。如果为 1,则打开端口 1;如果为 2,打开端口 2

在 Processor5 中的 OnExit 触发器中编写如下代码:

```
1 treenode item= parnode(1);
2 treenode current = ownerobject(c);
3 int port = parval(2);
4 setlabelnum(current,2,getlabelnum(current,2)+ 1);
5 //处理器 5 的标签 2 实际上用作一个计数器,初始化为 1,以后每发送一个自动加 1
6 setlabelnum(current,1,gettablenum("plan",1,getlabelnum(current,2)));
7 //加 1 后,getlabelnum(current,2),指向全局表中第二列(或下一列),并且把
8 //下一列要发送的数(实体类型)给标签 1(赋值),这个值和端口号一样。
9 openoutput(inobject(current,getlabelnum(current,1)));
10 //打开与当前实体对象(Processor5)输入端口(端口号 getlabelnum(current,1))
11 //相连的那个实体对象的输出端口
12 int n= 1;
13 if(getlabelnum(current,1)= = n)//如果发送类型 1,则关闭端口 2;
14 n⁺ ;                           //如果发送类型 2,则关闭端口 1;
15 closeoutput(inobject(current,n));
```

由上可知,处理器 5 的标签 2 实际上用作一个计数器。

6.9　如何实现人推车装载货物

问题描述:人推车到零件暂存区装载零件,并推到另外一个存放区域。

该模型由 Source7、Queue8、操作者 Operator5 和存放区 Sink5 组成,模型见图 6-18。

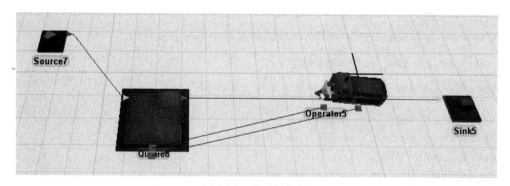

图 6-18　模型运行图

注意:建模时,车实际为 Queue2。

在 Queue8 中的 Request Transport From 触发器中编写代码如下:

```
1 treenode item = parnode(1);
2 treenode current = ownerobject(c);
3 int port = parval(2);
```

4 treenode op = centerobject(current,1);//得到人实体对象的节点

5 treenode che = centerobject(current,2);//得到车实体对象的节点（实际为 Queue2）

6 treenode destnation = outobject(current,1);//得到目的地实体对象的节点

7 treenode ts = createemptytasksequence(op,0,0);//给操作者创建一个任务序列

8 inserttask(ts,TASKTYPE_TRAVEL,current,NULL);//操作者走到 Queue8

9 inserttask(ts,TASKTYPE_FRLOAD,item,current);//拿起一个货物

10 inserttask(ts,TASKTYPE_TRAVEL,che,NULL);//走到车前，实际为 Queue2

11 inserttask(ts,TASKTYPE_FRUNLOAD,item,che);//把货物装到车上

12 inserttask(ts,TASKTYPE_MOVEOBJECT,che,op);//把车实体对象移到人中。

13 inserttask(ts,TASKTYPE_SENDMESSAGE,che,NULL,1,0,0,0);//向车发消息，在//Onmessage 中执行相关代码，调整人、车相对位置坐标。

14 inserttask(ts,TASKTYPE_TRAVEL,destnation,NULL);//人走到目的地

15 inserttask(ts,TASKTYPE_SENDMESSAGE,che,NULL,2,0,0,0);//向车发消息，在//Onmessage 中执行相关代码，这里 2 为消息码。

16 inserttask(ts,TASKTYPE_FRUNLOAD,item,destnation);//把货物卸载到目的地 sink5

17 inserttask(ts,TASKTYPE_TRAVEL,current,NULL);//操作者再推空车到 Queue8

18 dispatchtasksequence(ts);//分派任务。

在 Queue2 中的 OnReset 触发器中编写相关代码：

1 treenode current = ownerobject(c);

2 moveobject(current,model());

3 setloc(current,- 4,- 1,0);//设置小车（即 Queue2）在模型视图中的位置

相关代码解释：

setloc(obj object, num x, num y, num z)

该命令设置实体对象相对于它的容器 x，y，z 的相对坐标。如果这个对象实体在模型 model 中，那么它用的是模型的相对坐标。如果这个实体对象在另外一个实体容器中，那么它用的是那个实体容器的相对坐标。

在 Queue2 中的 OnMessage 消息触发器中编写如下代码：

1 treenode current = ownerobject(c);

2 if(msgparam(1)= = 1)

3 {

4 　setloc(current,0.5,0.5,0);//注意：在前面，因为已经把车 moveobject 移入到人这里，所以这里的容器 container 是人，所以上面语句的含义是，设置车（current）即 Queue2,相对人的偏移坐标为 (0.5,0.5,0)；所以这个值越大，人与车离得越远。视觉上不在一起了。

9 }

10 if(magparam(1)= = 2)

11 moveobject(rank(current,1),rank(model(),5));

Queue2 形状变为小车可在 General 中的 3D shape 中设置（见图 6-19）。

图 6-19　Queue2 参数设置

6.10　利用任务序列对货物进行分批搬运

问题描述:对货物进行分批搬运,并且搬运到不同地方。模型见图 6-20。

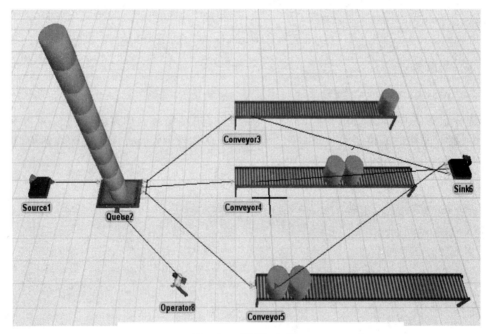

图 6-20　模型运行图

建模步骤:

1)在源 Source1 中设置如下(图 6-21):

临时实体到达方式:Arrival Schedule,即在 0 时刻一次性产生 ItemType 为 1 的实体数量

18 个。以这样方式到达的次数为 1 次。即总共产生 18 个临时实体。

在 Queue2 中设置(见图 6-22)。

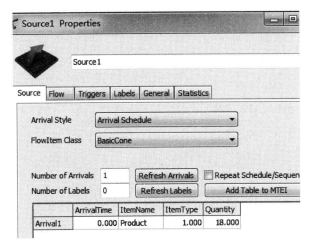

图 6-21　Source1 参数设置

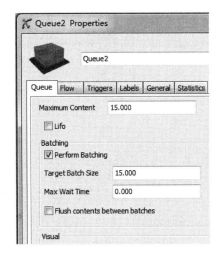

图 6-22　Queue2 参数设置

Target Batch Size:15 含义:定义 Queue2 接受的批量大小为 15 个。即 Queue2 接受满 15 个后,Queue2 中的临时实体才被放行,一个一个从 Queue2 中流出。如果不满 15 个,就等待。等待的时间由 Max Wait Time 决定,该值为 0 时,就无限期等待,如果为 30,则不管队列 Queue2 满不满 15 个,等待时间超过 30 后,队列自动放行,临时实体流出队列。在 Queue2 中的触发器 OnEntry 中编写代码如下:

```
1 treenode item = parnode(1);
2 treenode current = ownerobject(c);
3 int port = parval(2);
4 closeoutput(current);//关闭 Queue2 的输出端口;货物由人来搬运
```

此例采用任务序列由操作工进行搬运。从 Queue2 把货物分批搬运到三个传送带 Conveyor 的方式和批量如下:

第 1 批:搬运 1 个零件到 Conveyor3。

第 2 批:搬运 1 个零件到 Conveyor4。

第 3 批:搬运 1 个零件到 Conveyor5。

第 4 批:搬运 2 个零件到 Conveyor3、搬运 2 个零件到 Conveyor4、搬运 2 个零件到 Conveyor5。

第 5 批:搬运 3 个零件到 Conveyor4。

2)建一个 Batch_table 全局表(图 6-23),把搬运批量和地点写入全局表,操作员通过访问全局表把指定零件按设定的顺序、批量和地点搬运到指定 Conveyor。

在 Queue2 中的 Triggers 属性页中的 OnEndCollecting 触发器中编写下例任务序列代码:

```
treenode current = ownerobject(c);
treenode ts;
```

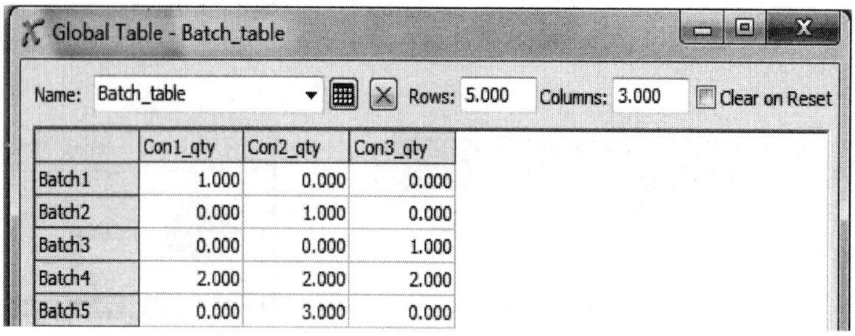

	Con1_qty	Con2_qty	Con3_qty
Batch1	1.000	0.000	0.000
Batch2	0.000	1.000	0.000
Batch3	0.000	0.000	1.000
Batch4	2.000	2.000	2.000
Batch5	0.000	3.000	0.000

图 6-23　Batch_table 设置

```
int LoadCounter = 1;
int UnloadCounter = 1;
int Destinations;
int Col;
//得到全局表"Batch_table"的行数,该行数为 5 行。
for(int x = 1; x < = gettablerows("Batch_table"); x+ + )
{   //得到全局表的行数,并以行数做循环,这里行数最大为 5 行
//为与 Queue2 中间端口相连的人创建一个新的任务序列。
  ts = createemptytasksequence(centerobject(current,1),0,0);
//给该任务序列插入一个任务,这里即走到 Queue2 来,Come to pickup location
    inserttask(ts,TASKTYPE_TRAVEL,current,NULL);
    //Create for every destination the right nr of pick up tasks
    for( Destinations = 1 ; Destinations < = 3; Destinations+ + )
{  //以全局表列数 Destinations 做循环条件,列数最大为 3 列
//以下为得到 5 行,3 列全局表"Batch_table"中的 15 个数,Destinations 为列数
//Look in every table column how many pickups we have to do in this run
  for(Col = 1; Col < = gettablenum("Batch_table", x, Destinations); Col+ + )
  {//"Batch_table"中每个 Cell 的数是几,就意味着要拿几个货物
inserttask (ts, TASKTYPE _ FRLOAD, rank (current, LoadCounter), current, Destinations);//拿起 Queue2 中第 LoadCounter 个货物
          LoadCounter+ + ; // LoadCounter 为已经搬运货物总数的计数器
  }//拿取顺序按第一行第一列,第一行第二列,第一行第三列,第一行拿完了再换第二行拿
}  //到这里第一行货物全拿完。
    for( Destinations = 1 ; Destinations < = 3; Destinations+ + )
    {//以下各段程序为卸载货物,列数 Destinations 对应着不同的输出端口。
    for( Col = 1; Col < = gettablenum("Batch_table", x, Destinations); Col+ + )
        {
inserttask(ts,TASKTYPE_FRUNLOAD, rank(current, UnloadCounter), outobject(current, Destinations), 1);
        UnloadCounter+ + ;
        }
    }
dispatchtasksequence(ts);//任务派发,先执行第一行的货物拿取和搬运到对应机床
```

```
}//再执行下一行的货物拿取和搬运到对应机床
```

结论：一次可以拿取或搬运很多货物（临时实体），但临时实体 ID 要不一样，有区别。区别方法：rank(current，LoadCounter)；输送到不同地方时，输出端口号要不一样，区别方法如下：outobject(current，Destinations)，其中的 Destinations 为目的地。

6.11　生产数据记录

6.11.1　问题描述

source 产生 3 种类型的零件 1、2、3 并在生产线上加工。记录生产线中每种零件生产的数量（计数）、每种零件在生产线中流通的总时间和平均时间。在 Flexsim 中大部分模型运行相关数据可以从系统中的统计功能中得到，但是对于有些特殊要求数据需要编程处理得到。本案例思路：利用全局表对生产的每种零件计数，对于类型为 1 的零件，每个零件在生产线上从创建到流出的总时间进行累加，然后除以零件总数得到每种零件在生产线上的平均流通时间。首先建立模型如下（图 6-24）：Processor3 表示生产线 1，Processor5 表示生产线 2，Processor6 表示生产线 3。

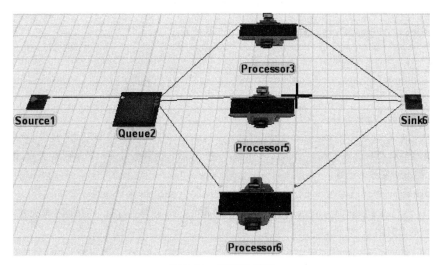

图 6-24　模型布局图

6.11.2　参数设置及编程

1）建立全局表 ctimes，三列三行。

其中，Counter 用于每种类型的零件计数，add 用于每种零件在生产线上流通时间累加，average 用于求每种零件在生产线上的平均流通时间值。Row1 用于存放零件 1 的数据，Row2 用于存放零件 2 的数据，Row3 用于存放零件 3 的数据。

2）在 Source1 中的 OnCreation 触发器中编写如下代码：

```
1 treenode item =  parnode(1);
```

```
2 treenode current = ownerobject(c);

3 int rownumber = parval(2);

4 treenode involved = item;//设置临时实体 item 变量 involved

5 double newtype = duniform(1,3);//随机产生 3 种类型的临时实体

6 setitemtype(involved,newtype);//设置临时实体类型

7 colorarray(involved,newtype);//给每种临时实体上不同颜色
```

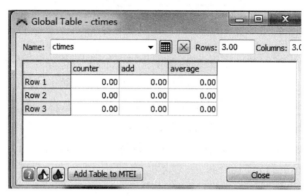

图 6-25　全局表 ctimes 设置

3）在 Sink6 中的 OnEntry 触发器中编写如下代码：

```
1 treenode item = parnode(1);

2 treenode current = ownerobject(c);

3 int port = parval(2);

4 //假如进入的是临时实体类型 1
```

settablenum("ctimes",getitemtype(item),1,gettablenum("ctimes",getitemtype(item),1)+ 1);//得到全局表"ctimes"第 1 行第 1 列的数,并加 1,然后存入 ctimes 第 1 行第 1 列,即以后都是累加,用于计数类型 1 零件的总数。

5 settablenum("ctimes",getitemtype(item),2,gettablenum("ctimes",getitemtype(item),2)+ time()- getcreationtime(item));//得到全局表"ctimes"第 1 行第 2 列的数,累加并存入该零件在生产线上流通的总时间

6 settablenum("ctimes",getitemtype(item),3,gettablenum("ctimes",getitemtype(item),2)/gettablenum("ctimes",getitemtype(item),1));//求的 1 类型零件的平均流通时间,存入全局表"ctimes"第 1 行第 3 列,其求法是,得到 add 值和 counter 的值,然后两者相除。重要函数:getcreationtime(item):得到这个临时实体的创建时间。

6.12　货车排队装卸货

6.12.1　问题描述

3 台货车把货物从 A 地运送到 B 地,搬运货物在指定的路线,并且在装载或者卸载货物时,由于场地有限,只能一个一个装卸货物,不能多辆车同时装卸货,如果前面有货车正在装卸

货物,后面的货车需要等待(图 6-26)。

6.12.2　建模方法

1)建立模型(图 6-26)。

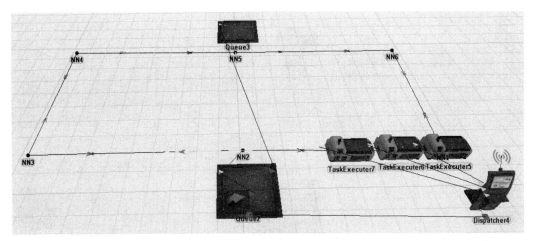

图 6-26　模型布局图

1 个发生器,2 个暂存区 A 和 B,3 辆货车,1 个任务分配器。网络节点组成的物流通道。

2)设置物流通道为单向行驶状态。

设置节点 NN4 到节点 NN5 为单向行驶状态,设置 NN6 到 NN1 为单向行驶状态。

3)在网络节点 NN2 中的 Triggers 属性页中的 OnArival 到达触发器中编写如下代码:

```
treenode traveler = parnode(1);
treenode current = ownerobject(c);
int toedge = parval(2); int fromedge = parval(3);
setvarnum(traveler,"useoffsets",2);//禁止后面货车到达此节点
```

4)在网络节点 NN2 中的 Triggers 属性页中的 OnContinue 离开触发器中编写如下代码:

```
treenode traveler = parnode(1);
treenode current = ownerobject(c);
int toedge = parval(2); int fromedge = parval(3)
setvarnum(traveler,"useoffsets",0);//允许后面货车到达此节点
```

5)在网络节点 NN5 中的 Triggers 属性页中的 OnArival 到达触发器中编写如下代码:

```
treenode traveler = parnode(1);
treenode current = ownerobject(c);
int toedge = parval(2);
int fromedge = parval(3);
setvarnum(traveler,"useoffsets",2) //禁止后面货车到达此节点
```

6)在网络节点 NN5 中的 Triggers 属性页中的 OnContinue 离开触发器中编写如下代码:

```
treenode traveler = parnode(1);
treenode current = ownerobject(c);
int toedge = parval(2);
int fromedge = parval(3);
setvarnum(traveler,"useoffsets",0);//允许后面货车到达此节点
```

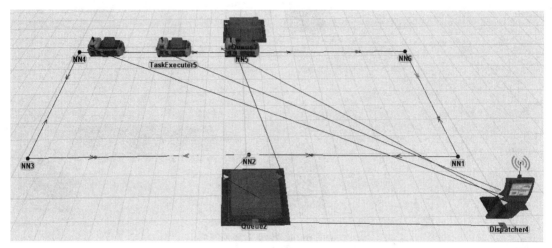

图 6-27　模型仿真运行图

6.13　在托盘上以自己的方式任意码垛

6.13.1　问题描述

　　要求在托盘上以自己的方式任意码垛,如:码垛是 6 垛,每垛 5 层,一垛一垛地码。也可以一个一个向上 45°码垛(图 6-28)。

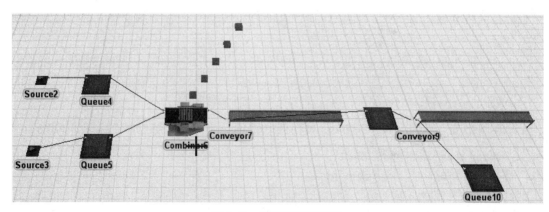

图 6-28　模型仿真运行图

6.13.2　解决方法和思路

首先了解一下托盘码垛的原理,先查看托盘的树结构及 OnReceive 下原代码:

Model/Tools/FlowItemBin/Pallet/Pallet > behaviour/eventfunctions/OnReceive: node-function(node("/project/exec/globals/nodefunctions/palletentry"),c,i);

```
1 treenode current= c;
2 for(int i= 1;i< = content(current);i+ + )
3 {//current 这里指托盘 Pallet
4 treenode item= rank(current,i);//得到托盘中排序为 i 的 item
5 setloc(item,getrank(item),getrank(item),getrank(item) );
6 //getrank(item)语句含义为:得到 item 的排序号,即:得到 item 在其所包含的容器中的排序号。整
```
个 setloc 函数含义为:对排序为 1 的 item 设置坐标点为(1,1,1),对排序为 2 的 item 设置坐标点为(2,2,2),对排序为 3 的 item 设置坐标点为(3,3,3),实际上可以任意设置每一层有多少个零件,整个托盘装多少层。
```
7 }
```

上述 code 的含义是,根据托盘的容量,对每一个物品设置位置,如果托盘有 4 个 item,那么结果是:

item1　　x＝1 y＝1 z ＝ 1

item2　　x＝2 y＝2 z ＝ 2

item3　　x＝3 y＝3 z ＝ 3

item4　　x＝4 y＝4 z ＝ 4

托盘 OnReceive 触发器在接收临时实体 item 时触发,触发的规则引用上文中 node 的地址(该地址储存了一些 code,是 Flexsim 默认的一些码放规则)。如果我们需要定义自己的码放规则,可以修改上述代码。如果会使用 Flexsim 脚本,那么你需要掌握关于空间位置、旋转、大小尺寸等函数,才能灵活控制码放规则。托盘的码放规则 Flexsim 并没有提供给用户(需要使用树才能打开),也可以做一个 GUI,方便其他人使用。

6.14　操作员在车间道路上行走相互避让

6.14.1　问题描述

两个作业员在进行搬运作业,要求在车间通道上行走迎面相遇时相互避让。这些现象经常发生在作业通道狭小、作业面积狭小,只允许一个人通过的场合。

例如:2 个操作员,一个为操作员 10,一个为操作员 128,各自进行物料搬运工作。操作员 10 把物料从发生器 5 搬运到吸收器 input6,其搬运路径为 NN6、NN1、NN4;操作员 128 把物料从发生器 7 搬运到吸收器 input6,其搬运路径为 NN3、NN2、NN4。要求:如果有操作员正在 NN4 网络节点处的 input6 处卸载货物,则另外一个操作员必须在网络节点 NN1 或者 NN2 处等待,当另外一个操作员完成卸货工作,离开 NN4 节点后,另外一个操作员才能去 NN4 节

点处卸货。

6.14.2 建模步骤

1)建立模型,如图 6-29 所示。

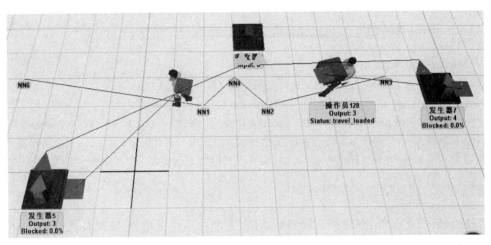

图 6-29 模型布局图

把节点 NN1 的中心端口与 NN2 相连。

2)在网络节点 NN1 中的 Triggers 触发器属性页中的到达触发器 OnArrival 中编写如下代码:

```
treenode traveler = parnode(1);
treenode current = ownerobject(c);
int toedge = parval(2);//the number of the edge that the traveler is going to next
int fromedge = parval(3);// the number of the edge the traveler came from
{
treenode thenode = centerobject(current,1);
int theedgenumber = 2;
closenodeedge(thenode,theedgenumber);//关闭 NN2 的 2 所在的这条边,这条边禁行。
//禁行后,当有人到达 NN2 节点后,会停在该节点,直到 2 所在那条边打开。
}
```

如图 6-30 所示:NN2 到 NN3 是 NN2"1"所指向的边。NN2 到 NN4 是 NN2"2"所指向的边。本例中当 NN4 节点上有人时,可以用 closenodeedge 语句关闭 NN2 所在边,防止相碰。

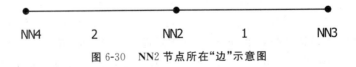

图 6-30 NN2 节点所在"边"示意图

此外,某节点哪条边代表"1"或者"2",也可以从节点属性页中可以看出。点击 NN2 节点,打开其 NetworkNode 属性页,见图 6-31 和图 6-32 属性页,在其 Paths 组合框里,显示了和

NN2 节点连接的所有网络节点,本例中如:To NN3 和 To NN2,其中从上往下,为"1"边、"2"边,依此类推。因此,NN3 为"1"边,NN4 为"2"边。

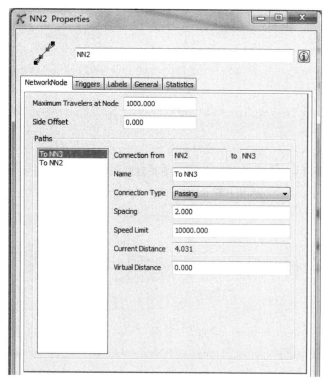

图 6-31　NN2 节点的"1"边

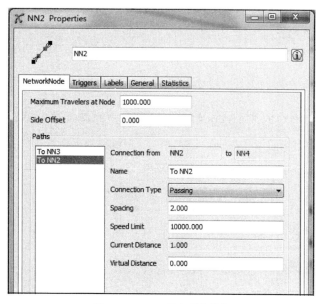

图 6-32　NN2 节点的"2"边

3)在网络节点 NN1 中的 Triggers 触发器属性页中的继续触发器 OnContinue 中编写如下代码：

```
treenode traveler =  parnode(1);
treenode current =  ownerobject(c);
int toedge =  parval(2); //the number of the edge that the traveler is going
int fromedge =  parval(3);// the number of the edge the traveler came from
{
treenode thenode = centerobject(current,1);//注意:节点 NN1 的中心端口与 NN2 相连
int theedgenumber =  2;
if(fromedge= = 2)
opennodeedge(thenode,theedgenumber);//如果操作员 10 从 NN1 所在的这条边返回了,到达 NN1
了,并且继续离开 NN1 后向 NN6 走去,则打开 NN2 节点的"2"所在的这条边,则操作员 128 可以继续通行了,向
NN4 走去。
}
```

4)在网络节点 NN2 中的 Triggers 触发器属性页中的到达触发器 OnArrival 中编写如下代码：

```
treenode traveler =  parnode(1);
treenode current =  ownerobject(c);
int toedge =  parval(2); //the number of the edge that the traveler is going to next
int fromedge =  parval(3);// the number of the edge the traveler came from
{
treenode thenode =  centerobject(current,1);
int theedgenumber = 2;
closenodeedge(thenode,theedgenumber);//关闭 NN1 节点的"2"所在的那一条边,这样"2"所在边
整个禁行。
}
```

5)在网络节点 NN2 中的 Triggers 触发器属性页中的继续触发器 OnContinue 中编写如下代码：

```
treenode traveler =  parnode(1);
treenode current =  ownerobject(c);
int toedge =  parval(2);//the number of the edge that the traveler is going to
int fromedge =  parval(3);// the number of the edge the traveler came from
{
treenode thenode =  centerobject(current,1);
int theedgenumber = 2;
opennodeedge(thenode,theedgenumber);
//以上语句保证完成任务从 NN2 节点的 2 所在那条边过来,并且离开后,才打开 NN1 的"2"所在那边。}
```

6.15　多人协同搬运货物

6.15.1　问题描述

经常有些工作需要多人协同完成,本案例为多人协同搬运货物。

具体如下:有重型货物到达后,四个搬运工协同搬运货物从暂存区 A 搬运到暂存区 2。循环往复。具体模型见图 6-33。

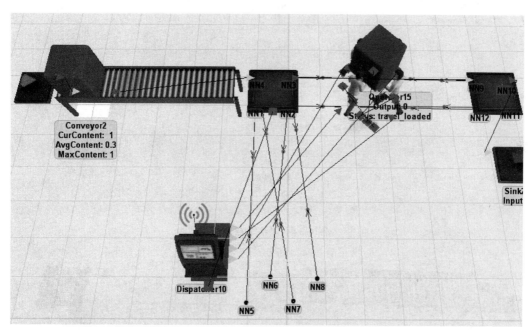

图 6-33　模型布局图

6.15.2　建模步骤

拖入发生器 Source1,代表仓库。建传送带 Conveyor2,暂存区 A 为 Queue3,暂存区 B 为 Queue4,吸收器 Sink24。12 个网络节点:NN1、NN2、NN3、NN4、NN5、NN6、NN7、NN8、NN9、NN10、NN11、NN12。四个搬运工 Operator12、Operator13、Operator14、Operator15 和一个分配器 Dispatcher10。

1)先建立发生器、传送带和 12 个网络节点模型。

先建立发生器、传送带和 12 个网络节点模型,如图 6-34 所示。

2)再建立其他模型。

在此基础上,建立操作员、暂存区、吸收器等实体模型,具体如图 6-35 所示。

3)建立连接。

把 4 个操作员连入网络节点,其中 Operator12 和 NN5 节点相连,Operator13 和 NN6 节点相连。Operator14 和 NN7 节点相连,Operator15 和 NN8 节点相连。四个操作员同时都和分配器 Dispatcher10 的输出端口相连。分配器 Dispatcher10 的中心端口和 Queue3 暂存区相连。把网络节点 NN1、NN2、NN3、NN4 和 Queue3 暂存区相连接。把网络节点 NN9、NN10、NN11、NN12 和 Queue4 暂存区相连接。把 Operator12 的中心端口和 Operator13、Operator14、Operator15 相连接。

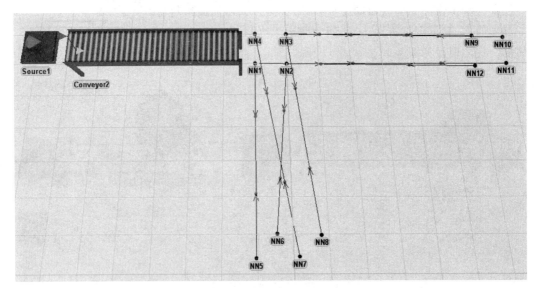

图 6-34　网络节点连接

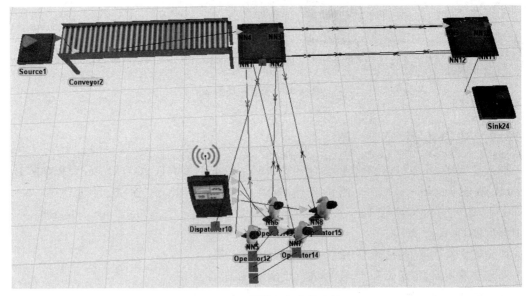

图 6-35　网络节点与实体连接

4) 在 Source1 发生器中设置临时实体产生时间。

具体代码如下:

```
treenode current = ownerobject(c);
return exponential(0,10,1);//临时实体以均值为 10 的指数分布产生。
```

5）在 Conveyor2 的进入触发器中编写如下代码或设置

```
closeinput(current);//一旦有临时实体进入,关闭传送带的输入端口。因为搬运工一次只能搬运一
```
个工件,要避免传送带零件堆积。

6）在 Queue3 中的离开触发器中编写如下代码。

```
openinput(inobject(current,1));//一旦工件搬运走了,则打开传输带的输入端口,允许新的工件
```
进入。

7）在 Queue3 中的 Flow 属性页中设置和编程。

勾选 Use Transport,搬运使用运输工具,即使用操作员进行工件搬运。见图 6-36。同时在 Request Transport From 触发器中编写如下任务序列程序。

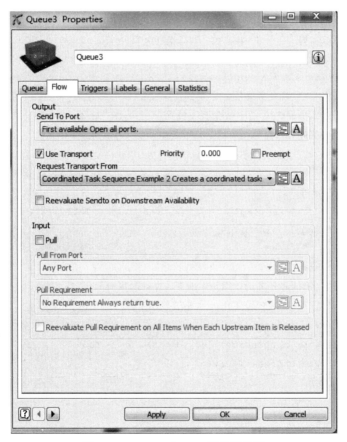

图 6-36　Queue3 中 Flow 属性页设置

```
treenode item = parnode(1);
treenode current = ownerobject(c); int port = parval(2);
treenode destination = outobject(current,port);  //得到目的地的树节点
treenode operatorteam = centerobject(current,1);  //得到操作员小组(这里指队列通过分配
```

器 Dispatcher 连接的四个人）

  treenode myts = createcoordinatedtasksequence(operatorteam); //创建一个协作任务序列 myts,以下为插入分派任务,这里为每一个人都分派任务,所以要插入四个任务,后面三个参数 0,0,1,依次表示:优先级、先占值、最后一个参数表示任务是否堵塞,默认情况 0 为阻塞,1 为不阻塞

  int operator1key = insertallocatetask(myts, operatorteam, 0, 0, 1); //allocate the first availabe operator connected to the dispatcher and record a numeric key pointing to the chosen operator

  int operator2key = insertallocatetask(myts, operatorteam, 0, 0, 1); //allocate the another availabe operator connected to the dispatcher and record a numeric key pointing to the second chosen operator

  int operator3key = insertallocatetask(myts, operatorteam, 0, 0, 1);

  int operator4key = insertallocatetask(myts, operatorteam, 0, 0, 1); //任务不阻塞。以下为插入代理任务,为每一个操作员插入一个代理任务,该代理任务是四个操作员走到暂存区 Queue 跟前,准备搬运货物。

  insertproxytask(myts, operator1key, TASKTYPE_TRAVEL, current, NULL, 0,0,0,0);

  insertproxytask(myts, operator2key, TASKTYPE_TRAVEL, current, NULL, 0,0,0,0);

  insertproxytask(myts, operator3key, TASKTYPE_TRAVEL, current, NULL, 0,0,0,0);

  insertproxytask(myts, operator4key, TASKTYPE_TRAVEL, current, NULL, 0,0,0,0);

  //再次插入代理任务,该代理任务是使 4 个走到 Queue 跟前的操作员,转身相对而站立,其中第一个不动,不分配代理任务,另外三个操作员,1 个站在 135°位置,一个站在 - 45°位置,最后一个站在 - 135°位置。其目的是使他们符合搬运时实际相对位置。在这里指定节点上设定一个值,实际上是对各个操作员的 rz(旋转度数)设置相应的值。

  int op2rotation = insertproxytask(myts,operator2key,TASKTYPE_SETNODENUM,spatialrz (node("/Operator13",model())),NULL,135);

  int op3rotation = insertproxytask(myts,operator3key,TASKTYPE_SETNODENUM,spatialrz (node("/Operator14",model())),NULL,- 45);

  int op4rotation = insertproxytask(myts,operator4key,TASKTYPE_SETNODENUM,spatialrz (node("/Operator15",model())),NULL,- 135);

  //以下为插入同步任务,同步任务的作用是中断任务序列的执行,以等待其他任务执行器完成后,再一起工作。本例中,使操作员 2、3、4 三人停止工作,1 人来装载箱子。

  insertsynctask(myts,op2rotation);

  insertsynctask(myts,op3rotation);

  insertsynctask(myts,op4rotation);

  //让操作员 1 装载箱子

  int loadkey = insertproxytask(myts, operator1key, TASKTYPE_FRLOAD, item, current, port,0,0,0);

  //操作员 1 装载完箱子后,使操作员 1 停止工作。

  insertsynctask(myts, loadkey);

  //以下两句目的是:再为操作员 1 插入两个代理任务:任务 1 是:走到终点站暂存区 Queue4;任务 2 是:卸载货物

  insertproxytask(myts, operator1key, TASKTYPE_TRAVEL, destination, NULL, 0,0,0,0);

  insertproxytask(myts, operator1key, TASKTYPE_FRUNLOAD, item, destination, opipno

```
(current,port),0,0,0);
```

//以下 3 句插入 3 个代理任务,为其他 3 个操作员分配任务,其他 3 个操作员的任务相同,都是和操作员 1 一样走向终点站 Queue4。

```
insertproxytask(myts, operator2key, TASKTYPE_TRAVEL, destination, NULL, 0,0,0,0);
insertproxytask(myts, operator3key, TASKTYPE_TRAVEL, destination, NULL, 0,0,0,0);
insertproxytask(myts, operator4key, TASKTYPE_TRAVEL, destination, NULL, 0,0,0,0);//
```

插入取消分派任务

```
insertdeallocatetask(myts, operator1key);
insertdeallocatetask(myts, operator2key);
insertdeallocatetask(myts, operator3key);
insertdeallocatetask(myts, operator4key);
dispatchcoordinatedtasksequence(myts);    /派发协同任务序列
return 0;
```

通过以上程序分析可知,该案例表面上四个操作员搬运箱子,实际上只有 1 个操作员在搬运箱子,其他操作员都是跟着走,但是达到了四个人一起搬运箱子的视觉效果。

6.16　双向输送机

6.16.1　问题描述

经常需要设计一台双向输送机,使货物能双向输送。本案例中的双向输送机具有如下功能,货物在该双向输送机上运输,当走到该输送机末端后,货物自动改变颜色,然后从某段折返回到入口端,并从入口端离开传送带进入暂存区。

6.16.2　建模步骤

拖入发生器 Source7,代表仓库,拖入基本传送带 BasicConveyor8 作为双向输送机,拖入 Queue9 为暂存区。在 BasicConveyor8 中的 Layout 属性页中设置基本传送带长度为 10 米,模型如图 6-37 所示。

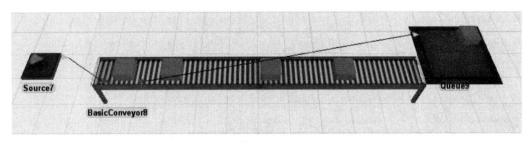

图 6-37　模型运行图

1)在发生器 Source7 的 Arrivaltime 触发器中编写如下代码:

```
treenode current =  ownerobject(c);
```

```
return exponential(0,2,1);//设置临时实体产生时间为均值为 2 的指数分布
```

2）在 BasicConveyor8 中的 OnReset 重置触发器中编写如下代码。

```
treenode current = ownerobject(c);
bcsetdirection(current,1);// //设置基本传送带 BasicConveyor8 的 item 流动方向,即//从左
向右
receiveitem(current);// 打开 BasicConveyor8 的输入端口,准备接收一个临时实体
```

3）在 BasicConveyor8 中的 OnEntry 进入触发器中编写如下代码。

```
bcsetitemconveystate(current,item,xsize(item)+ 0.05,0,1,1);// 与一般 Conveyor 不同,基
本传送带使用前要用命令 bcsetitemconveystate 对基本传送带 basicconveyor 设置状态参数。如:bc-
setitemconveystate(current,item,1,0,1,0)//含义是:起始点在 1 处、起始速度为 0,目标速度为 1,加
速度无限大。此外需要注意的是:上面中 bcsetitemconveystate 语句,一旦执行此语句,item 就开始
传送。
```

4）在 BasicConveyor8 中的 Decision Points 属性页中设置 3 个监控点（或者称为监控传感器），如图 6-38 所示，第 1 个 DecisionPoint1 设置在传送带的入口处，第 2 个 DecisionPoint2 设置在传送带距离起始点 1 米处，第 3 个 DecisionPoint3 设置在传送带的末端处。在各自的监控点的 OnCover 触发器和 OnClear 触发器中编写相关代码。

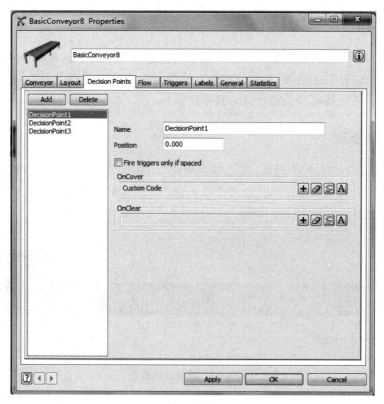

图 6-38　监控点设置

OnCover 触发器触发时机是：当有物体进入监控点时触发，执行其中程序代码。

OnClear 触发器触发时机是：当物体离开监控点时触发该传感器，执行其中命令。

5）在第 1 个 DecisionPoint1 监控传感器的 OnCover 触发器中编写如下代码：

```
treenode current = ownerobject(c);
treenode item = parnode(1);
int decisionpoint = parval(2);
double position = parval(3);
if(getvarnum(current,"direction")= = 0)
{
releaseitem(item);
if(content(current)= = 0)
{
bcsetdirection(current,1);
openinput(current);
receiveitem(current);
}
}
```

6）在第 2 个 DecisionPoint2 监控传感器的 OnClear 触发器中编写如下代码：

```
treenode current = ownerobject(c);
treenode item = parnode(1);
int decisionpoint = parval(2);
double position = parval(3);
if(getvarnum(current,"direction")= = 1)
receiveitem(current);
```

7）在第 3 个 DecisionPoint3 监控传感器的 OnCover 触发器中编写如下代码：

```
treenode current = ownerobject(c);
treenode item= parnode(1);
int decisionpoint = parval(2);
double position = parval(3);
closeinput(current);
bcsetdirection(current,0);
int co= uniform(1,9);
for(int i= 1;i< = content(current);i+ + )
{
colorarray(rank(current,i),co);
bcsetitemconveystate(current,rank(current,i),bcgetitemposition(current,rank(current,i)),0,1,1);
}
```

6.17 复杂任务序列下的机械加工单元化生产实现

6.17.1 问题描述

某轴类零件加工,共有 4 道工序,工序 1 为粗车端面打顶尖孔,在机床 c166 上加工;工序 2 为粗车外圆表面,在机床 c2 上加工;工序 3 铣键槽,在 x45 铣床上加工;工序 4 为精车外圆表面在车床 c3 上加工,加工后结束。其设备布局采用一个流单元化布局方式。

生产方式以一个流生产方式进行,工人拿起零件依次顺序地在机床 c166、机床 c2、x45 铣床、车床 c3 上加工,一个零件整个循环加工完后,然后拿第二个零件加工。每个机床上加工完毕后,根据工序加工要求进行检测。检测方式有 3 种,即:抽样检测方式;首件检测方式;连续检测方式;检测地点有两种:在机床边检测和在专用检测台 checkdesk1 上进行检测。要求检测模式、检测地点、检测时间、装卸料时间都可以设置。

利用仿真技术,得到各机床利用率、产量等生产数据。

6.17.2 建模步骤和方法

1)利用 GoogleSketchupFree 绘制机床模型并导入 Flexsim 场景中,如图 6-39 所示。四个机床都是 processor 固定实体,q1 为单元生产线入口暂存区。qout1 为单元生产线出口暂存区。拖入网络节点与各机床相连。

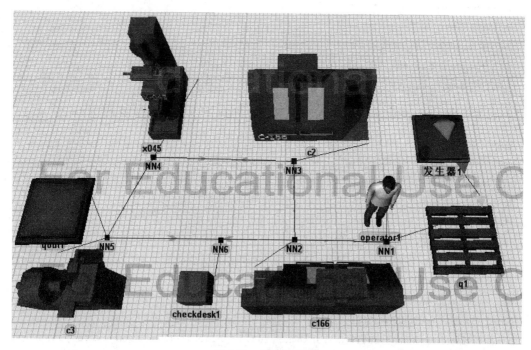

图 6-39 模型布局图

2）建一个 productplan 全局表，见图 6-40。该表主要存放加工零件类型、工序机床加工时间、上料时间、下料时间、检测方式、检测频率、检测地点、上料总时间、下料总时间、加工总时间、机床效率、产量等生产数据。其中上料总时间、下料总时间、加工总时间、机床效率、产量等生产数据是仿真模型运行后，系统生成的。

productplan 行数 17 列数 27 □重置时清除	C166	x045	c2	c3	
加工零件类型1	LN	LN	LN	N	LN
工序号2	20.00	40.00	50.00	80.00	
加工数量3	200.00	200.00	200.00	200.00	
加工时间4	70.00	10.00	50.00	46.00	
上料时间5	4.00	4.00	4.00	5.00	
下料时间6	4.00	3.00	3.00	5.00	
检测方式7	2.00	2.00	2.00	3.00	
检测频率8	3.00	2.00	2.00	2.00	
检测时间9	7.00	3.00	6.00	6.00	
检测地点10	1.00	1.00	1.00	1.00	
上料总时间11	0.00	0.00	0.00	0.00	
下料总时间12	0.00	0.00	0.00	0.00	
加工总时间13	0.00	0.00	0.00	0.00	
检查总时间14	0.00	0.00	0.00	0.00	
机床效率15	0.00	0.00	0.00	0.00	
产量16	0.00	0.00	0.00	0.00	

图 6-40　productplan 全局表

3）C166 机床参数设置和编程（图 6-41）。

图 6-41　c166 机床参数设置

C166 机床是这个单元生产线第一台机床,负责第一道工序加工。在 C166 临时实体流属性页中,勾选"使用运输工具"选项(图 6-41),并在其 Transport Resource 触发器中编写如下代码:

```
treenode item = parnode(1);
treenode current = ownerobject(c);
int port = parval(2);
treenode op1= node(("/operator1"),model());//得到操作者的树节点
treenode c2= node(("/c2"),model());
treenode c166= node(("/c166"),model());
treenode x045= node(("/x045"),model());
treenode c3= node(("/c3"),model());
treenode NN1= node(("/NN1"),model());
treenode NN2= node(("/NN2"),model());
treenode NN3= node(("/NN3"),model());
treenode NN4= node(("/NN4"),model());
treenode NN5= node(("/NN5"),model());
treenode NN6= node(("/NN6"),model());
treenode checkdesk1= node(("/checkdesk1"),model());
treenode q1= node(("/q1"),model());
treenode qout1= node(("/qout1"),model());
treenode Item = first(current);//得到加工好的零件节点
treenode ts = createemptytasksequence(op1,0,0);//给操作者 Operator1 创建一个新任务
inserttask(ts,TASKTYPE_TRAVEL,q1,NULL);//走到 q1 暂存区
inserttask(ts,TASKTYPE_FRLOAD,rank(q1,1),q1);//拿取一个工件
inserttask(ts,TASKTYPE_TRAVEL,c166,NULL);//走到 c166 机床
inserttask(ts,TASKTYPE_CALLSUBTASKS,c166,NULL,45,0,0);//向 c166 调子程序,目的是在
```
c166 机床上下料。
```
int checkmode= gettablenum("productplan",7,3);//得到零件检测方式
int checkplace= gettablenum("productplan",10,3);//得到零件检测地点
int checktime= gettablenum("productplan",9,3);//得到零件检查时间
 switch(checkmode)//先判断检查模式 checkmode
 {
   case 1://如果为模式 1,每件必检
   {
       if(checkplace= = 1)//如果 checkplace= 1 为在机床上检查,如果 checkplace= 2 为在较
```
远的专用检测台上检查
```
       {
inserttask(ts,TASKTYPE_DELAY,NULL,NULL,checktime,STATE_UTILIZE);//进行零件检查
inserttask(ts,TASKTYPE_TRAVEL,c2);//走到机床 c2 处
inserttask(ts,TASKTYPE_CALLSUBTASKS,c2,NULL,45,0,0);// 调用 c2 子程序,目的是在 c2 机床
```
上用任务序列方式进行工件上下料

```
		}
		else//checkplace= 2 为在较远的专用检测台 checkdesk1 上检查
		{
	inserttask(ts,TASKTYPE_TRAVEL,checkdesk1);//走到检查台 checkdesk1 处
	inserttask(ts,TASKTYPE_DELAY,NULL,NULL,checktime,STATE_UTILIZE);//进行零件检查
	inserttask(ts,TASKTYPE_TRAVEL,c2);//走到机床 c2 处
	inserttask(ts,TASKTYPE_CALLSUBTASKS,c2,NULL,45,0,0);// 调用 c2 子程序,目的是在 c2 机床
上用任务序列方式进行工件上下料
		}
	brea;
	}
	case 2://如果为模式 2,每隔 n 个零件检测一次,n 为频率
	{
	int checknum= getlabelnum(current,"checknum");//得到零件检查频率或次数
		if(checknum= = 0)
		{
			setlabelnum(current,"checknum",gettablenum("productplan",8,3));//
		if(checkplace= = 1)//如果 checkplace= 1 为在机床上检查,如果 checkplace= 2 为在较远
的专用检测台上检查
		{
	inserttask(ts,TASKTYPE_DELAY,NULL,NULL,checktime,STATE_UTILIZE);//进行零件检查
	inserttask(ts,TASKTYPE_TRAVEL,c2);//走到机床 c2 处
	inserttask(ts,TASKTYPE_CALLSUBTASKS,c2,NULL,45,0,0);//调用机床 c2 消息触发子程序
		}
		else// checkplace= 2 为在较远的专用检测台 checkdesk1 上检查
		{
	inserttask(ts,TASKTYPE_TRAVEL,checkdesk1);// 走到检查台 checkdesk1 处
	inserttask(ts,TASKTYPE_DELAY,NULL,NULL,checktime,STATE_UTILIZE);//进行零件检查
	inserttask(ts,TASKTYPE_TRAVEL,c2);//走到机床 c2 处
	inserttask(ts,TASKTYPE_CALLSUBTASKS,c2,NULL,45,0,0);// 调用 c2 子程序,目的是在 c2 机床
上用任务序列方式进行工件上下料
		}
		}
		else
		{
	setlabelnum(current,"checknum",checknum- 1);
	inserttask(ts,TASKTYPE_TRAVEL,c2);// 走到机床 c2 处
	inserttask(ts,TASKTYPE_CALLSUBTASKS,c2,NULL,45,0,0);//调用机床 c2 消息触发子程序
		}
	break;
	}
	case 3://如果为模式 3,首件检查,每次开机连续检查 n 个零件尺寸
```

```
    {
    int checknum= getlabelnum(current,"checknum");//得到零件检查频率或次数
        if(checknum> 0)
        {
            if(checkplace= = 1)// 如果 checkplace= 1 为在机床上检查,如果 checkplace= 2
为在较远的专用检测台上检查
            {
    inserttask(ts,TASKTYPE_DELAY,NULL,NULL,checktime,STATE_UTILIZE);//进行零件检查
    inserttask(ts,TASKTYPE_TRAVEL,c2);//走到机床 c2 处
    inserttask(ts,TASKTYPE_CALLSUBTASKS,c2,NULL,45,0,0);// 调用 c2 子程序,目的是在 c2 机床
上用任务序列方式进行工件上下料
            }
            else// checkplace= 2 为在较远的专用检测台 checkdesk1 上检查
            {
    inserttask(ts,TASKTYPE_TRAVEL,checkdesk1);//操作者走到 checkdesk1 处
    inserttask(ts,TASKTYPE_DELAY,NULL,NULL,checktime,STATE_UTILIZE);//进行零件检查
    inserttask(ts,TASKTYPE_TRAVEL,c2);//走到机床 c2 处
    inserttask(ts,TASKTYPE_CALLSUBTASKS,c2,NULL,45,0,0);// 调用 c2 子程序,目的是在 c2 机床
上用任务序列方式进行工件上下料
            }
            setlabelnum(current,"checknum",checknum- 1);
        }
        else
        {
    inserttask(ts,TASKTYPE_TRAVEL,c2);// 走到机床 c2 处
    inserttask(ts,TASKTYPE_CALLSUBTASKS,c2,NULL,45,0,0);/ 调用 c2 子程序,目的是在 c2 机床上
用任务序列方式进行工件上下料
        }
    break;
    }
}
    dispatchtasksequence(ts);
```

4)在 C166 机床消息触发器中,用任务序列编写代码实现工件上下料。

```
treenode current = ownerobject(c);
treenode op1= node(("/operator1"),model());//得到"operator1"的树节点
treenode c164= node(("/c164"),model());
treenode c166= node(("/c166"),model());
treenode forklift = msgsendingobject;
treenode ts = createemptytasksequence(forklift, 0,0);// 给消息发送者 forklift,即操作
员创建一个新任务。
treenode Item = first(current);//得到加工好的零件节点
```

```
inserttask(ts,TASKTYPE_FRLOAD,Item,current);/取下加工好的工件
inserttask(ts,TASKTYPE_FRUNLOAD,rank(op1,1),current);//把操作者手里拿的上道工序零件
```
安装在机床上。
```
return tonum(ts);
```

　　每个机床其工人上下料时间不一样，实现方式是在与每个机床相连的网络节点中进行编程，即：当操作者走到该机床处的网络节点上时，在其网络节点的到达触发器 OnArrival 中编写如下代码，改变操作者上下料的时间。该时间事先储存在"productplan"全局表中，在程序中直接读取并存放在操作者的标签中。最后在操作者上下料时读取。

　　5）NN2 的 OnArrival 到达触发器编写代码如下：

```
treenode traveler = parnode(1);
treenode current = ownerobject(c);
int toedge = parval(2);
int fromedge = parval(3); // the number of the edge the traveler came from
treenode op1= node(("/operator1"),model());/得到操作者"operator1"的树节点
setlabelnum(op1,"loadtime",gettablenum("productplan",6,3));//读取全局表 "productp-
```
lan"中该机床的上料时间，并把该时间存放在操作者的"loadtime"标签中。
```
setlabelnum(op1,"unloadtime",gettablenum("productplan",5,3));// 读取全局表 "pro-
```
ductplan"中该机床的下料时间，并把该时间存放在操作者的"unloadtime"标签中。

　　操作者上下料时，其上下料时间读取方式实现：

　　6）在操作者的装载时间触发器中编写如下代码：

```
treenode item = parnode(1);
treenode current = ownerobject(c);
treenode station = parnode(2);
returngetlabelnum(current,"loadtime");
```

　　7）在操作者的卸载时间触发器中编写如下代码：

```
treenode item = parnode(1);
treenode current = ownerobject(c);
treenode station = parnode(2);
return getlabelnum(current,"unloadtime");
```

　　8）在其他机床和网络节点上编写上述类似程序。
　　9）运行程序。
　　程序运行后，相关仿真数据，如产量、各机床利用率等数据会记录在全局表中，此外系统自带的统计模块也可以查到相关仿真数据。

6.18　利用子任务序列完成订单拣货搬运

6.18.1　问题描述

　　做任务序列时，遇到一些比较复杂的情况很难去安排，而任务序列类型中有一个子任务序

列 SubTask，通常用来处理那些复杂的任务，比如调派一个人去取若干货物，但是我们事先不知道货物有没有，或者不确定货物的地址（仿真程序运行之前不知道要货的数量、品种、地址等），这时候用子任务序列去完成这些工作较好。子任务序列还有一个好处，就是可以"多层"使用。什么是多层？调用子任务序列后，被调用的子任务序列还可以调用子任务序列（包括调用自己）。本案例为：有 item1、item2、item3 三种类型的货物要拣，这三种货物随机放在货架 rack 上的不同地方，要拣的数量也是未知的，比如 1、0、3，拣的数量和品种要根据客户的订单确定，而订单是随机的。

6.18.2　建模思路和步骤

建立模型如图 6-42 所示。三个发生器 Source35、Source36、Source37 产生 3 个不同类型的临时实体。发生器 Source38 产生托盘，并且产生的托盘放在货架 Rack33 中，每当 Rack33 进入一个托盘，主程序就产生一个任务序列，驱动操作员 Operator42 来货架 Rack33 取托盘，每一个托盘代表一个订单，订单上取货的品种和数量写入在托盘的标签 list 中，拣货员根据托盘上的标签进行拣货。事先模型中全局表是订单，在全局表中输入不同的订单就可以捡取不同的数量和品种。主任务是驱动操作员拣货，子任务序列把要拣货目标数量达到（包括拣货的品种和数量），子任务调用流程见图 6-43。

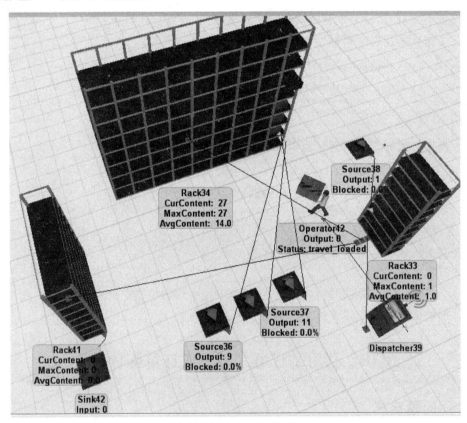

图 6-42　模型布局图

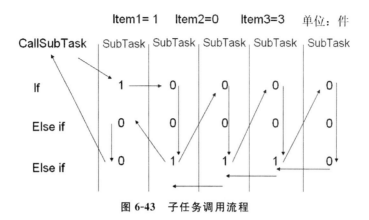

图 6-43　子任务调用流程

建立一个两行三列的订单全局表"order"(图 6-44),每一行代表一个订单,本全局表有两行,代表随机产生两个订单中的一种。列代表该订单中取货的品种和数量,如:订单 1,表示要取的货物是类型 1 的货物 1 个,类型 2 的货物 4 个,类型 3 的货物 2 个。

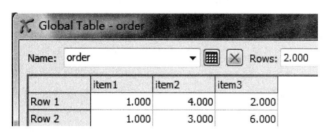

图 6-44　订单全局表

1)在 Source35、Source36、Source37 临时实体发生器中 OnCreation 编写如下代码:

```
treenode item = parnode(1);
treenode current = ownerobject(c);
int rownumber = parval(2);
int value = getitemtype(item);
//事先在每个发生器的 Item Type 中设置了每个发生器要产生的实体类型
switch(value)
{
case 1: colorred(item);break;//给不同类型的临时实体涂上不同颜色
case 2: colorgreen(item);break;
default: colorarray(item, value);break;
}
```

2)在 Source38 发生器中设置和编程。

Source38 发生器产生托盘,在其 Source 属性页中设置 FlowItem Class 为 Tote(托盘)。

在其 OnCreation 编写如下代码:

```
treenode item = parnode(1);
```

```
treenode current = ownerobject(c);

int rownumber = parval(2); //row number of the schedule/sequence table

int n = duniform(1,2);//随机产生两个订单中的一个,下面程序是:读取全局表"order"中该订单的
```
信息,包括每个品种要拣选的数量。把这些信息储存于托盘上新建的标签上。

即:把类型 1 货物的数量储存于标签"list1",把类型 2 货物的数量储存于标签"list2",把类型 3 货物的数量储存于标签"list3",

```
addlabel(item,"list1",gettablenum("order",n,1));

addlabel(item,"list2",gettablenum("order",n,2));

addlabel(item,"list3",gettablenum("order",n,3));
```

3)在 Rack33 托盘货架的进入触发器 OnEntry 中编写如下代码:

```
treenode item = parnode(1);

treenode current = ownerobject(c);

int port = parval(2);

treenode op = centerobject(current,1);//和分配器 Dispatcher39 相连接

treenode rack = centerobject(current,duniform(2,2));//和取货货架 Rack34 连接

treenode sink = centerobject(current,3);// 和存货货架 Rack41 连接

treenode ts = createemptytasksequence(op,0,0);//给分配器(即搬运员)一个任务

inserttask(ts,TASKTYPE_TRAVEL,current,NULL);//走到托盘货架 Rack33 跟前

inserttask(ts,TASKTYPE_FRLOAD,item,current);//取一个装货托盘,装货信息在标签上

inserttask(ts,TASKTYPE_CALLSUBTASKS,rack);//调用子任务序列,子任务目的是到取货货架
```
Rack34 跟前捡取货物。
```
inserttask(ts,TASKTYPE_TRAVEL,sink,NULL);//捡取完成后走到存货货架 Rack41 跟前

inserttask(ts,TASKTYPE_FRUNLOAD,item,sink);//把托盘和货物放在该货架

dispatchtasksequence(ts);//任务派发
```

4)在取货货架 Rack34 的消息触发器 OnMessage 中编写如下代码:
该消息函数主要完成拣货的子任务程序。

```
treenode op = msgsendingobject();//得到消息发送者信息(即搬运员)

treenode item = first(op);//得到搬运工手中的托盘树节点,以后可以对托盘进行操作

treenode nts = createemptytasksequence(op,0,0);//对拣货员新建立一个子任务序列

if(getlabelnum(item,1)> 0)//得到托盘标签"list1"的值,如果该值大于 0,就对该品种货物进行拣
```
货,实际上"list1"存放货物类型 1 的数量,如果该数量大于 0,就对类型 1 货物拣货。
```
{

setlabelnum(item,1,getlabelnum(item,1)- 1);//捡取之前,把类型 1 货物清单数减 1。

    int index= 1;

    while(getitemtype(rank(current,index))!= 1)//搜寻货架上类型为 1 货物的排序,实际上
```
是地址。
```
    {

        index + + ;

    }

inserttask(nts,TASKTYPE_TRAVEL,current,NULL);//找到类型 1 货物后,走去
```

```
inserttask(nts,TASKTYPE_FRLOAD,rank(current,index),current);//拿取类型 1 货物
inserttask(nts,TASKTYPE_MOVEOBJECT,rank(current,index),item);//把货物装入托盘
inserttask(nts,TASKTYPE_CALLSUBTASKS,current);//再调子任务序列,准备再取下一个货物
}
```

else if(getlabelnum(item,2)> 0) //得到托盘标签"list2"的值,如果该值大于 0,就对该品种货物进行拣货,实际上"list2"存放货物类型 2 的数量,如果该数量大于 0,就对类型 2 货物拣货。

```
{
    setlabelnum(item,2,getlabelnum(item,2)- 1);
    int index= 1;
    while(getitemtype(rank(current,index))! = 2)
    {
        index + +  ;
    }
    inserttask(nts,TASKTYPE_TRAVEL,current,NULL);
    inserttask(nts,TASKTYPE_FRLOAD,rank(current,index),current);
    inserttask(nts,TASKTYPE_MOVEOBJECT,rank(current,index),item);
    inserttask(nts,TASKTYPE_CALLSUBTASKS,current);
}
```

else if(getlabelnum(item,3)> 0) //得到托盘标签"list3"的值,如果该值大于 0,就对该品种货物进行拣货,实际上"list3"存放货物类型 3 的数量,如果该数量大于 0,就对类型 3 货物拣货。

```
{
    setlabelnum(item,3,getlabelnum(item,3)- 1);
    int index= 1;
    while(getitemtype(rank(current,index))! = 3)
    {
        index + +  ;
    }
    inserttask(nts,TASKTYPE_TRAVEL,current,NULL);
    inserttask(nts,TASKTYPE_FRLOAD,rank(current,index),current);
    inserttask(nts,TASKTYPE_MOVEOBJECT,rank(current,index),item);
    inserttask(nts,TASKTYPE_CALLSUBTASKS,current);
}
return tonum(nts);//3 种类型货物都捡取完毕后,子任务返回
```

5)在取货货架 Rack34 进行参数设置和编写代码。

标签设置:在 Rack34 手动设置如下标签(图 6-45),其中标签"1""2""3"存放值代表货架上现在有该类型货架的数量。每进入一个该类型货物,标签值加 1,每拿走一个货物该标签值减 1。max1、max2、max3 代表该类型货物在货架上的最大库存数量,即当货架该类型货物等于最大数量值后,发生器产生的该类型货物就不能再进入到货架。

在 Rack34 的离开触发器 OnExit 中编写如下代码:

```
if(getitemtype(item)= = 1)//如果取走的是类型 1 货物,则货架标签值减 1
setlabelnum(current,"1",getlabelnum(current,"1")- 1);
```

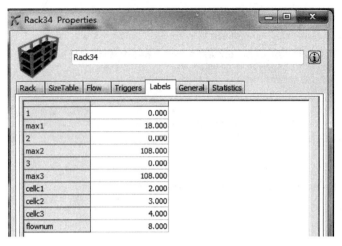

图 6-45　Rack34 标签

```
if(getitemtype(item)= = 2) //如果取走的是类型 2 货物,则货架标签值减 2
setlabelnum(current,"2",getlabelnum(current,"2")- 1);
if(getitemtype(item)= = 3) //如果取走的是类型 3 货物,则货架标签值减 3
setlabelnum(current,"3",getlabelnum(current,"3")- 1);
```

在 Rack34 的重置触发器 OnReset 中编写如下代码:

```
treenode current = ownerobject(c);
setlabelnum(current,"1",0);
setlabelnum(current,"2",0);
setlabelnum(current,"3",0);
intbays = rackgetnrofbays(current);
if(getlabelnum(current,"max1")> bays* getlabelnum(current,"cellc1")* 1
    ||getlabelnum(current,"max2")> bays* getlabelnum(current,"cellc2")* 4
    ||getlabelnum(current,"max3")> bays* getlabelnum(current,"cellc3")* 3)
{
    msg("警告","货架容量错误,请重新输入正确容量");
    applicationcommand("stop");
}
```

该程序在运行过程中可以随时修改全局表中的订单数量,分拣员可以随时更新分拣数量,仿真灵活。

6.19　旋转式货架

6.19.1　问题描述

货架在环形传送带上循环运动,叉车对货架上的货物进行搬运,每次搬运一个零件到成品库。其难点在于货架在传送带上循环运动,并且叉车对货架取货。其运行状态如图 6-46 所示。

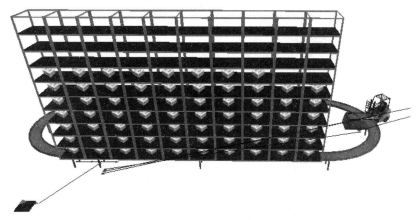

图 6-46　模型运行效果图

6.19.2　建模思路和步骤

1）建立模型。

一个传送带为环形弯曲传送带 Conveyor1，一个是短直线传送带为 Conveyor2，见图 6-47，把它们相互首位连接起来。

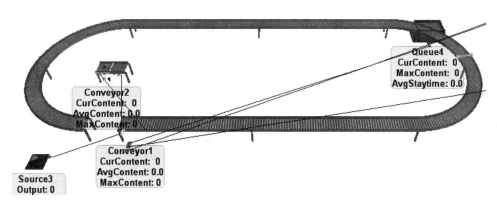

图 6-47　环形传送带效果图

其中，Source3 的输出连接到 Conveyor1，Conveyor1 的输出连接到 Conveyor2，Conveyor2 的输出连接到 Conveyor1，形成一个循环。Conveyor1 的中心端口连接到 Queue4、Queue7 和 Transporter6。

2）Source3 设置。

在 Source3 的 Source 属性页中设置到达方式为按计划时间到达。如图 6-48 所示，每一个到达时刻产生一列货架，连续产生 10 列货架。到达的货架或临时实体为 NewFlowItem。

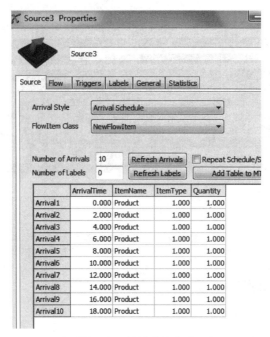

图 6-48　设置到达方式

3）NewFlowItem 设置。

打开工具－＞FlowItem Bin，新添加一个基于托盘 Pallet 的临时实体 NewFlowItem。打开 Tools/FlowItemBin 的树结构，，拷贝一个单列货架 Rack 节点到该 NewFlowItem 树结构下。打开 工具－＞FlowItem Bin 中的 NewFlowItem，可以看出 NewFlowItem 现在是一个单列货架。如图 6-49 所示，点击此单列货架，然后鼠标右键单击，可以查看此货架属性。如图 6-50 所示。

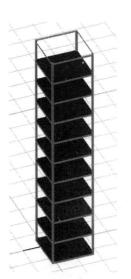

图 6-49　NewFlowItem 单列货架

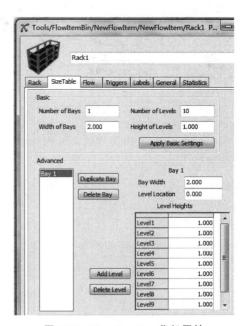

图 6-50　NewFlowItem 货架属性

从其属性看此货架被设置成一个单列 10 层的货架。

4）Source3 编程。

在 Source3 的 OnExit 触发器中编写如下代码：

```
for(int ii =  1; ii < = 7; ii + + )
{
insertcopy(node("/Tools/FlowItemBin/Basic/1",model()), first(item));
//给 10 层单列货架上，放入 7 个 Basic 形状的工件，共放 7 层，有 3 层为空。这样当货架到达传送带时
可以看到有 7 层放着零件。
}
```

5）Conveyor1 设置和编程。

在 Conveyor1 的 Labels 属性页中设置两个标签，一个为"canload"，另一个为"count"，其中"canload"的标签值为 1 或者 0，当为 1 时，表示叉车现在空闲可以装载零件。当叉车一旦开始举升叉子开始叉零件，该标志"canload"置 0，当叉车把零件搬到仓库再回到传送带旁边时，"canload"置 1，表示叉车空闲，可以搬运下一个零件了。

整个 Conveyor1 设置为 7 段，形成一个环状传送带。在其中一段设置一个光点传感器，当货架到达后触发该传感器，执行 OnCover 其中代码。在 OnCover 触发器中编写如下代码：

```
treenode current =  ownerobject(c);  //current conveyor object
treenode item =  parnode(1);  //flowitem that is covering the photoeye
int photoeye =  parval(2);  //photoeye number (row in the table)
int covermode =  parval(3);  //mode 1 =  green to yellow, mode 2 =  yellow to red
inc(label(current,"count"),1);
if(covermode = =  2 && getlabelnum(current,"canload") = =  1 && fmod(getlabelnum(cur-
rent,"count"), 3) = =  0)
{
    treenode initem =  last(first(item));
    treenodetruck =  centerobject(current,2);
    treenode rack =  first(item);
    treenode ts =  createemptytasksequence(truck,0,0);
    inserttask(ts,TASKTYPE_SETNODENUM,label(current,"canload"),NULL,0);
    inserttask(ts,TASKTYPE_SETNODENUM, getvarnode(current,"speed"),NULL,0);
  //使传送带的速度为 0，使传送带在叉车叉零件时停下来。
    inserttask(ts,TASKTYPE_PICKOFFSET,initem,rack,0,0,1);
    inserttask(ts,TASKTYPE_MOVEOBJECT,initem,truck);
    inserttask(ts,TASKTYPE_DELAY,NULL,NULL,3);
    inserttask(ts,TASKTYPE_SETNODENUM, getvarnode(current,"speed"),NULL,1);
  //使传送带的速度为 1，当叉车拿到零件后使传送带继续运行。
    inserttask(ts,TASKTYPE_TRAVEL,centerobject(current,3));
    inserttask(ts,TASKTYPE_FRUNLOAD,initem,centerobject(current,3));
    inserttask(ts,TASKTYPE_TRAVEL,centerobject(current,1));//传送带 Conveyor1 中心端
口 1 连接的是 Queue4,Queue4 在这里不起其他作用，只起到叉车起始位置标志作用。
```

```
        inserttask(ts,TASKTYPE_SETNODENUM,label(current,"canload"),NULL,1);
        dispatchtasksequence(ts);
}
```

初始在 Conveyor1 的 OnReset 触发器中进行标签初始化,都置 1。

```
setlabelnum(current,"canload",1);
setlabelnum(current,"count",1);
```

6.20   利用 OpenGL 技术绘制货架

6.20.1   问题描述

Flexsim 实体库自带货架结构形式单一,有时候并不能满足企业实际需要,需要开发其他形式货架。解决此类问题通常有两种途径:一是利用其他 3D 软件绘制货架模型,然后导入到 Flexsim 中。二是利用 OpenGL 技术用软件编程方法编制出所需要形状的货架。OpenGL 是一个跨编程语言、跨平台的编成接口规格的专业图形程序接口,是一个功能强大、调用方便的底层图形库,可以帮助开发者开发出极具冲击力视觉效果的 3D 造型。在 Flexsim 仿真软件中嵌入有 OpenGL,开发者可以利用 Flexsim 脚本语言开发出所需要的 3D 造型,使用方便。

本案例为:叉车把合成器上装盘好的托盘(每四个零件一个托盘)放入货架,该货架为一个钢制货架,需要用 OpenGL 绘制。

6.20.2   建模步骤

建立模型如图 6-51 所示,其中货架为 rack 固定实体类型,为了显示出 OpenGL 绘制的货架效果,需要先把原来的 rack 货架隐藏。

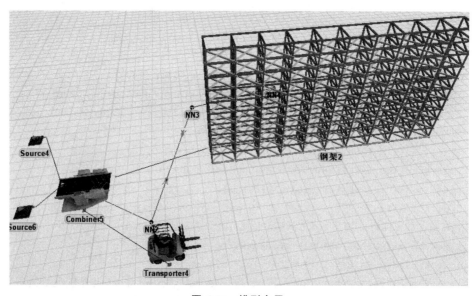

图 6-51   模型布局

1)在钢架(rack)的 Custom Draw Code 绘图触发器中编写如下代码:

```
int objindex = 1;int texindex = 1;
drawtomodelscale(current);
for(int i= 1;i< = rackgetnrofbays(current);i+ + )
{
    for(int j= 1;j< = rackgetnroflevels(current,i);j+ + )
    {
drawcube(rackgetbayloc(current,i),0,rackgetlevelloc(current,i,j),0.1,0.1,rack-
getlevelsize(current,i,j),0,0,0,256,0,0);//绘制立柱
drawcube(rackgetbayloc(current,i),- ysize(current)+ 0.1,rackgetlevelloc(current,i,
j),0.1,0.1,rackgetlevelsize(current,i,j),0,0,0,256,0,0);//绘制横梁
drawcube(rackgetbayloc(current,i),0,rackgetlevelloc(current,i,j),0.1,0.1,rackget-
baysize(current,i),0,90,0,256,0,0);
drawcube(rackgetbayloc(current,i),- ysize(current)+ 0.1,rackgetlevelloc(current,i,
j),0.1,0.1,rackgetbaysize(current,i),0,90,0,256,0,0);
    //绘制侧梁
drawcube(rackgetbayloc(current,i),- ysize(current)+ 0.1,rackgetlevelloc(current,i,
j),0.1,0.1,- ysize(current)+ 0.1,90,0,0,256,0,0);
    //绘制侧梁交叉
drawcube(rackgetbayloc(current,i),- ysize(current)+ 0.1,rackgetlevelloc(current,i,
j),0.1,0.1,- ysize(current)+ 0.1,120,0,0,256,0,0);
drawcube(rackgetbayloc(current,i),- ysize(current)+ 0.1,rackgetlevelloc(current,i,
j)+ 1,0.1,0.1,- ysize(current)+ 0.1,60,0,0,256,0,0)
    //绘制横梁交叉
drawcube(rackgetbayloc(current,i),0,rackgetlevelloc(current,i,j),0.1,0.1,3* rack-
getlevelsize(current,i,j),90,45,0,0,256,0);
drawcube(rackgetbayloc(current,i),- ysize(current)+ 0.1,rackgetlevelloc(current,i,
j),0.1,0.1,3* rackgetlevelsize(current,i,j),90,135,0,0,256,0);
for(int q= 0;q< = xsize(current);q= q+ xsize(current)/10)
{//绘制立柱
drawcube(q,0,rackgetlevelloc(current,i,j),0.1,0.1,rackgetlevelsize(current,i,j),0,
0,0,256,0,0);
drawcube(q,- ysize(current)+ 0.1,rackgetlevelloc(current,i,j),0.1,0.1,rackgetlev-
elsize(current,i,j),0,0,0,256,0,0);
    //绘制侧梁交叉
drawcube(q,- ysize(current)+ 0.1,rackgetlevelloc(current,i,j),0.1,0.1,- ysize(cur-
rent)+ 0.1,120,0,0,256,0,0);
drawcube(q,- ysize(current)+ 0.1,rackgetlevelloc(current,i,j)+ 1,0.1,0.1,- ysize
(current)+ 0.1,60,0,0,256,0,0);
    //绘制侧梁
drawcube(q,- ysize(current)+ 0.1,rackgetlevelloc(current,i,j),0.1,0.1,- ysize(cur-
rent)+ 0.1,90,0,0,256,0,0);
```

```
    }
    for(int r= 0;r< = zsize(current);r= r+ zsize(current)/10)
        {//绘制最后一层横梁
    drawcube(rackgetbayloc(current,i),0,r,0.1,0.1,rackgetbaysize(current,i),0,90,0,
256,0,0);
        drawcube(rackgetbayloc(current,i),- ysize(current)+ 0.1,r,0.1,0.1,rackgetbaysize
(current,i),0,90,0,256,0,0);
            //绘制侧梁
    drawcube(rackgetbayloc(current,i),- ysize(current)+ 0.1,r,0.1,0.1,- ysize(current)
+ 0.1,90,0,0,256,0,0);
        }//绘制最后一层最后一列侧梁
    drawcube(xsize(current),- ysize(current)+ 0.1,zsize(current),0.1,0.1,- ysize(cur-
rent)+ 0.1,90,0,0,256,0,0);
                }
        }
```

2)在叉车 Transporter4 的 OnUnload 触发器中编写如下代码,实现相关动作

```
treenode item = parnode(1);treenode current = ownerobject(c);
treenode station = parnode(2);setvarnum(current,"modifyrotation",0);
treenode dest = centerobject(current,1);
double priority = 0;
int condition = content(gettasksequencequeue(current))= = 0;
if(condition)
{
    if(objectexists(gettenavigator(current)))
    {
        createtraveltask(current,dest,priority,0);
    }
    else // task executers without navigators (like the crane)
    {
        treenode ts = createemptytasksequence(current, 0,0);
        // use offset travel instead of regular travel tasks
        inserttask(ts, TASKTYPE_TRAVELTOLOC, NULL, NULL, xloc(dest), yloc(dest), zloc
(dest));
        dispatchtasksequence(ts);
    }
}
```

6.21 分配器应用技巧

6.21.1 问题描述

在 Flexsim 仿真应用中,如果要同时使用多个操作者做同一类工作,往往要用到分配器,

利用分配器给多个操作者分配任务机制相对比较复杂,不易理解。下面通过一个案例来阐述应用。

6.21.2　案例

一个发生器产生若干种类型的临时实体到一个暂存区,现有若干(本案例为 2 人)名搬运工,搬运规则如下:一旦某一搬运工搬运了某种类型的临时实体,那么在之后的工作中,他只能搬运同一类型的临时实体。例如:A 操作工第一次搬运了类型为 2 的临时实体,那么以后他只能搬运类型为 2 的临时实体。

6.21.3　建模方法和步骤

思路:首先,为搬运工添加一个名为“Type”的标签,用于记录搬运临时实体的类型,标签值＝0 时表示尚未搬运任何东西,标签值＞0 时表示该搬运工只负责搬运该类型的临时实体。其次在发生器触发器设置进入系统会有哪些类型的临时实体。最后在分配器的 Pass To(分配给)中编写 Flexsim Code 代码。

1)建立模型如图 6-52 所示。

2)在 Source 发生器中的 OnExit 触发器中编写如下代码:

```
treenode involved =  item;
double newtype =  duniform(1,2);//产生两种类型临时实体
setitemtype(involved,newtype);
colorarray(involved,newtype);
```

3)在两个搬运工 Operator6 和 Operator7 的 Labels 属性页中分别设置一个“Type”标签,初始值为 0,数值型标签。

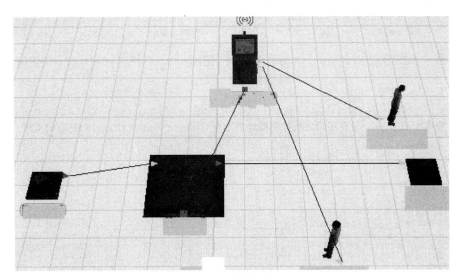

图 6-52　模型布局图

4)在分配器 Dispatcher3 的 Pass To 触发器中编写如下代码：

其中分配策略 Queue Strategy 采用:Sort by TaskSequence Priority

```
treenode tasksequence =  parnode(1);
treenode current =  ownerobject(c);
treenode item =  gettaskinvolved(tasksequence,2,1);
int Type =  getitemtype(item);
int port =  0;
for(int i= 1;i< = nrop(current);i+ + )
{
    treenode op =  outobject(current,i);
    if(getlabelnum(op,"Type")= = Type)
    {
        port =  i;
        break;
    }
}
if(port= = 0)
{
    for(int i= 1;i< = nrop(current);i+ + )
    {
        treenode op =  outobject(current,i);
        if(getlabelnum(op,"Type")= = 0)
        {
            port =  i;
            colorarray(op,Type);
            setlabelnum(op,"Type",Type);
            break;
        }
    }
    if(port= = 0)
    {
msg("警告",concat("没有可用的执行器搬运类型为",numtostring(Type),"的临时实体!"),1);
        stop();
        return - 1;
    }
}
return port;
```

第7章 汽车制造业仿真实例

7.1 多产品单阶段制造系统仿真与分析

7.1.1 系统描述

现在,我们来看看某工厂加工三种类型产品的过程。这三类产品分别从工厂其他车间到达该车间。这个车间有三台机床,每台机床可以加工一种特定的产品类型。一旦产品在相应的机床上完成加工,所有产品都必须送到一个公用的检验台进行质量检测。质量合格的产品就会被送到下一个车间。质量不合格的产品则必须送回相应的机床进行再加工。

我们希望通过仿真实验找到这个车间的瓶颈所在,以回答如下问题:检验台能否及时检测加工好的产品? 或者检验台是否会空闲? 缓存区的大小重要吗?

7.1.2 系统数据

产品到达:平均每5秒到达一个产品,到达间隔时间服从指数分布

产品加工:平均加工时间10秒,加工时间服从指数分布

产品检测:固定时间4秒

产品合格率:80%

7.1.3 概念模型

概念模型如图7-1所示。

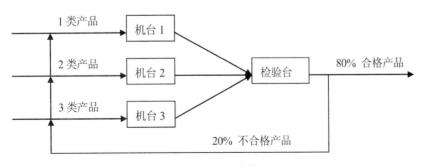

图 7-1 案例概念模型

7.1.4 模型实体设计

模型实体设计如表 7-1 所示.

表 7-1 模型实体设计表

模型元素	系统元素	备注
Flowitem	产品	不同实体类型代表不同类型的产品,分别标为 1、2、3
Processor	机台,检验台	进行不同的参数定义以表征不同的机台和检验台
Queue	暂存区	两个暂存区,分别表示待加工暂存区和待检验暂存区
Source	待加工产品库	产品的始发处,连续不断地提供待加工产品
Sink	成品库	产品加工并通过检验后的最终去处

7.1.5 模型运行

模型运行如图 7-2 所示。

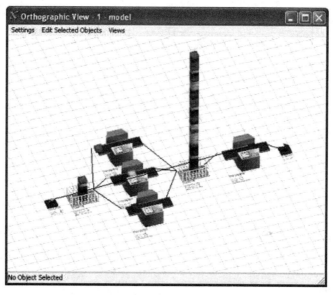

图 7-2 运行中的模型

7.1.6 数据分析

在描述系统中我们提到希望能找出系统的瓶颈。有几种途径可以做到这点?

7.1.7 建模步骤

双击桌面上的 Flexsim 图标打开软件,你可以看到 Flexsim 菜单、工具条、实体库和正投影模型视窗,如图 7-3 所示。

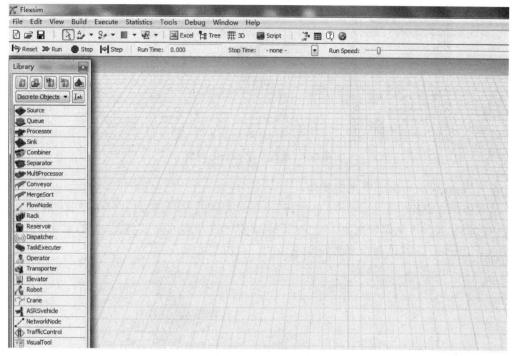

图 7-3　Flexsim 软件界面

第 1 步:模型实体设计。

模型实体设计如表 7-2 所示。

表 7-2　模型实体设计表

模型元素	系统元素	备注
Flowitem	产品	不同实体类型代表不同类型的产品,分别标为 1、2、3
Processor	机台,检验台	进行不同的参数定义以表征不同的机台和检验台
Queue	暂存区	两个暂存区,分别表示待加工暂存区和待检验暂存区
Source	待加工产品库	产品的始发处,连续不断地提供待加工产品
Sink	成品库	产品加工并通过检验后的最终去处

第 2 步:在模型中生成一个实体。

从左边的实体库中拖出一个 Source(发生器),放到模型视窗中。具体操作是,点击并按住实体库中的实体,然后将它拖动到模型中想要放置的位置,松开鼠标。这将在模型中建立一个 Source 实体,如图 7-4 所示。生成实体后,实体会被赋予一个默认的名称,例如 Source #,# 为 Flexsim 软件打开后生成的实体总数。在后续的编辑过程中,你可以重新命名模型中的实体。

图 7-4　生成一个 Source 对象

第 3 步：在模型中生成更多的实体。

从实体库中拖出一个 Queue 实体放在 Source 实体的右侧；这里，Queue 实体相当于实际系统中的缓存区。再从库中拖出 3 个 Processor 实体放在 Queue 实体的右侧，如图 7-5 所示；这里一个 Processor 实体相当于实际系统中的一台加工机床。

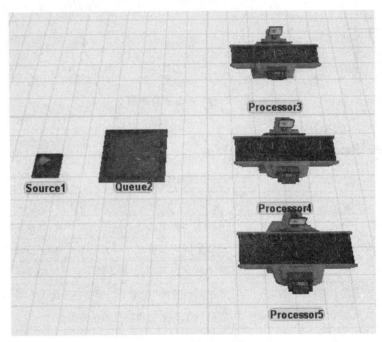

图 7-5　生成其余实体

移动实体——要在模型中移动实体，用鼠标左键点击该实体，并拖动至需要的位置。还可以通过右键点击并拖动鼠标来旋转此实体。使用鼠标滚轮，或同时按住鼠标左右键点住该实体并移动鼠标，可使该实体沿 z 轴上下移动，如图 7-6 所示。

变换视角——要改变观察点，可用鼠标左键点击视窗的任意空白区域，然后拖动鼠标。要旋转模型视角，用右键点击任意空白区并拖动鼠标。要放大或缩小视图，用鼠标滚轮或同时按住鼠标左右键并拖动鼠标，如图 7-7 所示。

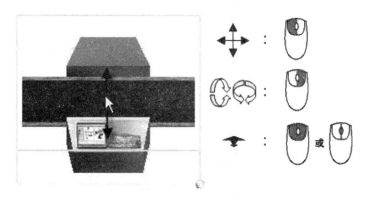

图 7-6　移动实体方法图解

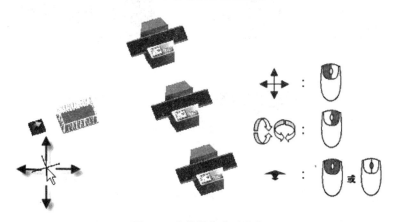

图 7-7　变换视角方法图解

第 4 步：完成在模型中生成实体。

再拖出一个 Queue、一个 Processor 和一个 Sink 实体放到模型中，如图 7-8 所示。

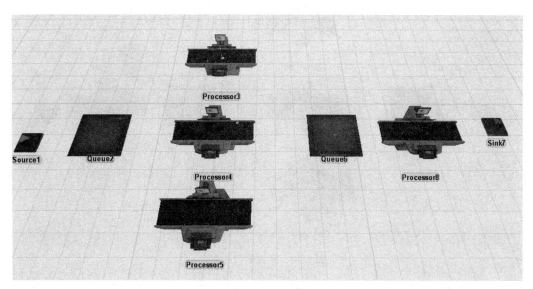

图 7-8　完成实体生成

第 5 步:连接端口。

这一步是根据流动实体的路径来连接不同固定实体的端口。要将一个实体的输出端口与另一个实体的输入端口相连接,首先按住键盘上的"A"键,然后单击第一个实体并按住鼠标左键,拖动鼠标到下一个实体处再松开。此时将会看到在拖动时有一条黄色连线,而松开鼠标后,会出现一条黑色连接线。如图 7-9 所示。

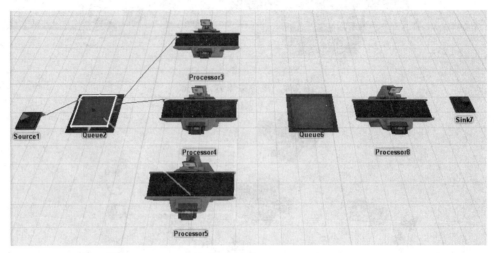

图 7-9 "A"端口连接

首先,将 Source 与第一个 Queue 连接;将这个 Queue 分别与每个 Processor 连接。再将这三个 Processor 分别与第二个 Queue 连接;将这个 Queue 与检验台 Processor 连接。最后将检验台 Processor8 分别与 Sink7 和之前的第一个 Queue2 连接;先连接 Sink7,再连接 Queue2。模型连接如图 7-10 所示。

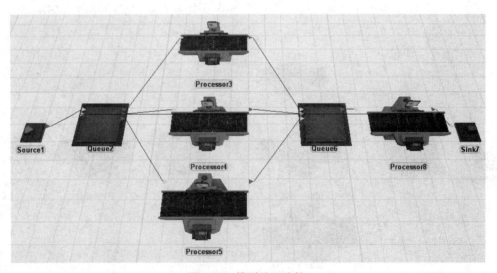

图 7-10 模型端口连接

接下来需要改变每个实体的参数,使得模型运行与上述系统描述一致。我们将从 Source

开始,沿着流动实体的路径直到 Sink。

第 6 步:给发生器指定临时实体的到达速率。

每个实体有参数视窗,通过该视窗可以添加一定的数据和逻辑关系。双击一个实体可以进入其参数视窗。

在这个模型中,我们有 3 种不同类型的产品,每类产品与一个实体类型相对应。每个流动实体将被随机均匀地赋予 1～3 之间的任意整数值作为其类型值。这由 Source 的 Exit 触发器来完成。双击 Source 打开它的参数视窗,如图 7-11 所示。

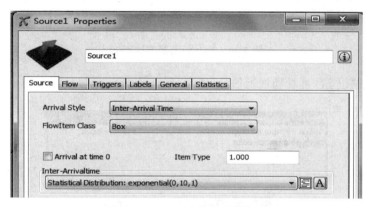

图 7-11　Source 实体的参数视窗

所有 Flexsim 实体都有多个包含其变量和信息的标签,建模人员可根据模型要求来改变其内容。在这个模型中,我们需要通过改变到达间隔时间和流动实体类型来产生 3 种类型的产品。这里,平均每 5 秒到达一个新产品,到达间隔时间随指数分布。Source 默认使用随指数分布的到达时间间隔,但我们需要改变其均值。在仿真过程中使用诸如指数分布的随机分布可以模拟现实系统中的变化。Flexsim 提供了一个叫作 ExpertFit 的工具来帮助你确定哪种随机分布与你的实际数据最匹配。在 Source 标签中,单击到达时间间隔项目下的 按钮(图 7-12)。

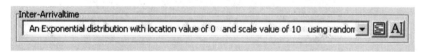

图 7-12　到达时间间隔项目栏

此时将打开一个新视窗,对该项目下的选项进行了解释,并允许你编辑该选项的参数。所有以棕色显示的内容都可以编辑(图 7-13)。

使用这个模板你可以修改某个分布,甚至可以插入一个表达式。对于这个模型,将尺度参数从 10 改为 5。对于指数分布,尺度参数就是均值。按"确定"按钮返回参数视窗。

第 7 步:流动实体的类型和颜色。

接下来需要在流动实体进入系统时指定一个类型值。此类型值在 1～3 之间均匀分布,也就是说,当前进入系统的这个产品是类型 1、类型 2 或类型 3 的可能性是一样的。最好的

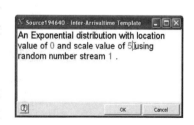

图 7-13　参数编辑、解释窗口

方法是在 Source 的 Exit 触发器中改变实体类型和颜色。

选择 Source 的触发器标签。单击 Exit 触发器的下拉菜单,选择"Set Itemtype and Color"选项,如图 7-14 所示。

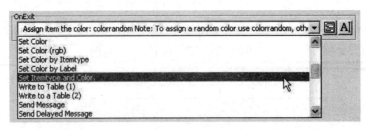

图 7-14　Exit 触发器下拉菜单

再单击模板按钮 ,可看到如下信息(图 7-15)。

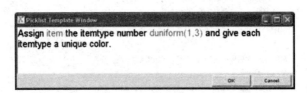

图 7-15　选项解释、修改参数窗口

离散均匀分布与均匀分布相似,只是其返回值不是所给参数之间的任意实数,而是一个整数。我们已经完成了对 Source 的参数编辑,单击确定按钮即以接受参数修改并关闭该视窗。

第 8 步:设置暂存器容量。

这一步是设置第一个 Queue。我们需要设定两项内容。首先要设定其容量;其次,该暂存区应该将流动实体中所有类型 1 送至处理器 1,类型 2 送至处理器 2,依此类推。

双击第一个 Queue,就会出现其参数视窗(图 7-16)。

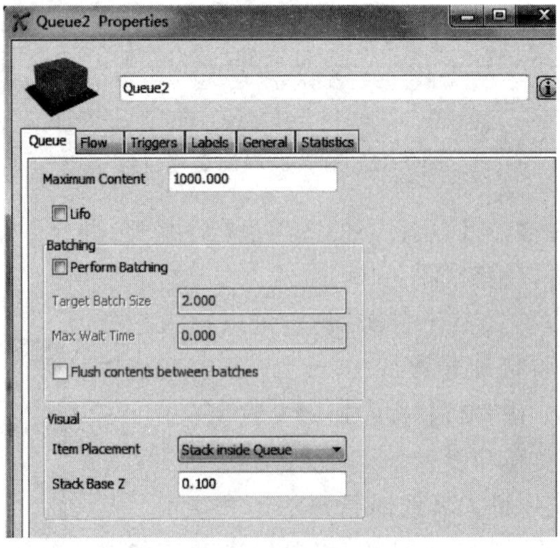

图 7-16　Queue 实体参数视窗

将最大容量改为 10000，使得这个 Queue 容量没有限制。单击 ▢ Apply ▢ 按钮。

第 9 步：Queue 的路径分配。

选择 Flow 标签来设置该暂存区的流动实体路径（图 7-17）。

单击 Output 部分的 Send To Port 下拉菜单，选中"By Itemtype（direct）"选项。

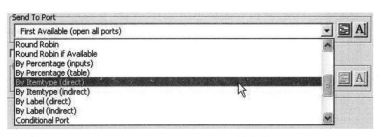

图 7-17　Send To Port 下拉菜单

我们已经将每个流动实体的类型定义为 1、2 或 3，现在可以用其类型值来确定该实体通过的端口号。处理器 1 应被连接至端口 1，处理器 2 应被连接至端口 2，处理器 3 应被连接至端口 3。选择了"By Itemtype（direct）"选项后，单击确定按钮关闭该暂存区的参数视窗。

第 10 步：定义机床加工时间。

接下来需要定义三台机床的加工时间。

双击第一个 Processor，出现其参数视窗（图 7-18）。

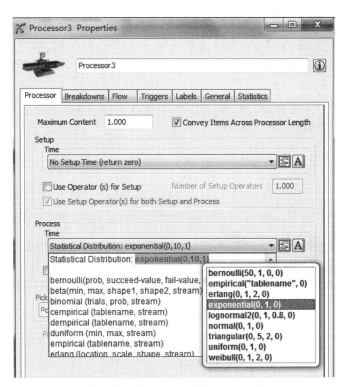

图 7-18　Processor 实体的参数视窗

在"Process Time"下拉菜单中,选择"Exponential Distribution"选项,再单击 按钮。尺度参数值默认为 10 秒。不改变该默认值。这样,在我们的模型中,每个产品的平均加工时间是 10 秒钟,加工时间服从指数分布(图 7-19)。

单击确定关闭模板视窗。到此为止,这是我们要对 Processor 做的唯一修改。我们将在后续章节中使用其他选项。单击确定关闭其参数视窗。

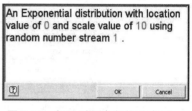

图 7-19　加工时间参数修改窗口

对其他两个 Processor 重复这一步骤。

第 11 步:设置第二个暂存区。

现在双击第二个暂存区打开其参数视窗。我们希望它和第一个暂存区一样,具有无限容量。在"最大容量"栏输入 10000,单击确定关闭其参数视窗。

第 12 步:设置检验台测试时间。

现在需要设置检验台的测试时间和路径逻辑。双击该检验台打开其参数视窗。在 Process Times 标签中单击 Process Time 项目下的 按钮。这将打开一个解释当前加工时间选项的模板视窗。将时间常数改为 4。无论检测的产品是否合格都需要花费相同的检测时间——4 秒(图 7-20)。

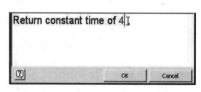

图 7-20　加工时间参数修改窗口

第 13 步:设置检验台的路径分配。

现在需要设置该检验台将不合格产品送回到模型前端,将合格产品送到 Sink。在建立该实体的连接时,应该首先连接 Sink,然后再连接第一个暂存区。这个顺序使得检测台的第一个输出端口连接到 Sink,第二个输出端口连接到暂存区。现在,我们想按照某个百分比来设置输出端口。

点击该检验台的 Flow 标签。单击 Output 部分的 Send To Port 下拉菜单,选择"By Percentage (inputs)"选项(图 7-21)。

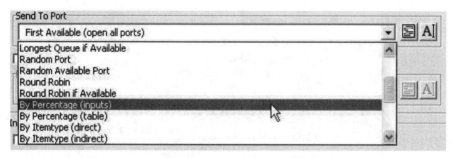

图 7-21　Send To Port 下拉菜单

再单击模板按钮 。这将打开一个解释所选路径策略的视窗。为端口 1 输入 80%,端口 2 输入 20%,也就是说,将 80% 的产品,或者说制造合格的产品,从输出端口 1 输出到 Sink;而将剩余 20% 的产品,或者说,有制造不合格的产品,从端口 2 送回第一个暂存区(图 7-22)。

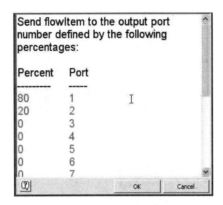

图 7-22　输出端口策略解释、修改窗口

单击确定关闭模板视窗。

我们可能想直接从视觉上区分合格产品和返工产品。点击检验台参数视窗中的 Process Trigger 标签，选择 OnExit 触发器下拉菜单中的"Set Color"选项（图 7-23）。

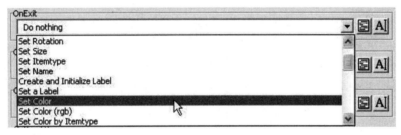

图 7-23　OnExit 触发器下拉菜单

单击 按钮并输入 colorblack 作为流动实体的颜色（图 7-24）。

单击确定关闭此模板视窗，再单击检验台参数视窗确定按钮关闭之。

第 14 步：编译。

至此，我们可以对模型进行编译和运行。单击主视窗底部的 Compile 按钮。编译过程完成后，就可以进行模型的重置和运行。

第 15 步：重置模型。

单击主视窗左下角 Reset 按钮。重置模型可以保证所有系统变量都是初始值，并将模型中所有流动实体清除。

图 7-24　设置颜色选项参数修改窗口

第 16 步：运行模型。

单击主视窗底部 Run 按钮。

现在模型应开始运行。流动实体将从第一个暂存区开始移动，进入 3 个处理器中的一个，然后进入第二个暂存区，再进入检验台，最后进入 Sink，也有一些重新进入第一个暂存区。返回的实体将变成黑色（图 7-25）。

要停止运行，可随时按 Stop 按钮。后面你将学到如何按特定时间长度和特定重复次数

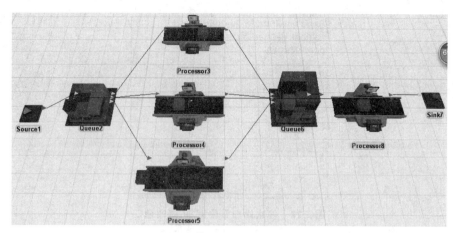

图 7-25　运行中的模型

来运行模型。当模型定义中用到随机分布时,多次运行模型是很重要的。

要加快或减慢模型运行速度,可左右移动视窗底部的仿真速度滑动条(图 7-26)。

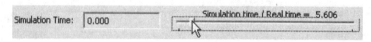

图 7-26　仿真速度滑动条

移动此滑动条能改变仿真时间与真实时间的比率,它完全不会影响模型运行的结果。

现在已经完成了建模过程。来看一看这个模型产生的一些统计数字。

第 17 步:数据分析。

在描述系统中我们提到希望能找出系统的瓶颈。有几种途径可以做到这点。第一种方法是,你可以从视觉上观察每个暂存区的容量。如果一个暂存区始终堆积着大量的产品,这就表明从该暂存区取货的一台或几台加工机床形成了系统的瓶颈。模型运行时,可以注意到第二个暂存区经常堆积很多待加工的产品,而第一个暂存区的容量通常是 20 或更少,如图 7-27 所示。

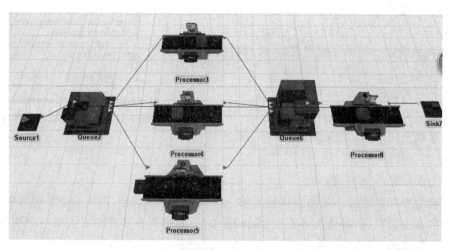

图 7-27　不同暂存区中存放的产品数量不同

另一种寻找瓶颈的方法是查看每个 Processor 的状态统计值。如果上游的三台机床总是处于繁忙状态,而检验台常常空闲,那么瓶颈很可能就是那三台加工机床。反之,如果检验台总是很忙,而加工机床总是空闲,那么瓶颈可能是检验台。

运行此模型至少需要 50000 秒,再停止运行,鼠标右键单击第一台加工机床并选择 Properties 选项,打开其属性视窗(图 7-28)。

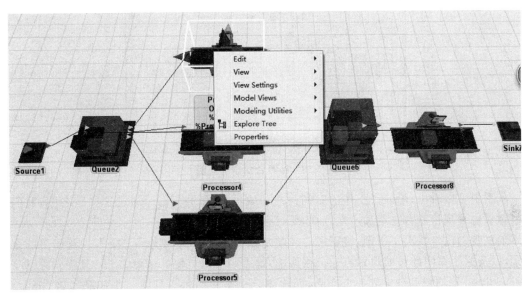

图 7-28　右键菜单

选择 Statistics 标签下的 State 页,将会出现一个饼图,这张图显示了该实体处于不同状态的时间比例(图 7-29)。

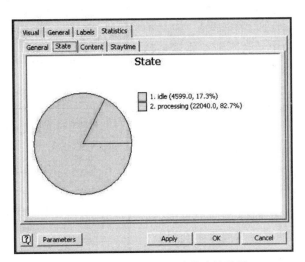

图 7-29　第一台加工机床状态统计图

这张饼图说明这台机床空闲的时间占总仿真时间的 17.3%,而加工时间占 82.7%。关闭这一视窗,再右键点击另外两台加工机床,分别打开它们的属性视窗,查看的结果相类似。

现在右键单击检验台 Processor,打开其属性视窗。检验台的状态饼图如图 7-30 所示。

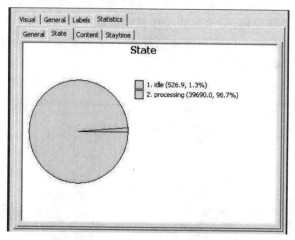

图 7-30　检验台状态统计图

从图中可以看出,检验台工作的时间占总仿真时间的 98.7%。通过这些状态图,我们可以很容易地发现检验台是瓶颈所在,而非那三台加工机床。

现在我们已经找出了瓶颈,接下来的问题是如何改善? 这取决于与成本收益相关的多个因素,以及这个车间的长期规划目标。在将来,是否需要以更快的速率加工产品呢? 在这个模型中,Source 平均每 5 秒生成一个产品,而检测台也是平均每 5 秒将一个成品送到 Sink。检验台的 5 秒平均值是由其 4 秒的检测时间和 80/20 的路径策略计算得出的。因此随着时间的推移,这个模型的总生产能力下降。如果这个工厂想加工更多的产品,Source 必须有更高的产品到达率(也就是说更短的到达间隔时间)。如果不对检验台进行修改,模型中就会不断积累越来越多的待加工品,而暂存区的容量也会不断增加直到无法再加。为了解决这个问题,我们不得不添加一个检验台,因为检验台是整个系统的瓶颈所在。

如果检验台处暂存区的容量很关键,那么同样需要我们添加一个检验台。当检验台暂存区存货过多而导致过高成本时,添加一个检验台是很明智的,这样使得暂存区的容量不会过大,而该暂存区内待检验产品的等待时间也不会过长。让我们来看看该暂存区的统计值。

鼠标右键单击该检验台暂存区,选择 Properties。打开统计标签,查看常规页,如图 7-31 所示。

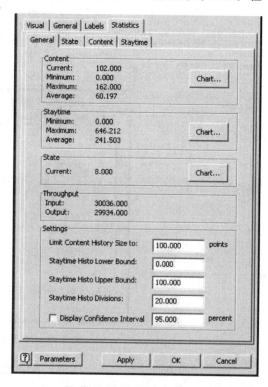

图 7-31　暂存区统计数据

继续运行此模型,我们将会注意到这些数值随着仿真运行而改变。查看平均容量和平均逗留时间值。逗留时间指流动实体在暂存区中停留的时间。在仿真运行的前期,暂存区的平均容量较小,但随着仿真的继续,它将高达 200 或 300。如果无法接受 200 或 300 的平均暂存区容量,那么就有必要增加一个检验台。

7.2 单品种流水线生产物流系统仿真与分析

7.2.1 概念定义

流水线是指劳动对象按照一定的工艺路线,顺序地通过各个工作地,并按照统一的生产速度(节拍)完成工艺作业连续的、重复的生产过程。

流水生产是把高度的对象专业化生产和劳动对象的平行移动方式有机结合起来的一种先进的生产组织形式。

单品种流水线又称不变流水线,指流水线上只固定生产一种制品。要求制品的数量足够大,以保证流水线上的设备有足够的负荷。

7.2.2 模型描述

某制造车间有 5 台不同的机器,加工一种产品。该种产品都要求完成 7 道工序,而每道工序必须在指定的机器上按事先规定好的工艺顺序进行。

假定在保持车间逐日连续工作的条件下,仿真在多对象平准化中生产采用不同投产计划的工作情况。在不同投产计划组合中选出高生产效率、低流动库存方案,来减少占用资金。

如果一项作业在特定时间到达车间,发现该组机器全都忙着,该作业就在该组机器处排入一个 FIFO 规则的队列,如果有前一天没有完成的任务,第二天继续加工。

7.2.3 系统数据

产品的计划投产批量方案:10,20,30

产品的计划投产间隔:10,20,30,40,50,60

仿真时间:1 天(即 24×60=1440min)。各工序加工数据如表 7-3 所示。

表 7-3 加工工序

工序	机器名称	平均加工时间/min	加工批量
1	Waterclean	7	5
2	DSDcoat	14	5
3	Greenfire	5	5
4	DSDcoat	15	5
5	TCPprintfire	30	10
6	Laping	20	10
7	Waterclean	10	5

7.2.4 概念模型

设计概念模型如图 7-32 所示。

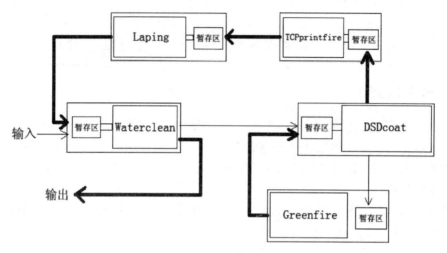

图 7-32 概念模型

7.2.5 模型提示

模型布局如图 7-33 所示。

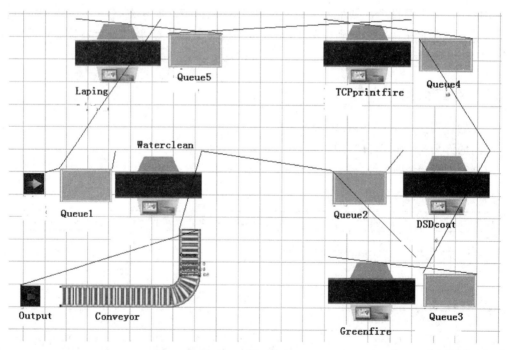

图 7-33 模型布局图

7.2.6　单品种流水线生产系统仿真详细步骤

第 1 步:模型实体设计。

实体设计如表 7-4 所示。

表 7-4　模型实体设计

模型元素	系统元素	备注
Flowitem	原料	默认生成类型 1 的原料
Processor	机器	进行不同的参数定义以表征不同机器组中的机器
Queue	机器组暂存区	
Conveyor	传送带	
Source	原材料库	原材料的始发处
Sink	成品库	原料加工后的最终去处

第 2 步:在模型中生成所有实体。

同前面章节是一样的,从左边的实体库中依次拖曳出所有实体(一个 Source,5 个 Queue,5 个 Processor,一个 Conveyor,一个 Sink)放在右边模型视图中,并按概念模型示图调整至适当的位置,如图 7-34 所示。

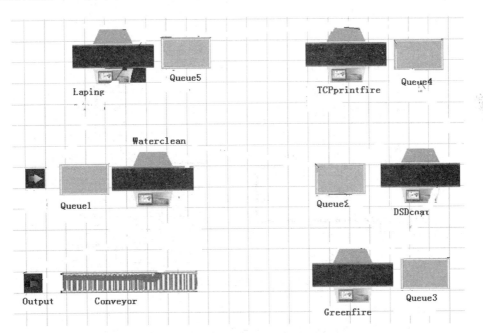

图 7-34　拖出所有实体并调整位置

第 3 步:修改名称。

为了更方便地读懂模型,我们通常会修改实体的名称,以符合实际情况。鼠标左键双击中间的 Processor,弹出实体属性的对话框,在最上方的名称栏里修改成相应的名称,如图 7-35 所示。

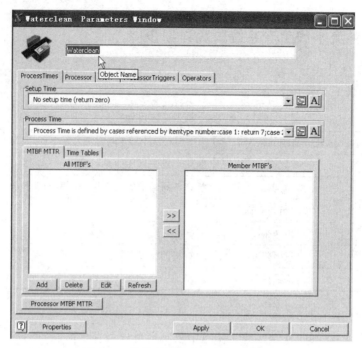

图 7-35 将处理器名称改成 Waterclean

对于其他需要修改的实体,我们也进行同样的操作,改成下图中对应的名称,以方便对模型的识别(图 7-36)。

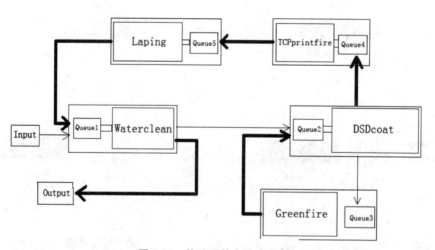

图 7-36 修改后的名称布局图

第 4 步:连接端口。

这一步是根据流动实体的路径来连接不同固定实体的端口。按住键盘上的"Λ"键,与前面章节的操作一样,按上图中的箭头所指向依次连接各个实体。分别(注意方向)从 Input 连到 Queue1,Queue1 连到 Waterclean,Waterclean 连到 Queue2,Queue2 连到 DSDcoat,DSD-coat 连到 Queue3,Queue3 连到 Greenfire,Greenfire 连到 Queue2,DSDcoat 连到 Queue4,

Queue4 连到 TCPprintfire，TCPprintfire 连到 Queue5，Queue5 连到 Laping，Laping 连到 Queue1，Waterclean 连到 Conveyor，Conveyor 连到 Output。完成后，如图 7-37 所示。

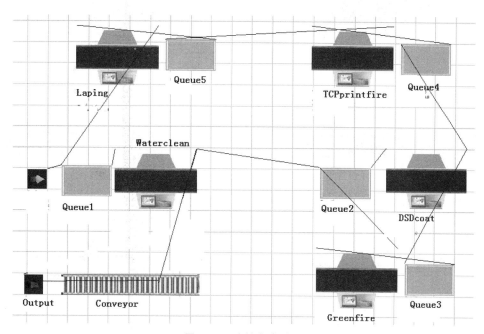

图 7-37　连接各个端口

第 5 步：调整 Conveyor 的布局。

由于最后加工完成的流动实体是从 Waterclean 流出，通过传送带 Conveyor 在已完成的模型视图中，我们发现传送带 Conveyor 的布局不是很好，为了视觉上更贴近于实际，我们对其进行修改，步骤如下：双击模型视图中的 Conveyor，在弹出的属性菜单窗口中选中最上排 Layout ，之后点击 Add Curved 和 Add Straight ，并适当调整参数，完成后如图 7-38 所示。

Conveyor Section Edit Table

Initial Z Rotation	-90		Add Straight	Add Curved	Delete	Add Table to MTEI

type: 1=straight, 2=curved

Conveyor Section Edit Table

	type			angle	radius	nroflegs
section1	1.00	2.00	0.00	0.00	0.00	2.00
section1	2.00	0.00	0.00	-90.00	1.00	2.00
section1	1.00	3.00	0.00	0.00	0.00	2.00

图 7-38　改变 Conveyor 的布局参数

点击 OK 后我们可以看到新的模型视图如图 7-39 所示。

第 6 步：给 Iutput 指定流动实体流到达参数。

双击 Iutput，在弹出的属性窗口里，在"FlowItem Class"下拉菜单中选择"Arrival Schedule"，把 Number of Arrivals 后改成 2，点击 Apply 后再出现两栏 Arrival，为了要每隔 10 分钟

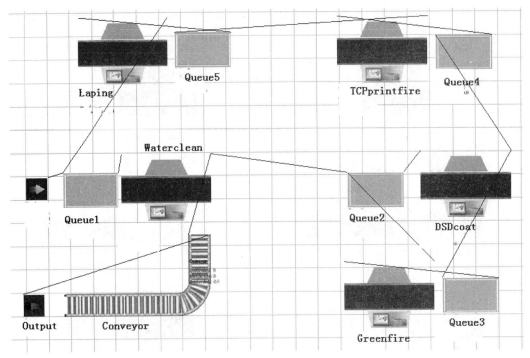

图 7-39　修改后的模型

生成一批次 10 的货物,我们把 Arrival 1 的 Quantity 改成 10,Arrival 2 的 Quantity 改成 0,Arrival 1 的 ArrivalTime 改成 10。最后把 Repeat Schedule/Sequence 勾上,这是为了让实体批次循环产生。修改后如图 7-40 所示。

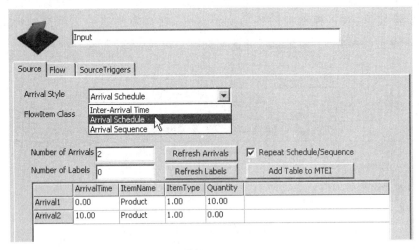

图 7-40　选择 Arrival Schedule

为了和后面的经过 Greenfire 处理后的产品区分开来(因为经 Greenfire 加工后的产品再送往 DSDcoat 加工,时间是不一样的),在 SourceTriggers 栏中选择 OnExit 下拉菜单中的 Set Color by Itemtype,如图 7-41 所示。

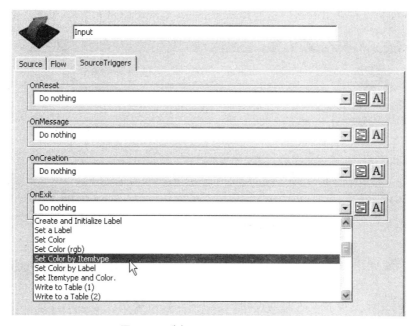

图 7-41　选择 Set Color by Itemtype

第 7 步：给暂存区 Queue1 设定参数。

为了研究各个暂存区（Queue）的库存，我们需要假定各个暂存区的容量都是足够大的，而 Flexsim 默认的容量比较小，只有 100，所以我们需要把暂存区容量改成足够大。鼠标左键双击 Queue1，在弹出的窗口里我们把容量改成 2000000，如图 7-42 所示。

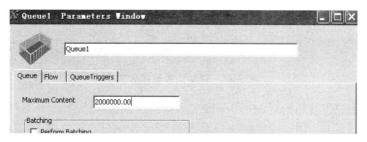

图 7-42　将 Queue 容量改为足够大

点击 OK 按钮后完成设定。

对其他的几个暂存区（Queue1、Queue3、Queue4、Queue5），我们也进行同样操作。

下面我们进入处理器的设定。在进行设定之前，必须先搞清楚一个关键点。当我们观察所有的加工工序后，可以看到，经过第 3 道工序处理后的产品，送入 DSDcoat 处理的时间发生了变化，而且在经过 DSDcoat 加工完后是送往 TCPprintfire，则我们在 DSDcoat 处应该区分出是只经过 1 道工序还是经过了 3 道工序处理后的产品，我们可以认为经过第 3 道 Greenfire 处理后的产品类型发生了变化，因此我们可以设定 DSDcoat 根据产品类型进行不同的操作。

第 8 步：给处理器 Greenfire 设定参数。

Greenfire 加工时间为 5 分钟，加工批量为 5 件，产品类型 1 经过加工后变为产品类型 2。

双击 Greenfire,在弹出的窗口中选择"Return constant time of 10"(见图 7-43)。

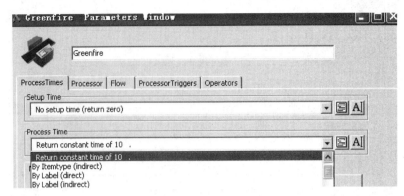

图 7-43　选择常值处理时间

然后点击 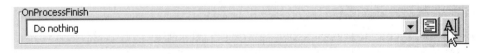,把弹出菜单中的浅色字体改成 5,如图 7-44 所示。

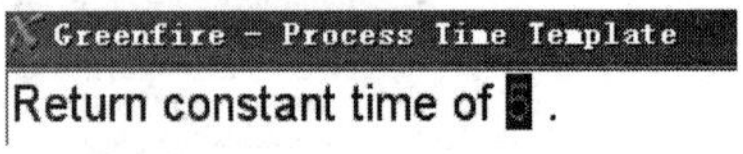

至此,我们完成了对加工时间的设定。接下来,我们对加工批量进行设定,点击 Processor,改成如图 7-45 所示。

Greenfire - Process Time Template
Return constant time of 5 .

图 7-44　修改处理时间为 5

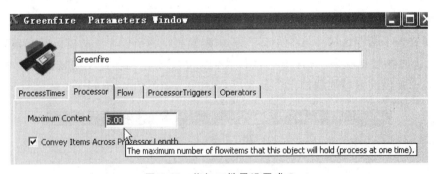

图 7-45　将加工批量设置成 5

点击 Apply 应用后,Greenfire 加工批量就变成 5 件。

由于经过本道工序加工后,需要使产品类型发生变化。我们选择 Processor Triggers 栏中的 OnProcessFinish 栏里的 Do nothing,然后点击最右边的编辑按钮,如图 7-46 所示。

OnProcessFinish
Do nothing

图 7-46　点击编辑按钮

为了把加工后的流动实体类型变成 2,我们需要编写简单的语句(本例中我们直接调用 Flexsim 自带的语句,当然也可以直接自己用 C 语言编写)。在弹出的窗口最下面的空白处我们加入如下语句:"setitemtype(item,2);"(见图 7-47),同时为了以后我们方便读懂模型,我们把注释语句(灰色字体的"Do nothing")改成"set item type 2"。

图 7-47　加入语句

点击 OK 按钮确定后我们可以发现 OnProcessFinish 栏显示如下（见图 7-48）：

图 7-48　修改完成后显示图

另外，为了从视觉效果上区分两种不同加工工序的产品，我们把类型 2 产品设置成绿色，方法是：首先，同样在 Processor Triggers 栏中的 OnExit 下拉菜单栏里选择 Set Color，如图 7-49 所示。

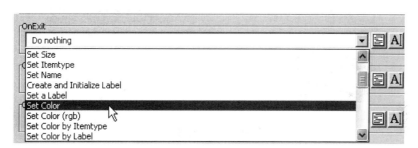

图 7-49　设置颜色

然后点击右侧的图按钮，在弹出的菜单栏里改成 colorgreen，如图 7-50 所示。

图 7-50　设置为绿色

最后点击向光窗口的 OK 按钮确定以后完成对 Greenfire 的设置。

第 9 步：给处理器 Waterclean 设定参数

Waterclean 加工时间为类型 1 产品为 7 分钟，类型 2 产品为 10 分钟，加工批量为 5 件。

在进行参数设定前,我们需要先明确 Waterclean 设定的两个关键点:首先,Waterclean 处理两种不同工序的产品,因而加工时间有所不同;其次,两种不同工序的产品经过加工后送往的端口也不一样,一种初期加工产品送往 DSDcoat,一种完全加工后的成品直接送往传送带 Conveyor 离开系统。

我们先设定加工时间。双击 Waterclean,在弹出的属性菜单里,我们选择 Process Time 的下拉菜单中的 By Itemtype(indirect),如图 7-51 所示。

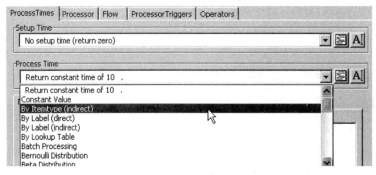

图 7-51　选择 By Itemtype(indirect)

然后点击右边的编辑按钮，将弹出一个窗口,将其改成如图 7-52 所示设置。

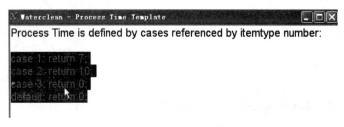

图 7-52　改变处理时间

图 7-52 表示对于刚开始加工的类型为 1 的初级产品,加工时间为 7;而经过 6 道工序后的类型为 2 的半成品,加工时间则为 10。

我们点击相应的 OK 按钮后完成对加工时间的设置。

接下来,我们对加工批量进行设定,点击 Processor,改成如图 7-53 所示。

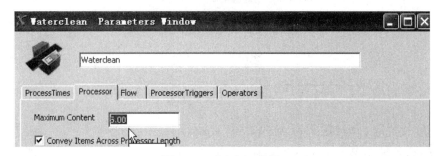

图 7-53　改变加工批量

点击  应用后，Waterclean 加工批量就变成 5 件。

接下来我们设定不同类型的产品加工完后送到不同的出口接收。点击窗口里的 Flow，如图 7-54 所示。

图 7-54　选择 Flow 栏

按照图 7-55 进行设置，选择 By Itemtype(indirect)。

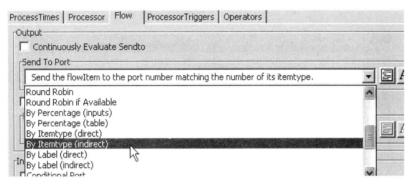

图 7-55　选择 By Itemtype(indirect)

然后点击📄，在弹出的菜单里进行端口的设置（详细解释请参考之前章节），本例中设置如图 7-56 所示。

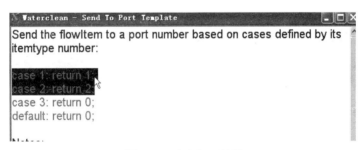

图 7-56　改变加工时间

完成后点击相应全部的 OK 按钮，完成对 Waterclean 的设置。

第 10 步：给处理器 DSDcoat 设定参数。

DSDcoat 加工时间为类型 1 产品为 14 分钟，类型 2 产品为 15 分钟，加工批量为 5 件。

对于 DSDcoat 的设定，其关键点与 Waterclean 的类似，是在于区分 Waterclean 和 Green-fire 送来的不同加工级别的产品，因为两种产品对应不同的加工时间，并且加工完后需送往不同的机器。双击 DSDcoat，在弹出的属性菜单里，选择如图 7-57 所示。

然后点击右边的编辑按钮📄，将弹出一个窗口，将其改成如图 7-58 所示设置。

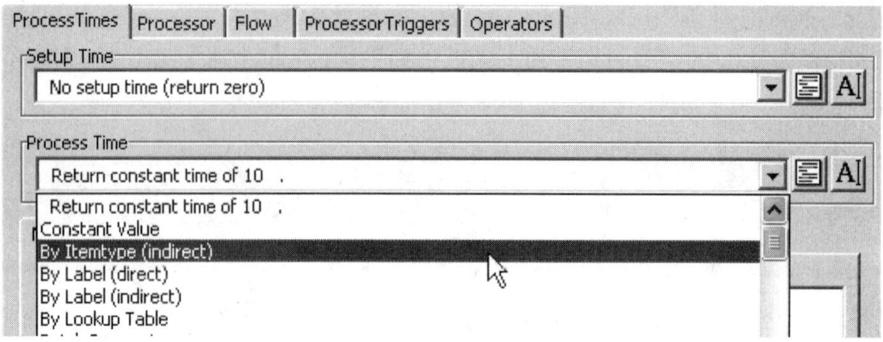

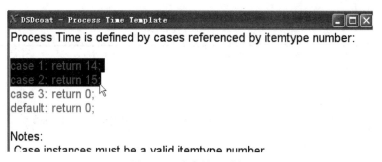

图 7-57　选择 By Itemtype(indirect)

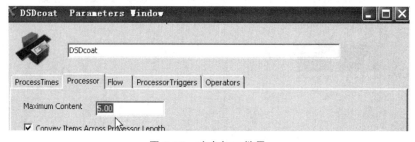

图 7-58　改变处理时间

图 7-58 表示对于从 Waterclean 送来的类型为 1 的产品,加工时间为 14;而从 Greenfire 送来类型为 2 的产品,加工时间则为 15。点击相应 OK 按钮后完成对加工时间的设置。

对加工批量的设定与第 8 步相应内容完全一致,完成后如图 7-59 所示。

图 7-59　改变加工批量

而经过 DSDcoat 的流动实体流向的设定和 Waterclean 完全一样,点击窗口里的 Flow,选择"Send To Port"中的 By Itemtype(indirect),然后点击▤,在弹出的菜单里进行端口的设置,如图 7-60 所示。

完成后点击相应的 OK 按钮,完成对 DSDcoat 的设置。

第 11 步:给处理器 TCPprintfire 设定参数。

TCPprintfire 加工时间为 30 分钟,加工批量为 10 件。

TCPprintfire 设定比较简单,由于流动实体流向只是从 TCPprintfire 到 Laping,之前的 "A"连接已经定义了,所以只需设定处理时间和加工批量即可:

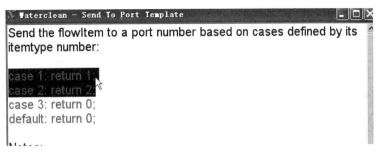

图 7-60　改变处理时间

　　左键双击 TCPprintfire，在弹出的属性菜单里，点击 ，把弹出的窗口中的浅色字改成 30，如图 7-61 所示：

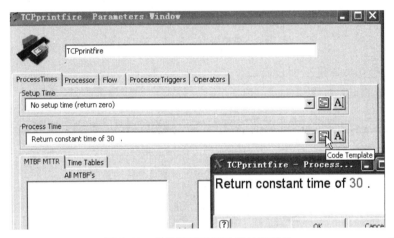

图 7-61　在模板窗口里改变处理时间

　　点击 Apply 后确定上面设定。

　　对加工批量的设定与第 8 步相应内容几乎一致，只是把数量改成 10，完成后如图 7-62 所示。

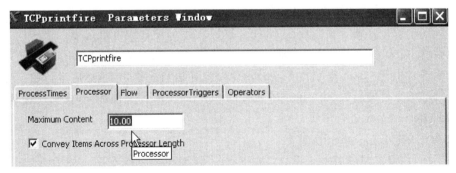

图 7-62　改变加工批量

　　完成后点击 OK 按钮 完成对 TCPprintfire 的设定。

　　第 12 步：给处理器 Laping 设定参数。

Laping 加工时间为 20 分钟,加工批量为 10 件。与 TCPprintfire 的设定步骤几乎完全一样,先把处理时间改成 20 分钟,如图 7-63 所示。

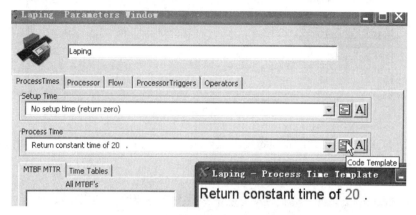

图 7-63　在模板窗口里改变处理时间

点击 [Apply] 后确定上面设定。

对加工批量的设定如图 7-64 所示。

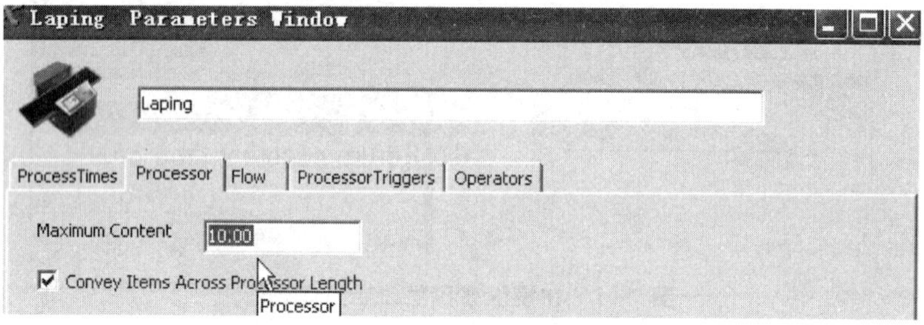

图 7-64　改变加工批量

完成后点击 OK 按钮 [　　　　　] 完成对 Laping 的设定。

至此,我们就完成了对所有实体的参数的设定。

在本例中,我们希望按照本章第一节系统数据中的设定,改变多种投产组合来进行仿真,找到一种最优的投产方案。要实现这个目的,我们共有三种方法可以选择。第一种是直接手动改变初始的 Input 的生产批次和间隔,进行多次仿真,这种方法常用于仿真情况只有两三种。另外就是利用 Flexsim 自带的 Experimenter 自动进行多次仿真,然后进行数据比较。还有一种是给定一个目标函数,让 Flexsim 所带的 Optquest 模块进行优化,找到最优解。下面,我们采用 Experimenter 进行多次仿真。

第 13 步:设定 Experimenter 参数。

首先,我们用鼠标左键单击编译窗口右下方的 [Experimenter] 按钮,如图 7-65 所示:

图 7-65　点击 Experimenter

弹出 Experimenter 的编辑窗口如图 7-66 所示。

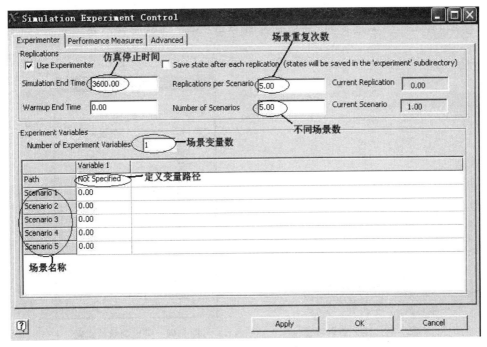

图 7-66 Experimenter 窗口

我们把图 7-66 中的仿真时间改为 1440,场景重复次数改为 1,不同场景数改为 18,场景变量数改为 2,点击 **Apply** 应用后如图 7-67 所示。

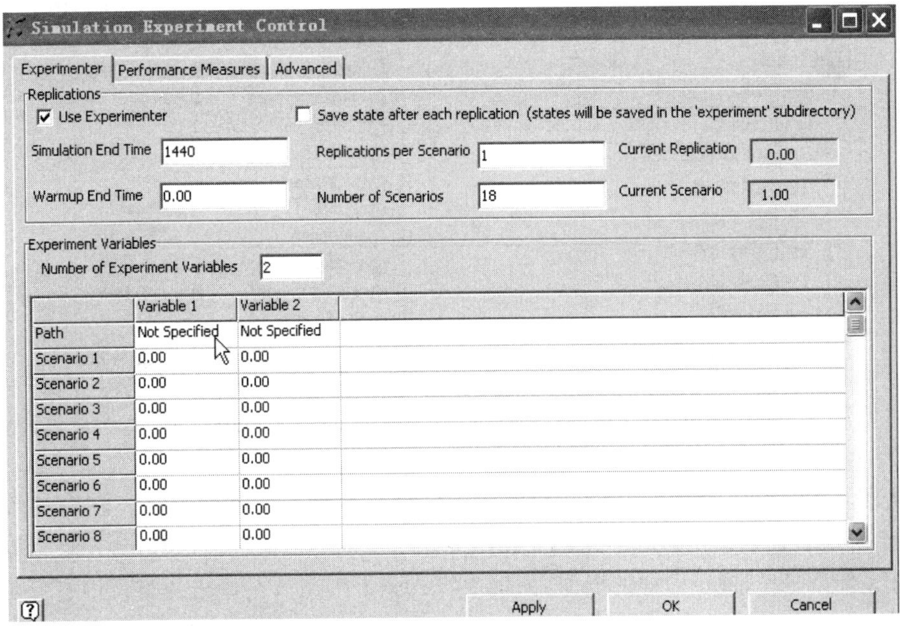

图 7-67 Experimenter 修改示意图

左键点击图 7-67 中鼠标所在的位置，定义变量 1 的路径。将弹出一个下拉菜单，如图 7-68 所示。

选中后，弹出一个新的窗口，用鼠标左键单击 Input 图标后会出现一黄框，如图 7-69 所示。

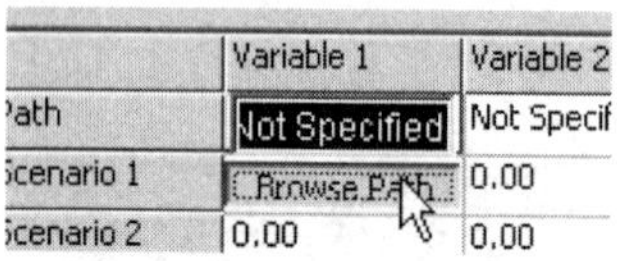

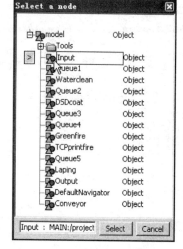

图 7-69　弹出树状结点图

	Variable 1	Variable 2
Path	Not Specified	Not Specif
Scenario 1	Browse Path	0.00
Scenario 2	0.00	0.00

图 7-68　定义变量路径

我们再用鼠标左键单击图 7-69 中的 ▷，打开 Input 栏，会出现如图 7-70 所示结构。

用鼠标左键单击图 7-70 中 variables 前面的 ⊞，打开 variables 栏下的具体属性，如图 7-71 所示。

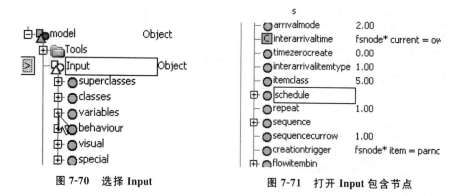

图 7-70　选择 Input

图 7-71　打开 Input 包含节点

然后依次点击 schedule 前的 ⊞，以及 Arrival 1 前的 ⊞，选中 Quantity 出现黄色高亮框，如图 7-72 所示。

点击图 7-72 中鼠标所在的"Select"按钮后完成对变量 1 的路径选择。我们只需要填写变量 1 那一列的数值，就可以让各个场景按照变量 1 不同的数值进行仿真。

对于变量 2，我们进行同样的操作，先选中"Browse Path"，在弹出的窗口中打开 Input 的栏目，选中 Arrival 2 的第一项后，点击"Select"按钮后完成对变量 2 的路径选择，如图 7-73 所示。

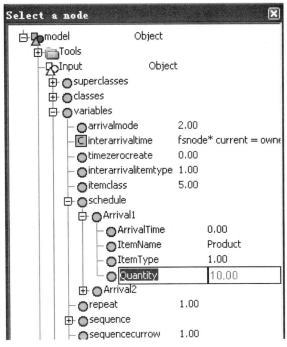

图 7-72　选择 Quantity

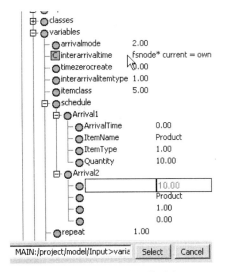

图 7-73　选择变量 2 的路径

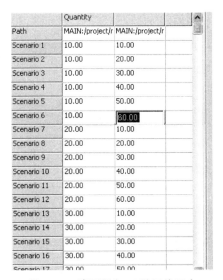

图 7-74　填写所有 18 种可能组合

接着在各个场景中填写可能发生的情况,如图 7-74 所示。点击"Apply"确定对场景的修改。

然后我们设定不同场景所需要对比的数据。点击 Performance Measures 栏,把所需要比较的数值改为 2(这里我们只研究 Input 的输出产品数和 Output 的接收产品数即成品数),点击"Apply"后如图 7-75 所示。

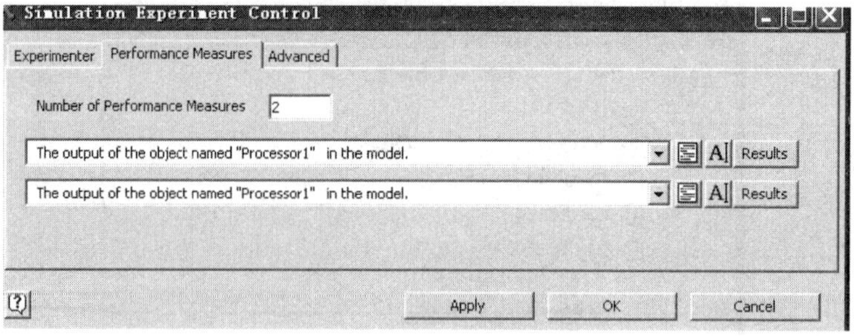

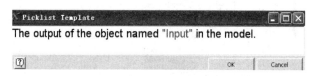

图 7-75　把比较数值改成 2

点击第一栏里的 ▣，把弹出的窗口里的浅色字改成 Input，如图 7-76 所示。

图 7-76　把浅色字改成 Input

点击 ＯＫ 完成设置。

在第二栏里我们点击 ▾ 选择下拉菜单里的"The input of the object named 'Sink1' in the model"，然后点击 ▣，把弹出的窗口里的浅色字体改成 Output，点击 ＯＫ 完成设置。全部设置完后如图 7-77 所示。

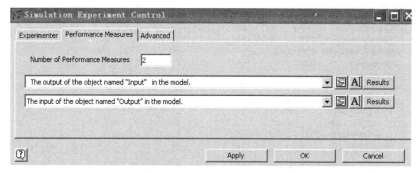

图 7-77　完成设置视图

点击"OK"后完成对 Experimenter 的全部设置。

第 14 步：编译。

图 7-78　主视窗上的运行控制按钮

按主视窗（图 7-78）的"Compile"按钮。完成编译过程后就可以运行模型了。

第 15 步：重置模型。

为了在运行模型前设置系统和模型参数的初始状态,总是要先点击主视窗底部的"Reset"键。

第 16 步:运行模型。

按"Run"按钮使模型运行起来。

第 17 步:加快仿真模型运行速度。

如果我们只是关心仿真结果,而对仿真的过程不感兴趣,则我们可以加快仿真速度,迅速得到结果。鼠标左键一直按住"Simulation time/Realtime",移动到合适的比例位置,以便迅速得到结果。

第 18 步:数据分析。

仿真结束后,我们再单击"Experimenter",然后点击进入"Performance Measures"栏,再点击第一栏的"Results",弹出窗口如图 7-79 所示。

Mean 下面的数字表示相应的输出产品数目。

我们也可以以表格的方式输出数据,点击上图中右下角的"View Table",会出现如图 7-80 所示表格。

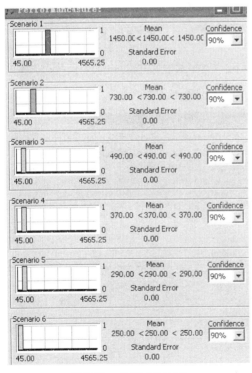

图 7-79　柱状对比窗口　　　　图 7-80　表格对比窗口

我们可以在这个表格里很明确地观察到一天内 Input 的产品输出数量。

同样地,我们点击 Experimenter 里的 Performance Measures 栏中的第二栏的 Results ,会弹出一天内加工完的成品数目窗口,如图 7-81 所示。

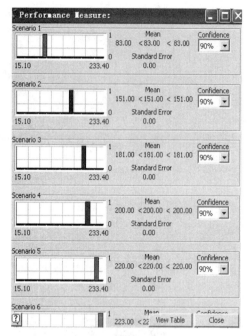

图 7-81　柱状对比窗口

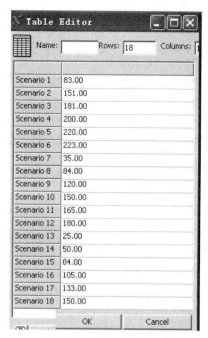

图 7-82　表格对比窗口

点击右下角的 |View Table|，会以表格形式显示相应信息，如图 7-82 所示。

我们可以把两个表格放在一起进行比较，如图 7-83 所示。

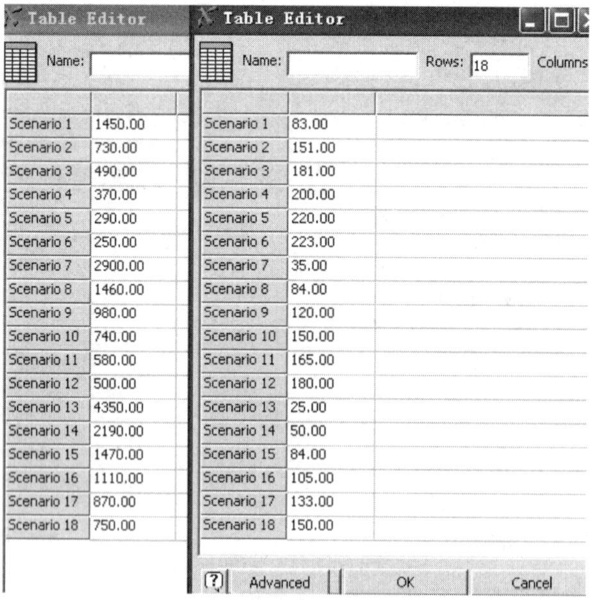

图 7-83　比较两个表格

不难发现 |Scenario 6 |250.00 | |Scenario 6 | 223.00 | 是最佳的输入输出数目。生成的成品数最多，而且所使用的库存最少。

7.3　混合流水线系统仿真与分析

7.3.1　概念定义

多对象流水线生产有两种基本形式。一种是可变流水线,其特点是:在计划期内,按照一定的间隔期,成批轮番生产多种产品;在间隔期内,只生产一种产品,在完成规定的批量后,转生产另一种产品。另一种是混合流水线,其特点是:在同一时间内,流水线上混合生产多种产品。按固定的混合产品组组织生产,即将不同的产品按固定的比例和生产顺序编成产品组。一个组一个组的在流水线上进行生产。

7.3.2　模型描述

一个工厂有 5 个不同的车间(普通车间,钻床车间,铣床车间,磨床车间,检测车间),加工 3 种类型产品。每种产品都要按工艺顺序在 5 个不同的车间完成 5 道工序。

假定在保持车间逐日连续工作的条件下,仿真在多对象平准化中生产采用不同投产顺序来生产给定数量的 3 种产品。通过改变投产顺序使产量、品种、工时和负荷趋于均衡,来减少时间损失。

如果一项作业在特定时间到达车间,发现该组机器全都忙着,该作业就在该组机器处排入一个 FIFO 规则的队列的暂存区,如果有前一天没有完成的任务,第二天继续加工。

7.3.3　系统数据

系统数据如表 7-5～表 7-7 所示。

表 7-5　车间配备　　　　　　　　　　　　　　　　　　单位:台

	普通车间	钻床车间	铣床车间	磨床车间	检测车间
机器数量	3	3	2	3	1

表 7-6　加工时间　　　　　　　　　　　　　　　　　　单位:min

	普通机床	钻床	铣床	磨床	检测
产品 1	5	5	4	4	6
产品 2	4	4	3	4	3
产品 3	4	5	3	4	1

表 7-7　产品数量

	总数(个)	每批量(个)	时间间隔(min)
产品 1	1000	10	3
产品 2	500	5	3
产品 3	200	2	3

7.3.4 概念模型

设计概念模型如图 7-84 所示。

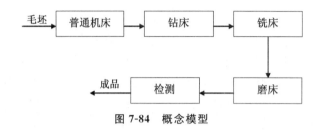

图 7-84 概念模型

7.3.5 建模提示

1）实体选择

实体设计如表 7-8 所示。

表 7-8 实体选择设计

模型元素	系统元素	备注
Flowitem	原料	不同实体类型代表不同类型的原料,分别标为 1、2、3
Processor	机器	进行不同的参数定义以表征不同机器组中的机器
Queue	机器组暂存区	
Conveyor	传送带	
Source	原材料库	原材料的始发处
Sink	成品库	原料加工后的最终去处

2）模型布局

模型布局如图 7-85 所示。

图 7-85 模型布局

7.3.6　混合流水线系统仿真与分析详细步骤

第 1 步:模型实体设计。

模型设计如表 7-8 所示。

第 2 步:在模型中生成所有实体。

同前面章节一样,从左边的实体库中依次拖曳出所有实体(1 个 Source,5 个 Queue,12 个 Processor,1 个 Conveyor,1 个 Sink)放在右边模型视图中,调整至适当的位置,如图 7-86 所示。

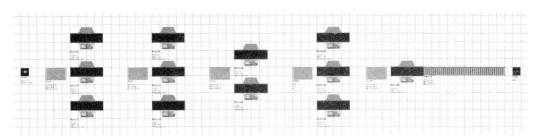

图 7-86　拖出所有实体

第 3 步:修改名称。

为了更方便地读懂模型,我们通常会修改实体的名称,以符合实际情况。

鼠标左键双击最左边的暂存区,弹出实体属性的对话框,在最上方的名称栏里修改成相应的名称,如图 7-87 所示。

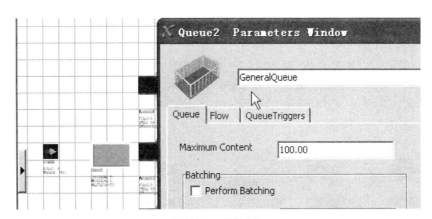

图 7-87　改变名称

点击 OK 后确认修改。

对于其他需要修改的实体,我们也进行同样的操作,改成图 7-88 中对应的名称,以方便对模型的识别。

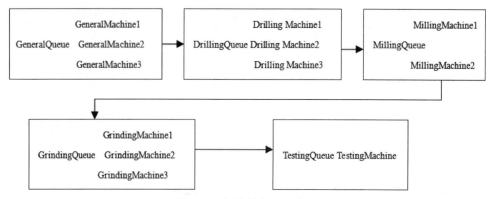

图 7-88 相应的加工名称图

第 4 步:连接端口。

这一步是根据流动实体的路径来连接不同实体的端口。

按住键盘上的"A"键,与前面章节的操作一样,按图 7-88 中的箭头所指向依次连接各个实体。分别(注意方向)从 Source 连到 GeneralQueue,GeneralQueue 连到 GeneralMachine1,GeneralQueue 连到 GeneralMachine2,GeneralQueue 连到 GeneralMachine3,GeneralMachine1 连到 DrillingQueue,GeneralMachine2 连到 DrillingQueue,GeneralMachine3 连到 DrillingQueue,DrillingQueue 连到 DrillingMachine1,DrillingQueue 连到 DrillingMachine2,DrillingQueue 连到 DrillingMachine3,DrillingMachine1 连到 MillingQueue,DrillingMachine2 连到 MillingQueue,DrillingMachine3 连到 MillingQueue,MillingQueue 连到 MillingMachine1,MillingQueue 连到 MillingMachine2,MillingMachine1 连到 GrindingQueue,MillingMachine2 连到 GrindingQueue,GrindingQueue 连到 GrindingMachine1,GrindingQueue 连到 GrindingMachine2,GrindingQueue 连到 GrindingMachine3,GrindingMachine1 连到 TestingQueue,GrindingMachine2 连到 TestingQueue,GrindingMachine3 连到 TestingQueue,TestingQueue 连到 TestingMachine,TestingMachine 连到 Conveyor,Conveyor 连到 Sink。

完成后,如图 7-89 所示。

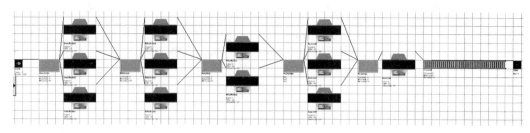

图 7-89 连接好的模型

第 5 步:给 Source 指定临时实体流到达参数。

在 Source 的设定里,需要让其循环产生 3 种类型的产品(即流动实体),共计 1700 个时停止。其中类型 1 产品 1000 个,每隔 3min 生产一批 10 个;类型 2 产品 500 个,每隔 3min 生产一批 5 个;类型 3 产品 200 个,每隔 3min 生产一批 2 个。

双击 Source,在弹出的属性窗口里,将"FlowItem Class"下拉菜单选择"Arrival Schedule",把 Number of arrivals 后改成 4,点击"Refresh Arrivals"后会刷新出四栏 Arrival,结合我们以前所学过的知识,我们应该修改后所示,如图 7-90 所示。

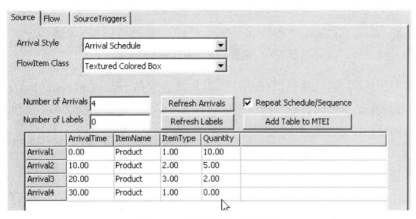

图 7-90 调整产品到达信息

Arrival1 栏表示在 0 时刻生成 10 个类型 1 的产品, Arrival2 栏表示在 10min 时生产 5 个类型 2 的产品, Arrival3 栏表示在 20min 时生成两个类型 3 的产品, Arrival4 栏表示在 30min 时不生成 0 个类型 1 的产品(这是为了在循环产生产品时,不使 Arrival1 和后一批生成的 Arrival4 时间重叠)。注意一定要把右边的 ☑ Repeat Schedule/Sequence 勾选上,否则不会循环产生流动实体。

为了在仿真时更好地观察模型,我们给每种不同类型的产品设定一种不同的颜色。在 SourceTriggers 的 OnCreation 下拉菜单里,我们选择 Set Color by Itemtype,如图 7-91 所示。

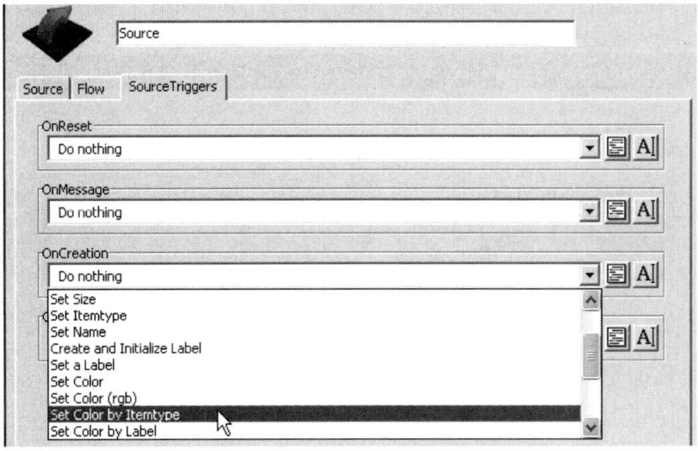

图 7-91 选择 Set Color by Itemtype

接下来我们设定当总共产生 1700 个产品时,Source 自动停止生成产品。我们在 SourceTriggers 栏的 OnExit 里,选择下拉菜单的 Close and Open Ports 选项,如图 7-92 所示。

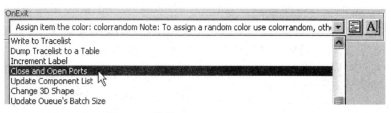

图 7-92　选择 Close and Open Ports

然后点击右边的 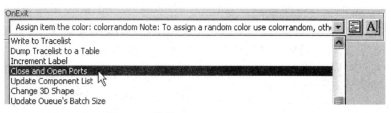 按钮,在弹出的小窗口里将浅色字体 true 改成 getoutput(current)＝＝1699(表示当前离开流动实体的前一个流动实体为第 1699 个),将 closeinput 改成 closeoutput(关闭 Source 的输出口),如图 7-93 所示。

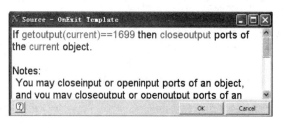

图 7-93　设置关闭规则

点击相应的"OK"按钮后,我们就完成了对 Source 的设定。

第 6 步:给暂存区 GeneralQueue 设定参数

为使整个系统正常工作,所有的暂存区必须容纳足够多的产品,以不至于前一级加工完的产品因为没有地方可以存放而使得前一级的工作区不能正常工作。总共需加工 1700 个产品,所以我们可以把所有的暂存区的容量都设为 1700 个,这样就不会发生阻塞了。双击 GeneralQueue,在弹出的属性窗口中把 Maximum Content 设置为 1700,如图 7-94 所示。

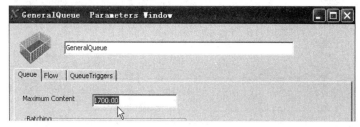

图 7-94　调整容量为 1700

点击 OK 按钮后确定设置。

用同样的操作设置其他几个暂存区 DrillingQueue,MillingQueue,GrindingQueue,TestingQueue,把它们容量都改为 1700 个。

第 7 步:给普通车间处理器组设定参数。

先说 GeneralMachine 组。其关键点在于加工时间的设定:类型 1 产品加工时间为 5min,类型 2 产品加工时间为 4min,类型 3 产品加工时间为 4min。

双击 GeneralMachine1，在 弹 出 的 窗 口 里 的 `Process Time` 下 拉 菜 单 栏 里 选 择 `By Itemtype (indirect)`，如图 7-95 所示。

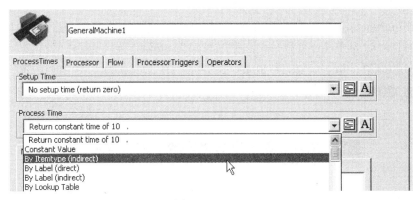

图 7-95　选择 By Itemtype(indirect)

然后点击右边的图标，在弹出的窗口中修改浅色字体，设置不同产品加工时间，如图 7-96 所示。

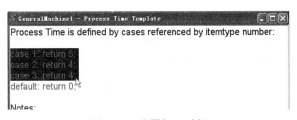

图 7-96　设置加工时间

即类型 1 产品加工时间为 5min，类型 2 产品加工时间为 4min，类型 3 产品工时间为 4min。

点击所有 `OK` 按钮后完成对 GeneralMachine1 的设置。

对 GeneralMachine2 和 GeneralMachine3 进行与上面完全一致的操作设置。

第 8 步：给钻床车间处理器组设定参数。

先说 DrillingMachine 组。其关键点在于加工时间的设定：类型 1 产品加工时间为 5min，类型 2 产品加工时间为 4min，类型 3 产品加工时间为 5min。

双击 DrillingMachine1，在 弹 出 的 窗 口 里 的 `Process Time` 下 拉 菜 单 栏 里 选 择 `By Itemtype (indirect)`，然后点击右边的图标，在弹出的窗口中修改浅色字体，设置不同产品加工时间，如图 7-97 所示。

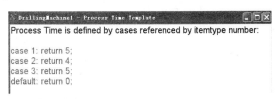

图 7-97　设置加工时间

点击所有 OK 按钮后完成对 DrillingMachine1 设置。

对 DrillingMachine2 和 DrillingMachine3 进行与上面完全一致的操作设置。

第 9 步:给铣床车间处理器组设定参数。

先说 MillingMachine 组。其关键点在于加工时间的设定:类型 1 产品加工时间为 4min,类型 2 产品加工时间为 3min,类型 3 产品加工时间为 3min。

双击 MillingMachine1,在弹出的窗口里的 Process Time 下拉菜单栏里选择 By Itemtype (indirect),然后点击右边的 图,在弹出的窗口中修改浅色字体,设置不同产品加工时间,如图 7-98 所示。

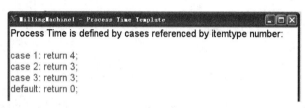

图 7-98　设置加工时间

点击所有 OK 按钮后完成对 MillingMachine1 设置。

对 MillingMachine2 进行与上面完全一致的操作设置。

第 10 步:给磨床车间处理器组设定参数。

先说 GrindingMachine 组。其关键点在于加工时间的设定:类型 1 产品加工时间为 4min,类型 2 产品加工时间为 4min,类型 3 产品加工时间为 4min。

双击 GrindingMachine1,在弹出的窗口里的 Process Time 下拉菜单栏里选择 By Itemtype (indirect),然后点击右边的 图,在弹出的窗口中修改浅色字体,设置不同产品加工时间,如图 7-99 所示。

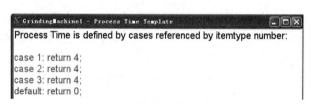

图 7-99　设置加工时间

点击所有 OK 按钮后完成对 GrindingMachine1 设置。

对 GrindingMachine2 和 GrindingMachine3 进行与上面完全一致的操作设置。

第 11 步:给测试车间处理器组设定参数。

最后设置 TestingMachine。其关键点在于加工时间的设定:类型 1 产品加工时间为 6min,类型 2 产品加工时间为 3min,类型 3 产品加工时间为 1min。

双击 TestingMachine,在弹出的窗口里的 Process Time 下拉菜单栏里选择 By Itemtype (indirect),然后点击右边的 图,在弹出的窗口中修改浅色字体,设置不同产品加工时间,如图 7-100 所示。

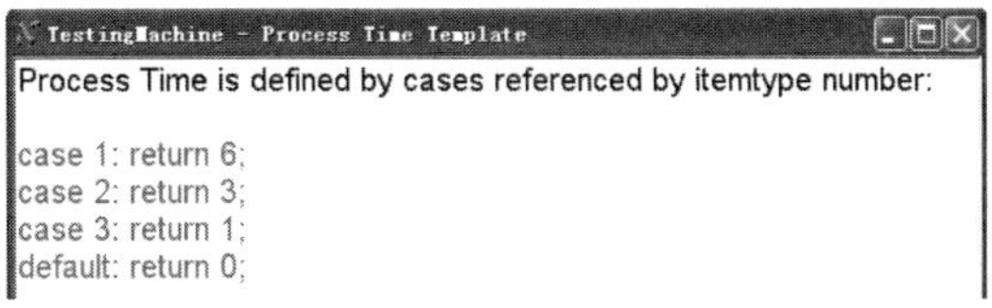

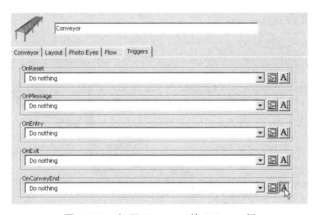

图 7-100　设置加工时间

点击所有 [OK] 按钮后完成对 TestingMachine 设置。

第 12 步：设置模型停止时间。

由于 Flexsim 的默认设置是不会自动停止模型的。而在本例中，是加工固定总数的产品；所以我们需要进行相应设置，使得在处理完所有产品后，模型自动停止。

本模型中，我们可以在传送带 Conveyor 处设置，使得第 1700 个产品离开传送带进入 sink 时，模型自动停止。鼠标左键双击 Conveyor，在弹出的属性窗口里选择 Triggers 栏，如图 7-101 所示。

图 7-101　打开 Conveyor 的 Triggers 栏

点击最后的 OnConveyEnd 其右边的 **AI**，弹出其代码编辑窗口，加入如下语句" if（getoutput（current）==1689 ）　 stop（）；"（即当 Conveyor 送走第 1700 个产品时，模型自动停止仿真），如图 7-102 所示。

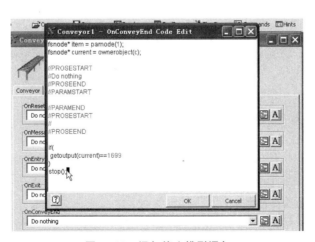

图 7-102　添加停止模型语句

点击相应"OK"后完成设定。

至此,一个完整的模型就全部建立好了。

第 13 步:编译。

图 7-103　主视窗上的运行控制按钮

按主视窗的 ![Compile] 按钮。完成编译过程后就可以运行模型了。

第 14 步:重置模型。

为了在运行模型前设置系统和模型参数的初始状态,总是要先点击主视窗底部的 ![Reset] 键。

第 15 步:运行模型。

按 ![Run] 按钮使模型运行起来。

仿真进行过程中,可以看到红、绿、蓝三种不同颜色的产品从系统中流过,经过不同机器组的加工,最后离开系统,如图 7-104 所示。

图 7-104　仿真场景

第 16 步:加快仿真模型运行速度。

如果我们只是关心仿真结果,而对仿真的过程不感兴趣,则我们可以加快仿真速度,迅速得到结果。鼠标左键一直按住仿真速度控制比例条,移动到合适的比例位置,以便迅速得到结果。

第 17 步:运行结果及分析。

本例中,我们希望通过改变三种产品的先后投产顺序(如先生产 5 个类型 2 的产品,再生产 2 个类型 3 的产品,最后生产 10 个类型 1 的产品),比较采用不同投产顺序对以下几个方面数值的影响:

生产时间、设备工作时间、产品加工完成后,在该设备等待时间、产品在该设备平均停留时间、每个设备的输入、输出产品数。

当仿真运行自动结束后,我们打开 Flexsim 的工具栏里的 Stats 目录下的 Standard Report 选项,如图 7-105 所示。

图 7-105　打开标准报告栏

我们通过 >>| 来增加或 << 减少需要输出的报告内容,使得报告包含以上所列的 5 个部分的数据:idle 是空闲时间,processing 是工作时间,blocked 是产品在设备等待时间,stats_stay-timeavg 是平均停留时间,stats_input 是输入产品数,stats_output 是输出产品数,设置完成后,如图 7-106 所示。

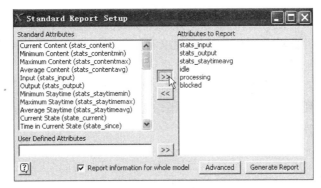

图 7-106　增加或减少所需要生成的报告内容

点击 Generate Report 后生成的报告如图 7-107 所示。

	A	B	C	D	E	F	G
1	Flexsim Standard Report						
2	Time:	7728					
3							
4	Object	stats_input	stats_output	stats_staytimeavg	idle	processing	blocked
5	Source	0	1700	0	0	0	7720
6	GeneralQueue	1700	1700	6.117647	0	0	0
7	DrillingQueue	1700	1700	0.411765	0	0	0
8	DrillingMachine1	600	600	4.666667	203	2800	0
9	GeneralMachine3	600	600	4.5	297	2700	0
10	GeneralMachine2	600	600	4.5	297	2700	0
11	GeneralMachine1	500	500	4.8	594	2400	0
12	DrillingMachine2	600	600	4.666667	203	2800	0
13	MillingQueue	1700	1700	28.558235	0	0	0
14	DrillingMachine3	500	500	4.8	599	2400	0
15	MillingMachine1	850	850	3.588235	10	3050	0
16	MillingMachine2	850	850	3.588235	11	3050	0
17	GrindingQueue	1700	1700	0	0	0	0
18	GrindingMachine1	567	567	4	796	2268	0
19	GrindingMachine2	567	567	4	797	2268	0
20	GrindingMachine3	566	566	4	798	2264	0
21	TestingQueue	1700	1700	2331.059412	0	0	0
22	TestingMachine	1700	1700	4.529412	18	7700	0
23	Sink	1700	0	0	0	0	0
24	Conveyor	1700	1700	10	0	0	0
25	DefaultNavigator	0	0	0	0	0	0

图 7-107　所生成的报告

从图 7-107 中我们可以很方便地看到总运行时间是 7728 分钟,以及各个设备的输入、输出产品数,处理时间等信息。

由图 7-107 可以发现,TestingQueue 中等待加工的产品等待时间最长,我们可以认为这是整个加工系统的主要瓶颈,如果要提高整体产出率,那么首先需要添加 TestingMachine 机器组的机器。除了 TestingMachine 机器组,MillingQueue 的平均等待时间很长,因此也是需要改善的。

7.4 多产品多阶段生产物流系统仿真与分析

7.4.1 问题描述

有一个制造车间由 5 组机器组成,第 1、2、3、4、5 组机器分别有 3、2、4、3、1 台相同的机器。这个车间需要加工三种原料,三种原料分别要求完成 4、3 和 5 道工序,而每道工序必须在指定的机器组上处理,按照事先规定好的工艺顺序进行。

假定在保持车间逐日连续工作的条件下,对系统进行 365 天的仿真运行(每天按 8 小时计算),计算每组机器队列中的平均产品数以及平均等待时间。通过仿真运行,找出影响系统的瓶颈因素,并对模型加以改进。

7.4.2 系统数据

三种原料到达车间的间隔时间分别服从均值为 50、30、75 分钟的指数分布。

三种原料的工艺路线如表 7-9 所示。第 1 种原料首先在第 3 组机器上加工,然后在第 1 组、再在第 2 组机器上加工,最后在第 5 组机器上完成最后工序。第 1 种原料在机器组 3、1、2、5 加工,在机器组 3、1、2、5 加工的平均时间分别为 30、36、51、30;第 2 种原料在机器组 4、1、3 加工,在机器组 4、1、3 加工的平均时间分别为 66、48、45;第 3 种原料在机器组 2、5、1、4、3 加工,在机器组 2、5、1、4、3 加工的平均时间分别为 72、15、42、54、60。

表 7-9 原料加工工艺路线与各工序加工时间参数

原料类型	机器组别	相继工序平均服务时间(Minute)
1	3、1、2、5	30、36、51、30
2	4、1、3	66、48、45
3	2、5、1、4、3	72、15、42、54、60

如果一种原料到达车间时,发现该组机器全都忙着,该原料就在该组机器处的一个服从先进先出 FIFO(First In First Out)规则的队列。前一天没有完成的任务,第二天继续加工。在某机器上完成一个工序的时间服从 Erlang 分布,其平均值取决于原料的类别以及机器的组别。例如,表 7-9 中的第 2 类原料,它的第一道工序是在第 4 组机器上加工,加工时间服从均值为 66 的 Erlang 分布。

7.4.3　概念模型

概念模型如图 7-108 所示。

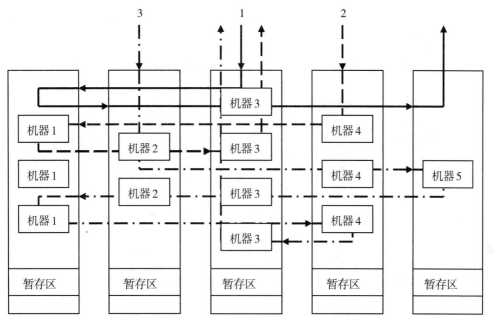

图 7-108　概念模型

7.4.4　建立 Flexsim 模型提示

（1）模型实体设计

模型设计如表 7-10 所示。

表 7-10　模型实体设计

模型元素	系统元素	备注
Flowitem	原料	不同实体类型代表不同类型的原料,分别标为 1、2、3
Processor	机器	进行不同的参数定义以表征不同机器组中的机器
Queue	机器组暂存区	
Source	原材料库	原材料的始发处,每天连续 8 小时提供原料,不同的原料有不同的间隔到达时间,因此用不同的 Source 生成不同类型的原料
Sink	成品库	原料加工后的最终去处

(2)模型布局图(图 7-109)

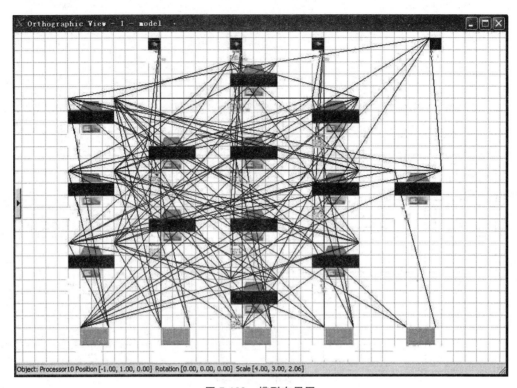

图 7-109　模型布局图

7.4.5　建模步骤

第 1 步:模型实体设计如表 7-10 所示。

第 2 步:生成实体。

从实体库中拖曳三个 Source(每个 Source 代表一类原料)、一个 Sink、相应数量的 Processor 和 Queue,把各实体按照概念模型中的位置摆好,如图 7-110 所示。

第 3 步:连接端口。

进行端口连接时,需要考虑不同类型原料的加工流程。流动实体将沿着连接后的实体路径从系统中流过。

首先我们考虑第一类原料在机器组间的流动路径。由表 7-10 可知,原料 1 依次流过机器组 3、1、2、5。当原料完成某一阶段的加工,如机器组 3 上的加工后,它将进入机器组 1,进行后续加工。机器组 1 中的任意一台空闲机器均可完成该加工,因此,我们将机器组 3 中的每台机器的输出端口与机器组 1 中的每台机器的输入端口连接,将机器组 1 中的每台机器的输出端口与机器组 2 中的每台机器的输入端口连接,再将机器组 2 中的每台机器的输出端口与机器组 5 中的每台机器的输入端口连接。最后,为了使原料 1 能流入、流出系统,将 Source 的输入端口与机器组 3 中的每台机器的输入端口连接,并将机器组 5 中的每台机器的输出端口与 Sink 的输入端口连接。连接后的模型如图 7-111 所示。

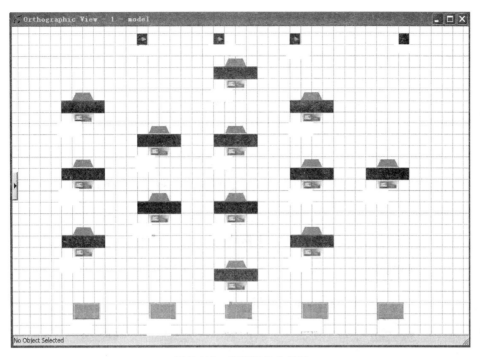

图 7-110　模型实体布局图

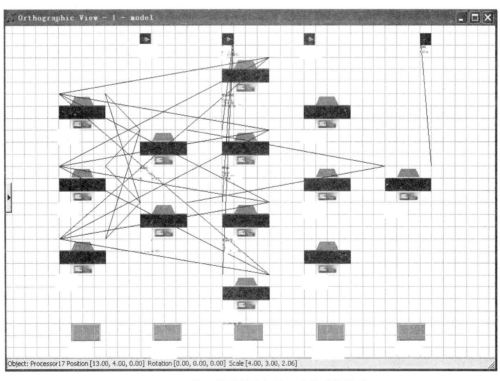

图 7-111　第一类原料路径端口连接后的模型

在上述分析中,我们没有考虑当原料进入某机器组时发现该组机器均不空闲的情况。由系统描述可知,若没有空闲机器加工该原料,原料进入该机器组的暂存区。因此,对于由机器组 3 加工完成并进入机器组 1 的原料,在无法进入机器进行加工的情况下,需要进入暂存区,为此,我们添加一个连接,将机器组 3 的每台机器的输出端口再与机器组 1 的暂存区的输入端口连接。注意:连接顺序不能颠倒,必须先和机器组 1 的每台机器连接,再和机器组 1 的暂存区连接。同样,我们将机器组 1 的每台机器的输出端口与机器组 2 的暂存区的输入端口连接,机器组 2 的每台机器的输出端口与机器组 5 的暂存区的输入端口连接。最后,不要忘记进入机器组 3 而需要等待的原料,因此将 Source 的输入端口与机器组 3 的暂存区的输入端口连接。连接后的模型如图 7-112 所示。

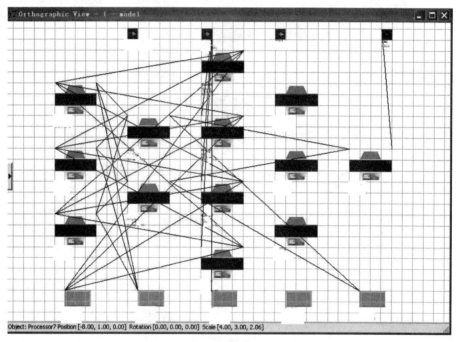

图 7-112　考虑暂存区后的连接图

至此,原料 1 的路径端口连接还没有完成。进入各机器组暂存区的原料还需要在有机器空闲的情况下,按照先进先出(FIFO)的原则进入机器中加工。因此,我们需要将各暂存区的输出端口与该机器组的各台机器输入端口相连接。将机器组 3 的暂存区的输出端口与机器组 3 的每台机器的输入端口相连接,同样地处理机器组 1、2、5。完成后的模型如图 7-113 所示。

现在,我们就完成了原料 1 的路径端口连接,注意,上述连接均表明原料 1 的流动方向,故均为"A"连接。

由表 7-10 可知,原料 2 依次流过机器组 4、1、3,而原料 3 依次流过机器组 2、5、1、4、3。我们可以按照原料 1 的端口连接方法分别完成原料 2 和原料 3 的端口连接。完成后的模型如图 7-114 所示。

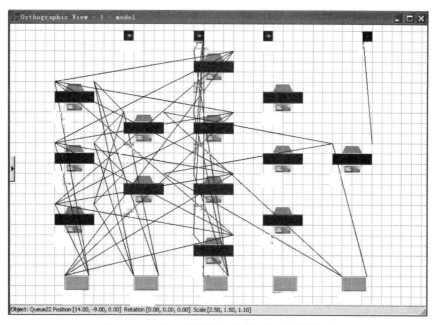

图 7-113　第一类原料相关连接完成后的模型

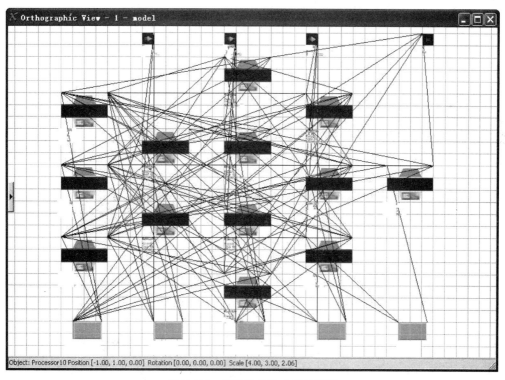

图 7-114　所有连接完成后的模型

在连接后两类原料的路径端口时需要注意，对于在处理原料 1 的路径端口时已有的连接不需要重复连接，比如机器组 1 的暂存区与该组机器的连接。由于所有的原料都进入同一个暂存区,并由此暂存区进入某台机器,因此从该暂存区到各机器的连接不需要重复搭建。

第 4 步:设置连接线。

端口连接完成后,我们可以发现,由于模型中的路径较为复杂,众多的连接线使得整个视窗显得非常混乱,不利于后续建模,因此我们考虑将这些连接线设为不可见。单击建模视窗左侧的菜单弹出按钮,可以看到如图 7-115 所示的弹出菜单。

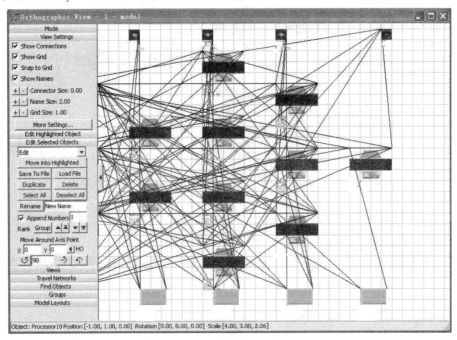

图 7-115　建模视窗左侧弹出菜单

单击 Show Connections 选项前的方框,除去其前的"√",可以看到模型视窗中的连接线都不见了(图 7-116)。注意,这只是视觉效果,而实际上我们刚才所作的连接没有被消除,也就是说,各实体间的逻辑连接还是存在的。

为了使界面更加清晰简洁,我们再去掉 Show Names 选项前面的√,使得模型中各实体的名字属性等标签不显示出来(图 7-117)。

再单击菜单隐藏按钮,将菜单隐藏。

第 5 步:定义 Source。

在模型中,共有 3 个 Source 实体,每个 Source 对应一类原料,也就是说,一个 Source 生成一类原料。我们需要设置每个 Source 实体,使得每类原料的到达间隔时间满足系统的要求。

第一类原料的到达间隔时间服从均值为 50 分钟的指数分布。我们双击对应于第一类原料的那个 Source 实体(按照原料路径,即为输出端口与机器组 3 的输入端口连接的 Source),打开其参数视窗。保留其 Arrival Style 的默认选项"Inter-Arrival Time",因为我们将以原料的到达间隔时间为特征来刻画其原料流。同时我们发现 Inter-ArrivalTime 选项默认值就是指数分布 Exponential distribution,但是我们需要修改其参数,因此单击右侧的 🔲 按钮,出现参数修改视窗(图 7-118)。

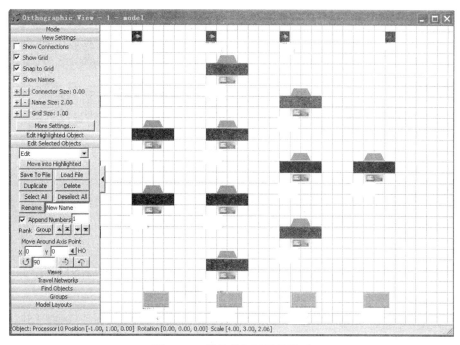

图 7-116　连接线不可见的模型

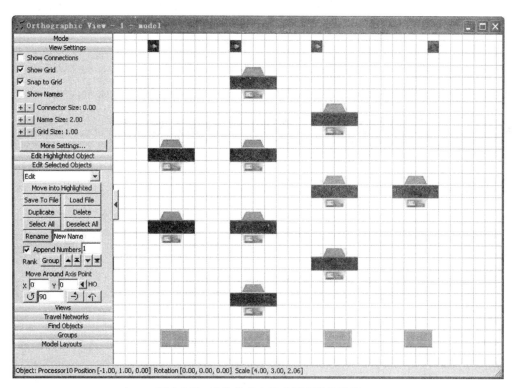

图 7-117　实体的名字属性不可见的模型

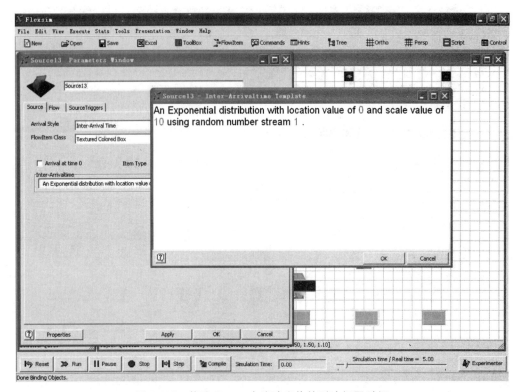

图 7-118　修改 Source 中流动实体的到达间隔时间

　　我们将尺度参数 Scale value 改为 50,也就是说该分布的均值是 50(图 7-119)。注意这个时间的单位是分钟,因此我们将模型的单位时间定义为 1 分钟,而不是通常默认的 1 秒钟。

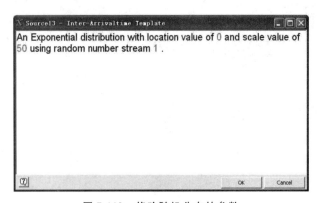

图 7-119　修改随机分布的参数

　　同样,我们可以修改第二类原料和第三类原料的 Source,使得其生成实体的到达间隔时间分别服从均值为 30 分钟和 75 分钟的指数分布。

　　三类原料进入系统后,为了方便各机器组能区分开不同的原料,我们需要给这三类原料相对应的实体不同的实体类型。同时为了能在后续的仿真运行中更好地观察系统的行为和变化,可以赋予三类原料不同的颜色,方便我们直接从视觉上观察不同原料的加工状态。这里我们简单将三类原料用红、黄、蓝三种颜色区分,其中第一类原料红色,第二类原料黄色,第三类原料蓝色。因此,我们还需要在流动实体未离开各自 Source 时定义其实体类型和颜色。

我们再次打开第一个 Source(对应第一类原料)的参数视窗,选择 Source Triggers 标签。我们可以在生成流动实体时设置其类型,在其将要离开 Source 时赋予颜色,这需要定义 On-Creation 和 On-Exit 选项。首先我们来设置其实体类型。单击 On-Creation 选项下拉菜单,选择 Set Itemtype 选项(图 7-120)。

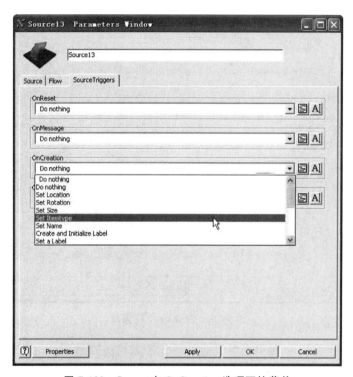

图 7-120　Source 中 OnCreation 选项下拉菜单

再打开其参数修改视窗,将其类型值改为 1。如图 7-121 所示。

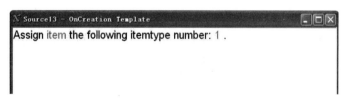

图 7-121　修改参数,设置实体类型值为 1

单击确定,关闭该参数修改窗口。再单击主窗口的应用 Apply,可以看到 OnCreation 选项已经显示为我们设置的内容(图 7-122)。

接下来,我们来定义实体颜色。单击 OnExit 选项的下拉菜单,选择 Set Color 选项。

图 7-122　OnCreation 选项栏

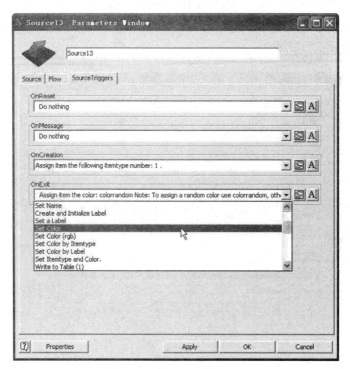

图 7-123　OnExit 下拉菜单

再打开其参数修改窗口,将颜色设置为红色。注意,在这个窗口下部,列举了很多不同的颜色,我们将原始值 colorrandom 改为 colorred(图 7-124)。

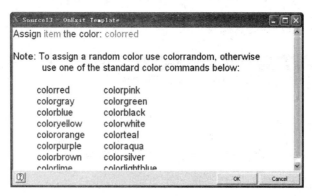

图 7-124　修改颜色设置

单击确定,关闭该参数修改窗口,再单击参数窗口的确定按钮,关闭该 Source 实体的参数窗口。这样,我们就完成了第一类原料 Source 实体的定义。相同地,我们可以定义第二类原料 Source 实体和第三类原料 Source 实体,其实体类型和颜色分别为 2、黄色和 3、蓝色。

第 6 步:定义机器组 1。

三类原料都需要在机器组 1 上进行加工,只是各类原料的加工时间、前项工序和后续工序有所不同,也就是说,不同的原料在机器组 1 上进行加工所耗费的时间不同,而且这些原料加工后的输出也不同,分别流向不同的机器组。因此我们需要定义每台机器的加工时间和输出端口规则,需要注意的是,机器组 1 内的 3 台机器是完全一致的,也就是说,只要我们定义好了一台机器,剩余的两台机器可以完全按照第一台进行定义。

首先我们来定义机器的加工时间。由前述可知,不同类型的原料加工时间不同,均值分别为 36 分钟、48 分钟、42 分钟的 Erlang 分布。双击任一台 Processor,打开其参数窗口,单击 Process Time 选项的下拉菜单,选择 By Itemtype (indirect)(图 7-125)。

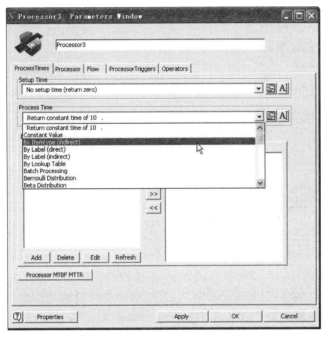

图 7-125　加工时间下拉菜单

打开其参数修改窗口,可以看到,我们可以针对不同的实体类型定义不同的加工时间。

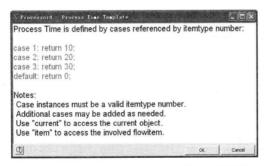

图 7-126　By Itemtype (indirect)选项参数设置

原始值都是常数,而这里我们需要使用随机数,因此需要用到生成随机数的函数。在 Flexsim 工具栏上,单击 [Commands] 按钮,打开一个新窗口。通过这个窗口,我们可以查询在 Flexsim 中可用的各类函数,包括这些函数的格式、含义等。在最上方的下拉选项框中输入 erlang,将会出现 erlang 分布函数的使用说明(图 7-127)。

图 7-127　Command 窗口,erlang 函数介绍

Erlang 分布中的位置参数(location value)是其均值,而其他两个参数均为 1。最后一个流参数(stream)定义的是生产该随机数的种子,不同的种子生成的随机数流不同。因此,第 1 类原料的加工时间可以表示为 erlang(36,1,1,1),第 2 类原料的加工时间可以表示为 erlang(48,1,1,1),第 3 类原料的加工时间可以表示为 erlang(42,1,1,1)。现在我们可以修改机器组 1 中的机器的加工时间了。

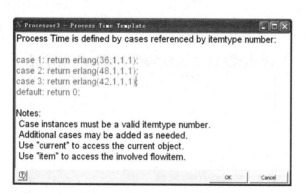

图 7-128　修改加工时间参数

接下来,我们定义机器的输出端口。第 1 类原料从机器组 1 流向机器组 2,第 2 类原料从

机器组 1 流向机器组 3,第 2 类原料从机器组 1 流向机器组 4。注意,这些原料不仅流入各机器组的机器,也会在所有机器均在进行加工时流入该组的暂存区。首先,我们查看一下机器组 1 的输出端口,右键单击机器,打开其属性窗口,选择 General 标签(图 7-129)。

单击 Output Ports,右侧将出现该机器输出端口所连接实体的列表(图 7-130)。

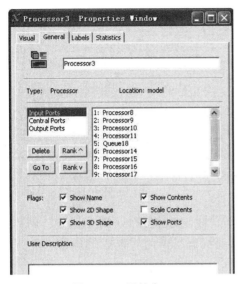

图 7-129　属性窗口

图 7-130　输出端口列表

由我们之前的连接顺序,或者由各实体所对应的机器组可知,1～3 实体是第 1 类原料的流出方向,4～8 实体是第 2 类原料的流出方向,9～12 实体是第 3 类原料的流出方向。也就是说,第 1 类原料应该从 1～3 号输出端口流出,第 2 类原料应该从 4～8 号输出端口流出,第 3 类原料应该从 9～12 号输出端口流出。在了解清楚了各类原料流出的输出端口后,我们需要对该机器的输出端口进行设置。

单击属性窗口左下角的 Parameters 按钮,打开该机器的参数窗口,选择 Flow 标签(图 7-131)。

通过修改 Send To Port 选项可以控制从该机器流出的实体所通过的输出端口。同样,我们是根据实体类型来区分输出端口的,单击 Send To Port 下拉菜单,选择 By Itemtype (indirect)选项(图 7-132)。

打开其参数修改窗口,我们发现,对应不同的实体类型,我们需要确定一个输出端口。而对于一种类型对应于多个输出端口的情形,尤其是需要判断这些端口对应的机器是否正在加工。因此,我们需要对模型进行一定的修改。以第 1 类原料为例。在完成了机器组 1 上的加工上,第 1 类原料将被送到空闲的机器组 2 中的机器上,或者是送到该组暂存区。现在我们认为原料在加工完成后,统一先送到机器组 2 的暂存区中,如果有机器空闲,该原料不在暂存区停留,直接进入空闲机器进行加工。这样,对于机器组 1 的机器而言,第 1 类原料只有一个输出:机器组 2 的暂存区。同样地,对于其他类的原料在完成了机器组 1 上加工后,先进入下一道工序的暂存区,再被分配到该组的空闲机器上进行加工。

图 7-131　参数窗口的 Flow 标签页　　　图 7-132　选择 Send To Port 下拉菜单中的
By Itemtype (indirect)选项

对模型进行修改,我们依然以第 1 类原料为例。首先,我们需要取消机器组 1 的各台机器到机器组 2 的各台机器的连接,只保留这些机器到机器组 2 的暂存区的连接。取消已有的"A"连接,需要按住"Q"键,同时沿原 A 连接的方向,重新在两个实体间连线。为了确定连接取消,我们可以右键单击某台机器,打开其属性窗口的 General 标签,选中 Output Ports 一项,窗口右侧出现现有的输出端口连接,如图 7-133 所示。可以发现,其输出端口已经少了两台 Processor 的连接,但是保留了原来的 Queue 连接。对于第 2 类原料和第 3 类原料的输出,我们进行同样的处理。最后,机器组 1 中的机器的输出端口列表中只有 Queue 实体,没有 Processor,如图 7-134 所示。

图 7-133　模型修改前的输出端口列表

图 7-134　模型修改后的输出端口列表

接下来,我们来完成对机器组 1 的输出端口设置。重新打开机器的参数窗口,选择 Flow 标签。正如之前所说的,各类原料的输出端口与它们的实体类型有关,所以我们选择 Send To Ports 中的 By Itemtype（direct）选项。注意,这次我们的选项选择和上次不一样,上次选择的是 By Itemtype（indirect）。主要是因为这次只有三个输出端口,每个端口与一类原料相关,而且由我们的连接顺序可知,这三个端口与原料类型是一一顺序对应的。如图 7-135 所示。

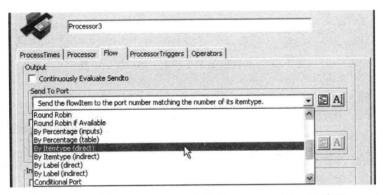

图 7-135　选择 Send To Ports 中的 By Itemtype（direct）选项

最后单击确定,关闭参数窗口。现在,我们完成了对机器组 1 中机器的设置。在开始的时候,我们提到,同一机器组中的机器设置是完全一样的,依照刚才的方法,确认设置好了所有机器组 1 中的机器。

第 7 步:定义机器组 2。

机器组 2 的设置方法和机器组 1 完全一样,这是设置具体内容不同。由前述可知,只有第 1 类原料和第 3 类原料流过该机器组,其中,第 1 类原料从机器组 1 流入,流向机器组 5,加工时间服从均值是 51 分钟的 Erlang 分布;第 2 类原料从 Source 流入,也流向机器组 5,加工时间服从均值是 72 分钟的 Erlang 分布。

我们依旧首先设置加工时间。加工时间的设置和机器组 1 完全一致,根据不同的实体类型给出不同的加工时间,如图 7-136 所示。注意,我们只需要修改类型 1 和类型 3 的加工时间参数。

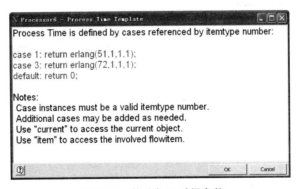

图 7-136　修改加工时间参数

我们注意到,机器组 2 的输出端口非常统一,都是直接输出到机器组 5,也就是说,不需要通过判断实体类别来选择输出端口。而在 Flexsim 中,流动实体的输出端口默认选项是 First Available,也就是说将流动实体送到第一个可用的输出端口去。对应我们的模型则是,如果机器空闲,则将原料送上机器加工,否则送到暂存区。这个逻辑的实现得益于之前我们先连接机器,后连接暂存区。因此我们不需要专门设置机器组 2 的输出端口(图 7-137)。

图 7-137　保留机器组 2 的输出端口默认设置

第 8 步:定义机器组 3。

由表 7-10 可知,三类原料均流过机器组 3,其中,第 1 类原料从 Source 流入,流向机器组 1,加工时间服从均值为 30 分钟的 Erlang 分布;第 2 类原料从机器组 1 流入,流向 Sink,加工时间服从均值为 45 分钟的 Erlang 分布;第 3 类原料从机器组 4 流入,流向 Sink,加工时间服从均值为 60 分钟的 Erlang 分布。

首先,我们定义机器组 3 的加工时间(图 7-138)。

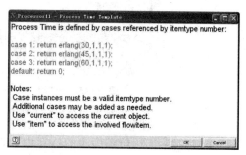

图 7-138　修改机器组 3 的加工时间参数

机器组 3 的输出端口比机器组 1 的情况略为简单,只是需要对第 1 类原料的输出实体,也就是对机器组 1 的连接进行修改和设置。与机器组 1 的设置相同,我们首先取消机器组 3 的机器到机器组 1 的机器的连接,只保留其到机器组 1 的暂存区的连接。修改后机器的输出端口列表如图 7-139 所示。

图 7-139　模型修改后机器组 3 的输出端口列表

　　机器组 3 的输出端口选择仍旧是根据不同的类型实体,类型 1 的实体流向端口 1,也就是流向机器组 1 的暂存区,而类型 2、3 的实体流向端口 2,也就是流向 Sink。这里,我们不能选择 By itemtype (direct),因为类型 3 实体和其流出端口号不一致。我们改而选择 By itemtype (indirect),并依照上述分析修改这个选项的参数(图 7-140)。

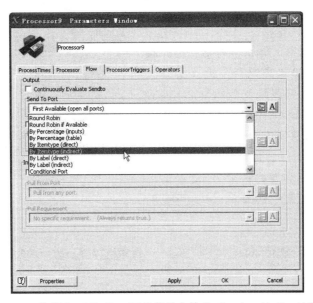

图 7-140　选择 Send To Port 下拉菜单中的 By itemtype(indirect)选项

　　打开代码编辑器(见图 7-141),在代码编辑器中修改输出端口设置。该代码编辑器中的脚本语言含义是:如果是临时实体类型 1,则流向端口 1;如果是临时实体类型 2,则流向端口 2;如果是临时实体类型 3,则流向端口 3。

　　第 9 步:定义机器组 4。

　　由表 7-10 可知,只有第 2 类原料和第 3 类原料流过机器组 4,其中,第 2 类原料从 Source 流入,流向机器组 1,加工时间服从均值为 66 分钟的 Erlang 分布;第 3 类原料从机器组 1 流入,流向机器组 3,加工时间服从均值为 54 分钟的 Erlang 分布。从上述几组机器的设置可知,我们不仅需要设置其加工时间,还需要修改模型,设置输出端口,具体分析和方法同机器组 1。首先设置机器组 4 的加工时间(图 7-142)。

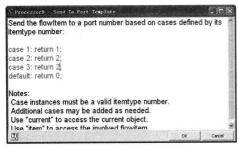

图 7-141　修改输出端口设置

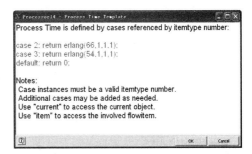

图 7-142　设置机器组 4 的加工时间

其次,需要修改机器组 4 的输出端口连接,只保留其到其他机器组暂存区的连接(图 7-143)。

最后,我们只需要按照实体类型设置其输出端口(见图 7-144)。

第 10 步:定义机器组 5。

由前述可知,只有第 1 类原料和第 3 类原料流过机器组 5,其中,第 1 类原料从机器组 2 流入,流向 Sink,加工时间服从均值为 30 分钟的 Erlang 分布;第 3 类原料从机器组 2 流入,流向机器组 1,加工时间服从均值为 15 分钟的 Erlang 分布。从上述几组机器的设置可知,我们不仅需要设置其加工时间,还需要修改模型,设置输出端口,具体分析和方法同机器组 1。首先设置机器组 5 的加工时间(图 7-145)。

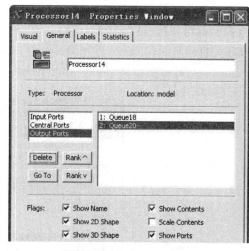

图 7-143　模型修改后机器组 4 的输出端口列表

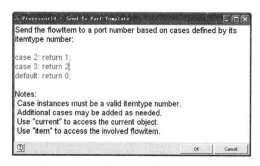

图 7-144　机器组 4 的输出端口设置

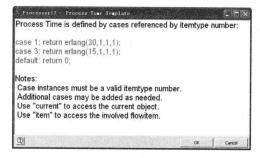

图 7-145　设置机器组 5 的加工时间

其次,需要修改机器组 5 的输出端口连接,只保留其到其他机器组暂存区和 Sink 的连接(图 7-146)。

最后,我们只需要按照实体类型设置其输出端口,端口设置如图 7-147 所示。

图 7-146　模型修改后机器组 5 的输出端口列表

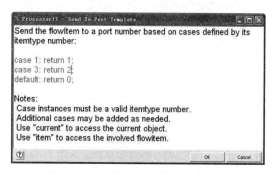

图 7-147　机器组 5 的输出端口设置

第 11 步:定义暂存区。

暂存区用来存放等待加工的原料,采用先进先出策略,而且暂存区没有容量限制,也就是说,只要是加工完了而又无法立即开始下一阶段加工的原料都可以存放在暂存区中。Flexsim中,暂存区 Queue 实体的默认出入规则就是先进先出,因此不需要设置。但是其默认最大容量是 10,由于我们不知道在模型运行过程中可能需要的容量是多少,因此我们将其最大容量改为一个大值,比如 10000。双击暂存区,打开其参数窗口,将 Maximum content 一栏的值改为 10000。单击确定,关闭窗口。对模型中所有的暂存区作相同的设置(图 7-148)。

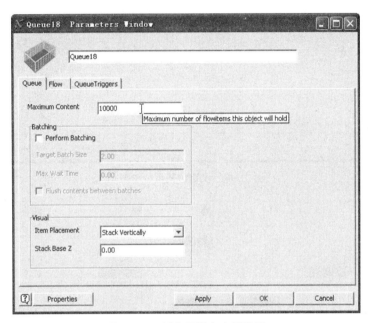

图 7-148　暂存区最大容量设置

第 12 步:设置 Experimenter。

系统要求模型在保持车间逐日连续工作的条件下,进行 365 天的仿真运行(每天按 8 小时计算),因此我们需要设置模型的仿真总时间。一天 24 小时,但是其中只有 8 小时在加工,剩余 16 个小时我们可以忽略,也就是说,我们可以将第二天开始加工的时刻点与当天停止结束的加工点连接起来,认为是连续加工 365 天,每天是 8 小时。注意,在模型中,我们假设单位时间长度是 1 分钟,因此,需要运行的总时间长度是 $365 \times 8 \times 60 = 175200$ 单位时间。

模型的运行总时间长度在 Experimenter 中设置。单击界面右下方的 ![Experimenter] 按钮,打开 Experimenter 窗口,将 Simulation End Time 改为 175200。这里,我们只运行一次仿真,因此将仿真次数改为 1(图 7-149)。

单击确定关闭窗口。

第 13 步:编译、重置、运行模型。

单击 ![Compile] 按钮,对模型进行编译。编译完成后,单击 ![Reset] 按钮,重置模型。最后单击 ![Run] 按钮,开始仿真。

仿真进行过程中,可以看到红、黄、蓝三种不同颜色的原料从系统中流过,经过不同机器组的加工,最后离开系统。仿真运行模型如图 7-150 所示。

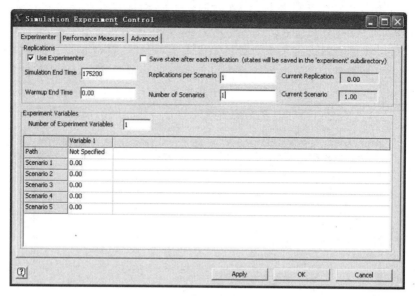

图 7-149　设定仿真运行总时间

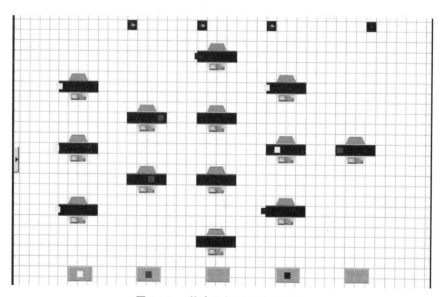

图 7-150　仿真运行过程中的模型

仿真运行到 175200 单位时间的时候,自动停止。

第 14 步:数据分析。

首先我们来查看各组机器处的暂存区的统计数据。右键单击 Queue,选择 Properties,打开其属性窗口,选择 Statistics 标签。该页面的 Content 一栏统计了暂存区内存放的待加工产品数量信息,而 Staytime 一栏统计了待加工产品在暂存区内等待时间信息。图 7-151 是机器组 1 的暂存区的统计数据。

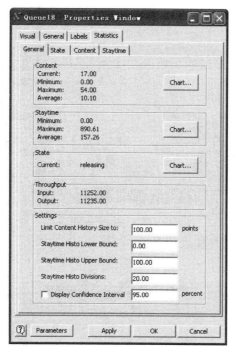

图 7-151　机器组 1 暂存区的统计数据

　　根据不同暂存区的统计信息,我们可以得出各机器组处等待加工的产品的数量和等待时间,如表 7-13 所示。

表 7-13　各机器组统计数据

机器组数	1	2	3	4	5
平均等待时间(分)	157.26	157.37	4.67	107.85	16.54
平均数量	10.1	4.92	0.24	4.17	0.29

　　由表 7-13 可以发现,机器组 1 的暂存区中等待加工的产品数量大、等待时间长,我们可以认为这是整个加工系统的瓶颈,如果要提高整体产出率,那么首先需要添加机器组 1 的机器。除了机器组 1,机器组 4 的平均等待数量不高,但是平均等待时间很长,因此也需要改善。

7.5　仿真技术在车轮冲压生产线上的应用

7.5.1　概述

　　某车轮厂旋压轮辐冲压生产线进行生产线改造,该线日生产轮辐 1800 件,整个轮辐冲压生产线由自动化的板链输送线、辊道输送线、自动送料装置、机器人组成的物料系统和由各类冲床构成的加工系统以及储料仓构成。

　　轮辐冲压工艺主要由两道工序组成。分别为:工序 1:冲压轮辐上的各类螺栓孔;工序 2:冲压轮辐上的各类散热孔。

图 7-152 为新线设计图(CAD 图)。

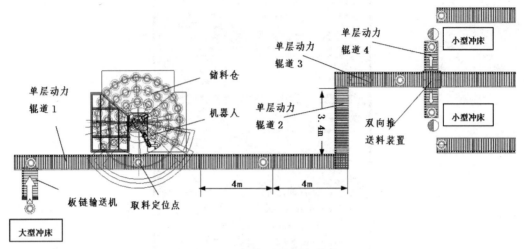

图 7-152   轮辐冲压线布局图

轮辐生产流程如下:

轮辐半成品先运送到 1250 吨压力的大型冲床的暂存区,然后在 J31-1250 冲床上冲压各类螺栓孔,工序 1 完成后,由板链输送机,经过单层动力辊道 1、单层动力辊道 2、单层动力辊道 3、单层动力辊道 4 传送到两台 JA11-250 小型冲床上加工各类散热孔。两台小型冲床完成工序内容一样。

新线设计了储料仓,原因:1)大冲工作速度快,小冲慢,如果不设置储料仓,辊道很快会堆满工件;2)大冲加工其他产品时需要停机换模,此外还为其他生产线生产产品,本身还有故障停机,为了充分提高小冲的利率,新线设计思想是:当辊道轮辐累积到一定数量时,机器人开始工作,把大冲流过来的零件拿取到储料仓,当流向小冲的轮辐数量少到一定数量时,机器人开始把储料仓的零件搬运到辊道,流向小冲加工。

机器人取料动作信号由设置在辊道 3 入口和辊道 2 的出口的光电开关及其 PLC 控制电路发出。取料规则如下:当辊道 3 的入口处和辊道 2 的出口处同时检测到有零件时,表示辊道 3 已经有零件堆积,机器人开始截取工件放入储料仓,同时辊道 2 停线,单层动力辊道 1 由四节辊道组成,每节 4 米长,且都是自带动力辊道。每一节上的工件当运行到末端时,都会检测前面输送线的状态,如果检测到前面输送线停线,本传送线也将停止运行。如果检测到前面传送线开始运作,本传送线也开始运行。这样的控制目的防止堆积。

新线设计好坏的评价标准和要解决的问题如下:

1)新线能否满足产能要求?生产是否流畅?尽量减少工序 2 的停机等待时间;控制策略是否合适?

2)目前的控制策略下,输送线不发生严重堆积,同时储料仓设置多大合适?

3)为了减少储料仓的面积,产量大时,按批量生产,批量多少合适?

旋压轮辐冲压新线看似简单,但是因为涉及多品种生产,产品换模,还要考虑设备故障和开动率,因此评价这类产线问题难以通过简单计算确定,并且一旦产线购买安装生产后,发现设计参数不匹配,一些问题没有考虑到,再修改代价就很大。

这里通过利用系统仿真技术,全面仿真产线运行情况,对轮辐生产线进行评价和优化。

7.5.2　旋压轮辐冲压生产线基础数据收集

相关设备数据如表 7-14 所示。

表 7-14　冲压线工序节拍表

产品	工序 1 节拍(s)	工序 2 单机节拍(s)	工序 2 工序节拍(s)	工序 1 设备开动率(%)	工序 2 设备开动率(%)	大型冲床换模时间(h)	小型冲床换模时间(h)
A	6	15	7.5	70%	70%	1	1
B	6	20	10	70	70	1	1
C	6	20	10	70	70	1	1

辊道数据如表 7-15 所示。

表 7-15　辊道数据表

辊道标号	辊道标高(mm)	辊道宽度(mm)	传输速度(m/min)
1	400	800	10
2	400	700	30
3	1000	700	30
4	1000	700	30

机器人数据:机器人取料入库节拍为 6s/件,取料出库节拍为 6s/件。

7.5.3　旋压轮辐冲压生产线仿真模型的建立方法和步骤

生产线仿真模型的建立方法和步骤:

(1)CAD 布局图导入

最新 Flexsim7.3 版本生产系统仿真软件可以直接把工厂车间布局图导入到 Flexsim 场景中,可以在场景中拖入一个地板图作为模型背景,再把 CAD 工厂布局图导入到地板图上,场景显示效果非常逼真。导入之前有两点注意:一个是尽量消除所有不必要的信息,CAD 文件通常包括许多不必要的信息,消除这些信息可以使模型更加简洁,减少显卡负担。另外导入时,Flexsim 的设置单位和 CAD 布局图的绘图单位要一致,否则图形失真。

(2)建立模型

在导入的 CAD 图上建立仿真模型,这样一方面建模快捷,另一方面可以使模型布局和 CAD 布局图一致。此外还可以调节模型大小和尺寸,尽量使模型尺寸和实际机床、传送链尺寸一致。使仿真更加逼真。

(3)参数设置

包括传送辊道的速度、冲床加工时间,机器人取放料速度,设备开动率等参数在实体中直接设置。设置要和设计一致,其中设备开动率是指在某时间段内(如一班、一天等)开动机器生产所占的时间比率,设备开动率＝设备实际开动时间/设备正常工作时间×100%,为简化模型,设置时可把这个参数和设备故障率参数一起考虑设置,设置在机床实体的 MTBF 和 MTTR 中。

7.5.4 关键功能实现和代码编写

包括大冲、小冲换模功能和时间,机器人取放料逻辑、生产计划、生产顺序和批量的实现通过编程来实现。

(1)生产计划、生产顺序和批量的实现

旋压轮辐冲压生产线产量比较大的有三种轮辐,分别为 A 型、B 型、C 型,可以设置三个 Source,每个 Source 生产一种品种,Source 设置临时实体到达方式为"达到时间间隔",到达时间间隔为 6 秒。此外在 flexsim 中生产计划事先录入到数据库、Excel 表或者全局表中,三种方式都可行,程序运行时,对生产计划数据进行读取。本项目中,生产计划存于名为"output-table"的全局表中,如表 7-16 所示。

表 7-16 投产计划表

	产品类型	产品类型	产品类型
投产顺序	3	1	2
投产数量	800	600	300
批次数	2	3	1

表 7-16 说明:

a)可以根据每天各产品的类型和产量在全局表中设置投产顺序。

b)如某产品数量为 800,批次数为 2,则大冲每批连续生产 800/2＝400 件后停机,生产线开始消耗储料仓中的零件,当消耗完毕时,大冲开始开机继续生产,有助于减少产线上零件堆积和储料仓库存。

批量自动停机使用:stopobject(current,STATE_BREAKDOWN);语句实现,到达批量后停止 source 产生新的实体,当批量消耗完毕后使用 resumeobject(current)语句恢复 source 生产。

(2)换模功能实现

换模功能主要由 source、处理器 14(小冲 1)、处理器 22(小冲 2)中的 senddelayedmessage(current,3600,current,10,0,0)延迟语句实现;如当 sourceA 产生的 A 产品生产完毕后,延迟 1 个小时换模时间后,同时如果小冲也延时换模完毕后,才开始回复生产其他品种零件。

(3)机器人取放料逻辑实现

旋压轮辐冲压生产线在设计时,在辊道 3 的入口处和辊道 2 的出口处安装有光电传感器,机器人抓取辊道上零件的判断依据是:当辊道 3 的入口处和辊道 2 的出口处同时检测到有零件时,表示辊道 3 已经有零件堆积,机器人开始截取工件放入储料仓,否则表示辊道 3 没有零件堆积,机器人把料仓中的零件搬运到辊道上。

这项功能由传送带上的设置的虚拟光电传感器实现。在 Flexsim 中可在传送带上全长的任意位置设置任意数量的虚拟光电传感器,逻辑关系在光电传感器中的 onCover 和 Uncover 触发器中编程实现。当传送带上的零件遮挡住光电传感器时会触发 OnCover 触发器,执行

OnCover 中的代码，当零件通过后，不再遮挡光电传感器时，会触发 Uncover 触发器。可在辊道 3 和辊道 2 光电传感器中的 OnCover 中设置标志变量，程序随时读取这两个变量，当标志都为 1 时(遮挡状态)，给机器人发送消息，进行相应出入库作业。

（4）双向堆送料装置实现

双向堆送料装置是一个自带动力的，可升降的单层动力辊道。初始状态是落下状态，比辊道 3 低，当来自辊道 3 的轮辐落到双向堆送料装置后，送料装置抬升，并根据左右辊道 4 的状态(是否有空位)，把轮辐传送到相应工位。产线设计时，其设计速度为抬升 2s，落下 2s 在功能实现上采用基本传送带 BasicConveyor 加运动学实现其功能。BasicConveyor 是一个双向传输的传送带，可任意改变方向、速度大小和启动、停止。其关键语句如下：

Bcsetdirection(object,num direction)；其中：direction 值为 1 时向前，为 0 时向后。

Bcsetitemconveystate(object,item,startpoint,startspeed,targetspeed,accdec)

其中 startpoint：在传送带上工件被开始测量的起始位置，其他参数分别为：起始速度、目标速度、加速度。

双向堆送料装置升降功能实现：该动作可由 Flexsim 的运动学功能实现。Flexsim 的运动学允许模型场景中任何一个实体对象或多个对象根据不同的速度要求同时实现多个移动操作、旋转操作。实现运动学主要是对以下 3 个函数调用使用。

Initkinematics(相关参数)；addkinematic(相关参数)；updatekinematics(相关参数)

其中：Initkinematics(相关参数)命令，该命令为运动初始化数据，保存对象的起始位置、起始角度。初始化完毕后，调用 addkinematic(相关参数)命令为对象添加平移或旋转动作。最后调用 updatekinematics(相关参数)命令在运动过程中不断计算对象当前的位置和旋转角度，不断刷新视图。

（5）仿真过程中的相关参数实时动态显示

仿真过程中一些相关重要参数需要实时动态显示，如计划要生产的数量、当前正在生产的品种和数量、储料仓的当前库存、最大库存、生产时间等信息需要动态实时显示，以便随时掌握仿真过程。在最新 Flexsim7.3 版本中，数据实时动态显示可由视觉类实体的文本实体、布告板实体、平面实体等视觉类实体实现。

7.5.5 旋压轮辐冲压生产线仿真结果分析

使用 Flexsim 对调度结果进行可视化仿真，模拟实际生产线的加工情况(图 7-153)，获取调度结果的更多信息。

1）从仿真过程和结果看辊道传送线流动相对流畅，没有发生 4 个辊道都堵塞堵满的情况，说明各传送带的设计速度，机器人的工作速度，基本匹配。

2）以该生产线平均每天产量 2000 件，每天平均开动率为 70％来计算，总生产时间为 10 个小时 35 分，每天需要加班两个半小时才能完成产量。

3）当改变投产先后顺序，如先生产 B 型轮辐 600 件，然后再生产 C 型轮辐 200 件，最后再生产 A 型轮辐 1200 件时，总生产时间也为 12 个小时 41 分，总生产时长基本不变，可知改变投产顺序对生产无影响。

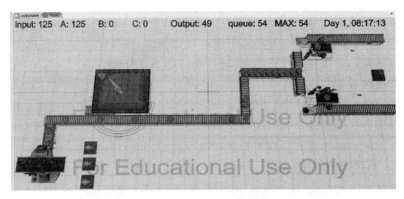

图 7-153　冲压线仿真模型

4)仿真后,得到产量、批量、最大库存、大冲冲压时间、库存消耗时间如表 7-17 所示。

以表 7-17 中数据说明:

以产量 1200 件为例,如果不采用批量投产方式,大冲一次性全部加工完 1200 件,则大冲冲压时间为 2 小时 48 分,储料仓最大库存量为 535 件轮辐,而小冲消耗完储料仓这些库存需要 2 小时 22 分。而如果采用分批投料,如 1200 件轮辐分 3 批投料。每次投料 400 件,当大冲加工完 400 件后,休息一段时间,等储料仓的料基本消耗完,再进行第二个批次生产,这种情况下,每批加工完平均最大库存为 180 件左右,大冲平均冲压工作时间为 56 分,而库存平均消耗时间为 48 分。考虑到频繁启动生产的成本,批量数量设置为 500 较好,一方面储料仓库存小,占用空间小,另一方面,大冲备一次料时间也约为 1 小时,可在停工这段时间进行备料。另外储料仓大小设置为能放置 230 个库存大小的储料仓为宜。

概念模型见图 7-1。

表 7-17　仿真结果

产量	批量	最大库存	大冲冲压时间(min)	大冲休息时间(min) 或库存消耗完毕时间
1200	300	125	43	35
		123	43	30
		146	42	40
		119	41	36
	400	173	56	43
		182	57	48
		182	56	49
	500	220	1 小时 10 分	55
		232	1 小时 9 分	63
	600	265	1 小时 25 分	1 小时 6 分
		276	1 小时 23 分	1 小时 16 分
	1200	535	2 小时 48 分	2 小时 22 分

5) 从仿真过程可以看出,整个辊道传送线长度 33 米太长,即便把辊道长度缩短到 20 米,也不会发生辊道堵塞。应该减少辊道长度,减少产线占地面积。

6) 从仿真结果看,管理水平较低,设备开动率 70% 较低,即设备 OEE 较低,应该设法提高设备开动率,仿真结果表明,如果设备开动率提高到 80%,同样加工 2000 件轮辐,总加工时间可以缩短到 9 小时 20 分。提升设备 OEE 可以从减少停机损失、换装和调试损失、暂停机损失、减速损失、废品返工损失等方面入手解决。

7) 从仿真结果看,产品换模时间较长,生产 3 种产品,换 2 次模,要停机 2 小时,应该减少换模时间,如果单次换模时间从 1 小时缩短到 0.5 小时,则全天换模时间减少 1 小时,同样加工 2000 件轮辐,总加工时间可以缩短到 8 小时 20 分。

结论:针对旋压轮辐冲压生产线,应用 Flexsim 仿真软件进行建模仿真,运行模型,验证旋压轮辐冲压生产线设计的合理性,给决策者提供了决策依据。

7.6　东风有色铸件公司压铸车间物流仿真规划

东风(十堰)有色铸件有限公司主营压铸件的设计与生产,模具、卡辅具的设计与制造。主要工艺设备 300 余台套,其中压铸机 50 多台,数控机床 50 多台。有色金属压铸件形成年产 9000 吨生产能力。其中合金压铸车间拥有各类压铸机 19 台,可生产 200 多种大、中、小不同规格复杂的镁、铝、锌、铜等有色金属压铸件。每月平均压铸件产量可达 26~32 万件。

合金压铸车间根据公司发展规划,对压铸设备重新进行布局和生产线改造。改造后的生产线布局如图 7-154 所示。整个压铸车间由 18 台压铸机和 3 台熔化炉组成。

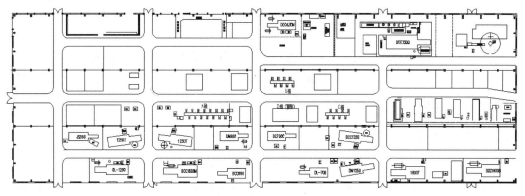

图 7-154　压铸车间布局图

7.6.1　压铸和物流流程概述

压铸送料流程如下:

压铸车间有 3 台熔化炉,每台熔化炉分别对应熔化一种合金牌号的材料。每种熔化炉熔化速度不一样。其中:STM-1000 熔化炉融化 A380 材料牌号合金,融化率 1t/h。STM-1500 熔化炉融化 ADC12 材料合金,融化率 1.5t/h。STM-2000 熔化炉融化 AS9U3 材料合金,融化率 2t/h。

熔化方式采用不间断熔化和出液,如 STM-1000 熔化炉,最多每小时出 A380 牌号合金熔化液 1000 公斤。压铸流程为:专用合金液料运输叉车根据各压铸机生产的合金牌号和缺料数量,到熔化炉取液态合金料,然后采用循环送货方式行驶到缺料的压铸机旁,进行卸料,如果液料叉车还有剩料,则继续走到下一个卸料点继续卸料,卸完后根据各压铸机缺料情况和压铸机生产零件的合金牌号,回到生产相应材料牌号的熔化炉旁,开始重新装料,继续下一个循环送料过程。液料输送规则如下:

1)每个熔化炉只能熔化一种牌号合金,不能切换熔化其他牌号合金。

2)专用合金液料运输叉车由叉车和浇包组成,浇包容量 111 升,每次可装 300 公斤的液料。对各压铸机进行循环送料和卸料,对压铸机卸料时,叉车把浇包中的液料卸到各压铸机的保温炉中,直到把压铸机保温炉装满,各压铸机保温炉容量大小不一,如果某压铸机保温炉装满,但是叉车浇包中还有剩料,则叉车走到下一个缺料压铸机,一直到浇包剩料卸完,合金液料叉车才能回熔化炉重新装料。

3)每个熔化炉合金只能送到正在压铸该合金牌号零件的压铸机中。

4)合金液料叉车取料、卸料、行驶都需要时间,都有时间标准。

压铸机工作流程如下:

压铸机采用不间断连续压铸工作模式,压铸机上料和下料采用自动化辅助装置,其中取液料过程为,自动化取料装置从压铸机保温炉中取料,把液料送到压铸机的压铸模具型腔中,然后压铸机进行压铸。

取压铸成型的压铸件过程如下:取料机械手把压铸好的压铸件从压铸模具型腔中取出,放在压铸机前的工作台上,工人对压铸件进行打飞边,检查,把合格的压铸件放入成品物料箱,同时打飞边时打下的残余物料叫回炉料,把回炉料放入回炉料料箱。每个压铸机配置一名操作工。

当回炉料箱装满后,需要把回炉料箱送到熔化炉处存放区。进行重新回炉熔化。此外当压铸好的成品物料箱装满后,需要把成品物料箱送到清理线,进一步对压铸件进行锉浇口、冲孔、锉孔、清平面毛刺、锉小圆孔、清方槽、检验镶件装箱等工作。

7.6.2 仿真需求

在各压铸机重新布置后,在物流运作方式上公司有两个方案如下。

方案一:专职叉车搬运。回炉料和压铸成品采用专用叉车进行运送,即增加一台或几台叉车进行回炉料和成品压铸件的搬运。即把各压铸机旁边的成品物料箱送到清理线,同时也负担把各压铸机旁边装满的回炉料箱送到熔化炉旁边的存放区。

方案二:工人兼职搬运。回炉料和压铸成品采用压铸机操作工进行兼职运送,即操作工即负责对压铸件进行打飞边,检查,把合格的压铸件放入成品物料箱工作。同时又负责把各压铸机旁边的成品物料箱送到清理线,把各压铸机旁边装满的回炉料箱送到熔化炉旁边的存放区。

方案的评价指标如下:

1)安全因素。考虑合金液料叉车运送过程中具有危险性,不管采用专职叉车搬运,还是工人兼职搬运,都应尽量减少工人或专职叉车和合金液料叉车的碰面次数,即在道路上减少碰面次数。碰面次数越少方案越好。

2）尽量提高操作工或专职叉车的利用率

3）如果是操作工兼职运送，可能发生压铸机中断生产现象，比如，当操作工正在送料途中，而压铸机压铸完成，操作工不在机床旁边，压铸机旁无人，为安全起见，压铸机停机等待。因此如果采用方案二员工兼职搬运，要求停机等待时间在允许范围内。

4）为了延长寿命和安全，在使用时各压铸机保温炉中的合金溶液尽量不能少于保温炉额定容量的三分之一，例如：压铸机保温炉额定容量 1500 升，则在使用时，保温炉剩余容量尽量不少于 1000 升。

因此就存在一个压铸机保温炉内液料消耗多少时，合金液料运输叉车为该压铸机送料的问题。如果压铸机保温炉补液标准定的高，考虑运输过程就可能出现保温炉剩余容量少于额定容量的三分之一的情况；如果压铸机保温炉补液标准定得低，则合金液料运输叉车可能补液过于频繁，叉车运输次数多，运输距离长，消耗成本高。因此存在一个最优的补货标准。

这里，为了便于仿真，设定合金液料运输叉车输送液料三种补货模式，a）模式 1：即在压铸机保温炉液料消耗达到额定容量 10％时，为该压铸机输送液料；b）模式 2：消耗量达到额定容量 20％时，为该压铸机输送液料；c）模式 3：消耗量达到额定容量 30％时，为该压铸机输送液料；仿真判定哪种补货模式最优。

5）验证压铸车间 3 台熔化炉是否满足生产需求，即：当压铸车间 18 台压铸机开始同时工作时，由于每台熔化炉分别对应熔化一种合金牌号的材料，并且每种熔化炉熔化速度不一样，分别为 1T/h,1.5T/h,2T/h,验证能否满足每日多品种，大批量压铸件的生产需求，是否会因为熔化炉单位时间熔化量少不能满足压铸机需求，从而发生压铸机断料、停工现象。

6）验证压铸车间能否满足计划部每日、每月的产量。

7.6.3　压铸车间仿真模型建立

1. 仿真建模的思路

本模型按照生产工艺流程和物流流程的顺序进行建模。先建立每个压铸工序的分模块，按现场设施布置情况模拟布置，然后采用串、并联的方式将各个压铸机模块单元按照生产工艺流程和物流过程与熔化炉、回炉料存放区、清理装配线暂存区连接起来。

此外由于压铸生产线生产过程中其产品形态既不是固体、也不是液体，而是固体和液体的混合，即从熔化炉出来一直到压铸机保温炉存储、压铸，这个过程其产品的形态为液态，而压铸完成后，从压铸机出来的产品形态为固态，所以如果用 Flexsim 流体建立模型会比较复杂。所以这里简化产品形态，把液态流体按固态实体来处理，即：如果熔化炉每小时生成 1000 公斤合金液体，则按每小时生成 1000 个固体实体来处理，每个固体实体重量 1 公斤。这样处理，一方面误差小，另一方面便于后续的运输和加工建模。

本模型是一个多任务复杂运输调度模型，所以各类机床加工，叉车运输采用任务序列配合网络节点来完成。

2. 压铸车间生产数据采集

根据仿真的目的需要收集的相关数据如下：车间布局图、每台压铸机压铸的产品种类,铸造一件的时间、消耗的体积(升)、熔化炉熔化 A、B、C 三种产品,熔化一炉的时间、数量、叉车每次运输时,装满时携带的体积、叉车运输时的速度、装料、卸料的时间、每台压铸机压铸不同产品时,安全库存大小、每台压铸机旁边反空料箱、料箱、回炉料箱的大小及占地面积等。此外,各压铸机保温炉的额定容量和液料合金叉车浇包容量(其中：浇包额定容量 300kg,容积 111L)；压铸零件所用材料、模具、设备、节拍、OEE 等参数；压铸零件模重、净重等参数；压铸车间月生产计划也需要收集。

3. 建立仿真模型

根据压铸车间 CAD 布局图和压铸机位置,建立 Flexsim 压铸车间仿真模型(图 7-155)。

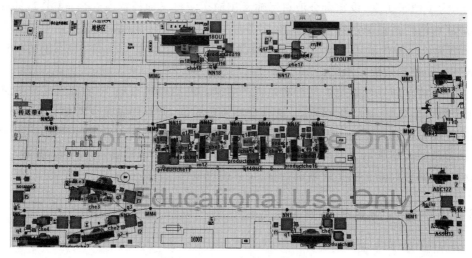

图 7-155　Flexsim 仿真模型图

4. 仿真模型主要数据表

在仿真模型中,收集到的与生产相关的数据主要以全局表的形式存放,便于读取和访问。模型中主要数据表有：缺货全局表 supplygoods、安全库存全局表 safestocktable、机床月生产计划表 m1producttable、m2producttable、m3producttable 等、仿真数据存放表 collidetable 等。

该表用于存放各压铸机缺货的品种和数量。其中行表头为压铸机编码号,如 m1 机床、m2 机床,列表头为缺料的品种,各压铸机每加工一个铸件,消耗一个铸件的液态合金重量,都会动态刷新缺货全局表,该全局表也是合金液料运输叉车为各压铸机补货的依据(图 7-156)。

supplygoods		行数	3	列数	20		添加表格至MTEI		添加表格至MTEE							
	m1	m2	m3	m4	m5	m6	m7	m8	m9	m10	m11	m12	m13	m14	m15	m16	m1
A380-1	0.00	0.00	0.00	0.00	0.00	0.00	0.00	0.00	0.00	0.00	0.00	0.00	0.00	0.00	0.00	0.00
ADC12-2	0.00	0.00	0.00	0.00	0.00	0.00	0.00	0.00	0.00	0.00	0.00	0.00	0.00	0.00	0.00	0.00
AS9U3-3	0.00	0.00	0.00	0.00	0.00	0.00	0.00	0.00	0.00	0.00	0.00	0.00	0.00	0.00	0.00	0.00

图 7-156　缺货全局表：supplygoods

图 7-156 为各压铸机保温炉补货标准库存量，如对于 m1 压铸机，其保温炉额定容量为 1500kg，当保温炉中剩余液料消耗到可用重量 1350kg 以下时，液料合金运输叉车开始补货，同时保温炉中小于 1350kg 的液料数量保存在缺货全局表 supplygoods 中。所以 1350kg 也是 m1 压铸机补货标准库存量(图 7-157)。

safestocktable　行数 4　列数 18　重置时清除　添加表格至MTEI　添加表格至MTEE

	m1	m2	m3	m4	m5	m6	m7	m8	m9	m 10	m11	m12	m13	m14	m15	m
额定容量kg	1500.00	800.00	800.00	400.00	800.00	800.00	1000.00	1500.00	800.00	800.00	250.00	300.00	250.00	250.00	250.00	
可用重量	1350.00	720.00	720.00	360.00	720.00	720.00	900.00	1350.00	720.00	720.00	225.00	270.00	225.00	225.00	225.00	
标志	0.00	0.00	0.00	0.00	0.00	0.00	0.00	0.00	0.00	0.00	0.00	0.00	0.00	0.00	0.00	
三分之一绝对重量	1000.00	533.00	533.00	266.00	533.00	533.00	666.00	1000.00	533.00	533.00	166.00	200.00	166.00	166.00	166.00	

图 7-157　安全库存全局表:safestocktable

此外压铸机保温炉中的合金溶液尽量不能少于保温炉额定容量的三分之一，例如：压铸机保温炉额定容量 1500kg，则在使用时，保温炉剩余容量尽量不少于 1000kg。

压铸车间为每个压铸机都安排有 1 个月的生产计划，包括品种、数量。因此仿真模型中也为每个压铸机建有一个机床月生产计划表，如编码为 m1 机床的生产计划表是 m1producttable；编码为 m2 机床的生产计划表是 m2producttable；该计划表行表头为每月的天数，如当月 1 日、2 日、3 日等；列表头为该机床与生产相关的参数(图 7-158)。

m1producttable　行数 10　列数 31　重置时清除　添加表格至MTEI　添加表格至MTEE

	Col 1	Col 2	Col 3	Col 4	Col 5	Col 6	Col 7	Col 8	Col 9	Col 10	Col 11	Col 12	Col 13	Col 14	Col 15	Col 16
日期	1.00	2.00	3.00	4.00	5.00	6.00	7.00	8.00	9.00	10.00	11.00	12.00	13.00	14.00	15.00	16
日产量	272.00	272.00	272.00	272.00	0.00	272.00	300.00	450.00	450.00	450.00	450.00	400.00	360.00	432.00	432.00	432
基准节拍（分/件	2.90	2.90	2.90	2.90	0.00	2.90	1.48	1.48	1.48	1.48	1.48	1.48	1.84	1.84	1.84	1
合金牌号代号	3.00	3.00	3.00	3.00	0.00	3.00	2.00	2.00	2.00	2.00	2.00	2.00	3.00	3.00	3.00	3
零件号	86710.00	86710.00	86710.00	86710.00	0.00	86710.00	59837.00	59837.00	59837.00	59837.00	59837.00	59837.00	12380.00	12380.00	12380.00	12380
单件模重	10.14	10.14	10.14	10.14	0.00	10.14	13.80	13.80	13.80	13.80	13.80	13.80	5.10	5.10	5.10	5
铸件净重	7.52	7.52	7.52	7.52	0.00	7.52	9.33	9.33	9.33	9.33	9.33	9.33	3.18	3.18	3.18	3
SNP	60.00	60.00	60.00	60.00	0.00	60.00	80.00	80.00	80.00	80.00	80.00	80.00	120.00	120.00	120.00	120
OEE	57.80	57.80	57.80	57.80	57.80	57.80	54.40	54.40	54.40	54.40	54.40	54.40	58.10	58.10	58.10	58
计划日产量	420.00	420.00	420.00	420.00	0.00	420.00	300.00	450.00	450.00	450.00	450.00	400.00	360.00	540.00	540.00	540

图 7-158　机床月生产计划表:m1producttable

本项目仿真模型运行后，需要得到的一些常规仿真结果数据一部分被 Flexsim 仿真软件系统保存，通过 Flexsim 统计分析模块调出，以 Excel 文件呈现，另一些特殊仿真结果数据需要编写程序进行统计，并存放于 collidetable 全局表中(图 7-159)。这些特殊仿真结果数据如：碰撞总次数、单班回炉料运送次数、因供料不及时造成压铸机停工时间等。

collidetable　行数 5　列数 19　重置时清除　添加表格至MTEI　添加表格至MTEE

	机床1	机床2	机床 3	机床4	机床5	机床6	机床 7	机床8	机床 9	机床 10	机床 11	机床12	机床13	机床 14	机床15
第一次碰撞时间	0.00	0.00	0.00	0.00	0.00	0.00	0.00	0.00	0.00	0.00	0.00	0.00	0.00	0.00	0.00
碰撞总次数	0.00	0.00	0.00	0.00	0.00	0.00	0.00	0.00	0.00	0.00	0.00	0.00	0.00	0.00	0.00
单班回炉料运送次数	0.00	0.00	0.00	0.00	0.00	0.00	0.00	0.00	0.00	0.00	0.00	0.00	0.00	0.00	0.00
单班成品运送次数	0.00	0.00	0.00	0.00	0.00	0.00	0.00	0.00	0.00	0.00	0.00	0.00	0.00	0.00	0.00
停工时间	0.00	0.00	0.00	0.00	0.00	0.00	0.00	0.00	0.00	0.00	0.00	0.00	0.00	0.00	0.00

图 7-159　仿真数据存放表 collidetable

7.6.4　主要程序流程图

本案例中仿真模型采用模块化布局，如对于编码为 m1 压铸机模块，其模块由 m1 机床、q1、q1_1、che1、producche1、q1out 等暂存区共同组成(图 7-160)，实现压铸过程中的一些逻辑关系、流程，最终完成压铸任务。为实现这些逻辑关系和流程，在模块中各实体的触发器中编

写代码,各触发器和其中的一些关键代码作用和功能阐述如下:

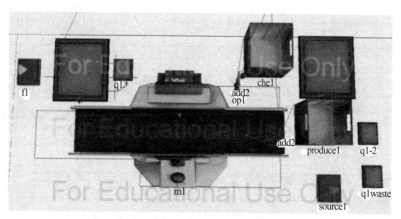

图 7-160　m1 压铸机模块模型图

1)m1 重置触发器编程流程。

把缺货库存表 svpplygoods 中 m1 机床时对应行全部清零,从机床 m1 的生产计划表 m1producttable 中获得 M1 机床当天要生产的零件数量、型号、合金牌号、基准节拍等信息。

2)q1 暂存区(相当于压铸机的保温炉)离开触发器编程流程。

①得到 q1 暂存区零件数量 q1num(实际为 m1 压铸机保温炉中剩余合金液体重量),1 个为 1kg;②得到机床 m1 的可用重量 m1keyougnum;③得到机床 m1 的额定容量 m1totalnum;④判断 q1num<m1keyougnum? ⑤如果是,计算缺料数量:num=m1totalnum-q1num,并把缺料数存于缺料全局表 supplygoods 中 M1 机床对应列;如果不是,把缺件数量 0 存于缺件全局表 supplygoods 中 M1 机床对应列。

3)q1_1 暂存区主要功能是实现压铸时单位模重向单件铸件净重的转化。

如:压铸某零件:单件模重为 10.14kg,铸件净重为 7.52kg,意为:压铸时合金液体注入并充满压铸模型型腔,总重量为 10.14kg,压铸完成后去除压铸飞边,剩余压铸件成品净重为 7.52kg,压铸件飞边最后变为回炉料,进入回炉料箱。该模块还可以实现把压铸件从液态重量转变为成品数量。

4)q1out 暂存区功能:接收压铸机压铸好的铸件成品数量完成其他工作。

5)productche1 暂存区功能:为最终铸件成品料箱,成品料箱装满后,向操作者工或运料叉车发送运料指令。把成品料箱运到装配线。

6)che1 暂存区:che1 为回炉料箱。功能:当回炉料箱装满后,向操作工或运料叉车发送运料指令,把回炉料箱运送到熔化炉的回炉料存放区。

7)q1zong:熔化炉合金液体暂存区。

合金液料叉车通过浇包把熔化炉中的液态合金送到各压铸机的保温炉中去,合金液料叉车的搬运调度在 q1zong 中 TransportResource 触发器中编写。其程序流程如下:①访问缺货全局表 supplygoods,判断各机床缺货品种和数量,对缺货数量最多,最急(低于安全库存,甚至停机)的品种和机床优先送料;②计算要送货的机床、路径、液态合金数量;③给液态金属叉车构建一个任务序列,对缺料压铸机进行循环配送。

8)模型中物料运送叉车和操作工碰撞触发器设置:在以上运动实体的碰撞触发器中进行碰撞次数计数,累加。在机床故障触发器中设置 OEE 参数。

7.6.5　系统仿真模型的运行及结果分析

设置仿真时间为 1 天三个班 24h,即 86400s,得到仿真输出结果如表 7-18。

1)补货标准:从补货模式看,模式 3:即在压铸机保温炉液料消耗达到额定容量 30% 时,为该压铸机输送液料,总缺料停工时间为 46328s,缺料停工时间太长,而模式 1 液料消耗达到 10% 额定容量就进行补货,虽然缺料停工时间最小为 744s,但液料叉车空载和负载运行总时间为 35462s,最长,同时与人或运料叉车碰面次数最多达到 56 次,安全性差,而模式 2 液料消耗达到 20% 额定容量就进行补货,缺料停工时间为 3701,可以接受,同时碰撞总次数 22 次,安全隐患小,最后总结:补货标准定在 20% 的额定容量为最优。

表 7-18　仿真数据汇总

补货标准 (模式)	碰撞 总次数	回炉料运 送总次数	成品运送 总次数	缺料停工 总时间	液料叉车空载 运行时间	液料叉车负载 运行时间	液料叉车 装载时间	液料叉车 卸载时间
10% 额定容量	56	51	46	744	12069	23393	39114	3259
20% 额定容量	22	51	46	3491	10545	14063	38497	3208
30% 额定容量	15	51	46	46328	8213	11037	37242	3103

2)利用率:从表 7-18 仿真结果看,如果采用专职叉车搬运回炉料和成品,叉车的利用率只有 22%,空闲率高达 78%,浪费严重。而专职叉车搬运情况下,操作工的利用率普遍只有 70% 左右,为了增加工人充实度,物流方案采用各压铸机的操作工在对机床加工过程中,利用闲置时间进行成品搬运和回炉料搬运,增加工人利用率。

3)兼职搬运压铸机阻塞时间数据分析:所谓阻塞时间是:当压铸机加工完毕,而操作工此时正在搬运成品或者回炉料时,造成机床停机等待时间。从仿真结果看,在 24 小时生产过程中,最大阻塞时间约为 20 分钟,压铸机阻塞时间较小,可以接受。

4)验证压铸车间 3 台熔化炉是否满足生产需求:即:当压铸车间 18 台压铸机开始同时工作时,由于每台熔化炉分别对应熔化一种合金牌号的材料。并且每种熔化炉熔化速度不一样,分别为 1T/h,1.5T/h,2T/h,验证能否满足每日多品种,大批量压铸件的生产需求,是否会因为熔化炉单位时间熔化量少不能满足压铸机需求,从而发生压铸机断料、停工现象。仿真验证结果:仿真系统按照 4 月份的生产计划,连续仿真 1 个月,从结果看三个熔化炉的产能足够,没有发生因为熔化炉出液料不及时出现的生产中断现象。

5)验证压铸车间能否满足计划部每日、每月的产量。

仿真验证结果:仿真系统按照 4 月份的生产计划(图 7-161),按照目前 OEE,连续仿真 1 个月,新线能够满足每日、每月的产能要求。

利用 Flexsim 仿真软件对东风有色铸件公司压铸车间进行物流仿真规划,评价物流方案。从中寻找最优的物流方案,为新压铸车间建设提供决策依据。实际应用表明,经过仿真评价后的压铸车间在实际投产后,其各项指标与仿真评价结果相近,达到了物流系统设计要求。

零件号	模具号	设备型号	每日班次	当月生产计划	建储计划	班产	1日	2日	3日	4日	5日	6日	7日	8日	9日	10日
D5010412594	766#	DCC3500 (320#)	2	2500	1500	170							340	340	340	340
D5010550476	767#			1000	1500	180										
9673686410	688#A	DCC2000 （318#）	2	12000	550	275	550	550	550	550	550					
9806892710	779#			2000	250								250	500	500	500
504290081	728#			1500	190											380

（表头：压铸车间 2015 年 4 月份生产）

图 7-161 压铸车间 4 月份的生产计划

7.6.6 关键程序

压铸流程为:专用合金液料运输叉车根据各压铸机生产的合金牌号和缺料数量(安全库存),到熔化炉取液态合金料,然后采用循环送货方式行驶到缺料的压铸机旁,进行卸料,如果液料叉车还有剩料,则继续走到下一个卸料点继续卸料,卸完后根据各压铸机缺料情况和压铸机生产零件的合金牌号,回到生产相应材料牌号的熔化炉旁,开始重新装料,继续下一个循环送料过程。

该流程实现方法为:用一个暂存区 qzong 代替熔炼炉的储存罐,为方便建模,把液态物料转化为同等重量的固态物料进行运输,不影响仿真结果。当 qzong 暂存区每进入一个物料,都会给叉车发出一个任务请求,如果叉车有任务,则不响应本次请求,如果没有任务,则响应本次请求,执行任务序列。在 qzong 的临时实体流属性页中勾选使用运输工具(图 7-162),并在其任务请求触发器中编写如下关键代码:

```
treenode item = parnode(1);
treenode current = ownerobject(c);
int port = parval(2);
if(taskflag= = 1)//如果叉车有任务,并且
没有执行或完成,则返回,不响应
{return 0;}
taskflag= 1;//叉车没有任务,则可以执行下
面的任务序列,执行前把任务标志 taskflag 置 1,
即后面不再承接新的任务
```

图 7-162 qzong 临时实体流属性页设置

```
treenode chache= centerobject(current,1);//得到叉车对象的树节点
string table = "supplygoods";
int total= 0;
int row1= 0;
//类型 1 零件的总缺货数
int row2= 0;
//类型 2 零件的总缺货数
int row3= 0;
//类型 3 零件的总缺货数
int flag= 0;
// 缺货零件标志
int counter1= 1;
//取料计数值为 1
int counter2= 0;
//循环取料计数值置 2
int itemtypenum;
//零件类型值
//以下定义为各机床缺货数量
int lackdatem1= 0;
//机床 m1 缺货数量,初始不缺货
int lackdatem2= 0;
// 机床 m2 缺货数量,初始不缺货
int lackdatem3= 0;
// 机床 m3 缺货数量,初始不缺货
int lackdatem4= 0;// 机床 m4 缺货数量,初始不缺货
int lackdatem5= 0;// 机床 m5 缺货数量,初始不缺货
int lacktotalnum= 0;//缺货总数量
int safestocknum= 30;//设定安全库存数量
int addstocknum= 40;//每次填料添加数量
int truckconveynum= 80;//叉车每次满载搬运数量。注:这里把液态物料转化为固态物料进行处理
//以下程序为计算缺货数,优先搬运缺货数最多的类型零件的物料
for(int y= 1;y< = 16;y+ + )
{
    total= total+ gettablenum("supplygoods",1,y);
}
    row1= total;
    total= 0;
for(int y= 1;y< = 16;y+ + )
{
    total= total+ gettablenum("supplygoods",2,y);
}
    row2= total;
```

```
        total= 0;
    for(int y= 1;y< = 16;y+ + )
    {
        total= total+ gettablenum("supplygoods",3,y);
    }
        row3= total;
        total= 0;
    if(row1= = row2&&row2= = row3&&row1= = 0)//如果三种零件缺货数都为 0,表示都不缺货,则叉车
什么都不做,返回
    {
        taskflag= 0;
        return 0;
    }
    //否则表示有缺货,判断哪种零件缺物料多
    if(row1> = row2&&row1> = row3)
    {flag= 1;lacktotalnum= row1;}
    else if(row2> = row1&&row2> = row3)
    {flag= 2;lacktotalnum= row2;}
    else if(row3> = row1&&row3> = row2)
    {flag= 3;lacktotalnum= row3;}
    else
    {return 0;taskflag= 0;}
    //以下为把生产该类型零件的各机床的缺货数量给一个变量,为后面根据这些变量值确定送货路线打
基础
    lackdatem1= gettablenum("supplygoods",flag,1);
    lackdatem2= gettablenum("supplygoods",flag,2);
    lackdatem3= gettablenum("supplygoods",flag,3);
    lackdatem4= gettablenum("supplygoods",flag,4);
    lackdatem5= gettablenum("supplygoods",flag,5);
    lackdatem6= gettablenum("supplygoods",flag,6);
    lackdatem7= gettablenum("supplygoods",flag,7);
    lackdatem8= gettablenum("supplygoods",flag,8);
    lackdatem9= gettablenum("supplygoods",flag,9);
    lackdatem10= gettablenum("supplygoods",flag,10);
    lackdatem11= gettablenum("supplygoods",flag,11);
    lackdatem12= gettablenum("supplygoods",flag,12);
    lackdatem13= gettablenum("supplygoods",flag,13);
    lackdatem14= gettablenum("supplygoods",flag,14);
    lackdatem15= gettablenum("supplygoods",flag,15);
    lackdatem16= gettablenum("supplygoods",flag,16);
    //以下计算叉车要装载某类零件物料的数量,如果缺料总数 lacktotalnum> = truckconveynum(叉车
满载运输量 80),则叉车满载,即 truckconveynum= 80,否则叉车运输量为实际缺货量
```

```
if(lacktotalnum> = truckconveynum)
{truckconveynum= 80;}// 叉车满载运输量 80
else
{truckconveynum= lacktotalnum;}//否则叉车运输量为实际缺货量
treenode dispatcher = centerobject(current,1);//定义叉车
double priority = getvarnum(current,"transportpriority");
int preempting = getvarnum(current,"preempttransport");
treenode ts = createemptytasksequence(dispatcher,priority,preempting);//给叉车创建
一个任务序列
inserttask(ts,TASKTYPE_TRAVEL,current,NULL);//叉车走到取料处 qzong
//以下为叉车在取料处 qzong 取类型为 flag 的零件,取该类型零件数量为 truckconveynum 个
counter1= 1;
counter2= 0;
while(counter2< truckconveynum)
{
itemtypenum= getitemtype(rank(current,counter1));
if(itemtypenum= = flag)
{
    inserttask(ts,TASKTYPE_FRLOAD,rank(current,counter1),current);
    counter2+ + ;
}
counter1+ + ;
}
//以下程序目的是:叉车在熔炼炉处取料后走到各配送点(压铸机床)对缺料机床进行送料
counter1= 1;
if(lackdatem1> 0&&truckconveynum> 0)//如果压铸机床 1 缺料,即在安全库存下,并且叉车上还有
物料,则叉车走到机床 1
{
inserttask(ts,TASKTYPE_TRAVEL,node(("/q1"),model()),NULL);//叉车走到机床 1
//下面根据缺货数量,叉车进行相应操作,如果叉车剩余物料多余缺货,则卸缺货数量,如果叉车剩余物
料少于缺货数量,则把叉车剩余物料全部卸完
counter2= 1;
    if(truckconveynum> = lackdatem1)//如果叉车剩余物料多余缺货数量
    {
        while(counter2< = lackdatem1)
        {
            itemtypenum= getitemtype(rank(current,counter1));
            if(itemtypenum= = flag)
            {
inserttask(ts,TASKTYPE_FRUNLOAD,rank(current,counter1),node(("/q1"),model()),
NULL);
        counter2+ + ;
```

```
                }
                    counter1+ + ;
                }
            truckconveynum= truckconveynum- lackdatem1;//叉车剩余物料等于卸完后的数量
        }
        else
        {
            while(counter2< = truckconveynum)
            {
                    itemtypenum= getitemtype(rank(current,counter1));
                    if(itemtypenum= = flag)
                {
    inserttask(ts, TASKTYPE_FRUNLOAD, rank (current, counter1), node (("/q1"),model ()),
NULL);
                    counter2+ + ;
                }
                    counter1+ + ;
                }
            truckconveynum= 0;//叉车剩余卸完后的数量为 0,清 0
            returnflag= 1;//设置返回标志,如果在机床 1 卸完全部剩余物料,则返回标志置 1
        }
    }
    if(lackdatem2> 0&&truckconveynum> 0) //如果压铸机床 2 缺料,即在安全库存下,并且叉车上还有
物料,则叉车走到机床 2
    {
    inserttask(ts,TASKTYPE_TRAVEL,node(("/q2"),model()),NULL); //叉车走到机床 2
    //下面根据缺货数量,叉车进行相应操作,如果叉车剩余物料多余缺货,则卸缺货数量,如果叉车剩余物
料少于缺货数量,则把叉车剩余物料全部卸完
    counter2= 1;
        if(truckconveynum> = lackdatem2) //如果叉车剩余物料多余缺货数量
        {
            while(counter2< = lackdatem2)
            {
                itemtypenum= getitemtype(rank(current,counter1));
                if(itemtypenum= = flag)
            {
    inserttask(ts, TASKTYPE_FRUNLOAD, rank (current, counter1), node (("/q2"),model ()),
NULL);
                counter2+ + ;
            }
                counter1+ + ;
            }
```

```
            truckconveynum= truckconveynum- lackdatem2; //叉车剩余物料等于卸完后的数量
        }
        else
        {
            while(counter2< = truckconveynum)
            {
                itemtypenum= getitemtype(rank(current,counter1));
              if(itemtypenum= = flag)
            {
    inserttask(ts, TASKTYPE_FRUNLOAD, rank(current,counter1), node(("/q2"),model()),
NULL);
                counter2+ + ;
            }
                counter1+ + ;
            }
            truckconveynum= 0; //叉车剩余卸完后的数量为 0,清 0
            returnflag= 2; //设置返回标志,如果在机床 2 卸完全部剩余物料,则返回标志置 2
        }
    }
    。。。。。。。。。。。。。。。。。。。。。。。。。。。
    //以下为叉车返回熔炼炉,返回时按最近路线返回
    if(1< = returnflag&&returnflag< = 6)
    {
      inserttask(ts,TASKTYPE_TRAVEL,node(("/MM1"),model()),NULL);//先返回到 MM1,再回
到 qzong
    }
    else if(7< = returnflag&&returnflag< = 13)
    {
    inserttask(ts, TASKTYPE_TRAVEL, node(("/MM2"),model()),NULL); //先返回到 MM2,再回
到 qzong
    }

    else if(14< = returnflag&&returnflag< = 16)
    {
    inserttask(ts, TASKTYPE_TRAVEL, node(("/MM3"),model()),NULL);// //先返回到 MM3,再回
到 qzong
    }
    else
    {
      ;
    }
    inserttask(ts,TASKTYPE_TRAVEL,node(("/qzong"),model()),NULL);//走到熔炼炉
```

```
inserttask(ts,TASKTYPE_SENDMESSAGE,current,current,99,0,0,0);//本次送物料任务完成后
先向 qzong 发送消息,要求接受下一个任务
dispatchtasksequence(ts);//任务派发
return 0;
```

7.7 东风泵业公司曲轴生产线仿真和优化

7.7.1 课题背景

东风汽车泵业有限公司是东风汽车公司所属全资子公司。公司主要生产为重、中、轻、轿车配套的空压机、机油泵、冷却水泵、离合器分泵、总泵等产品。年生产能力为各类载重系列汽车 30 万套,轿车 20 万套。

曲轴是空压机、各类油泵、水泵最重要的零件。东风汽车泵业有限公司的曲轴主要由其曲轴车间的曲轴生产线进行生产。该车间生产的曲轴型号较多,有几十种,其生产特点以多品种,小批量的生产方式为主,因此其传统曲轴生产线的布局采用机群式布局。

曲轴加工生产线布局图如图 7-163 所示,图中上半部分是精加工区,所有精加工设备集中在这个区。下半部分是粗加工区,所有粗加工设备集中在这个区域。曲轴的粗加工阶段工序都在粗加工区进行,粗加工结束后的曲轴送到零件分厂进行淬火,然后再送到精加工区进行加工。整个曲轴车间生产区域化分为三部分,淬火前(粗加工)、淬火、淬火后(精加工),淬火位于零件分厂,不在曲轴车间。即:粗加工结束后的曲轴需要运送到零件分厂进行淬火,淬火后的曲轴重新运回到曲轴车间,在曲轴车间精加工区进行加工。

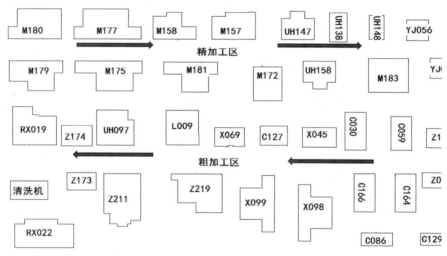

图 7-163 曲轴车间现状布局图

7.7.2 生产现场的问题

曲轴加工生产线采用机群式布局,十几种零件混合生产,生产线同时存在多种零件,这种

混流生产带来许多问题：

1）库存大。生产线采用机群式的布局，生产任务是按照各个区域分配的，下达到各个机床，生产不连续，造成各个区域和机床旁边都需要设置暂存区，存放在制品，因此车间库存庞大。

2）搬运多。采用机群式的布局，生产不连续，机床与机床之间、生产区域与生产区域之间就存在大量的物料搬运。造成搬运过程中的工时损失、零件磕碰质量损失、物流路线堵塞。

3）生产现场混乱。生产现场堆放着大量的在制品库存、搬运设备、器具和物料箱。造成生产现场混乱。不能给员工营造一个干净整洁的生产环境，影响员工士气、效率和产品质量。

4）生产周期长。从毛坯投入生产线到产品加工完成，中间需要许多暂存、停滞和等待，因此生产周期长。

5）交货期不能保证。由于采用机群式布局、各台机床各自为政、品种多、工序多，往往同时要生产十几种零件，所以生产流程错综复杂。导致毛坯投入生产线后，连班长也不能说出准确的产出时间。

6）物流路线长，车间存在着大量搬运，物流路线长，交叉物流，同时粗加工后的曲轴送到100m远的零件分厂进行淬火，淬火后再运送回来，这些都造成曲轴生产物流路线长。

7）不利于提高现场的管理水平。

7.7.3　曲轴生产线现状调查及数据收集

1. 曲轴生产工艺现状调查

要对曲轴生产线存在问题提出有效解决方案，首先要对曲轴生产线的生产状况进行调查和数据收集。经过调查可知，虽然该企业生产的曲轴品种多，但是产量比较大的品种共7种，这7种曲轴产量占总产量的90%，所以现状调查和解决方案主要以这7种曲轴为对象展开。这7种型号的曲轴零件分别为：LE、LN、DE2、DC2、DE3、BF11、N 等型号。按工艺要求又有单双缸之分，其中单缸有四种：LE、BF11、DE2、DC2，双缸有三种：LN、DE3、N。从外形来看，单缸曲轴为一个连杆轴颈，两个主轴颈；双缸曲轴为两个连杆轴颈，两个主轴颈。曲轴生产现场一共29台机床。

七种型号曲轴的加工工艺大部分都是相同的，小部分不一样，这些曲轴都要经过大约20道工序的加工，才能从毛坯变成成品离开生产线。以 LN 双缸类型的产品和 BF11 单缸类型的产品为例，它们的加工工艺如表 7-19 所示。

表 7-19　LN 双缸曲轴和 BF11 单缸曲轴工艺流程图

LN 型号曲轴（双缸）			BF11 型号曲轴（单缸）		
序号	工序内容	机床	序号	工序内容	机床
10	铣曲轴两端面及打中心孔	Z096	10	铣曲轴两端面及打中心孔	Z096
20	粗精车螺纹外径，圆锥面，第一主轴颈及曲拐和端面	C164/166	20	粗精车螺纹外径，圆锥面，第一主轴颈及曲拐和端面	C166/164

续表

序号	工序内容	机床	序号	工序内容	机床
	LN 型号曲轴（双缸）			BF11 型号曲轴（单缸）	
30	粗精车第二主轴颈	C030	30	粗精车第二主轴颈	C030
40	铣定位凸台	X045	40	铣定位凸台	X045
50	车第二连杆轴颈	C129	50	车连杆轴颈	C127
60	车第一连杆轴颈	C086	80	钻油孔	UH097
80	钻油孔	Z214	85	去油孔毛刺	Z219
100	去油孔毛刺		88	清洗	RX019
110	清洗		110	精磨第二主轴颈	M179
140	精磨第二主轴颈	M180	120	精磨第一主轴颈	M181
150	精磨第一主轴颈及圆锥面	M181		精磨锥柄	M157
160	磨第二连杆轴颈	M157	130	磨连杆轴颈	M158
170	磨第一连杆轴颈	M172	150	精铣扁舌、钻孔攻丝	UH138
185	去油孔尖角		160	滚压螺纹	YJ065
190	滚压螺纹	YJ065	140	去油孔毛刺	
200	抛光轴颈	M183	170	抛光轴颈	M183
210	去轴颈毛刺		180	清洗	RX022

用同样的方法可得到其余型号曲轴的加工工艺,并了解各个曲轴工艺和所使用机床的差异(图 7-164)。

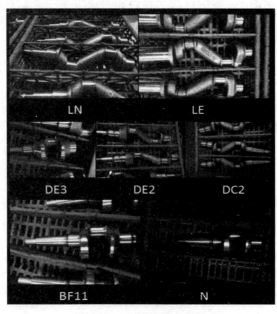

图 7-164 七个品种的曲轴

2. 曲轴各道工序标准时间测定

利用时间研究技术,测定7种主要曲轴每道工序上料时间、下料时间、自动加工时间、基准工时、基准节拍等基本生产数据。

基准工时:只计算人的动作及时间。包括:下料时间、上料时间、检查时间。

基准节拍:做一个零件的循环时间,即从拿取一个零件开始,然后机床加工,最后到下料结束为止的循环时间。

这里以N型号曲轴为例,所测得的各工序标准时间如表7-20所示,用同样的方法测得7种主要曲轴每道工序的主要加工数据。

表 7-20 N 型号曲轴各工序标准时间

序号	工序内容	设备号	上料时间	加工时间	下料时间	检查时间
20	粗精车螺纹外径,圆锥面,第一主轴颈及曲拐和端面	C166/C164	7	56	6	7
30	粗精车第二主轴颈	C030	4	57	2	7
50	铣定位凸台	X045	4	8	5	3
60	铣连杆轴颈	X098	8	85	5	3
70	粗铣扁舌	X049	4	42	4	6
80	拉尾部扁舌	L009	2	13	4	21
90	钻油孔	UH097	10	38	6	3
	去油孔毛刺		2	12	1	
	清洗	RX019	2	10	2	
150	精磨第二主轴颈	M159	6	67	6	3
160	精磨第一主轴颈	M160	6	72	6	3
170	精磨锥柄	M180	4	63	3	4
180	磨连杆轴颈	M158	5	73	5	3
190	开槽	X069	5	25	4	22
200	滚压螺纹	YJ056	2	12	1	4
220	去油孔口尖角、毛刺		1	11	1	
210	抛光轴颈	M183	5	56	3	5

3. 曲轴生产线人员分配

曲轴生产线采用机群式布局,此外由于曲轴工艺具有相似性,所以人员根据区域进行分配,每人负责指定的机床和工序。

如粗加工区域可分为三个区域,分别由三个工人负责。工人1负责10序、20序、30序,主要就是铣端面打中心孔以及粗车两个主轴颈。工人 2 负责 40 序、50 序、60 序,主要就是铣定位凸台以及加工连杆轴颈。工人 3 负责 80 序,主要就是钻油孔。而精加工区则划分为 4 个区域,分别由 4 个人负责。第一个人负责 140 序、150 序,也就是精磨两个主轴颈。第二个人主要负责 160 序、170 序,也就是精磨连杆轴颈。第三个人主要负责 180 序、190 序,也就是加工前后端螺纹孔。最后一个人主要负责滚螺纹、抛光轴颈以及清洗等工作,有时候也会去干打毛刺的工作。

具体 7 名操作工,每人负责的机床如图 7-165 所示。

工人 1:负责 Z197、Z096、C059、C164、C030、C166 六台机床,根据不同曲轴工序要求,选择其中相应机床进行加工。

工人 2:负责 X045、C127、X069、X099、X098、C086、C129 七台机床,根据不同曲轴工序要求,选择其中相应机床进行加工。

工人 3:负责 L009、Z219、Z211、UH097、Z174、Z173、RX019、RX022 八台机床,根据不同曲轴工序要求,选择其中相应机床进行加工。

工人 4:负责 M180、M177、M179、M175、M181 五台机床,根据不同曲轴工序要求,选择其中相应机床进行加工。

工人 5:负责 M158、M157、M172 三台机床,根据不同曲轴工序要求,选择其中相应机床进行加工。

工人 6:负责 UH147、UH158、UH138、UH148 四台机床,根据不同曲轴工序要求,选择其中相应机床进行加工。

工人 7:负责 M183、YJ056、YJ065 三台机床,根据不同曲轴工序要求,选择其中相应机床进行加工。

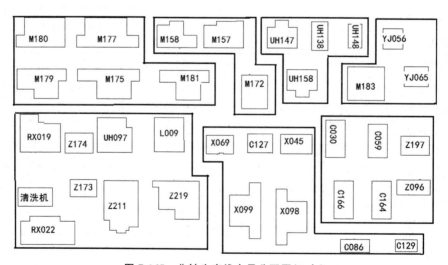

图 7-165　曲轴生产线人员分配图(7 人)

7.7.4　生产系统仿真

生产线设计的优劣涉及的因素很多,尤其是复杂多品种生产线,很难用简单的数学公式进行精确评价,而现代仿真技术的运用为生产线评价提供了一个直观精确的手段。

系统仿真是现代企业科学管理技术之一,是将对象系统模型化、抽象化,把模型作为研究对象,用计算机仿真技术对系统或模型进行分析的一种技术 。

通过仿真建模和方案仿真运行,改变参数、反复运行、发现问题、提高决策效率、准确性。

应用仿真技术可以解决企业生产中以下问题:①瓶颈在哪?资源配置是否合理;②引进新设备时的事先评价问题;③人员、设备的配置问题;④场地布局的评价问题;⑤工厂、仓库的规划设计;⑥工厂、仓库的容量/库存问题;⑦作业工程计划的改善问题;⑧几乎所有涉及时间、空间和效率的关系问题。

本课题利用 Flexsim 仿真软件对生产现状进行仿真,目的是得到现状的员工利用率、机床利用率和曲轴车间在制品库存大小。

7.7.5　仿真建模前期准备工作及步骤

1)绘制曲轴车间曲轴生产线现场布局图。

绘制时,机床本身占地尺寸、机床和机床之间尺寸、通道尺寸尽量测量准确,对于面积加大车间其相关尺寸测量可用激光测距仪进行,简单、准确、效率高。最后用 CAD 格式绘制出。

2)在 Flexsim 仿真软件中导入曲轴生线 CAD 现场布局图导入时,注意 CAD 图形单位和 Flexsim 场景单位一致。

3)在 SketchUp 草图大师或者其他三维软件中建立机床模型。

构建时,机床数据尽量准确真实,构建目的是为分析者、决策者构建一个与真实环境相一致的仿真环境,有利于决策和后续改善。如图 7-166 所示。

图 7-166　机床三维模型

4)把在 SketchUp 草图大师或者其他三维软件中建立机床模型导入 Flexsim 仿真软件,形成三维仿真环境(图 7-167)。

7.7.6　多品种曲轴机床加工流程确定

该曲轴生产线是一个混流生产线,同时分阶段生产多种曲轴,每种曲轴的工艺不是完全相同,生产车间按区域划分,每个员工负责若干台机床设备,根据不同曲轴和工艺操作不同机床。下面以 5 月 20 日观察结果为例,说明当天曲轴生产流程。

1)工人 1 负责区域的生产流程。N 型号的曲轴毛坯料经过 Z096 机床(铣端面打中心孔);

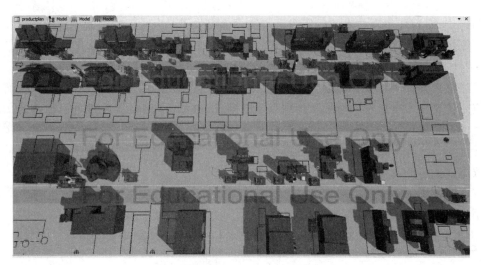

图 7-167　曲轴生产线三维仿真建模

半成品流向 C164、C166 机床（粗车第一主轴颈及齿轮轴颈、端面）；最后到 C030 机床（粗车第二主轴颈）（图 7-168）。

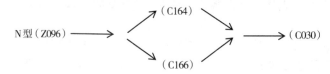

图 7-168　曲轴生产流程

每件检查，检查在机床 C030 旁边的检查台上进行（表 7-21）。

表 7-21　工人 1 负责区域的各项时间

零件型号	设备编号	工序号	上料时间	加工时间	下料时间	检查时间
N	Z096	10	6	47	3	6
N	C164/C166	20	7	56	6	7
N	C030	30	4	57	2	7

2）工人 2 负责机床 X045（铣定位凸台），机床 X098（铣第一、第二连杆轴颈的机床），在 X045 机床上铣完定位凸台后，拿到机床 X098 上铣第一、第二连杆轴颈的机床（表 7-22）。

N 型 50 序（X045）──→（X098）

表 7-22　工人 2 负责区域的各项时间

零件型号	设备编号	工序号	上料时间	加工时间	下料时间	检查时间
N	X045	50	4	8	5	3
N	X098	60	8	85	5	3

3）工人 3 负责加工 N、LE 两种型号的曲轴零件。N 型曲轴需要拉边齿（L009 机床）；LE

型曲轴则需经过钻油孔(RX019,UH097)和锪窝(Z173、Z174),这是工序流(表 7-23)。

N 型 L009   LE(Z211)——→(Z173) (UH097)——→(Z174)

表 7-23 工人 3 负责区域的各项时间

零件型号	设备编号	工序号	上料时间	加工时间	下料时间	检查时间
N	L009	80	2	13	4	21
LE	Z211	70	7	198	5	1
LE	Z173	75	2	22	1	—
LE	UH097	80	10	38	6	3
LE	Z174	85	2	12	1	—

4)工人 4 负责加工 LN、DE3 和 LE 三种型号的曲轴零件。LN、DE3 和 LE 都需要经过精磨第一、第二主轴颈过渡段及齿轮轴颈两道工序(M181、M175、M179、M177、M180 都为加工主轴颈机床,改变程序即可实现不同的功能)(表 7-24)。

LN 型(M180) DE3(M179)——→(M175) LE(M181)——→(M177)

表 7-24 工人 4 负责区域的各项时间

零件型号	设备编号	工序号	上料时间	加工时间	下料时间	检查时间
LN	M180	140	8	454	5	5
DE3	M179	150	7	455	3	4
DE3	M175	140	7	455	4	4
LE	M181	140	7	451	3	5
LE	M177	150	5	515	4	12

5)工人 5 负责加工 DE3、LE 和 LN 三种型号的曲轴零件。LN 和 LE 都需要经过精磨第一、第二连杆轴颈这两道工序分别在机床 M172 和 M157 上加工,DE3 只有一个连杆轴颈工序,在机床 M158 上加工(表 7-25)。

DE3(M158)   LE(M172)   LN(M157)

表 7-25 工人 5 负责区域的各项时间

零件编号	设备编号	工序号	上料时间	加工时间	下料时间	检查时间
DE3	M158	160	6	213	7	3
LE	M172	160	4	187	3	4
LN	M157	160	7	215	6	3

6)工人 6 负责加工 BF11、DE3 和 LE 三种型号的曲轴零件。BF11、DE3 为单缸曲轴,长度较短,只使用一台设备加工前后端螺纹孔(UH138、UH148);LE 为双缸曲轴,长度长,要用两台设备加工前后端螺纹孔(UH147、UH158),为工序流(表 7-26)。

BF11(UH138)   DE3(UH148)   LE(UH147)——→(UH158)

表 7-26 工人 6 负责区域的各项时间

零件型号	设备编号	工序号	上料时间	加工时间	下料时间	检查时间
BF11	UH-138	150	9	318	5	20
DE3	UH-148	190	9	147	4	24
LE	UH-147	180	10	331	7	29
LE	UH-158	190	10	322	6	36

(7)工人 7 负责 DE3 的滚螺纹(YJ056)和 LN 的抛光(M183)(表 7-27)。

DE3YJ056   LN   M183

表 7-27 工人 7 负责区域的各项时间

零件型号	设备编号	工序名称	上料时间	下料时间	加工时间	检查时间
DE3	YJ056	滚螺纹	2	2	13	—
LN	M183	抛光	72	70	390	—

7.7.7 仿真编程思路

1. 概述

虽然该曲轴生产线整体是一个混流生产线,并且生产线按区域和工艺划分,布局采用非一个流的布局形式,生产流程非常复杂,但是在每一个区域,7 种不同型号曲轴在哪些机床上加工,其流程是确定的。可以利用 Flexsim 全局表技术和三维仿真环境中的机床实体连接技术、操作员任务序列等技术实现非一个流模式下的混流生产线建模和仿真。

①机床参数全局表建立与设置。在仿真前,把机床相关加工数据输入到这个全局表中,包括:该机床今天要加工的曲轴类型、第几道工序、加工数量、加工 1 件的时间、上料时间、下料时间、检测方式、检测地点。

②检测方式设置:有 3 种检测模式:

模式 1:每件必检。

模式 2:每隔 n 个零件抽检一次。

模式 3:首件检测,即每天上班开机后,连续检测 n 个零件,后面就不再检测。

③检测地点设置:

检测地点有两个选项:选项 1:在机床上检测。选项 2:在离机床有一定距离的检测台上检测。

④磨床修磨加工时间设置:

该项设置主要针对磨床,曲轴在磨床上磨削时,磨削一段时间后,砂轮表面磨粒会变钝,影响磨削精度和光洁度,因此需要周期性地利用金钢石笔对砂轮表面进行修磨。本课题中,曲轴磨床每加工 5 个曲轴就需要修磨一次,修磨由数控曲轴磨床自动进行,不需要人干预,修磨一次时间设置在全局表中,仿真时,磨床每磨削 5 个零件就读取全局表中该参数进行修磨砂轮。

⑤设备故障率参数设置：

设备故障率是影响机床效率的一个重要指标，本课题根据曲轴车间各类机床故障率历史数据，把该参数设置在机床实体的 MTBF 和 MTTR 中。

⑥仿真结果主要输出数据为：人利用率、机床利用率、每台机床总产量、上料总时间、下料总时间、加工总时间、检测总时间、每台机床边和生产线边库存大小。

其中机床利用率，其计算方式如下：

$$上料总时间＝上料时间1＋上料时间2＋……＋上料时间n（n＞0）$$
$$下料总时间＝下料时间1＋下料时间2＋……＋下料时间n（n＞0）$$
$$加工总时间＝加工时间1＋加工时间2＋……＋加工时间n（n＞0）$$

机床利用率＝（上料总时间＋下料总时间＋加工总时间）/工作日时间（图7-169）

productplan	行数 17	列数 29				重置时清除	添加表格至MTEI	添加表格至MTEE							
	Z096	C164	C166	C030	x045	c127	x069	x098	x099	c086	c129	UH097	Z174	RX019	Z173
加工零件类型	DC2	N	N	N	N	DE3	N	N	N	N	N	LE	LE	DE3	DE3
工序号	10.00	20.00	20.00	30.00	40.00	50.00	60.00	50.00	80.00	85.00	80.00	85.00	140.00	150.00	150
加工数量	200.00	200.00	200.00	200.00	200.00	200.00	200.00	200.00	200.00	200.00	200.00	200.00	200.00	200.00	200
加工时间	47.00	56.00	56.00	57.00	8.00	33.00	42.00	170.00	38.00	12.00	198.00	22.00	221.00	162.00	150
上料时间	6.00	7.00	7.00	4.00	4.00	3.00	4.00	12.00	10.00	2.00	7.00	2.00	7.00	5.00	7
下料时间	3.00	6.00	6.00	2.00	5.00	4.00	4.00	7.00	6.00	1.00	5.00	1.00	4.00	4.00	3
检测方式	3.00	2.00	2.00	2.00	2.00	2.00	2.00	2.00	2.00	2.00	2.00	2.00	1.00	1.00	1
检测频率	2.00	2.00	2.00	2.00	2.00	2.00	2.00	2.00	2.00	2.00	2.00	2.00	2.00	2.00	2
检测时间	6.00	7.00	7.00	7.00	3.00	6.00	6.00	6.00	3.00	6.00	1.00	1.00	4.00	12.00	4
检测地点	1.00	2.00	2.00	2.00	2.00	2.00	1.00	1.00	1.00	1.00	2.00	1.00	2.00	2.00	2
上料总时间	0.00	0.00	0.00	0.00	0.00	0.00	0.00	0.00	0.00	0.00	0.00	0.00	0.00	0.00	0
下料总时间	0.00	0.00	0.00	0.00	0.00	0.00	0.00	0.00	0.00	0.00	0.00	0.00	0.00	0.00	0
加工总时间	0.00	0.00	0.00	0.00	0.00	0.00	0.00	0.00	0.00	0.00	0.00	0.00	0.00	0.00	0
检查总时间	0.00	0.00	0.00	0.00	0.00	0.00	0.00	0.00	0.00	0.00	0.00	0.00	0.00	0.00	0
机床效率	0.00	0.00	0.00	0.00	0.00	0.00	0.00	0.00	0.00	0.00	0.00	0.00	0.00	0.00	0
产量	0.00	0.00	0.00	0.00	0.00	0.00	0.00	0.00	0.00	0.00	0.00	0.00	0.00	0.00	0
磨床修磨加工时间	0.00	0.00	0.00	0.00	0.00	0.00	0.00	0.00	0.00	0.00	0.00	0.00	455.00	515.00	455

图 7-169　机床利用率汇总

2. 多品种曲轴机床加工流程实现

在 Flexsim 中可以通过不同实体（机床）的连接，确定工件加工的流向。更复杂的流向则要通过连接方式、程序编程和操作员的任务序列共同来实现。

7.7.8　仿真程序流程图

由于该曲轴车间机床布局采用机群式布局形式，人员安排上采用区域负责制，每一个操作员负责该区域内的所有机床，根据曲轴品种不一样，使用相应机床进行加工（图 7-170）。因此在仿真程序编制上也采用模块化结构，以区域为对象实现模块化编程。

如以工人 1 负责 Z197、Z096、C059、C164、C030、C166 六台机床为例，来说明加工程序实现（图 7-170）。

仿真模块由操作者、机床、暂存区共同组成来实现加工过程中的一些逻辑关系、流程，最终完成仿真加工的过程。为实现这些逻辑关系和流程，需要在各实体模型中的相关触发器中编写程序代码来实现其逻辑功能。下面介绍一些模块触发器的主要功能及程序流程图。

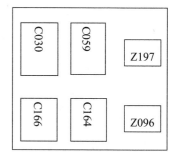

图 7-170　机床布局

1)机床 C164 重置触发程序流程图(图 7-171)。

每当仿真模型重置时,把全局表 productplan 中所有机床的上料总时间、下料总时间、加工总时间、机床效率、一天总产量全部清零:

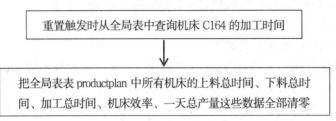

图 7-171　重置触发流程图

2)机床 C164 离开触发程序流程图(图 7-172)。

当工件加工完成并从机床卸料离开后,触发离开触发器,引用其中的函数,更新全局表中的数据(上料总时间、下料总时间、加工总时间、产量以及机床效率):

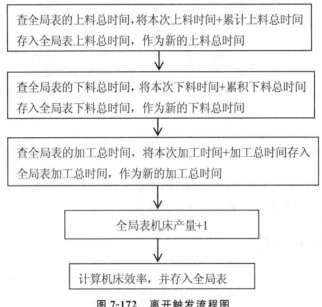

图 7-172　离开触发流程图

3)机床 C164 的加工结束触发(图 7-173)。

当机床加工完毕后,设置需要上下料的标志,操作员根据这个标志来机床上下料。

4)网络节点触发器。

网络节点是定义操作员遵循的路径网络,连接网络节点 4 个步骤如下:①根据需要设置网络节点数量;②将网络节点相互连接;③将网络节点连接到各个机床设备;④将操作工连接到网络节点上。连接完成后通过在网络节点触发器中编程可以

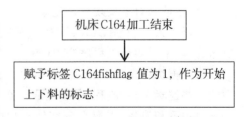

图 7-173　加工结束触发流程图

实现操作员根据情况走向不同路径。本案例中,操作员可以根据某型号曲轴下道工序机床位置和下道工序机床的状态,走向对应路径和机床,进行非一个流的零件加工。

此外不同机床上下料时间不一样,此参数也可以在机床边的网络节点中设置。当操作员走到某机床边时,通过网络节点编程自动把相关参数设置到操作员实体中。

本例中:工人 1 把 N 型号的曲轴毛坯在 Z096 机床上铣端面打中心孔后,拿着半成品走向 C164 或者 C166 半自动机床进行粗车第一主轴颈及齿轮轴颈、端面加工。是走向 C164 机床还是 C166 机床在网络节点中编程判断。其判断程序流程如图 7-174 所示。

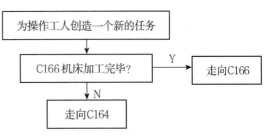

图 7-174　铣端面打中心孔流程图

5)机床 C164 的消息触发程序流程图(图 7-175)。

根据加工流程,工人走到机床 C164 后,对工人进行新的任务分配,即创建新的任务序列,新任务主要有:①判断机床是否加工完毕,没有就等待。加工完毕则上下料;②根据设定的检查模式、检查方式、检查地点对加工好的零件进行检查;③判断该零件下道工序机床所在位置,并通过网络节点走向该机床。

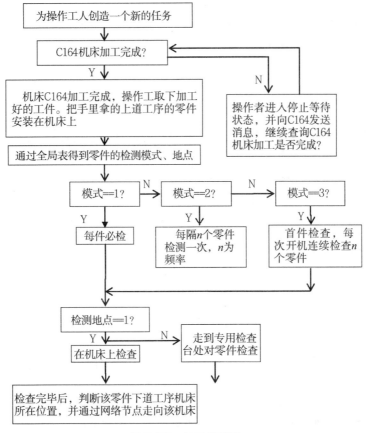

图 7-175　加工流程图

7.7.9　现状仿真结果

对曲轴生产车间现状进行一天(8 小时)仿真。当对曲轴生产车间现状进行仿真时,仿真前输入仿真 1 个班(8 小时)共计 28800 秒。仿真结束后从 Flexsim 导出仿真结果。

图 7-176 说明:把当天曲轴生产线各机床要加工的产品品种、数量、工序号、单件加工时间、上下料时间、检测时间、磨床修磨时间输入全局表,把机床故障率输入机床实体的 MTBF 和 MTTR 中。仿真开始后,相应的机床效率、实际产量等数据在全局表中会实时动态显示。

	Z096	C164	C166	C030	x045	c127	x069	x098	x099	c086	c129	UH097	Z174	RX019	Z173
加工零件类型	DC2	N	N	N	N	DE3	N	N	N	DC2	DC2	N	N	LE	LE
工序号	10.00	20.00	20.00	30.00	40.00	50.00	50.00	60.00	50.00	10.00	60.00	50.00	80.00	85.00	85.00
加工数量	455.00	242.00	212.00	454.00	486.00	361.00	361.00	120.00	0.00	0.00	0.00	396.00	396.00	131.00	131.00
加工时间	47.00	56.00	56.00	57.00	8.00	33.00	42.00	170.00	47.00	52.00	42.00	38.00	12.00	198.00	22.00
上料时间	6.00	7.00	7.00	4.00	4.00	3.00	4.00	12.00	6.00	2.00	3.00	10.00	2.00	7.00	2.00
下料时间	3.00	6.00	6.00	2.00	5.00	4.00	4.00	7.00	3.00	4.00	5.00	6.00	1.00	5.00	1.00
检测方式	3.00	2.00	2.00	2.00	2.00	2.00	2.00	2.00	2.00	2.00	2.00	2.00	2.00	2.00	2.00
检测频率	2.00	3.00	3.00	2.00	2.00	2.00	2.00	2.00	2.00	2.00	2.00	2.00	2.00	2.00	2.00
检测时间	6.00	7.00	7.00	6.00	4.00	6.00	6.00	6.00	6.00	6.00	3.00	6.00	6.00	1.00	1.00
检测地点	1.00	2.00	2.00	2.00	2.00	1.00	1.00	1.00	1.00	1.00	1.00	1.00	1.00	1.00	1.00
上料总时间	2730.00	1694.00	1484.00	1816.00	1944.00	1083.00	1444.00	1440.00	0.00	0.00	0.00	3960.00	792.00	917.00	262.00
下料总时间	1365.00	1452.00	1272.00	908.00	2430.00	1444.00	1444.00	840.00	0.00	0.00	0.00	2376.00	396.00	655.00	131.00
加工总时间	21385.00	13552.00	11872.00	25878.00	3888.00	11913.00	15162.00	20400.00	0.00	0.00	0.00	15048.00	4752.00	25938.00	2882.00
检查总时间	0.00	0.00	0.00	0.00	0.00	0.00	0.00	0.00	0.00	0.00	0.00	0.00	0.00	0.00	0.00
机床效率	0.89	0.58	0.51	0.99	0.29	0.50	0.63	0.79				0.74	0.21	0.96	0.11
产量	455.00	242.00	212.00	454.00	486.00	361.00	361.00	120.00	0.00	0.00	0.00	396.00	396.00	131.00	131.00
磨床修磨加工时间	0.00	0.00	0.00	0.00	0.00	0.00	0.00	0.00	0.00	0.00	0.00	0.00	0.00	0.00	0.00

图 7-176　机床效率、产量图

图 7-177 说明:图 7-177 为员工充实度仿真结果输出表,通过该表可以直观看出各操作工在一天 8 小时工作中的总空闲时间、空手行走时间、拿零件行走时间、上下料时间、检查时间和工作充实度。整个模型数据汇总见图 7-178。

	M177	M179	M180	M181	M157	M158	M172	UH138	UH148	UH147	UH158	YJ056	M183
加工零件类型	LE	DE3	LN	LE	LN	LE	DE3	BF11	DE3	LE	LE	DE3	LE
工序号	150.00	150.00	140.00	140.00	160.00	160.00	160.00	150.00	190.00	180.00	190.00	210.00	170.00
加工数量	119.00	120.00	119.00	119.00	105.00	105.00	120.00	236.00	158.00	78.00	78.00	865.00	289.00
加工时间	162.00	150.00	176.00	173.00	215.00	213.00	187.00	180.00	282.00	331.00	322.00	15.00	55.00
上料时间	5.00	7.00	8.00	7.00	6.00	6.00	4.00	4.50	4.50	10.00	10.00	1.00	12.00
下料时间	4.00	3.00	5.00	3.00	6.00	7.00	3.00	2.50	2.00	7.00	6.00	1.00	9.00
检测方式	1.00	1.00	1.00	1.00	1.00	1.00	1.00	1.00	1.00	1.00	2.00	1.00	3.00
检测频率	2.00	2.00	2.00	2.00	2.00	2.00	2.00	2.00	2.00	2.00	2.00	2.00	2.00
检测时间	12.00	4.00	5.00	5.00	3.00	3.00	4.00	4.00	24.00	29.00	36.00	5.00	9.00
检测地点	2.00	2.00	2.00	2.00	2.00	2.00	2.00	1.00	1.00	2.00	2.00	2.00	2.00
上料总时间	595.00	840.00	952.00	833.00	630.00	630.00	480.00	944.00	632.00	780.00	780.00	1730.00	3468.00
下料总时间	476.00	360.00	595.00	357.00	630.00	735.00	360.00	472.00	316.00	546.00	468.00	865.00	2601.00
加工总时间	19278.00	18000.00	20944.00	20587.00	22575.00	22365.00	22440.00	21240.00	22278.00	25818.00	25116.00	12975.00	15895.00
检查总时间	0.00	0.00	0.00	0.00	0.00	0.00	0.00	0.00	0.00	0.00	0.00	0.00	0.00
机床效率	0.72	0.67	0.79	0.77	0.83	0.83	0.81	0.79	0.81	0.95	0.92	0.54	0.76
产量	119.00	120.00	119.00	119.00	105.00	105.00	120.00	236.00	158.00	78.00	78.00	865.00	289.00
磨床修磨加工时间	515.00	455.00	454.00	451.00	455.00	455.00	455.00	0.00	0.00	0.00	0.00	0.00	0.00

图 7-177　员工充实度仿真结果

图 7-179 说明:图 7-179 是现场在制品库存数量表。由于曲轴生产线采用机群式布局、分段加工进行多品种生产,因此生产过程中不连续,中断点多,暂存区多,该表中用 q 来表示各机床旁边的暂存区。一天加工结束后,对各暂存区 q 中的曲轴在制品库存进行统计,并通过 Flexsim 导出库存结果。

改善前员工平均工作充实度为:(75%+79%+52%+27%+36%+61%+63%)/7=56.1%

员工作业充实度=(下料时间+上料时间+检查时间)/工作日时间

1	Flexsim Summary Report				模型数据汇总（改善前）			
2	Time:28800 一天8小时							
3								
4	工人	空闲时间	空手行走时间	拿零件行走时间	下料时间	上料时间	检查时间	员工充实度
5	工人1	3827	3341	5229	5907	8632	1860	75%
6	工人2	11	5971	3273	8814	8565	2163	79%
7	工人3	4800	1375	2113	4614	6985	1274	52%
8	工人4	20040	914	2112	1569	2455	1708	27%
9	工人5	16753	1823	3293	2738	2881	1286	36%
10	工人6	9559	1698	1036	2864	4277	9326	61%
11	工人7	5120	5556	3384	5774	7506	1458	63%

图 7-178　模型数据汇总

员工作业充实度反映了员工一天工作日中进行有价值工作时间的比例,这个值越大,说明一天工作日中在做有价值工作时间越多。

而空闲等待、空手行走、拿零件行走搬运等状态是不产生任何价值的,一般来说,产线不平衡、设备布局不合理都会造成价值工作减少。

1	Flexsim Summary Report		
2	Time:	28800	
3	Object	Class	stats_content
4	q2	Queue	390
5	q4	Queue	124
6	q5	Queue	361
7	q7	Queue	361
8	q9	Queue	120
9	q15	Queue	356
10	q17	Queue	131
11	q19	Queue	20
12	q20	Queue	100
13	q23	Queue	119
14	q25	Queue	119
15	q27	Queue	105
16	q29	Queue	105
17	q30	Queue	8
18	q31	Queue	120
19	q32	Queue	15
20	q33	Queue	236
21	q34	Queue	10
22	q35	Queue	158
23	q36	Queue	10
24	q39	Queue	78
25	q40	Queue	20
26	q41	Queue	320
27	q42	Queue	10
28	q43	Queue	289

图 7-179　现场在制品库存数量

对曲轴生产车间现状进行一个月仿真:

根据 2015 年 12 月份曲轴车间生产进度计划(图 7-180),对曲轴车间进行一个月的模拟生产运行,并导出仿真结果。

现状仿真结果与分析:

从曲轴生产车间现状一天(8 小时)仿真和一个月仿真结果可以看出,机床利用率普遍较低,经计算机床的平均利用率为 74.6%,有很大的提升空间,而且现场工人作业效率低下,有价值的劳动充实度不高,生产现场在制品数量多,库存大,平均在 3200 件左右。仿真结果表明现状亟待改善(图 7-181)。

X					2015 年 12 月份生产进度计划																
班组	零件号	毛坯要货计划	工序	项目	1	2	3	4	5	6	7	8	9	10	11	12	13	14	15	16	17	18	19
曲轴班	3509N-022	2435	在制品 565	计划	200	200	200	200	200			200	200	200	200	200			200	200	200	200	20
				累计	200	400	600	800	1000	1000	1000	1200	1400	1600	1800	2000	2000	2000	2200	2400	2600	2800	30
	3509DC2-022		在制品 1062	计划	60	60	60	60	60			60	60	60	60	60			60	60	60	60	6
				累计	60	120	180	240	300	300	300	360	420	480	540	600	600	600	660	720	780	840	9
	3509DE3-022	2000	在制品 1449	计划	160	160	160	160	160			160	160	160	160	160			160	160	160	160	1
				累计	160	320	480	640	800	800	800	960	1120	1280	1440	1600	1600	1600	1760	1920	2080	2240	24
	3509LN-022	1620	在制品	计划	108	108	108	108	108			108	108	108	108	108			108	108	108	108	1
				累计	108	216	324	432	540	540	540	648	756	864	972	1080	1080	1080	1188	1296	1404	1512	16
	3509DE2-022	1200	在制品 161	计划	64	64	64	64	64	64	64	64	64	64	64	64	64	64	64	64	64	64	6
				累计	64	128	192	256	320	384	448	512	576	640	704	768	832	896	960	1024	1088	1152	12
	3509BF11-022	1200	在制品	计划	80	80	80	80	80			80	80	80	80	80			80	80	80	80	8
				累计	80	160	240	320	400	400	400	480	560	640	720	800	800	800	880	960	1040	1120	12
	3509LE-022	800	在制品 664	计划	64	64	64	64	64			64	64	64	64	64			64	64	64	64	6
				累计	64	128	192	256	320	320	320	384	448	512	576	640	640	640	704	768	832	896	98

图 7-180 曲轴车间 12 月份生产进度计划(部分)

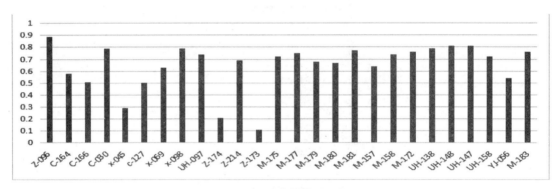

图 7-181 现状机床利用率

7.7.10 曲轴生产线改善和优化

(1)利用 5W1H 对曲轴车间存在的问题进行提问

曲轴加工生产线是一条混流加工生产线,产品的种类和产品的加工工序多,在生产加工过程中存在很多问题:1)生产周期太长;2)生产现场太过混乱;3)库存太大;4)搬运过多,物流路线太过复杂。为此我们将采用 5W1H 的分析方法来对现状进行分析,并找出解决方案。

a)针对生产周期太长进行提问:

问:为什么生产周期过长?

答:因为从毛坯投入到加工完成下线,中间环节过多。

问:为什么会有这么多中间环节?

答:因为产品加工必须在一个区域加工完成后再流到下一个区域。

问:为什么会存在这么多相对封闭生产区域?

答:因为生产线布局是按照机群式类型布置的。

对策:改变生产线的设备布局,采用流水线类型的设备布局,减少中间环节。

b)针对在制品库存多的问题进行提问：

问：为什么会有这么多的在制品库存？

答：因为中间环节过多，区域与区域之间必须留有一定的库存，累计起来就是一个庞大的数字。

问：为什么会有这么多中间环节？

答：因为产品加工必须在一个生产区域加工完成后再流到下一个生产区域。

问：为什么会存在这么多生产区域模块？

答：因为生产线布局是按照机群式类型布置的。

对策：改变生产线的设备布局，采用流水线类型的设备布局，减少中间环节。

c)针对搬运多的问题进行提问：

问：为什么会有如此之多的搬运？

答：因为中间环节较多，模块之间必须通过物料搬运才能使物流畅通。

问：为什么会有这么多中间环节？

答：因为产品加工必须在一个模块加工完成后再流到下一个模块。

问：为什么会存在这么多模块？

答：因为生产线布局是按照机群式类型布置的。

对策：改变生产线的设备布局，采用流水线类型的设备布局，减少中间环节。

综上所述，曲轴车间之所以会存在这么多的问题，主要是由于车间设备布局不合理引起的。因此，对曲轴车间机床设备重新规划和布局势在必行。

（2）车间布局优化思路

以精益生产思想为主旨，对曲轴生产线进行优化。将各自为政的封闭区域式、机群式布局形式改成工艺式布局和单元模块化布局相结合形式，将多品种混合分段生产方式改成多品种一个流和单元化结合的生产方式，最大化地减少中间在制品的库存，尽量向零库存、零浪费的目标靠近。

7.7.11 "一个流"及单元生产方式特点及生产线改善方案

1. 单件流动

"一个流"生产的第一要点就是使产品实现单件生产、单件流动。单件流动是为了避免以批量单位进行加工，前道工序的加工一结束就立刻转到下一道工序，从而使得工序间在制品的数量接近于零。

2. 按加工顺序排列设备

"一个流"生产要求放弃按设备类型排列的布局，而是按照加工顺序来排列生产设备，尽可能使设备的布置流水线化，真正做到只有"一个流"。

3. 按节拍进行生产

"一个流"生产还要求各道工序严格按照一定的节拍进行生产。如果各道工序的生产节拍不一致,将会出现产品积压和停滞,无法形成"一个流"。因此,应该设法让生产慢的设备快起来,生产快的设备适当减慢速度,每一道工序都按节拍进行生产,从而使整个生产过程顺畅。

4. 培养多能工

"一个流"生产要求工人能够操作多台生产设备,通过培养多能工来均衡整个生产节拍。

5. "U"形布置

"一个流"生产要求将生产设备按照"U"字形来排列,从入口到出口形成一个完整的"U"形,这样就可以大量地减少由于不同工序之间的传递而造成的走动,减少时间和搬运的浪费,增加生产效率。

单元及"一个流"生产的关键是识别和利用不同产品和零件的相似性,通过充分识别和挖掘存在于产品和过程的几何相似性、结构相似性、功能相似性来布局人员和设备,从而缩短物流路线,提高生产效率和加工质量形成生产单元。生产单元实行相对自主管理、生产单元的员工负责完成产品或零件加工全过程。对生产中各环节的所有问题负责,如:交货期、成本和质量。

对东风泵业有限公司曲轴加工生产线的实际情况进行分析,虽然现在生产的产品有 7 种之多,但从产品结构特点来看,可以简单地把它们划分为单缸和双缸两大类,因为每一类曲轴生产工艺有更多相似之处。这样就可以为每一类曲轴按照工艺式布局和单元模块化布局相结合形式设置生产线。

在生产上采用"一个流"和单元生产相结合的方式组织生产。

此外,改善前粗加工结束后的曲轴需要运送到 100 米远的零件分厂进行淬火,淬火后的曲轴重新运回到曲轴车间,在曲轴车间精加工区进行加工,物流路线长,改善方案考虑把零件分厂的曲轴淬火机搬到曲轴加工车间,在车间内设置一块专门的淬火单元模块,减少搬运距离。

在设备布局时,还要考虑曲轴工艺要求、设备要求、环境要求。如:粗加工和精加工必须分开,精加工和检查包装也必须分开,而且由于淬火的特殊工作环境,也不能和其他区域靠得太近。

7.7.12 曲轴新生产线布局特点

1)把 7 种类型的曲轴产品划分为两类(单缸曲轴和双缸曲轴),每一类曲轴生产线都设置有粗加工单元模块和精加工单元模块。再考虑到 LN 类型的产品的产量较多,占总产量的40%左右。并且 LN 精加工工序多,为了保证 LN 类型产品的产能需求,改善方案为 LN 类型的产品设置一个专线,即设置一个单独的 LN 精加单元模块。因此整个曲轴车间划分为 7 个区域:单缸粗加工单元模块、双缸粗加工单元模块、淬火单元模块、单缸精加工单元模块、双缸精加工单元模块、LN 精加工单元模块、清洗检验包装单元模块(图 7-182)。

2)为了减少物流路线的交叉和迁回,使物流路线最短,同时还要满足工艺流程。两个粗加工单元要相互靠近,三个精加工单元也要相互靠近,但是由于淬火区和检查包装区工作环境的特殊情况,所以这两个区域和其他区域不能靠得太近。淬火区是粗加工和精加工的过度区域,粗加工之后的半成品必须运到淬火区进行清洗、淬火等等工序,然后放置在半成品区域等待搬运到精加工区域进行加工。所以,淬火区必须设置在粗加工和精加工区域之间。为了使物流路线最短,三个精加工区域首部靠近淬火区,而且并列布置。同时考虑到车间出、入口都在车间左侧,因此区域整体布局应该采用 U 型布局。

3)单元模块总体设置完成后,就要对每一个单元模块内机器设备进行布置。设备布置要根据单元模块内加工产品的工艺特点按照"一个流"的方式进行设置,即按照产品工艺进行设置。以保证零件加工流水化,无间断。

如以双缸粗加工单元模块为例说明,该单元模块主要用于 LE/DC2/DE2 等双缸曲轴的粗加工,模块内设备按粗加工工艺顺序进行布置,一个人负责粗加工 5 道工序。作业方式按"一个流"方式进行,工序间不设置暂存区。只在 U 型单元出、入口处设置暂存区。

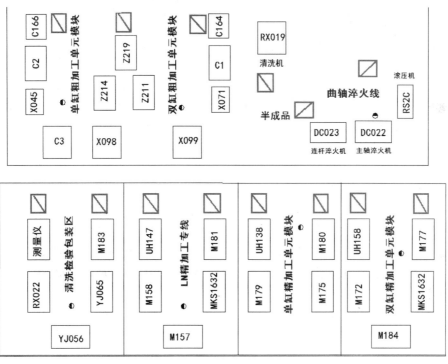

图 7-182　新线布局图

4)此外机床布局时还要考虑关键设备的充分使用,对流水线布局做微调,如:由于 80 序钻油孔是一个瓶颈工序,花费的时间较多,为了提高机床的利用率,因此在布局时,尽量把钻油孔的三台机床(Z214、Z211、Z219)放在一起,见图 7-182。这样当单缸粗加工单元加工油孔产能不足时可以使用双缸生产线的钻油孔机床,当双缸粗加工单元加工油孔产能不足时可以使用单缸生产线的钻油孔机床,通过这种布局可以使这三台钻床实现重要设备资源共享,从而降低瓶颈工序的节拍。钻油孔是粗加工的最后一道工序,三台钻油孔机床放在一起,而且又是流水线类型的设备布置,所以粗加工区域是尾部相连,毛坯从两头进,经过粗加工区成为半成品然后从中间流入到淬火区。

5)淬火区设置见图 7-182,把零件分厂的曲轴淬火机搬到曲轴加工车间,在车间内设置一块专门的淬火单元模块,该模块内设置 1 条淬火线,从粗加工单元模块加工好的曲轴搬运至淬火区的暂存区,先清洗,然后送到淬火线进行淬火,淬火单元模块 1 人负责,按"一个流"方式进行作业。

6)精加工单元模块有 3 个:单缸精加工单元模块主要用于 N、BF11、DE3 三种单缸曲轴的精加工。双缸精加工单元模块主要用于 DC2、DE2、LE 三种双缸曲轴的精加工。LN 精加工单元模块是专线,主要用于 LN 系列曲轴精加工。各单元模块内,设备按精加工工艺顺序进行布置,一个人负责精加工所有工序。作业方式按"一个流"方式进行,工序间不设置暂存区。只在 U 型单元出、入口处设置暂存区。

7)各单元模块出、入口零件在制品进行定置、定量存放。单缸粗加工单元模块、双缸粗加工单元模块、单缸精加工单元模块、双缸精加工单元模块、LN 精加工单元模块入口曲轴存放数量最多不超过 30 个,单元加工好的在制品放在出口存放区,最多也不能超过 30 个,超过 30个由本单元工人负责搬到下个生产单元。

8)粗加工入口毛坯存放区的毛坯曲轴由仓库搬运工负责搬运,其搬运采用看板管理方式进行。

9)由于各类曲轴粗加工单元速度和精加工单元速度、淬火线速度不是完全匹配,因此在曲轴淬火区设置半成品存放区,起到缓冲调节作用。

10)对双缸精加工单元模块、LN 精加工单元模块各新添一台 MKS1632 曲轴磨床,该磨床可以高效率地磨削曲轴第一主轴颈和第二主轴颈,解决磨削主轴颈的瓶颈工序问题,提高单元线平衡。

为单缸粗加工单元模块、双缸粗加工单元模块共新添置 3 台数控曲轴车(C1、C2、C3),可以高效率的粗精加工曲轴主轴颈和连杆轴颈,并去毛刺。

11)对曲轴加工工艺进行调整,去掉第一道工序,该工序内容是:Z96 机床上铣曲轴两端面及打中心孔。该工序由于是粗加工,环境污染重,且附加值不高,把该工序委托毛坯铸造厂去做。即毛坯铸造厂在铸造完毛坯后,就直接在毛坯铸造厂内铣曲轴两端面及打中心孔,然后发货到曲轴车间。

由于作业效率低下,去掉手工去毛刺工序和机床(Z173 和 Z174),其工序内容由其他机床和做复合刀具完成。

12)改善方案:从以前乱流生产到"一个流"生产,使曲轴生产流程更加清晰,生产计划与控制更加容易,生产周期缩短(图 7-183)。

7.7.13 曲轴新生产线仿真

对曲轴新生产线进行仿真的目的有 3 个:
①验证新方案各机床利用率;
②验证新方案各员工利用率;
③验证新方案库存大小。

改善后的生产线

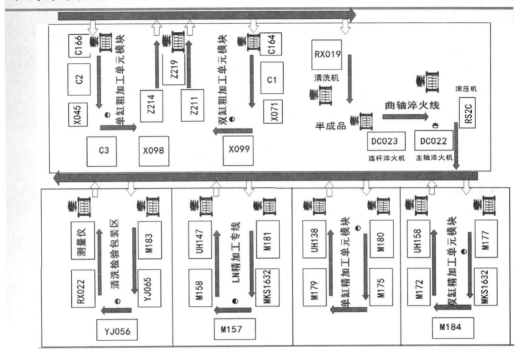

图 7-183 改善后的生产线

曲轴新生产线仿真建模如图 7-184 所示,新方案数据汇总如图 7-185 所示。

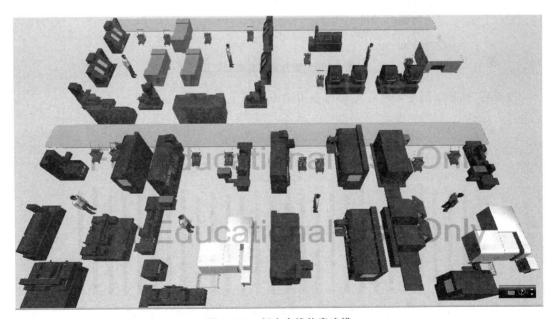

图 7-184 新生产线仿真建模

	A	B	C	D	E	F	G	H
1								
2	Flexsim Summary Report			模型数据汇总（改善后）				
3	Time:28800							
4	工人	空闲时间	空手行走时间	拿零件行走时	下料时间	上料时间	检查时间	员工充实度
5	operator1	1544	2440	3008	9256	10060	2489	86%
6	operator2	2494	1998	3620	7038	10627	3019	84%
7	operator3	5422	3502	4349	4450	5124	5950	69%
8	operator4	12397	1414	2190	2885	4462	4500	48%
9	operator5	11530	1514	1857	3972	5311	4389	54%
10	operator6	11425	1249	1997	2267	4418	7182	56%
11	operator7	4200	3783	3584	5954	7306	3973	72%
12								
13								

图 7-185　新方案数据汇总

改善后员工平均充实度为：$(86\%+84\%+69\%+48\%+54\%+56\%+72\%)/7=67\%$。

新方案库存数据汇总如图 7-186 所示。

Flexsim Summary Report		
Time:	28800	
Object	Class	stats_contentmax
单缸粗加工入口暂存区	Queue	30
单缸粗加工出口暂存区	Queue	30
双缸粗加工入口暂存区	Queue	30
双缸粗加工出口暂存区	Queue	30
单缸精加工入口暂存区	Queue	30
单缸精加工出口暂存区	Queue	30
双缸精加工入口暂存区	Queue	30
双缸精加工出口暂存区	Queue	30
淬火区入口暂存区	Queue	98
淬火区出口暂存区	Queue	160
LN精加工专线入口暂存区	Queue	30
LN精加工专线出口暂存区	Queue	30
清洗检验包装区入口	Queue	50
合计：		608

图 7-186　新方案库存数据汇总

改善后，曲轴车间平均库存为 608，新方案机床利用率如图 7-187 所示。

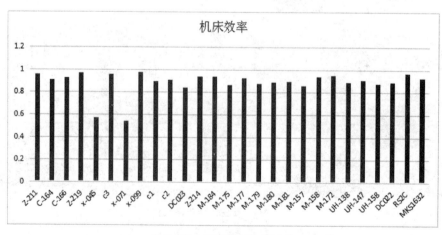

图 7-187　新方案机床利用率

改善后,新方案的机床的整体利用率提高,机床平均利用率为 89.7%。

7.7.14 生产线改善效果评价和总结

改善后的生产线各模块采用一个流的布局,线边库存大大降低。物流路线相比于改善前简化了许多,交叉、往复的情况得以改善,物流路线大大缩短(表 7-28)。

表 7-28 生产线改善效果汇总

	曲轴生产线现状(改善前)	曲轴新线新方案(改善后)
员工作业平均充实度	56.1%	67%
现场在制品库存	3200	608
机床平均利用率	74.6%	89.7%

员工作业平均充实度提高了 11%,现场在制品库存平均下降 80%,机床平均利用率提高了 15.1%。

运用 Flexsim 仿真软件对曲轴生产线进行分析和优化,优化后的生产线产能提高,库存降低,物流路线简化和缩短,见图 7-188,效果较好,取得了较大的经济效益,结果表明利用计算机仿真技术对制造系统进行评估与优化是一种切实和有效的方法。

图 7-188 改善后新曲轴车间现场图

7.8 基于配送中心的利润分析

7.8.1 课题背景

配送中心是从供应者手中接受多种大量的货物,进行倒装、分类、保管、流通加工和情报处理等作业,然后按照众多需要者的订货要求备齐货物,以令人满意的服务水平进行配送的设施。随着世界经济环境的巨大变化,现在企业之间的竞争是基于供应链之间的竞争,而以配送中心为核心的供应链在实践中表现出强大的竞争力。所以对于配送中心的利润的调高对整个供应链的利润提高产生积极作用。

配送中心是从事货物配送并组织对用户的送货,以实现销售和供应服务的现代流通设施。它不同于传统的仓储设施,在现代商业社会中,配送中心已经成为连锁企业的商流中心、物流中心、信息流中心,是连锁经营得以正常运转的关键设施。

下面是一个典型的配送中心建模过程,该配送中心从三个供应商进货,向三个生产商发货。仿真的目的就是研究该配送中心的即时库存成本和利润,并试图加以优化与改善。

7.8.2 系统数据

配送中心的运营数据信息主要有:配送中心供应商信息(表 7-29)、配送中心各类产品安全库存信息(表 7-30)、配送中心生产商信息(表 7-31)、配送中心生产商采购配送信息(表 7-32)。

表 7-29 配送中心供应商信息表

供应商	产品类型	产品颜色	生产时间
一	1	红	均值为 4,方差为 2 的正态分布
二	2	黄	固定时间为 1
三	3	绿	服从 1~3 的均匀分布

表 7-30 配送中心各类产品安全库存信息表

货架	存放产品	安全库存	最大库存
一	1	10	30
二	2	10	30
三	3	10	30

表 7-31 配送中心生产商信息表

生产商	采购产品类型	生产时间	缓冲区仓库	采购产品比例
一	1、2、3	均值为 17,方差为 2 的正态分布	1、2、3 总和不超过 5	按 15% 产品 1、35% 产品 2、50% 产品 3 生产
二	按照表 7-32 打包配送	服从参数为 13 的指数分布	3 个托盘	按照表 7-32
三	2、3	固定时间 15 小时	2、3 产品分布不超过 3、3	按 50% 产品 2、50% 产品 3 生产

表 7-32　生产商 2 采购配送信息表(时间 1、2、3、4、5 间隔为 10 小时)

时间 产品 类型	时间 1	时间 2	时间 3	时间 4	时间 5
1	1	2	2	1	3
2	2	1	2	0	1
3	2	1	1	1	0

配送中心成本和收入:进货成本 4 元/件;供货价格 6 元/件;每件产品在配送中心存货 100 小时费用 1 元。

7.8.3　概念模型

概念模型(图 7-189):

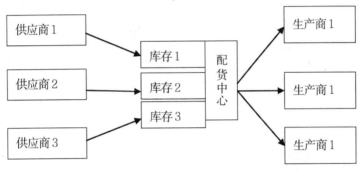

图 7-189　概念模型

7.8.4　建立 Flexsim 模型

1. 模型实体设计

模型元素与系统元素关系见表 7-33。

表 7-33　模型实体设计表

模型元素	系统元素	备注
Flowitem	产品	
Source	产生产品	产品产生的速率不同进行不同的设置
Conveyor	传送	仅起流通作用进行默认设置
Rack	配送中心	3 个 Rack 分别对应三个供货商
Queue	生产商仓库	3 个 Queue 的订货条件不同,依模型设置
Processor	生产商	3 个 Processor 加工速率不同,按数据设置
Sink	产品收集装置	产品的最终去向

2. 在模型中加入实体、实体布局

模型布局图,如图 7-190 所示。

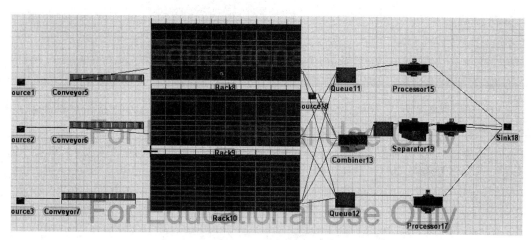

图 7-190　模型布局图

3. 发生器参数设置

接下来我们按以下步骤分别设置不同实体的属性,Source 的参数设置(不仅设置产品的产生时间,还设置产品的类型与颜色)。发生器时间的设定如图 7-191 所示。

图 7-191　发生器颜色设置

给实体设置相应的颜色:在默认选项卡中选择想要设置的颜色(图 7-192)。

图 7-192　发生器颜色设置

4. 仓库 Rack(货架)的属性参数设置(图 7-193)

当三个供应商各自供应的产品在配送中心的库存小于 10 件时,供应商开始供货;库存大于 20 件时停止供货。

进入触发(关闭和打开端口):如果为当前输入量 content(current)＝＝30,则关闭输入端口 closeinput inobject(current,1)　　//语句 inobject(current,1) 表示与当前实体输入端口 1 相连的实体。

离开触发(关闭和打开端口):如果为 content(current)＝＝10(即为安全库存),则 openinput inobject(current,1)。

达到最大库存时关闭输入。

图 7-193　货架属性页设置

保证安全库存：当库存等于 10 的时候，打开输入（图 7-194）。

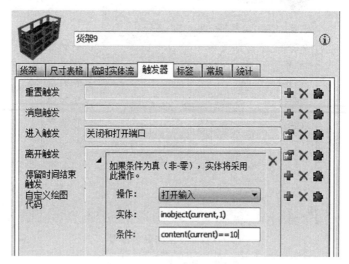

图 7-194　货架触发器设置

设置暂存区 12 的参数设置（图 7-195）：设置采购方案。

图 7-195　暂存区的参数设置

缓冲区仓库的产品数量设置：（生产商 1 的缓存区仓库：最大容量不超过 5）（图 7-196）。

设置托盘产生的参数（图 7-197）：设置采购商 2 的采购时间及打包所用的托盘。

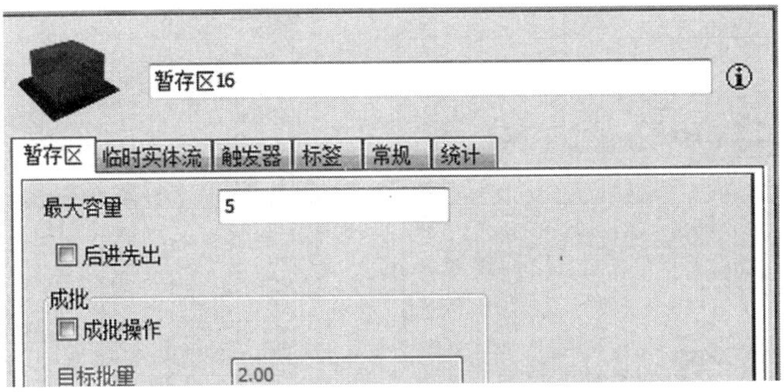

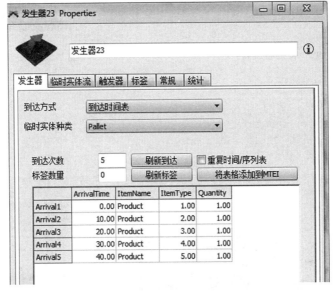

图 7-196　缓冲区仓库的产品数量设置

	ArrivalTime	ItemName	ItemType	Quantity
Arrival1	0.00	Product	1.00	1.00
Arrival2	10.00	Product	2.00	1.00
Arrival3	20.00	Product	3.00	1.00
Arrival4	30.00	Product	4.00	1.00
Arrival5	40.00	Product	5.00	1.00

图 7-197　托盘产生时间参数设置

打包器方案的参数设置：打开工具栏——全局表，设置采购商 2 的采购配送表[即按生产商 2 的需求设置好全局表(需求计划)](图 7-198)。

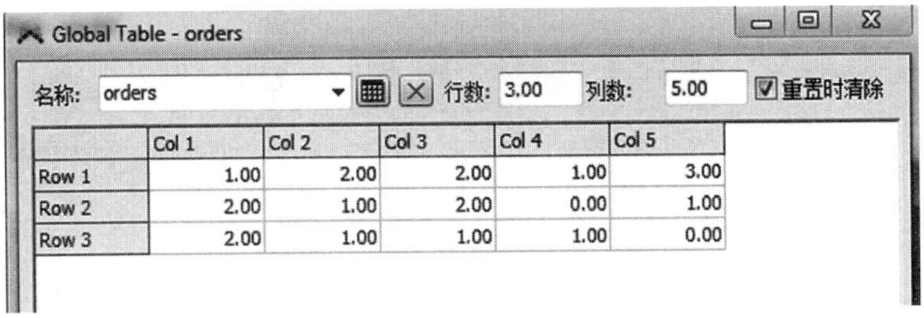

	Col 1	Col 2	Col 3	Col 4	Col 5
Row 1	1.00	2.00	2.00	1.00	3.00
Row 2	2.00	1.00	2.00	0.00	1.00
Row 3	2.00	1.00	1.00	1.00	0.00

图 7-198　采购配送全局表设置

将采购计划添加到合成器：将上步所设置的全局表加入到合成器(图 7-199)。

生产商的参数设定：设置生产商的加工时间(图 7-200)。

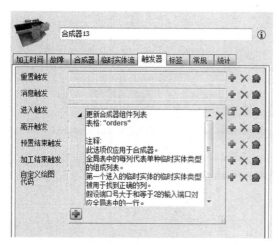

图 7-199　合成器设置

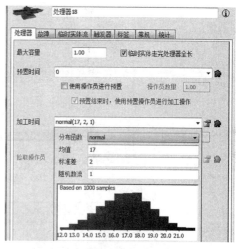

图 7-200　处理器设置

7.8.5　模型运行

1. 编译与模型的运行(图 7-201)

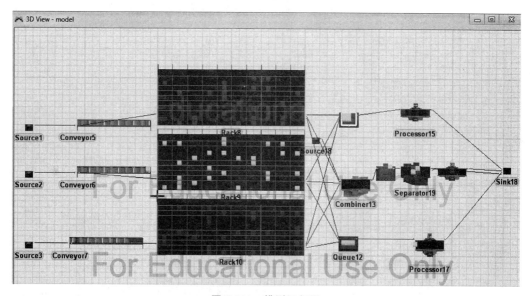

图 7-201　模型运行图

2. 数据分析

右键点击每一个 Rack 选择 properties 打开属性页。点击选择 statistic 项目,如图 7-202 所示,其余 Rack 类似。

图 7-202　Rack 数据统计

7.8.6　配送中心利润的计算

利润的计算：

我们首先设定一些表示具体含义的字母 C：cost，I：income，S：stay P：profit

$C = (1604 + 2413 + 2620) \times 4 = 26548$

$S = (1604 \times 554.84 + 2413 \times 293.50 + 2620 * 307.62)/100 = 24041$（取整）

$I = (1574 + 2395 + 2610) \times 6 = 39474$

$P = I - C - S = 39474 - 24041 - 26548 = -11118$

从中可以看出对于现阶段的配送中心是亏损的，亏损 11118 元，所以急需对该配送中心进行解剖与分析，以期找出影响其利润的原因，并进一步找出关键因素。然后通过一系列的改善，寻求一个提高利润的办法。对配送中心来说，提高利润可以从三个方面来考虑：增加生产商的需求；从其本身来考虑：降低库存费用，即缩短货物在配送中心的停留时间。可以从配送中心本身入手，如扩大规模，改变库存计划等；从供应商的角度来考虑，如提高供应商的供货速度。

首先从库存的设置开始入手，通过改变最大库存量，即通过快速出货来分析。

① 将最大库存从 30 改为 15 时：模型的运行数据如下：

$C1 = (502 + 783 + 901) \times 4 = 8744$

$I1 = (486 + 772 + 887) \times 6 = 12870$

$S1 = (365.96 \times 502 + 221.3 \times 783 + 195.29 \times 901)/100 = 5329$（取整）

$R1 = I1 - C1 - S1 = -1203$

该利润与原利润对比：$R1 - R = 9915$

说明这种改善能够带来效益的提高，所以这种改变是可取的。

② 将最大的库存改为 45：

$C2 = (1802 + 2715 + 2841) \times 4 = 29432$

$I2 = (1756 + 2703 + 2814) \times 6 = 43638$

$S2 = (1802 \times 657.55 + 2715 \times 337.75 + 397.69 \times 2841)/100 = 27583$（取整）

R2＝I2－C2－S2＝43638－29432－27583＝－13377

R2－R＝－2259

利润的增量为负值,所以该种改变不能提高配送中心的效益,不可取。

③ 第一个货架改为 15,其他的改为 30 的值:

C3＝（1493＋2338＋2564）×4＝25580

I3＝（1483＋2308＋2554）×6＝36450

S3＝（1493×348.97＋2338×298.83＋2564×317.33)/100＝20333

R3＝I3－C3－S3＝－9463

利润变化为:R3－R＝1655＞0

利润增量大于 0,所以将第一个货架的最大库存量改为 15 是可行的。

④ 将所有最低的库存量调为 20 的值:

C4＝（1631＋2487＋2699）×4＝27268

I4＝（1604＋2466＋2672）×6＝40452

S4＝（1631×637.43＋2487×384.56＋2699×378.15)/100＝30167

R4＝I－C－S＝－16983

利润改变＝R4－R＝－5865＜0

⑤ 将所有最小库存量调为 5 的值:

C5＝（1598＋2346＋2534）×4＝25912

I5＝（1569＋2327＋2504）×6＝38400

S5＝（1598×477.56＋2346×252.08＋2534×278.06)/100＝20591

R5＝I5－C5－S5＝－8103

利润的改变值为 R5－R＝3015＞0

⑥ 如果改变生产商的需求 ,将所有的生产商缓存改为 20:

C6＝（1627＋2435＋2617）×4＝26716

I6＝（1616＋2411＋2601）×6＝39768

S6＝（1627×560.3＋2435×292.07＋2617×314.69)/100＝24463

R6＝I6－C6－S6＝－11411

利润变化量＝R6－R＝－293＜0

⑦ 改变供应商的供货量,加快供应商的供货速度:

C7＝（1700＋2559＋27660×4＝28100

I7＝（1682＋2529＋2748）×6＝41754

S7＝（1700×471.17＋2559×295.98＋2766×292.14)/100＝23665

R7＝ I7－C7－S7＝－10011

利润改变为 R7－R＝1107＞0

所以这种改变也是可取的。

综上所述,能够提高配送中心效益的是①、③、⑤、⑦措施,它们分别是从降低最高库存量与最低库存量以及提高供应商的供货速度这些方面加以改进的。改进后,确实能够提高配送中心的效益,为进一步研究提高该中心的效益指明了方向。

第8章　Flexsim 常见问题解答

1. Flexsim 软件显示问题

①拖入实体到建模区时实体名称模糊。

答：文件→全局设置→显卡，勾选"兼容模式"，然后应用确定。如果这样还不行，可能需要更新一下显卡驱动。

②能将实体拖入到建模区，但是只能清晰显示名称，却看不到实体，并且拖不动 3D 平面在二维视图下打开可以看到，并可以正常建模。

答：原因可能是因为电脑是双显卡，而 Flexsim 默认启动的是集成显卡，需要切换成独显，桌面鼠标右键选择切换显卡。

2. 6.0.2 版本在触发器中直接打开或关闭端口报错的原因

答：在 Flexsim 6.0.2 版本中，直接在实体的触发器里选择下拉菜单的打开或关闭输出、输入端口，再点击运用时，在输出控制台下方会出现报错的原因。

3. 怎么固定某一模型对象的坐标位置不被改变

答：双击对象－properties－general－flags－protected（双击对象→属性－常规→－标识→保护）。

4. 怎么保护模型中所有对象不被修改(只读)

答：模型界面右键单击→viewsetting→moreviewsetting→ignoreobjects（忽略实体）。

5. 怎么定义网络节点路径的方向

答：默认的网络节点控制点为绿色，表示可以双向通行；按住"X"键＋单击控制点，变成黄色，表示禁止通行；按住"X"键＋单击控制点，变成红色，表示单向通行。

6. 怎么改变货架的外形

答：点黄选货架，按住"X"键＋鼠标左键进行切换。如果最后切换不了了，打开平面视图中再进行切换，来恢复原外形。

7. 怎么隐藏模型中的实体(在某些功能实现后不需要显示该实体，以给予人错觉时常常使用)

答：方法一：双击对象－properties－general－将"show2D shape"和"show3D shape"选项的选中取消即可（双击对象→属性→常规→将"显示 2D 图形"和"显示 3D 图形"选项的选中取消即可）。

方法二：模型界面右键单击→viewsetting→moreviewsetting→将"show2D shape"和"show3D shape"选项的选中取消即可。

8. 怎么选中和修改隐藏实体的参数，即如何解除隐藏？(直接单击将无法选中)

答：单击模型中与隐藏对象同类型的实体(如果没有，添加一个和隐藏对象同类型的实体，解除隐藏后删去即可),双击进入 Properties(属性)窗口,单击该界面左下角向左或者向右的黑色小三角块可切换到隐藏对象的 Properties(属性)窗口,即可对隐藏实体进行参数修改,若要取消隐藏,可将隐藏实体

"General"选项中的"show2D shape"和"show3D shape"选项选中。

9. 如何选中与删除实体

答:单选:ctrl+单击需要选中的实体;多选:ctrl+逐个单击＝shift+圈选;单个删除:选中+delete;多个删除:多选+delete。

10. 如何进行多对一或者一对多的同一类型连接

答:多对一:选中所有源对象,按住 A(或 S、D)进行连接;一对多:选中所有目标对象,按住 A(或 S、D)进行连接。【取消类似,对应用 Q、W、D】

11. 如何添加实体

答:直接从模型库中左击需要添加的对象不放,拖到模型界面中;若要连续添加与前一实体同类型的实体,按住"F"键+单击模型界面。【此功能也可由工具栏的 CreateObjects 选项实现】

12. Duniform(1,3,n)中的 n 代表什么

答:此函数是产生一个 1 到 3 的离散均匀分布,n 代表库中随机产生的第 n 组随机数(如:1,3,2,2,3,1,2……)

13. 模型界面中找不到模型(模型消失)怎么恢复

答:方法一:直接点击工具栏中的 3D 生成工具;

方法二:模型界面单击－view－resetview。

14. Demo 版调整位置后,重置恢复到调整前位置的解决方法

答:调整到合适位置后,选中调整后的对象(单选:"直接单击";多选:"按住 Ctrl+逐一单击"或"按住 shift+圈选"),之后单击右键→Edit→Set Object Reset Position 方可。

15. 在树结构中

答:空格:添加同一级别的对象;回车:添加下一级别的对象;(对象可进行复制、粘贴);当树结构是点击">"符号进行展开的,在进行路径引用时,用">"符号进行衔接,当树结构是点击"+"符号进行展开的,在进行路径引用时,用"/"符号进行衔接,如"MAIN:/project/model/Queue＞varibles/maxcontent";以上变量可用代号(在树中同一级的排序号)代替,其中 MAIN 无代号 project。

排序固定为 1,model 排序固定为 3,其他变量的代号可从树结构中获取(不固定),如"MAIN:/1/3/2＞3/1"树结构中浅蓝色变量可直接当作函数使用。

16. 复制同类实体信息

答:方法一:直接复制该实体,再粘贴,改名改参数即可;【缺点:完全性复制】

方法二:选中所有的复制信息接受实体→右击模型界面→modelingunilities→editselectedobjects→选中复制信息提供实体→复制高亮实体信息→选择需要复制的变量或其他信息。【优点:选择性复制】

17. 怎样进行截屏

答:方法一:点击需要进行截图的界面,按一下"P"键即可;

方法二:对于模型界面的截屏,可右键单击模型界面→view→capturescreen。

18. 可视化工具显示的文本如何固定于屏幕

答:进入可视化工具的"属性"窗口→"显示"→下拉菜单中选择"布告板模式"。

19. 怎样自定义用户实体库

答:添加一个"可视化工具"对象到模型界面,将要添加用户库的模型全部选中,Ctrl+c,在 Ctrl+v 粘贴到可视化工具上(此时,可视化工具与添加的模型已是一个整体,模型中的对象仍然可以修改参数、移动位置、进行连接,但移动可视化工具,模型会随着一起移动),选中可视化工具,单击右键→edit→add→to user library→默认添加到 userlibray1(点击其后的 Iab 可进行重命名)。【注:此时保存的用户实体库只能在本次操作有效,关闭后再打开就不存在了,若要让下次打开或在其他模型中也能使用,则需要对用户实体库进行保存,即 save library】

20. 脚本编写时,各种触发器触发时间的先后顺序

答:重置触发→进入触发→预置结束触发→加工结束触发→发送至端口→使用运输工具→离开触发【注:各触发中,存在同时触发,但有先后顺序,这点需要理解】

21. 流节点与网络节点的区别

答:流节点是定义临时实体的路径(比如模拟发生器产生出来的临时实体为人在大厅中行走);网络节点是定义任务执行器的路径。

22. 如何全红选所有实体(包括隐藏实体)

答:鼠标右键建模区,建模应用→查找实体(图 8-1),选择种类/组下的全部,然后"选中全部"即可,在这里还可以隐藏或显示所有实体,方便我们看别人做的模型,具体方法:选中全部实体之后,点击箭头所指,编辑选中实体,然后点击切换(图 8-2),在这里就可以选择隐藏或显示实体了(图 8-3)。

图 8-1　选中页面

图 8-2　切换页面

图 8-3　隐藏或显示实体

23. Flexsim 中 c 的含义

答:我们一般都是在代码框和做 GUI 时会遇得多些,下面具体讲一下它们的区别,首先在 GUI 中显示如图 8-4 所示。而在代码框中的显示却如图 8-5 所示。

24. 传动带和暂存区接受实体的区别

图 8-7 说明的是操作员的容量都为 2,但是对于下游是暂存区来说,操作员一次能搬运两个,但是对于下游是传送带来说,操作员却只能搬运一个(货物充足,操作员容量为 2),这是因为暂存区每次可以接受多个实体,而传送每次却只能接受一个实体(图 8-6)。

图 8-4　GUI 窗口

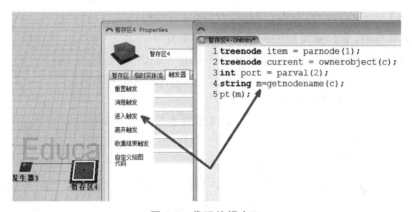

图 8-5　代码编辑窗口

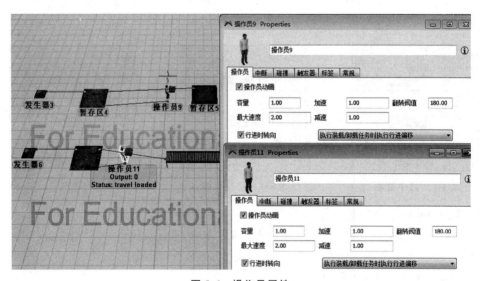

图 8-6　操作员属性

25. 导入 CAD 图纸的步骤

①在编辑—设置数值精度,改成 3 位,因为 CAD 里通常用的单位是毫米(图 8-7)。

②然后再在工具—模型背景,导入 CAD 图纸,如图 8-8 所示。

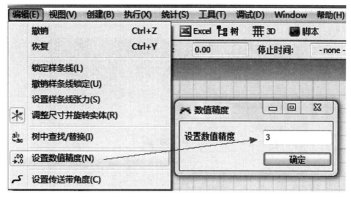

图 8-7　CAD 精度设置

图 8-8　图形背景设置窗口

③然后直接点击下一步，出现如图 8-9 所示。

图 8-9　文件路径选择窗口

在这里选择自己想要导入的 CAD 图纸,出现如图 8-10 所示。

图 8-10　文件路径选择窗口

④然后直接点击跳过向导,如图 8-11 所示。

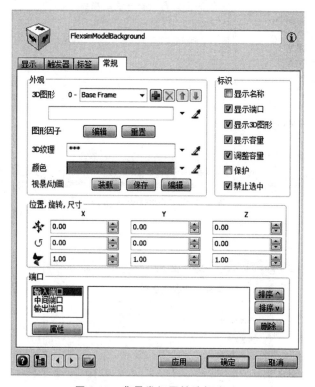

图 8-11　背景常规属性选择窗口

在这里我们可以看到这张 CAD 图纸的位置距离原点坐标非常远,我们先设置 CAD 图的比例。

⑤然后点击上图中的图形因子旁边的编辑,如图 8-12 所示。

图 8-12　图形因子编辑窗口

此时讲比例缩小 1000 倍,然后关闭即可。

⑥将 CAD 图的位置改为(0,0,0),这时如果还看不到 CAD 图纸,就滑动鼠标滚轮,直到看到该图纸为止,这时你会发现,图纸也没有在原点,你需要让它出现在模型的原点,就慢慢微调位置即可。

26. 导入 CAD 图的问题分析

在 Flexsim 中,导入 CAD 可能存在这样的一些问题,在此做一个汇总,同时结合经验给一个答案:

问题 1:导入到 Flexsim 中 CAD 图过大或过小,即与 flexsim 中实体大小偏差太大。

分析:在 CAD 中进行修改,因为 Flexsim 中的单位与 CAD 中的 m 是相符的。

解决方法:缩放 CAD 图的时候,就实际图进行标注,看其大小,切记:一定要自己标注,用到的 CAD 命令是 sc。

问题 2:导入的时候看不到图,或者图不完整。

分析:这个原因有可能是太大或太小,或者是 CAD 中图的位置离原点(0,0,0)太远导致,或者是炸开不彻底。

解决方法:一般为:在 CAD 中将图放到原点(0,0,0),用到命令为 m;然后反复多炸开几次,知道 CAD 中的每个图形都被炸成线段,CAD 命令为 x,然后存成 ∗.dxf 就行了,图像大小参看问题 1。

问题 3:以上两点都做好了,还是看不到图像,或者不完整。

分析:那就是 CAD 中颜色跟 Flexsim 颜色一样了。

解决方法:就是将 CAD 中图形颜色调成单一色,比如黄红蓝等,或者是在 Flexsim 中将背景色改掉。

问题 4:如果一层图形导入 Flexsim 中,发现在 z 轴上高低不一。

分析:这个是由于绘制图形的人员在 CAD 中拷贝的时候没有注意将 z 值归零导致。

解决方法:在 CAD 中全选图形,然后使用 m 命令,使用三次,第一次坐标为(0,0,−1e99),第二次坐标为(0,0,2e99),第三次坐标为(0,0,0),问题就解决了。

27. 6.0.2 版本导入 .skp3D 模型时,看不到 3D 模型的原因

这是因为 6.0.2 安装时没有启动电脑中的一个 sketchupreader.dll 文件。

方法一:安装一个 6.0 版本即可。

方法二:在开始菜单中找到运行,如图 8-13 所示。

regsvr32"c:\\programfiles\\flexsim6\\program\\sketchupreader.dll"

将上面的红色路径替换成你当时安装软件的路径,如我电脑的安装路径替换之后为:regsvr32"D:\\ProgramFiles\\Flexsim6E\\program\\sketchupreader. dll"。

最后将这段路径复制到上图里,点击确定,如果成功会出现如图 8-14 所示。

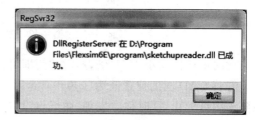

图 8-13 开始菜单运行窗口   图 8-14 安装成功标志

28. Excel 表中得出数据导入 Flexsim

在 Flexsim 中导入数据,最通常的是将外界 Excel 中的数据导入全局表(图 8-15),发生器的到达时间表,到达序列。

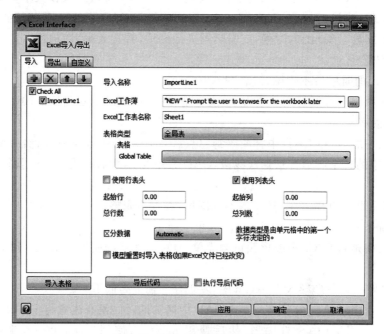

图 8-15 Flexsim 数据导入界面

这里尽量不要使用单表导入,因为这里面只能对全局表导入,而且导入的数据可能会不全,所以这里最好使用复合表,下面介绍怎样导入复合表。

①Excel 工作簿:选择你的 Excel 表。

②Excel 工作表名称:这里是指你的数据是存放在 Excel 中的哪一张表。

③表格类型:全局表,发生器表或者其他。

④Flexsim 全局表：如果上面选择的是全局表，那么你之前就应该创建全局表（工具—全局表），这里就会罗列出你创建的全局表；如果选择的是发生器表，则按照自己的需要，选择到达时间或到达序列。

⑤勾选使用行列表头。

⑥因为已经勾选使用行列表头，那么起始行和列就应该从第 2 行和第 2 列开始，总行数和总列数就根据自己 Excel 表中的情况而定。

⑦应用，确定，最后点击"复合表导入"按钮即可。

29. 发送消息与发送延迟消息

若在某触发器执行延时为 0 的 senddelayedmessage（），则会在触发器中执行完该命令后面的所有代码，才会触发消息触发器。而若在原始触发器中执行到。

sendmessage（），则立即触发消息触发器，在消息触发器代码执行完后，再返回原触发器执行其后面的代码（若有的话）。

30. 分拣传送带连接运输工具报错原因

当分拣传送带连接了运输工具再运行模型时会就会出现图 8-16 的报错，这是因为分拣传送带和其他两个传送带（基本传送带和传送带）不一样，是不能使用运输工具的，如果想做快递行业的分拣，想使用运输工具，这里有两种方法：①使用暂存区来作为一个过渡，最后隐藏暂存区；②使用基本传送带。

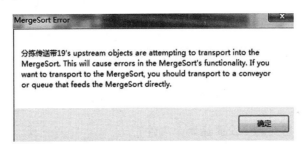

图 8-16　分拣传送带报错窗口

31. 如何导入 3D 模型

在实体属性中的"常规"下，如图 8-17 所示。

图 8-17　暂存区常规属性页设置

导入 3D 过程中电脑会反应一段时间,并且通常导进的模型尺寸很大,这时需要自己调整一下模型尺寸即可。

32. 叉车和其他任务执行器导入 3D 模型时的区别

叉车和操作员导入 3D 模型时,叉车和操作员的模型仍然会存在,而库中的任务执行器却不会出现这样的情况,这是因为叉车和操作员都有自己的动画编辑,而任务执行器打开它的属性,常规下的动画编辑里却没有。这是三者导入 3D 模型之后的情况。如果非得用叉车导入 3D,那只需要打开叉车属性,常规,动画编辑器,把叉车每个部分名称前面的小眼睛删掉单击就切换显示状态了。如图 8-18 所示。

图 8-18　导入 3D 模型界面

33. 如何用任务序列实现一次搬运两个工件?

在暂存区中的 Request Transport From 中编写如下代码

```
treenode item = parnode(1);
treenode current = ownerobject(c);
int port = parval(2);
int portnum = 1;
if(getinput(current)%2==0&&content(current)!=0)//暂存区中没有两个零件不搬运
{
treenode ts= createemptytasksequence(centerobject(current,1),0,0);
inserttask(ts,TASKTYPE_TRAVEL,current);
inserttask(ts,TASKTYPE_FRLOAD,rank(current,getrank(item)-1),current);
inserttask(ts,TASKTYPE_FRLOAD,item,current);
inserttask(ts,TASKTYPE_TRAVEL,outobject(current,1));
inserttask(ts,TASKTYPE_FRUNLOAD,rank(current,getrank(item)-1),outobject(current,1));
inserttask(ts,TASKTYPE_FRUNLOAD,item,outobject(current,1));
```

```
dispatchtasksequence(ts);
}
return 0;
```

34. 如何把平板的颜色设置为透明或者调整透明度？

平面无法设置半透明，不过可以使用 openGL 的代码绘制半透明的物体。有关信息可以参照 drawcube()这个命令。此外还可以通过第三方绘图软件制作一个透明的三维图形，导入平板。

35. 请问在 rack 放到后，哪个函数可以获取货架的层的 x、y、z 的坐标

rackgetlevelloc，rackgetbayloc 这两个坐标是获取货架的层的 y、z 坐标和列的 x 坐标。货架平放下来的话，可以通过这个方式实验推算一下。

36. 如何设置使叉车从货架上取一定量的货物，现在建的模型是，货架上有多少货物就取多少个，但是希望实现的是，叉车每次从货架上取 1 个货物，一共取 20 个货物，不把货架的货物取完？

在货架的离开触发中写：if (getoutput(current)>=19)；closeoutput(current)；

货架 1 就写 if (getoutput(current)+getoutput(货架 2 的引用)+getoutput(货架 3 的引用)>=19)closeoutput(current)；货架 2 就写 if (getoutput(current)+getoutput(货架 1 的引用)+getoutput(货架 3 的引用)>=19)closeoutput(current)；依此类推。

37. 用语句 stopobject(current,STATE_BREAKDOWN)停止一个实体对象运行后，在其他的地方，我想得到这个实体对象的状态，是停止状态，还是回复状态，然后再采取相应的对策。那么，用什么语句可以得到这个对象的状态？

解答：使用 getstatenum 函数。

38. 想统计 20 辆叉车的总的行进距离

解答：在叉车的 variables 节点下有一个 totaltraveldist，记录了叉车进行距离，可以在 dashboard 统计图中显示，如果需要数据可以后期导出。

39. profiletasksequence 这个函数用法？

解答：追踪任务序列用的，可以在输出控制台显示已产生的任务序列，把所有的 tasksequence 信息输出控制台。在写任务序列的时候，后面加上一条 profiletasksequence 语句，就可以在输出控制台查看产生的任务序列了。

40. 怎么样让 item 在升降机内的坐标低一点？

可以在 custom draw 的触发器里面重新绑定一下 item 的位置，如图 8-19 所示。

41. 如果几个人协同，每个人分做一个子模块,如何将这些整合成一个大的系统？

把模型保存成部件，即：把模型全部的实体放到一个可视化工具里面，然后将整个可视化工具保存到用户库就可以了。plane 作为地板，在上面建模，然后右键 plane 保存。

小组每个人把他们做的模块保存到实体库，共享给别的同学，再将模型整合连线设置参数，一个系统模型就建立起来了。如果没有全局表之类的设置的话直接复制就可以，但是如果有那些全局的设置，就必须将这些东西以及这个模块都保存成部件库。如果用到了全局表的话，必须在保存成部件的时候将全局表也保存到部件库里面。

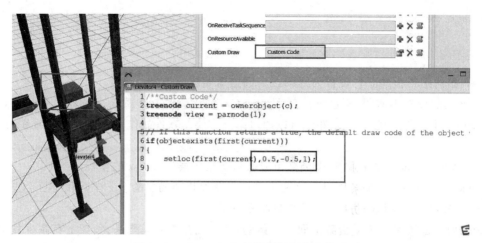

图 8-19　custom draw 触发器语句绑定代码

42. 装载产品时,要求小车先执行一个动画然后才装载产品,这怎么实现?

解答:先做好动画,然后用 startanimation() 调用,最后用 stopanimation() 停止,但是效果是动画和装载产品是同时进行的。应该是需要先暂停任务序列,动画执行完后,再继续进行下面任务,那就写在任务序列中 inserttask(ts, TASKTYPE_STARTANIMATION, NULL, NULL,1)。

43. 在 FLEXSIM 中能否自定义函数?

解答:可以,使用用户命令,在这里面创建命令在代码里直接调用命令就可以了。如图 8-20 所示。

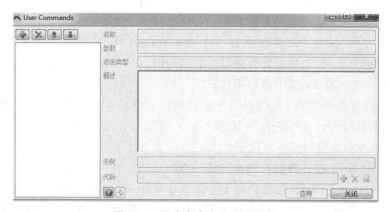

图 8-20　用户命令中自定义函数

参考文献

[1] 张晓萍. 物流系统仿真原理与应用[M]. 北京:中国物资出版社,2005.

[2] 隽志才,孙宝凤. 物流系统仿真[M]. 北京:电子工业出版社,2007.

[3] 程光. 工业工程与系统仿真[M]. 北京:冶金工业出版社,2007.

[4] ExpertFit. 用户手册[R]. Flexsim7.3 版本,2015.

[5] Flexsim. 联机帮助手册[R]. Flexsim7.3 版本,2015.